河南省“十四五”普通高等教育规划教材

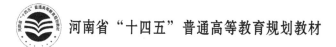

经济学简史

郭利平　主　编
赵志泉　副主编

中国财经出版传媒集团
经济科学出版社
Economic Science Press

图书在版编目（CIP）数据

经济学简史/郭利平主编. --北京：经济科学出版社，2022.8
河南省“十四五”普通高等教育规划教材
ISBN 978-7-5218-3969-2

Ⅰ.①经… Ⅱ.①郭… Ⅲ.①西方经济学-历史-世界-高等学校-教材 Ⅳ.①F0-08

中国版本图书馆CIP数据核字（2022）第159611号

责任编辑：李　雪　袁　溦
责任校对：李　建
责任印制：邱　天

经济学简史
郭利平　主　编
赵志泉　副主编
经济科学出版社出版、发行　新华书店经销
社址：北京市海淀区阜成路甲28号　邮编：100142
总编部电话：010-88191217　发行部电话：010-88191522
网址：www.esp.com.cn
电子邮箱：esp@esp.com.cn
天猫网店：经济科学出版社旗舰店
网址：http://jjkxcbs.tmall.com
固安华明印业有限公司印装
787×1092　16开　22.5印张　490000字
2022年8月第1版　2022年8月第1次印刷
ISBN 978-7-5218-3969-2　定价：68.00元
（图书出现印装问题，本社负责调换。电话：010-88191510）

前　　言

2009 年，我在学校开设西方经济学课程时很受学生喜爱，一方面是学生旺盛的求知欲，另一方面是学生对我讲课方式的认可。2010 年某一天，当我再次讲授西方经济学课程时，几位同学跟我说："郭老师，我们都很喜欢经济学，特别想了解这些经济学理论产生的时代背景，以及这些理论思想对国家政策的影响。"当天晚上，我泡了一杯咖啡，在书房里听着音乐，静静想着几位同学的建议，酝酿下学期应该开设一门新课——"经济学简史"，让同学们在学习经济学理论的同时，学会思考这些伟大的经济学家是在怎样的历史背景下思考现实经济世界，又是如何创新出新思想取代旧理论，去解释经济世界出现的新问题。我们不仅要教授学生知识，也要传承经济学文明和思想，还要让学生明白，经济学家是如何影响国家经济政策的。2011 年，当我再次站上讲台讲授新课"经济学简史"时，看到学生们聚精会神地听课，我感觉这是我一生中又一美好生活的开端。

2020 年，新冠肺炎疫情席卷世界，成为 2020 年最重大的全球事件。我们响应教育部要求开展线上教学。此段闲暇时间使我有了编写一部《经济学简史》教材的想法，时值申报河南省"十四五"普通高等教育规划教材令我强化了这一想法。经过编写教材大纲、联系出版社、撰写样稿、成功立项、初稿、修订、统稿、审定等一系列过程，本书终于完稿。这有自己心血的付出，也有其他同事和出版社编辑老师的帮助。

一、本书创作思路

2019 年 12 月，教育部关于印发《普通高等学校教材管理办法》时指出：教材建设作为高校学科专业建设、教学质量、人才培养的重要内容，纳入"双一流"建设和考核的重要指标。本书尝试将传统教材与在线开放课程、在线资源库融合，推出资源丰富、互联互动、特色鲜明的新形态教材。

首先，大量引用国内外文献，注重各种思想的碰撞交融，突出历史与现实结合，逻辑分明、语言清晰，为我们提供一条回顾经济思想发展历程的独特途径，也为我们理解现代经济学提供了一个历史视角。其次，注重教学内容与学术前沿融合问题。时至今日，全球经济现象日趋复杂，经济学理论、流派出现了百家争鸣、百花齐放的繁荣局面。本书及时融入经济学学科领域科研最新成果，充分融合现代信息技术手段，内容前沿，呈现方式多样，富有启发性，有利于激发学习兴趣及创新潜能。再次，适度评价，凸显经济学理论与流派的现实性与适用性。经济学是为现实世界服务的，任何一个经济理论都具有时效性、阶级性、区域性与实践性，没有永远正确的经济学理论，也没有适用所有国度的经济学理论。因此，在介绍经济学理论、流派的同时，需要对这些理论、流派适用时间、空间做出中肯评价，尤其是对经济学理论对政策的影响进行科学评判，改正目前多数教材陈述多、评价少的弊端，突出经济学的现实性与适用性。

二、本书的结构与内容

2400 年前，古希腊著名哲学家、历史学家色诺芬（Xenophon），在其著作的《经济论》中第一次使用"经济"一词，用以表明家庭财富的管理。从此经济学就逐步成为社会科学最为关注的学科，无论是拿破仑战争还是英国工业革命，无论是东西方世界的冲突还是 2008 年金融危机。生活中的一切事物都与经济有关。经济学在重商主义时期被称为政治经济学。这个称谓一直沿用到经济学大师马歇尔时代。经济学历史上有三次革命三次综合。这是经济学发展变迁的主轴线。《经济学简史》采用清晰和有趣的方式结合现实讲述经济学的演变历史。

本书体系完整、内容丰富，从古希腊经济学的思想史一直论述到 21 世纪的经济学变迁。全书共分五篇。

第一篇是前古典经济学（第一章至第三章）。第一章主要论述经济学的产生、发展及研究内容与方法。第二、第三章内容则介绍古典经济学前期的历史渊源，包括古希腊、古罗马、中世纪欧洲经济文明的曙光，以及大航海时代重商主义、重农学派的演进与光辉。

第二篇是古典经济学（第四章至第八章）。主要介绍英法为主的古典经济学派发展简史，以亚当·斯密的第一次经济学革命和约翰·穆勒的第一次经济学大综合为主线，论述古典经济学的主要理论与政策观点。这部分是经济学大厦构建时期，新兴资产经济最终战胜封建贵族，资产阶级经济学理论开始影响国家经济政策。

第三篇是新古典经济学（第九章至第十二章）。这部分内容主要以边际效用革命和经济学第二次大综合为主线，介绍新古典经济学思想史演进的路径。新古典经济学现在仍是西方经济学主流派别，而衍生出来的福利经济学属于规范经济学，它充分显示出经济学的人文温度。

第四篇是现代经济学（第十三章至第十七章）。本篇开端介绍经济学第三次革命，凯恩斯经济学是对世界各国政府影响力最大的经济学流派。而新自由主义流派和宏观经济学分庭抗礼，主导现代经济学演变趋势。本篇还着重介绍博弈论，以及西方经济学发展新方向。

第五篇是中国经济思想史（第十八章）。中国经济思想史理应在经济学发展变迁中占有一席之地，最后一篇叙述和评判自先秦以来我国经济学思想发展历程和演化历史，介绍中国经济学理论和世界经济学思想的碰撞和交融，也可以为我国经济学发展提供稍许帮助。

三、本书主要特色与创新点

（1）创新设计，将现代信息技术与教学方法的应用融入本书中，体现现代性、新颖性。目前，高校课程的混合式教育模式具有大众化、在线网络和开放式特征，传统教学已被混合式教学所取代，教材建设也应该适应现代化教育技术发展。本书不断利用信息技术，开发、挖掘更多的在线课程资源，包括大量的习题库、试卷库、视频、图片、测验以及所有章节电子 PPT 课件，作为教材辅助优质资源奉献给学生与读者。这些海量优秀课程资源可以登录网址：http：//mooc1. zut. edu. cn/course/206146344. html 获取。本书每章最后都有二维码，是移动端课件，学生们可以通过平板、手机不受空间、时间限制随时随地学习。

（2）研究方法强调中西比较。中国已经成为世界第二大经济体，中国发展模式离不开经济理论与政策的指导。在历史发展进程中，中国经济思想曾经不断地与西方经济思想相互碰撞与影响。本书在重点论述西方经济学思想演变基础上，尝试将中国经济思想史置于世界经济学说史的时空坐标中，强调中西方在经济思想方面的交流和比较研究。将中国经济思想置于全球范围的思想文化系统中，从而形成中西比较的方法论特色。

（3）调整结构，突出经济学思想史的整体性和规范性。《经济学简史》

作为经济类与管理类专业的基础理论课，逻辑体系和层次结构理应非常严谨。当前很多教材结构性差、层次混乱、脉络体系不清晰，有些教材由于忽视了对内容的整体把握，人为割裂了各章节之间的联系，导致老师在授课、学生在学习时感到迷茫。本书内容结构分五篇十八章，重点介绍了从古典学派一直到现代经济学各个流派的主要观点和主要代表人物，尝试构建统一的经济学思想史演变逻辑框架，从而在广阔的社会背景下更加深刻地诠释经济学的发展及重要经济学家的思想和政策主张。

本书力求通俗易懂，以文字表述为主，适当辅以图表和公式。在叙述某些学派或经济学家的思想时，特意摘录一些原文，以便学生可以更好地领会经济学家的思想。本书一些资料来源于公开信息和网络，尽可能地列出了参考文献，也可能遗漏了一些。对这些学者，我都怀着敬意和尊重。

本书共有十八章内容，其中第四、第五章由赵志泉编写，其他十六章内容由我完成。感谢屈智芳老师、李婷同学、王梦宇同学和孙嘉慧同学，许多文字的修改、润色来自她们的智慧与帮助。还要特别感谢经济科学出版社的李雪编审、袁溦编辑，谢谢她们在疫情肆虐的炎炎夏日为我修改和审定书稿。

郭利平

2022 年 7 月于郑州

目　　录

第一篇
前古典经济学

本书第一篇是前古典经济学，主要包括前三章内容。试图利用较短的篇幅介绍古典经济学之前经济学的思想演变史，同时也阐述和探讨经济学的一些基本特征、研究对象及研究方法。

要全面阐述经济学思想史的前古典时期的所有理论与观点，似乎是不可能的。这里重点介绍古希腊、古罗马、中世纪欧洲以及重商主义时期的经济学思想变迁。古希腊、古罗马是欧洲文明发源地，当时以奴隶制庄园经济为主，但也出现了零星的商品经济，一些政治家、思想家在社会实践中迸发出最早的经济学思想火花。中世纪欧洲文明处于神权统治下，封建领主制的自给自足经济发展缓慢，一些商业城市崛起，而受经院哲学影响的经济学思想充满矛盾。进入近代欧洲，在新航路开辟和地理大发现带动下，欧洲人在早期殖民扩张中，不断进行原始财富的掠夺和贸易，重商主义、重农学派成为应时而生的经济学主流思想，早期的古典经济学先驱在与重商主义的交锋中也在积极探索经济学发展的新道路。

应该说，前古典经济学还没有系统化地研究经济学基本问题，大部分经济思想也是处于朦胧和猜想阶段。处于萌芽时期的经济学思想一方面解释奴隶制、封建制庄园出现的经济现象，另一方面对货币、高利贷、价格、贸易进行伦理学的分析。这时期的经济学跨越时间长，研究内容肤浅，并没用深入到经济学研究的内核。而进入到地理大发现时期，经济学才在重商主义的扩张中寻求到未来道路，为近代经济学的诞生奠定基础。

CHAPTER 1

第一章　经济学简史导论

经济学大师萨缪尔森（Samuelson）说："在人的一生中，你永远都无法回避经济学。"经济学作为一门社会科学，贯穿于人类生活的方方面面。经济学在为文明社会服务的同时，也汲取了其他学科和文明进步的营养。经济学思想发展的历史就是经济学不断发展壮大的历史，它与社会相伴而生、相伴而行，在人类文明进程中发挥独特作用。

第一节　经济学的产生与发展

经济学简史属于经济学思想史的简化版。它是一门具有一定理论性和历史性特点的经济理论学科，研究经济思想和理论产生、发展和演变的历史，从中了解一些概念与范畴、理论与政策及其产生和运用的条件，可以为经济学理论发展与国家经济政策实施提供帮助。

一、什么是经济学

经济是生产、流通、分配、交换和消费的物质精神资料的总称，它是价值创造、转移与实现的过程。经济学似乎是一个冰冷生硬的词汇，也是一个与现实世界充分融合的学科。经济学本质是帮助人们过上幸福、健康和更美好的生活。

经济思想的历史源流可以追溯至青铜时代奴隶制文明时期。经济最早就是和财富管理联系在一起的。无论是尼罗河流域的埃及，两河流域的古巴比伦，还是地中海地区的腓尼基与希腊，都出现了市场交换，战争与贸易成为国家、地区间的大事件。而经济学（economics）一词的根源可追溯到古希腊，古希腊思想家色诺芬最先提出这个词汇，实际意义是"家庭管理"。亚里士多德（Aristotle）的经济思想区分了"自然探索和非自然探索"。他认为，自然探索包括诸如种田、打鱼、狩猎等活动，生产出生活必需品；非自然探索指为了获得个人必需品以外的物品而从事的探索，是他不赞成的。柏拉图（Plato）因为《理想国》而闻名于世，他描述了理想城邦中的人们因专门化而获益。这种专门化预示了后来亚当·斯密（Adam Smith）的劳动分工的思想。中世纪欧洲是基督教思想扩散统治时期，尽管有一些近代大学陆续建立，但那时欧洲人们文化普遍不高，教皇思维控制着人们大脑。思想界流行的是经院哲学，也夹杂着一些经济、高利贷和理财思想。阿奎纳（Aquinas）阐述了高利贷和公平价格的思想，并认为适当收取一些利息是可行的。

公元1500年前后，世界发生了翻天覆地的变化。在欧洲，文艺复兴、地理大发现、启蒙运动，这些大事件叠加在一起，开启了人类文明的新曙光。从此科学取代了愚昧，个人主义、人文主义、冒险主义开辟了经济冒险新世界。农业发展、新兴手工业、开凿运河、修筑大道、开办邮政驿站，以及更大规模贸易，促进了经济的进一步发展，重商主义在西欧各国流行。公元1500年以前，世界贸易主要布局在地中海地区，其他地区很少，大部分产品都是在村庄、城镇内消费，而不是跨城市和跨地区的贸易。因此，尽管在古代就出现了货币和信用，但没有得到广泛使用。强大的国家和统一的国家经济体还没有完全发展起来，经济思想的任何流派也没有形成。相比而言，公元1500年以后，市场和贸易迅速扩大，这既是新航路开辟的结果，也加速了地理大发现的进程。货币经济取代了自然经济或自给自足经济。具有统一经济体的国家成为主导。经济学流派开始形成，并形成了系统的思想和政策体系。

经济学不同于其他学科，它是建立在人类生活与物质精神基础上的。经济学建立的主要基础是人类的欲望与资源的稀缺。清代胡澹庵《解人颐》一书中收录了一首《不知足》诗："终日奔波只为饥，方才一饱便思衣。衣食两般皆具足，又想娇容美貌妻。娶得美妻生下子，恨无田地少根基。买得田园多广阔，出入无船少马骑。槽头拴了骡和马，叹无官职被人欺。"这首诗强调的就是古人对欲望的无限追求。当今社会人们的欲望往往是无止境的，一家小公司刚成立时也许只想生存下去，而随着规模的不断扩张，野心也越来越大，直至成为多元化跨国公司。腾讯、阿里巴巴、亚马逊、苹果等这些公司就是很好的例子。欲望不仅包含经济价值，也包含威望、地位、权势、名誉等，甚至还包含时间。如一些富人们希望在得到巨大财富同时延长自己生命，而中国古代皇帝信奉道教希望长生不老也是如此。尽管欲望是无穷尽的，但世界的资源总是有限的。一个小朋友也许有很多玩具供其玩乐，但有限的时间资源困扰了他。2021年8月，世界足球巨星梅西与巴塞罗那解约，世界许多足球俱乐部都想得到他，但梅西超高年薪阻止了他们的欲望，仅有巴黎圣日耳曼俱乐部签下他。这也是欲望与资源的矛盾。这些事例表明，只要人类存在着无限欲望与稀缺资源的矛盾，经济学就会一直存在。简单而言，经济学就是研究无穷欲望与稀缺资源的学科。

同时，经济学还是选择性学科。正是资源的稀缺性，就需要人们做出选择。生产者在生产产品时，他需要做出一系列选择。生产什么商品？如何选择生产？资金如何筹集？为谁生产这些商品？生产多少商品？什么时候开始生产？消费者在进行消费时也面临选择问题。因此经济学本质也是选择性学科。

二、政治经济学与经济学

政治经济学与经济学之间有密切的历史渊源。经济一词的英文“economy”是由希腊文演化来的，色诺芬是最早使用“经济学”一词的人，它是“oikos”（家庭）与“nomos”（法或原则）的结合，意思就是“家庭管理”。核心思想是农业生产和家政管理，就是研究治家经济或家政学。后来，这个词被加入了政治含义，扩展到了公共行政和国家事务的管理。而17世纪在亨利四世和黎塞留统治下的法国，公共管理的范围迅速扩大，这也许是“政治经济学”一词首先出现在法国的原因。政治经济学之于国家，相当于家政学之于家庭。

重商主义学者孟克列钦（Montchretien）在1615年写了一本书《献给国王和王太后的政治经济学》。书名第一次用到了“政治经济学”。在英语国家里，首先采用“政治经济学”作为书名的，则是英国经济学家詹姆斯·斯图亚特（James Stuart）爵士。他在1767年出版了《政治经济学原理研究》（*An Inquiry into the Principles of Political Economy*），苦心孤诣要使该书成为系统性著作。尽管“该书在许多方面要比《国富论》更有创见，思想也更为深刻”①，但这本书从未受到足够的关注。为了同以往只涉及家庭管理的“经济学”区别开，重商主义者把自己的经济学论著称为“政治经济学”。

赋予政治经济学以科学内涵的，是重农学派的代表人物魁奈（Quesnay）。在他的《经济表》（1758年）一书中，他不仅在管理农业生产和行政事务这一传统意义上继续加以使用，而且第一次用“政治经济学”来概括对财富性质以及取得财富的方法的讨论。后一种含义逐渐占据主导地位，到了18世纪70年代，“政治经济学几乎专指与国家资源相联系的财富的生产和分配”②。这是重农学派试图回答“如何使国家变得更富”而进行思考和探索的结果。

斯密并未在书名中采用“政治经济学”这个名称，但在他看来，政治经济学有两个不同的目标：“第一，给人民提供充足的收入或生计，或者更确切地说，使人民能给自己提供这样的收入或生计；第二，给国家或社会提供充足的收入，使公务得以进行。”③因此，政治经济学的含义就是他的书名：《国民财富的性质和原因的研究》。之后是另一位具有重要影响力的经济学家李嘉图（Ricardo），1817年他出版了《政治经济学及赋税原理》，此后的经济学被称为“政治经济学”。在之后很长一段时间欧洲出版的大部分著作和论文基本都以政治经济学命名。

据说，最早（1875年）提议把政治经济学改称经济学的是麦克劳德（Macleod），正是他提出了格雷欣法则，即“伪币驱逐良币”。1879年英国经济学家杰文斯（Jev-

---

① ［美］约瑟夫·熊彼特. 经济分析史（第1卷）［M］. 朱泱，李宏，译. 北京：商务印书馆，1996：268.

② ［英］约翰·伊特韦尔. 新帕尔格雷夫经济学大辞典（第3卷）［M］. 北京：经济科学出版社，1992：969.

③ ［英］亚当·斯密. 国民财富的性质和原因的研究（下卷）［M］. 郭大力，王亚楠，译. 北京：商务印书馆，1972：1.

ons）在其《政治经济学理论》第二版序言中，提出应当用“经济学”代替“政治经济学”，认为单一词比双合词更为简单明确；去掉“政治”一词，也更符合于学科研究的对象和主旨。

“Economics”（经济学）首次出现在1792年，但并未表明确切的出处。经济学界通常愿意将此归功于马歇尔（Marshall），认为是他最先把“economic science”缩写成“economics”。它最早出现在1879年马歇尔与其妻子合作的《产业经济学》一书中。到1890年，马歇尔的《经济学原理》出版之后，“政治经济学”一词才逐渐被“经济学”一词所取代。所以现在人们普遍将采用经济学取代政治经济学功劳归于马歇尔是有道理的。

目前在中国，经济学通常指西方经济学，而政治经济学往往与马克思主义经济理论联系在一起。

三、经济学的演变历史

根据经济学历史脉络，我们可以将经济学的演变史主要分为四个阶段：前古典经济学时期、古典经济学时期、新古典经济学时期、现代经济学时期。我们教材编写程序也是如此。从这个历史轴线，可以完整地梳理出经济学思想史的演变。当然，中华文明源远流长，长期占据世界文明史主流地位，其经济学发展也有其自身特色，本教材会在最后一篇单独介绍。

（一）前古典经济学

这一阶段是古典经济学之前的经济学思想史，时间跨度超过2000年。包括古希腊、古罗马、中世纪以及地理大发现时期的经济学。古希腊的奴隶制经济基本上是农业为主的自然经济，商品货币经济处于附属地位，商业资本和高利贷资本都已出现。古罗马奴隶制社会经济的特征与古希腊基本相同，都属于以农业为主的自然经济，手工业有一定发展，对外贸易、商品经济有较大发展，高利贷流行。古希腊、古罗马的经济思想既有维护奴隶主自然经济的内容，又有对商品货币经济的探索。此时还没有形成完整的经济学思想，大部分经济学理论都是零散出现在一些哲学家、伦理学家以及法学家著作里，这些经济学思想极力维护奴隶制自然经济，力图巩固和发展奴隶主庄园制度，以保证奴隶主的财富不断增长，普遍存在着重视农业、轻视手工业的思维。由于商品、货币经济的出现，经济思想涉及了分工、商品、交换、货币、借贷与利息等范畴，但对这方面的论著并不清晰。对财产私有进行了一定的思考。中世纪经济学主要以阿奎纳神学思想为代表。对世俗经济生活持消极态度，不否认物质幸福的价值，但将其置于一个较低的位置，不否认财产的意义，但反对财产私有。有关货币、利息、“公平价格”等的论述也反映了经济学说的不断发展。在地理大发现时期，新航路开辟、早期殖民扩张，催生出重商主义，全球贸易体系逐步形成。由于商品经济的发展，人们对货币的需求越来越大，掀起了对金银追求的狂潮。海外探险和海外贸易的发展开辟和扩大了世界市场，促进了商业大发展，引起对货币的需求强烈增长。欧洲建立封建中央集权民族国家，庞大的开支需要大量的货币。封建国家和商业资本家的共赢合作，产生了商业资本和封建集团国家利益结合的产物——重商主义。以托马斯·孟为代表的重商主义流行于西欧大陆。他们强调：货币是最好的财富，一切经济活动都是为了获得货币，反映了新兴资产阶级对货币资本的强烈要求。他们认为财富的直接源泉在流通领域，除了开采金银矿外，商业是获得货币财富的唯一源泉。他们主张对外贸易的原则是少买多卖，实现外贸顺差，而国内的商品生产应服从于外贸出口需要，鼓励和发展有利于出口的本国工场手工业。他们主张国家积极干预经济生活，如垄断对外贸易，奖励和监督工业生产，保护关税，奖励增加人口和管制食物价格。

（二）古典时期经济学

17 世纪中叶以后，首先在英国，然后在法国，工场手工业逐渐发展成为工业生产的主要形式，重商主义已经不适应日益壮大的产业资本的利益和要求。资产阶级面临的任务是与封建势力作斗争，这种斗争要求从理论上说明资本主义生产方式怎样使财富迅速增长，探讨财富生产和分配的规律，论证资本主义生产的优越性。由此，产生了由流通领域进入生产过程研究的古典经济学。重农学派是古典政治经济学的先驱。重农学派是 18 世纪 50 ~ 70 年代的法国资产阶级古典政治经济学学派。重农学派以自然秩序为最高信条，视农业为财富的唯一来源和社会一切收入的基础，认为保障财产权利和个人经济自由是社会繁荣的必要因素。重农主义思想为古典经济学的产生准备了条件，被视为古典政治经济学的先驱。真正的古典经济学产生于资本主义发展较早的英国，其创始人威廉·配第（William Petty）的主要贡献在于提出了劳动价值论的一些基本观点，并在此基础上初步考察了工资、地租、利息等范畴。古典经济学的主要代表人物是亚当·斯密。他所著的《国富论》一书把资产阶级经济学发展成一个完整的体系。他批判了重商主义只把对外贸易作为财富源泉的错误观点，并把经济研究从流通领域转到生产领域。他克服了重农学派认为只有农业才创造财富的片面观点，指出一切物质生产部门都创造财富。他分析了国民财富增长的条件以及促进或阻碍国民财富增长的原因，分析了自由竞争的市场机制，把它看作是一只“看不见的手”支配着社会经济活动，他反对国家干预经济生活，提出自由放任原则。李嘉图是英国古典经济学的完成者。他在 1817 年提出了以劳动价值论为基础、以分配论为中心的严谨的理论体系。以经济自由主义思想为理论基础，古典经济学在经济政策主张上极力宣扬自由放任原则，反对国家对经济生活的任何干预，认为国家最好的经济政策就是不干预经济，给私人经济活动以完全的自由；而国家干预经济会妨碍完全自由的实现，其结果会使国民财富的增长受到损害。19 世纪上半叶，英国的马尔萨斯、西尼尔、约翰·穆勒和法国的萨伊、巴师夏进一步推动了经济学说的发展。德国出现了与英法经济学在理论和方法上具有不同特点的历史学派，美国早期的经济思想也形成了自己的一些特点。在19世纪中叶，工人运动的蓬勃发展推动了马克思主义经济学理论的诞生。马克思提出了剩余价值理论，认为劳动的付出没有得到同样的回报，剩余价值被没有付出劳动的“资本”所剥削。马克思认为生产资料的私人占有和产品的社会化必然会导致产生周期性的经济危机，资本主义一定会被社会主义取代。

（三）新古典经济学时期

19世纪70年代边际效用学派的出现被认为是经济学中爆发了一场全面革命的标志。这场革命被称为边际革命。这场革命使经济学从古典经济学强调的生产、供给和成本，转向现代经济学关注的消费、需求和效用。边际革命从19世纪70年代初开始持续到20世纪初。它在继承古典经济学经济自由主义的同时，以边际效用价值论代替了古典经济学的劳动价值论，以需求为核心的分析代替了古典经济学以供给为核心的分析。新古典经济学形成之后，取代古典经济学成为当时经济理论的主流。新古典学派主要包括奥地利学派、洛桑学派、剑桥学派。认为边际效用递减规律是理解经济现象的一个根本基础，利用这一规律可以解释买主面对一批不同价格时所采取的购买行为、市场参与者对价格的反应、各种资源在不同用途之间的最佳配置等各种经济问题。新古典经济学不是一个单一学派的理论，而是集各学派思想的松散汇合。每一个学派都有自己公认的代表。有的学派一直沿袭下来，目前还有继承者。比较有影响的有：以英国经济学家马歇尔为首的剑桥学派；以法国瓦尔拉斯和意大利的帕累托为首的洛桑学派；以奥地利经济学家门格尔为首的奥国学派等。20世纪初垄断出现之后，这一体系已不能与现实完全一致。20世纪30年代，英国经济学家罗宾逊和美国经济学家张伯伦对这种微观经济体系作了补充，论述了不同条件下的资源配置问题，从而使微观经济学体系最终完成。

（四）现代经济学时期

1929年爆发空前规模的世界经济危机后，资本主义经济陷入长期萧条状态，通货膨胀和失业问题严重。经济学关于资本主义社会可以借助市场自动调节机制，达到充分就业的传统理论彻底破产，垄断资产阶级迫切需要一套“医治”失业和危机，以加强垄断资本统治的新理论和政策措施。正是适应这个需要，凯恩斯于1936年发表了《就业、利息和货币通论》（以下简称《通论》）一书。《通论》的出现引起了西方经济学界的震动，把它说成是经济学经历了一场“凯恩斯革命”。凯恩斯抨击“供给创造自己的需求”的萨伊定律和新古典经济学的一些观点，对资本主义经济进行总量分析，提出了有效需求决定就业量的理论。

第二次世界大战后，以凯恩斯这一理论为根据而形成的凯恩斯主义，不仅成为当代资产阶级经济学界占统治地位的一个流派，而且对主要资本主义国家的经济政策具有重大的影响。新古典综合派的形成过程，其实就是凯恩斯的经济理论在美国传播和占据主流地位的过程。这一过程并不是从凯恩斯的《通论》出版后很快开始的，因为1939年第二次世界大战的爆发使各国很快转入了战时经济的状态。不过，战时经济却从另外的角度对凯恩斯的理论提供了佐证，使得本来就对凯恩斯理论抱有好感的一些人，在战争结束之后更愿意接受它了。新古典综合理论体系的最完整形式首先在萨缪尔森的《经济学》教科书中得到了最典型的体现。以萨缪尔森为主要代表的“新古典综合”理论，是随着时间的推移而不断发展演变的。二战后，凯恩斯的追随者分为两个不同的发展派别。一个是以罗宾逊、斯拉法为代表的英国新剑桥学派，另一个是以萨缪尔森等为代表的新古典综合派。在这个时期，瑞典学派和德国的弗赖堡学派也产生着重要影响。

20世纪70年代以后，凯恩斯主义批评者的经济学思潮逐渐抬头，表现为先后出现的货币主义、供给学派、理性预期学派的理论。在此时期，以新古典分析方法为基础的新制度经济学也产生并发展起来。到20世纪90年代，继承凯恩斯传统的新凯恩斯主义和继承新古典传统的新自由主义获得发展。

第二节　经济学的研究对象

经济学的研究对象是在稀缺条件下有效配置资源和分配财产，资源的稀缺性与人的欲望的无限性是西方经济学的研究起点或既定前提，该研究对象的确定经过了长期发展过程。经济学主要围绕“生产什么、如何生产和为谁生产”展开，关键的概念是稀缺性、选择与机会成本和资源配置与资源利用。

（一）稀缺性

相对于人类社会的无穷欲望而言，经济物品或者说生产这些产品所需要的资源总是不足的。大部分人所需要的东西只能得到有限的供应，必须通过价格或者其他形式进行分配。这种资源的相对有限性就是稀缺性。资源稀缺的原因：一定时期内物品本身是有限的，利用物品进行生产的技术条件是有限的，人的生命是有限的，但欲望是无限的。比如2020年初新冠肺炎席卷全球，普通的口罩成为人们抵抗新型冠状病毒传播的主要手段之一，而口罩此时需求量极大而产量极低，口罩此时就具有稀缺性。根据西方经济学的观点，资源的稀缺性会导致竞争，良性的竞争会引起资源的最优配置，从而弥补资源稀缺所带来的限制。资源的稀缺性是经济学第一原则，一切经济学理论皆基于该原则，因为资源的稀缺性，所以人类的经济及一切活动需要面临选择问题，经济学理论则围绕这一问题提出观点和论证。

（二）选择与机会成本

正是资源的稀缺性导致了经济学的选择本质，选择就是如何利用既定的资源去生产经济物品，以便更好地满足人类的需求。它包括“生产什么”“如何生产”“为谁生产”三个问题。有关选择中国古代最著名的例子就是鱼和熊掌。正是由于选择性，机会成本就成为经济学研究对象。机会成本是为了获得某项收益必须放弃另一种收益的行为，当然经济学中的机会成本指的是放弃的最大收益。经济生活中，所有的个人、组织甚至国家都需要应用机会成本来做出最终决定。

（三）资源配置和资源利用

选择是如何使用稀缺资源问题，即把稀缺资源用于某种途径，在不同用途之间分配稀缺资源就是资源配置。经济中的三个基本问题：生产什么、如何生产和为谁生产，则是对资源配置的具体化。经济学产生于这三个问题，也就要解决这三个问题。

资源利用就是人类社会如何更好地利用现有的稀缺资源，使之生产出更多的物品。它包括三个相关的问题，即“充分就业”问题、“经济波动与经济增长”问题、“通货膨胀”问题。资源配置和资源利用似乎分别是微观经济学和宏观经济学研究的主要范畴，但实际上这方面的区别正在模糊化。市场经济发展的结果就是宏观经济学有资源配置，微观经济学也研究资源利用。

（四）经济体制

经济学是研究在一定制度下稀缺资源配置和利用的科学。区分不同经济体制的根本标志是劳动者与生产资料的结合方式。劳动者掌握生产资料的经济体制是社会主义经济体制，反之则是资本主义经济体制。计划经济的资源配置是通过政府行政手段即命令、指令和法令而实现的。计划经济体制的主要优点是能够最大限度地动员、集中稀缺资源服务于一些明确的国家目标，满足国家紧急的和压倒一切的需要，如国家的工业化、战后经济的重建以及战时经济等，使整个国家资源配置符合特定的国家目标。市场经济体制是依靠市场手段对资源进行配置的经济体制。苏联和我国改革开放前基本采用的是计划经济体制，前东欧等社会主义国家当时也采用计划经济体制。市场经济体制的主要优点是为人们提供了平等竞争的机会，促进技术进步和制度创新，提高了资源利用效率。西方经济学家把经济体制分为四种类型：自给经济，低效率、无公平；计划经济，公平但缺乏效率；市场经济，有效率但缺乏公平；混合经济，效率和公平可以得到较好地协调。我国 1994 年宣布实行社会主义市场经济体制。

第三节 经济学简史研究内容

经济学简史，和经济学说史、经济思想史一样，是经济学学科中以经济学思想及理论为研究对象的分支领域。它是经济学和历史的交叉边缘性学科，与其他领域的研究不同，经济学说史是关于经济学说与理论的历史，是以时间为线索，从发展的视角，研究经济思想与理论的形成、发展与演变的过程①。

经济学简史首先研究的是经济学理论与主张，而由于时代背景不同，经济学有众多学派，如重商主义、古典学派、新古典学派、凯恩斯学派、芝加哥学派、新古典综合派、新剑桥学派、货币学派等。经济学简史首先研究的就是这些主要经济学派的理论内容、主要观点，以及这些学派的主要研究方法。比如在学习新剑桥学派时，我们最重要的是要搞清楚这一学派的观点与主张是什么。通过学习，我们大致可以梳理出这一学派坚持三项重要主张：（1）一是坚持抛弃均衡概念，树立历史的时间观念；二是强调社会制度和阶级分析的方法。（2）经济增长理论：最重要的特点是把经济增长同收入分配问题结合起来考察，一方面阐述如何通过收入分配的变化来实现经济的稳定增长，另一方面说明在经济增长过程中收入分配的变化趋势。（3）通货膨胀理论：新剑桥学派认为，要解释和说明经济"停滞膨胀"的原因，必须抛弃物价水平仅仅取决于货币数量的传统理论，回到凯恩斯关于物价水平主要受货币工资率支配的论断上。

经济学简史还需要研究经济学派产生的历史背景。这恰恰是这一门学科的重要特征。经济学要以历史的痕迹展现出自己学科的特点，而这个历史痕迹是单向的。这门课程研究的经济学内容从古希腊、古罗马一直延续到现代信息社会，历史跨越有2000多年，经历了无数个历史朝代和经济制度。而每一个经济学派所表达的经济学思想与主张都有其产生的历史背景。比如正是地理大发现和新航路导致了商业革命，取得黄金、寻求冒险、进行贸易成为当时主要的经济行为，重商主义就应运而生了。当然随着工业革命的兴起，重商主义就逐渐走向衰落，而代表工业革命的古典主义登上了经济学历史舞台。米切尔（Mitchell）认为：

> 经济学家倾向于认为他们的工作是建立在逻辑性问题之上的自由智慧的结果。他们承认其思想受到他们的才智足以选择的读物及接受的教育的影响。但是他们很少意识到他们的智慧是由其成长的环境塑造的，他们的思想是社会的产物，他们不可能在真正意义上超越他们的环境②。

尽管也有一些学者在争论环境和历史未必是经济学派形成的主要因素，但他们也都

① 李晓蓉．西方经济学说史［M］．北京：北京大学出版社，2014：3－5.

② Mitchell，Wesley. C. *Types of Economic Theory*，New York：A M. Kelley，1967：36－37.

承认历史背景在经济学派演变中扮演着独特的作用。

经济学简史还要研究经济学派之间的关系与政策主张。一个学派往往是在继承与批判前面流派基础上诞生的，它们之间不可避免有着一些联系，当然还有巨大差异。也许经济学的同一原理在不同的历史时期有着不同解释，但它们确实具有相似性。而同一时代同一历史环境下，也会产生不同的经济学派，它们都试图用不同的声音和方法给经济学理论打上自己的烙印。地理大发现时期的重商主义和现代的贸易保护主义就有着相通之处，而凯恩斯之后的新古典综合派与新剑桥学派理论观点大相迥异。同时，经济学派的壮大和发展体现在对政府经济政策和社会政策的影响，自重商主义以来，经济学家与经济学派的影响力越来越强，一些经济学家已经成为政府的经济顾问，甚至直接参与政府决策，左右国家经济政策。重商主义学者柯尔贝尔就是当时法国海军大臣兼财政大臣，是当时法国国王路易十四时代的主要决策人物。

复习与讨论

1. 均衡分析是研究经济学中的主要方法，试举例阐述什么是均衡分析法。

2. 经济学流派的历史背景有重要意义，分析重商主义产生的历史背景。

3. 机会成本是经济学中重要概念，它和成本有什么区别？

4. “经济人”是经济学中的关键概念，解释为什么说“经济人假设认为人们都是追求自身利益最大化的”。

5. 经济学是社会科学，但经济学有很多经济学模型，举例说明经济学模型对经济学学习是否有重要价值？

6. 一个思想体系要流行，要么满足全社会的需要，要么至少能被社会上一部分人所接受，并捍卫、扩展和实施。重商主义者关心：“一个国家如何积累最多的金银？”古典经济学家关心：“我们如何能够提高产出？”凯恩斯关注：“市场经济如何能够避免萧条和高失业？”货币主义者关注：“着重研究通货膨胀的成因。”

从上面这段材料分析重商主义、古典经济学、凯恩斯和货币主义的基本经济政策有什么异同。

本章移动端课件

经济学简史 第一章

扫码学习 移动端课件

CHAPTER 2

第二章　前古典经济思想

西方文明的根基在于古希腊文明和希伯来文明，而古希腊文明尤为灿烂。古代希腊时期形成的文化对后来西方文化产生了极大影响。西方最早出现的经济学说也产生于古代希腊。这个时期奴隶主思想家认为将人划分为奴隶主及奴隶是天经地义的，他们虽崇尚自然经济，但已有货币经济思想的萌芽。古罗马法学家的经济思想也不容忽视，形成了自己的特色。西欧封建主维护自然经济，主张经营、管理好庄园经济，也注意到了商品货币中的公平价格、货币、利息等问题。而基督教对西欧中世纪影响极大，出现了经院学派，宗教思想在人们精神生活中占绝对支配地位，基督教经济思想影响着人们生活。前古典时期的经济思想也较为朴素，更多关注的是公平而不是价值的起源，也未形成系统性的阐述，与哲学、法学甚至神学的界限往往也是模糊不清的，但是学者们对财富增长的认识，对价值与财富性质的思索，对分工与效率的观察，以及对货币性质与功能的探求毫无疑问地构成了现代经济思想的重要来源，成为现代经济科学的出发点。

第一节　古希腊主要经济思想

古希腊因其地理位置优越、土地肥沃、气候条件适宜、交通便利，生产力处于较高水平。经济的高度繁荣促进了政治、艺术和哲学等方面的发展，产生了璀璨的希腊文化，是西方文明的主要发源地。公元前8世纪至公元前6世纪，约两百年的时间里，奴隶制城邦在古希腊兴起，古希腊社会也进入了鼎盛时期①。在这个时期，虽然自然经济占绝对优势，但是商业贸易活动和市场活动已广泛存在，货币普遍使用，思想家们开始注意到分工、货币、公平价格和商业伦理等这些重要问题，并提出了一些有价值的经济思想。

在古希腊社会中，占统治地位的经济学说是奴隶主阶级的经济学说。主要包括三个方面的内容：(1) 为奴隶制度辩护。力图证明奴隶主和奴隶的存在是一种自然和合理

① 古希腊一般是指公元前8世纪至公元前146年，是西方文明的重要发祥地。当然希腊历史最早要追溯到克里特岛文明，距今有4000多年的历史。

的现象，奴隶天经地义地应服从奴隶主的统治，不能拥有任何权利。他们关心对奴隶的组织和管理，以便剥削到更多由奴隶劳动创造出来的剩余产品。（2）维护奴隶制自然经济。古希腊奴隶主思想家的这一立场，具体表现在他们把具有使用价值的东西才认为是财富。农业是奴隶制自然经济的基础，因此古希腊思想家重视农业生产，主张奴隶主应该亲自管理农业生产，认为农业是社会上最好的职业。（3）论述了商品货币经济的问题。古希腊思想家对这一方面问题的论述和在其他一切领域一样，表现出同样的天才和创见性，他们的见解自然而然地成为近代政治经济学理论的出发点。

在剧烈的奴隶制阶级斗争中，奴隶主思想家努力寻找维护和巩固奴隶主所有制和奴隶主国家的途径，因而出现了一批著名的思想家，他们阐述了古代希腊奴隶主阶级较为系统的经济思想。其中最主要的代表有色诺芬、柏拉图和亚里士多德。作为苏格拉底哲学思想的传承者，他们对经济问题的阐述，毫无例外地坚持正义和道德的原则，企图寻求以人类为中心的经济理性。因而，在他们的论述中，城邦的基础不是社会契约的产物，而是基于人类之间自然的不平等；奴隶制度既是人之天性使然，因而一定是正义的；社会分工上他们虽然承认专业化分工可以促进生产，使产品更加精美，但却对农业充满敬意，他们往往鄙视贸易和手工业，甚至认为商业生活是不高尚的、有害于德行的。这些观点显然因自然经济条件的制约而具有局限性。

一、色诺芬的经济思想

色诺芬（Xenophon，约公元前430～前354或前355年），是古希腊著名哲学家、史学家，是苏格拉底的门徒。他在政治上拥护斯巴达的贵族寡头政治，反对雅典民主政治；在经济上拥护自然经济，反对雅典发展商业和货币的经济方针。他著述很多，经济著述有《经济论》和《雅典的收入》。色诺芬是最早使用“经济学”一词的人，它是“oikos”（家庭）与“nomos”（法或原则）的结合，意思就是“家庭管理”。古希腊奴隶制生产以家庭为单位，所谓“家庭管理”实质上就是奴隶主组织和管理奴隶制经济的各种问题。作为自然经济拥护者，色诺芬十分重视农业生产，认为“对于一个高尚的人来说，最好的职业和最好的学问就是人们从中取得生活必需品的农业”“农业是其他技艺的母亲和保姆，因为农业繁荣的时候，其他一切技艺也都兴旺”①。正由于他是自然经济的拥护者，因此他总是从物品使用价值角度来考察问题。例如，他认为一支笛子对于会吹它的人是财富，而对于不会吹它的人，则无异于毫无用处的石头②。又如，他从使用价值角度考察分工的利益，认为分工会使产品制造得更精美、质量更高。他还以敏锐的眼光观察到，分工发展的程度依赖于市场规模的大小。不仅如此，他还依据生活经验认识到了商品价格波动依存于供求关系变化以及价格波动对资源配置的影响。他曾

① ［古希腊］色诺芬. 雅典的收入［M］. 张伯健，陆大年，译. 北京：商务印书馆，1961：3.

② Xenohpon. *Memorabilia and Oeconomicus*［M］. New York：G. P. Putnam's Sons，1923：10－13.

经举例说，铜器生产过多，黄铜价格就会下跌，工人就会因此而破产。当农产品价格低廉时，农业就无利可图，许多农民就会放弃农业，而从事其他行业。站在拥护自然经济立场上的色诺芬，尽管重视的是物品的用途（或者说使用价值），但他关于物品对人的效用会随该人拥有物品的多寡而变化的论述却为现代主观价值论提供了思想营养。他这样说："吃饭的人看到桌上摆放的盘子越多，他越容易产生吃饱的感觉。快乐的持续时间也是这样，面前有许多道菜的人不如中等生活的人情况好。"①

色诺芬的活动领域毕竟是两千多年前古希腊的自然经济领域，因此他的思想必然具有某些不可避免的历史局限性。例如，虽然色诺芬把经济剩余看作是衡量管理者管理能力或效率的标准，但他却反对所谓"获取"的行为，把"获取"的行为指责为"非自然的"。在色诺芬看来，"自然的"经济过程是符合一定道德标准的从自然界获得有用物品的过程，在这个过程中，人们运用有关知识，包括对自然的认识、判断和推理，进行适当的自然开发，为满足人的欲望或避免痛苦而增加社会财富。而"非自然的"获取行为，在色诺芬看来，并非为了满足人的欲望而增加财富的行为，而是一种通过交换而获利的牟利行为，是违背一定的道德标准的。

二、柏拉图的经济思想

柏拉图（Plato，公元前 427 ~ 前 347 年）古希腊哲学家、伦理学家和政治家。出身于雅典贵族家庭，是苏格拉底的学生。曾创办"阿卡德弥亚"哲学学园。也是整个西方文化中最伟大的哲学家和思想家之一。他出生于雅典贵族家庭，是奴隶制度的忠实维护者。柏拉图最著名的代表作是《理想国》和《法律论》。

（一）理想国与分工理论

伯罗奔尼撒战争（公元前 431 ~ 前 404 年）的最终结果导致雅典走向衰落，雅典的民主政治遭到破坏。正是因为政治、军事的失利以及民主制度的没落等综合原因导致柏拉图试图建立一个"威权主义的国家"。这样的国家的效用即可弥补雅典民主的不堪，同时使得雅典的军事与政治再次强大起来。柏拉图著作中的理想国，正是最早的乌托邦②。

通观柏拉图对理想国的设想，站在今天的角度来看，这样的设想实在令人难以接受。那是出自一位伟大的哲学家对智慧的自负。其中很多具体的措施都是模仿斯巴达这个军事化管理的国家。在斯巴达可以说全民皆兵，除了因体弱被摔死的幼儿、多数体质不行的妇女以及老人和贵族之外，全都要在军事化管理的集体中度过，这是一个完全靠

---

① ［古希腊］色诺芬．神圣［M］//［美］小罗伯特，埃克伦德，罗伯特．经济理论和方法史．北京：中国人民大学出版社，2011：12.

② 乌托邦（Utopia）本意是"没有的地方"或者"好地方"。乌是没有，托是寄托，邦是国家或者住所，出自英国空想社会主义学者莫尔的名著《乌托邦》。

战争和掠夺才能生存的国家。

柏拉图把国家分为三个阶层：受过严格哲学教育的统治阶层、保卫国家的武士阶层、平民阶层①。他鄙视个人幸福，无限地强调城邦整体、强调他自己以为的“正义”。在柏拉图眼中，第三阶层的人民是低下的，可以欺骗的。他赋予了统治者无上的权力，甚至统治者“为了国家利益可以用撒谎来对付敌人或者公民”。柏拉图把人的天资区别开。他说，上帝在造人时，在不同的人身上加了不同的金属：在哲学家身上加了金子，从而使他们成为高贵的统治者；在军人身上加了银子，从而使他们成为次一等的护国者和辅助治国者；在生产者身上加了铜和铁。这种身份是前定的，大家不应抱怨，应该安分守己。

如果说色诺芬开启了分工的探讨，那么柏拉图就把分工深化了，柏拉图把“分工当作国家的组织原理来看待”。一般地，柏拉图的分工思想主要表现为以下几点。

（1）遵循色诺芬开创的道路。柏拉图把城市的起源归因于专业化和分工，这一认识为城市确立了经济的基础，并在后来杨小凯的超边际分析中得到进一步展开，杨小凯由此来解释城市的起源。柏拉图进一步考察社会分工的起源：一方面在于人需求的多样性，另一方面起源于人生来不平等的天性，各有所能。同时，柏拉图强调，脑力劳动是奴隶主贵族的天然职能，而体力劳动是农民、工匠和奴隶的天然职能。这样就形成了一种自然的社会分工：政治家以其智慧治理国家，军人以其勇武保卫国家，劳动者以其生产品供给国家。他这样认为：

> 由于每个人都有许多欲望，便要求许多合伙人和承办商来满足他们的欲望。一个人将向另一个人交换以满足一种特殊欲望，而且，为了满足一种不同的特殊的欲望，他将继续找到另一个与之交换的人。由于这种服务的相互交换，大量的人便聚集在一起，居民们便聚集在我们称之为城市或国家的地方……这样一来，一个人便同另一个人交易，每个人都假定会从中获利②。

（2）柏拉图还揭示了分工的互惠本质。柏拉图认为，专业化创造了互惠的相互依存，而互惠的相互依存又确立了互惠的交换。分工使每人精专一业，产量可增加，物品也精美，互助使人们结成团体形成国家。

（3）柏拉图指出分工引起的交换可通过市场进行，并以货币为媒介，但必须对货币加以管理以消除利润和高利贷而保障交换的公平，这些货币可由政府的法令发行的不兑现货币，这是货币名目论的先驱。

整体上看，他拥护自然经济，但在对分工的利益、分工和交换的关系等问题的论述中，又包含了一些可为后人所继承和发扬的有价值的见解。

（二）财产权利论

柏拉图的理想国存在着两种财产权利安排。对于由哲学家和战士构成的统治阶级而

---

① ［古希腊］柏拉图．理想国［M］．郭斌和，张竹明，译．北京：商务印书馆，1986：70.

② Plato. *The Republic*［M］. New York：Norton，1985：369.

言，他主张实行“共产主义”。这两个阶层不仅不拥有私有财产，甚至连家庭也不存在，妻子儿女也一律共有，结婚男女也必须住在公共宿舍，在公共食堂进食。柏拉图认为私有财产和家庭养成人们利己和贪欲之心，引起人与人之间的分歧和矛盾。因此，只要消灭了财产的私有制，就能消除统治阶级的内部矛盾和冲突，保持全国团结一致。哲学家们能够更好地管理国家事务，战士精英才能更好地履行保护城邦的职责，最终使国家获得永久和平。

而对于劳动阶级，他们可以通过劳动获得财产，允许一定的私有。目的是消除其与统治阶级之间极端的贫富差距，从而安心于本职工作和在社会上的阶级地位，实现城邦的和谐安定和繁荣。

对于土地，柏拉图提出平均分配的思想，将土地平均分配，归属各居民，但居民不能将遗产再行分割，也不准出售或用其他方式进行分割，即使是城邦也不能运用政治权力来分割地产。柏拉图的论述毫无疑问是为了维护奴隶制国家的稳定与和平，但是其论述非常模糊，并不明确，自然也没有引起重视。

（三）货币论

柏拉图的另一理论贡献是他对货币功能的理解及提出的货币政策主张。分工必然引起交换，而交换离不开货币的使用。在一般等价物的意义上，柏拉图认为货币是为了方便交换而设计的一种“符号”。能够历史地观察到货币作为流通手段和价值尺度的性质，无疑是一个重要的进步，为他的学生继续探索“交换的公平”原则提供了客观基础。

与此相关，柏拉图并不认为货币的物质内容是重要的。他提出，货币的价值与它的金属特征无关。就国内的流通而言，只要具有法定的偿付能力，不需要一种内在的物质的价值，货币就可以实现交换手段的职能，因此货币是不是金银本身没有多大意义。由于仅仅是“符号”，柏拉图提出没有积累和贮藏货币的必要，极力反对把货币作为贮藏手段及放贷取息的营利活动。他认为高利贷资本对利润的追求将腐蚀公民高尚的情操，具有潜在的破坏性，因此主张制定法律加以管理，使商人们只能得到适当的利润。

三、亚里士多德的经济思想

亚里士多德（Aristoteles，公元前 384 ~ 前 322 年）是古希腊最博学多才的思想家。他是柏拉图的学生，但远胜于老师。他一生著述更多，其经济思想主要体现在《政治论》和《伦理学》两书中。他代表中等奴隶主阶级，希望实行有限的奴隶主阶级的民主政体来巩固奴隶制度。认为国家是从家庭联合发展起来的，家庭是国家整体中的最小分子，但国家比家庭和个人更为重要。他同时认为世上有统治者与被统治者区分不仅必要而且有利。

亚里士多德的经济思想中有两点特别引人关注。一是关于“货殖”问题的分析。按亚里士多德的看法，社会财富分为两种：一种是作为有用物总和的财富，另一种是作为货币积累的财富。为获取有用物即使用价值这种财富的经济活动属于“家庭管理”（即经济），这种经济活动是自然的。而无限制地追求货币财富的活动，称为“货殖”，是反自然的。他还从分析商品有不同用途来证明“货殖”的反自然性质。按他的说法，我们所拥有的一切东西都具有两种用途，例如一双鞋是用来穿的，同时也可用于交换。前一个用途是物品本身所固有的，后一个用途不是物品所固有的，因为物品不是为了交换才制造的。同样，如果人们只把货币当作交换的媒介，交换的目的是获取另一种自己消费的物品，这种交换行为是自然的，因而属于“家庭管理”（经济）范围。反之，以获取更多货币为目的的交易行为，即把货币当作增殖的手段，这种交易行为就是反自然的，可称为“货殖”，他对此持否定态度。他尤其反对高利贷行为。总之，做交换媒介是货币本身的自然用途，而以货币产生更多货币，就是反自然的“货殖”行为①。实际上，亚里士多德在这里已经认识到作为交换媒介的货币与作为资本增殖用的货币的区别。亚里士多德另一个重要的经济思想是，揭示了不同商品之所以能按一定比例相交换是由于各种商品之间存在着等一性或者说等同性。他在论述“公平”这一道德范畴时举例说：假设 A 是一个建筑工人，B 是一个鞋匠，A 要从 B 那里获得鞋，必须以自己的产品作为报答。如果商品之间有了比例的均等，互惠的行动就能发生，否则交换是不平等的，不能进行。又说：互相交换的是职业不同的人，但必须使他们成为平等的，他们的产品必须是等同的。至于这种等同的东西是什么，亚里士多德只说到各种商品都可以还原为一定数量的货币，货币使各种商品成为相等并可互相交换。对于生活在不平等的奴隶制时代的亚里士多德来说，人类平等的观念还没有建立起来。对古希腊思想家来说，能认识到只有各种产品相等才能互相交换，这在当时已经是了不起的见解。

整体上看，古希腊思想家拥护自然经济，贬低商品经济，重视农业，轻视手工业，承认小商业的必要性，反对大商业和高利贷。在分析商品货币关系时，对分工、交换、财富等曾涌现出一些有价值的思想火花。

第二节　古罗马的经济学说

伟大属于罗马，光荣属于希腊。古罗马时代是西方社会文明的重要发展阶段。与古希腊一样，古罗马也是典型的奴隶制社会，发展程度较高，但不同的是，它的发展是建立在寡头政治、军事侵略基础上的。从公元前 264 年开始，古罗马通过常年的战争，相继征服了希腊以及地中海沿岸国家。在公元前 1 世纪和公元 1 世纪之间，罗马成为横跨

① ［古希腊］亚里士多德．政治论［M］．吴寿彭，译．北京：商务印书馆，1965：31.

欧、亚、非三大洲的奴隶制帝国。公元476年，西罗马帝国又在奴隶起义和外族入侵打击之下覆灭。

由于古代罗马奴隶制生产方式的发展，出现了一些法学家，也出现了一批奴隶主阶级思想家论述农业的著作，这些著作综述了农业经营的各种技术和经验，反映了农业中的生产组织形式和社会关系。另外，在奴隶制经济的衰落过程中，又出现了早期基督教的经济思想。

一、古罗马经济思想

（一）西塞罗的社会经济思想

西塞罗（Cicero，公元前106～前43年）是罗马共和国末期著名的政治家、演说家和法学家，曾经被选为执政官，其主要著作有《论共和国》《官吏篇》《法律篇》等。西塞罗是把斯多葛学派的自然法思想和罗马法结合起来的主要代表人物，希腊的自然法构成了西塞罗法律思想的理论基础①。西塞罗深受斯多葛派哲学观点的影响，倾向于把自然和理性等而视之，并把理性设想为宇宙中的主宰力量。西塞罗认为，法是最高理性，它根植于自然之中，是把原来民族习惯用文字写出来并予以实施。同时，以自然法理论为基础，西塞罗认为自然法既不能废除，也不能取消，而自然是正义的本源，是衡量一切事物的标准。在西塞罗看来，智者是彻底为理性所化的人，因而智者的理性也应当成为正义的标准。

西塞罗还认为，人与上帝的第一份共同的礼物就是理性，而正当的理性就是法。因此，人与上帝共同具有法，从而也共享正义。而且正义只有一个，它约束整个人类社会，并建立在正当的理论基础之上；相反，完全非正义的法律不具有法律的性质。显然，根据西塞罗的这种观点，法律实际上是一种契约，是平等的法人之间的具有法的效力的交易行为。而如果一个国家的成文法与正义相矛盾的话，那么这种法律也就不是真正的法律。西塞罗研究了商品生产者的各种关系，诸如买卖、借贷、债务、契约和其他义务，承认个人地位，保障签订契约的自由，确认债权者有役使债务者的权利。

在西塞罗看来，私有财产不仅是合理的，而且是合法的，应该受到国家的重视和保护。他说："一个将要管理国家事务的人首先应该关心的是使每个人拥有自己的财产，并且使私有财产不会从国家方面而遭受损失。"② 他认为，获取私有财产以不侵害他人的利益为前提。虽然西塞罗曾将平等的观念推及很多领域，但他从来就没有准备把它用于私有财产方面，尽管他承认人们存在着共同的利益。相反，他承认这种私有财产上的

---

① 斯多葛哲学学派是塞浦路斯岛上哲学家芝诺（Zeno）于公元前300年左右在雅典创立的学派，因在雅典集会广场的画廊斯多葛聚众讲学而得名。斯多葛派把宇宙看作是美好的，有秩序的，完善的整体，强调顺从天命。

② ［古罗马］西塞罗．论法律［M］．王焕生，译．上海：上海人民出版社，2006：58.

不平等，财产的差别是自然的，就如同平等是不自然的一样①。

（二）加图经济思想

加图（Cato，公元前235～前149年）是古罗马的政治活动家，曾任职于罗马元老院，历任行政长官、监察官等职。他生活在罗马帝国的鼎盛时代，大量战俘和被罗马人征服的国家人民成了其奴隶。当时，奴隶主力主发展奴隶制经济。加图的《论农业》和《起源》反映了奴隶主发展奴隶制经济的要求。加图认为，农业在一切经济部门中都是罗马人最适宜从事的职业，奴隶主的主要任务是管理好自己的庄园，以增加收入。他为奴隶主的管理提出的方略是：尽量减少开支，购买最必需的生产资料；分给干重活的奴隶的粮食应多于干轻活的奴隶（如管家和牧羊的奴隶），冬天给奴隶的粮食要少于夏天，卖掉生病和不能干活的奴隶。换言之，他主张仅提供给奴隶维持其生存的需要。此外，他提出要加强对奴隶的管理。他说，要防止奴隶“偷窃”和“犯罪”，最有效的办法就是让奴隶不间断地工作，对奴隶严加看管，而不要放任。加图生活的时代，商品交换和商业已开始发展。他也看到，在规模较大的庄园中有大量剩余产品可以销售。因此他主张把庄园的地址选在交通便利和有利于产品销售的地方。他认为，在从事庄园商业时，应遵循少买多卖的原则。在庄园经济中应发展商品率较高的农产品生产，如葡萄的生产和用于交换的牲畜的饲养。这反映出古罗马时期普遍有了商品经济的思想萌芽。

二、早期基督教经济思想

对古罗马影响至深的是基督教思想。早期基督教思想把上帝的王国看作是伸手可及的，它强调“另一世界”的财富，认为生产和商业福利在上帝王国是多余的，把人世间的财富看作是到达天上王国的障碍。随着时代的推移，人们所期盼的这种天上王国的来临变得十分渺茫而遥远，财富则被看作是上帝赐予用于改善人的福利的礼物。

奥古斯丁是罗马帝国瓦解时期最著名的思想家。他出生于北非的塔加斯特，开始信仰摩尼教，后皈依基督教。其著作有《忏悔录》《上帝之城》等。奥古斯丁的经济观点反映了由奴隶制生产方式转向封建主义生产方式时期的统治阶级的利益和要求。他认为，在上帝创造世界时，就要人劳动，只从事精神活动而不从事体力劳动乃是怠惰的标志。他把铁匠、木匠、鞋匠的工作都称为纯洁正直的行为，认为体力劳动也值得人们尊敬。但是，他认为在一切行业中，最高尚的行业是农业。在一切手艺中，最纯洁的手艺是农业技艺。对于商业，他则采取非难、蔑视的态度。他认为，为谋生而从事小商业是情有可原的，但以营利为目的的大商业则是绝对不能容忍的。他说，商人的职务是贱买贵卖，这种行为显然是败行，一切正直的人都应该反对它。

① ［美］小罗伯特，埃克伦德，罗伯特．经济理论和方法史［M］．杨玉生，张凤林，等译．北京：中国人民大学出版社，2001：20.

奥古斯丁坚持“公平价格”概念。公平价格概念最初见于罗马法和罗马法学家的著作，意指某时期不受市场供求变动影响的价格，大多数交易都遵照这种价格进行。实际上，罗马法学家的公平价格概念是平均价格，或大体上与价值相符的价格。奥古斯丁也运用公平价格概念，其意思和法学家的意思相同。例如他说：“我知道有这样的人，当他购买抄本时，明知卖主不知抄本的价值，而他却自然而然地按公平价格付给卖主。”奥古斯丁没有进一步论证公平价格的内涵。不过，值得注意的是，他指出了一条通向主观价值理论的道路，在《上帝之城》中，他论述道：

> 在每种与其应用成比例的东西上都有不同的价值系列，最常见的情况是一匹马比一个奴隶贵，或者一件珠宝比一个女仆贵。由于每个人都有随其意愿形成其看法的能力，在完全站在对某种东西的实际需要的立场上的人的选择和仅仅对快乐感兴趣而热切追求某种东西的人的选择之间是极少一致的①。

第三节 西欧中世纪的经济学说

中世纪初的西欧封建制社会经济，城市消失、手工业衰落、商业停顿、货币流通大大缩小，自然经济占统治地位。公元11世纪，随着封建制度的发展，封建世俗领主和基督教会连为统治的一体。在思想和经济领域里，基督教义和教会思想成为时代的统治思想。

一、西欧中世纪社会思想的特征

中世纪的西欧是一个漫长的封建时代②。封建制度下的生产是在封建庄园中进行的，自然经济占统治地位。但公元10~11世纪后，随着生产力的发展，手工业和商业逐渐发展起来，并在手工业和商人聚居的地方开始形成城市。与封建统治相适应，宗教在社会生活中占有特殊地位，教会有极大势力。教会僧侣不仅是大封建主，也是思想文化教育领域的垄断者，宗教思想在人们精神生活中占绝对支配地位。那时的经济思想也是僧侣的产物，特别是由一个著名学者组成的团体即经院学派的产物③。经院学派的方法是：先提出一个观点，然后对这种观点作肯定或否定的评论说明，按所谓权威（例如亚里士多德）说法，给出一个最后的答案。经院学派的理论不是来自实际经验，而是来自信仰

---

① Dxmpsy, B. W. Just Price in a Functional Economy [J]. *American Economic Review*, 1935, 25 (9): 471-486.

② 西欧中世纪一般是指公元476~1453年，时间跨越将近1000年。这一时期西欧处于封建社会，没有统一的王朝，各个国家混战不休，经济落后，世俗君主和教皇争权夺利，是欧洲的黑暗时期。

③ 中世纪经院学派的思想是以10~15世纪间，由传统的教义、教会思想和亚里士多德的哲学构成的混合体。教会法规是这一哲学思想的规范化。

和权威的影响。也就是说，知识不是来自对现实生活经验的总结和抽象，而是来自《圣经》或教士的著作，僧侣的任务就是按教义去解释生活。西欧中世纪曾出现过许多位有影响的经院学派思想家，这里以托马斯·阿奎纳为代表来说明经院学派的一些经济思想。

二、阿奎纳的经济思想

托马斯·阿奎纳（Thomas Aquinas，约1225～1274）是中世纪经院哲学的典型代表，被教会捧为“神学泰斗”。他在论证自己的学说时，除了援引宗教信条和教父说理，还广泛引用亚里士多德的学说。他的著作很多，《神学大全》是其代表作，也是中世纪经院哲学的集大成著作。后来，他的神学成为天主教会的官方哲学，其中涉及经济思想方面的理论观点也有不少。下面我们列举他对财产所有权制度、价格、货币、商业和利息问题的看法和态度来加以说明。

关于财产所有权制度，他竭力推崇私有制，反对公有制。按他的说法，私有财产之所以需要，是由于每个人对获取他自己独得的东西，要比获取许多人共有的东西更关心些，如果责成每个人去当心他自己特有的某些东西，人类事务将管理得更有秩序，并保证人们有一个更太平的国家。财产共有反而会引起不和与争执。因此私有制不仅符合自然法观念，而且也是人类生活不可缺少的基础。但是他又提出，私有财产只在不许别人使用或用以伤害别人的时候才是不正当的。阿奎纳为私有制辩护的种种理由为后来的思想家提供了重要依据，但不许别人使用的私有权就不正当的说法又是一种糊涂的观点，因为排他性正是财产私有制的基本特征之一。

关于价格问题，阿奎纳提出了“公平价格”的重要思想。但在中世纪教会思想家中，大阿尔伯特（Albertus Magnus，约1206～1280）早在阿奎纳之前就曾研究过“公平价格”问题。他在注释亚里士多德的《伦理学》时，把与生产物品所耗掉的劳动量相等的价格称为“公平价格”，并认为如果产品交换不能和耗费掉的劳动相等，则生产该商品的行业就会消失。作为大阿尔伯特的学生，阿奎纳也认为公平价格就是与劳动耗费量相符合的价格，因此，当房屋交换鞋时，应当为房屋多付出代价，因为造屋的人在劳动耗费和货币支出上都超过鞋匠。在这里，人们似乎有理由把阿奎纳看作是劳动价值论的先驱。然而，他毕竟是封建特权理论的维护者，他从封建等级观念出发，提出公平价格必须保证出卖者能有“相当于他的等级地位的生活条件”，因而不同等级的人出售同一种商品可以有不同的价格，这仍是“公平”的。这已是“公平价格”的第二种解释。他还有第三种解释，那就是认为公平价格取决于物品对人的用处，即取决于物品的效用，而这种效用又决定于人们对它的评价，所以物品卖价比它的价值稍多一点或少一点，并不算破坏公平的要求。不仅如此，他还有第四种“公平价格”的解释，即认为公平价格可由供求关系决定。当一个卖主把小麦带到粮价较高的地方以后，发现还有很多人带来更多小麦，这时麦价会下降，而卖主得到的价格仍然是公平价格[①]。在《神学大全》中对“公平价格”做出这么多不同的解释，反映出阿奎纳对市场价格规定的种种不同思考，难以做出统一的科学理解。应当认为，除了特权等级论，其余几种说法都为后来的劳动价值论、效用论和供求论提供了依据。

关于货币问题，阿奎纳认为货币是人们在交换中为了双方共同利益而有意识发明和创造出来的，铸造货币和规定货币购买力，是统治者的特权。但统治者造币时应当使货币具有一定重量和稳定的内在价值，否则会损害商业活动。这些看法都在一定程度上反映了阿奎纳对当时正在发展的商品货币关系所作的符合实际的观察和思考。

关于商业的看法，阿奎纳作为中世纪经院学派的代表，理所当然会对商品采取否定态度，认为从商业中赚取利润是可耻的，“从本质上看，贸易总含有某种恶劣的性质”，但同时他又认为，贸易也会“转向某种诚实的或必要的目标”。这样，“贸易就变成合法的了”。例如，当一个人使用他从贸易中求得的适度的利润来维持他的家族或帮助穷人时，或者当一个人为了公共福利经营贸易，以生活必需品供给国家时，以及当他不是为了利润而是作为他的劳动报酬而赚取利润时，情况就是如此[②]。这表明了中世纪思想家对商业的态度已随着商业发展的实际情况，从否定向承认和容忍转变。同样，对高利贷，阿奎纳也开始采取妥协态度。一方面，他依据基督教教义和亚里士多德著作，认为放债取息是一种不公正的罪恶行为；另一方面，又认为在有些情况下，收取利息也是可以理解的。例如，如果出借货币蒙受损失，或冒着丧失本金的危险而出借货币，就可以收取利息以作为补偿，这就为放债取利开了方便之门。

三、利息和高利贷的思想

高利贷由来已久，早在人类社会初期便已出现高利贷的雏形——如有余粮者在饥荒时节将多余的粮食借给他人，而待收获时节以多余所借量的形式收回。有文字记载的最早的“高利贷”行为产生于罗马时期，当时穷人等不到下个收获季节来临便多已进入缺粮状态，故不得不向手中握有闲钱的富裕者借钱以购买粮食等生活必需品，维持基本的生计，但出借者通常会要求较高的利息，故谓之“高利贷”。起初，西方国家的宗教和世俗政府常以抵制的态度待之，后随社会经济的发展而逐渐默许其存在。中世纪的西欧常“因高利贷问题而扰攘不安”，这可借由当时高利贷的发展状况及活跃的表现得以证实。但总的来说，当时的“高利贷”主要是“消费性借贷”，直至13世纪中叶，虽寺院面向领主和农民的贷款活动“已多至不可胜数”，但“所有贷款都是为了消费的目的”，也即“贷款是为了某种紧急的需要”[③]。14～15世纪以来，随着西欧商业和资本

---

① Dermpsey, B. W. Just Price in a Functional Economy [J]. *American Economic Review*, 1935, 25 (9): 471－486.

② [意] 托马斯·阿奎纳. 神学大全：论上帝的本质 [M]. 段德智，译. 北京：商务印书馆，2013：120.

③ 周宪文. 西洋经济史论文集（第二辑）[M]. 台北：台北中华书局，1974：900.

主义经济的发展，人们逐渐对利息有了新的认识，教会乃至世俗政府也开始逐渐放松对高利贷的限制，如1542年英王亨利八世《反高利贷法案》允许放贷人收取一定比例的利息，而天主教会也在不断适应经济社会现状的过程中逐步调试其有关高利贷禁令的规定，承认它于社会存在的某种合理性。至19世纪上半叶起，天主教已对利息解禁，允许放贷取息的行为。时至今日，多数国家为发展市场经济的需要，已在承认放贷取息的前提下，逐步将其纳入了法律管制的轨道，某种程度上的高利贷行为已经具有了相当的合法性。

经院学派关于利息分析的主要缺点是其否认货币作为经济资源的生产力，以及它没有认识到货币的时间价值。也如一些经济思想史学家所说，经院学派学说由于压制信用市场的发展而在一定程度上阻碍了资本主义的发展。

复习与讨论

1. 古希腊的经济思想是个人主义的还是集体主义的？如何理解希腊经济思想中存在截然相反的个人主义倾向？

2. 从古希腊、古罗马到中世纪的学者为何大多反对高利贷？为何货币生息在现代社会被认可呢？

3. 亚里士多德、奥古斯丁、阿奎纳等人为何都热衷于“公平价格”问题的探讨？他们是如何理解的？

4. 尽管古罗马帝国强大和繁荣，但这一时期并没有多少真正的经济学分析著作，为什么？

5. 经院学派有何特点？现代主流经济学的研究取向与它有何异同？

6. 阐述色诺芬的经济学思想及对经济学发展有何意义。

本章移动端课件

经济学简史　第二章

扫码学习　移动端课件

CHAPTER 3

第三章 重商主义、重农主义及古典经济思想的先驱

在古典贸易理论出现以前，欧洲流行的主要是重商主义①，过度强调金银作用，认为财富的获取主要通过商业、贸易和掠夺。而在18世纪后半叶一段时间，法国曾流行重农主义，但时间并不长久。而在1776年，亚当·斯密创立古典经济学前，有一些经济学家对古典经济学的创立做出了很大贡献，提出了许多有价值的经济思想。

第一节 重商主义

重商主义是资产阶级最初的经济学说。出现在西欧封建制度向资本主义制度过渡时期（资本原始积累时期），反映这个时期商业资本的利益和要求。它对资本主义生产方式进行了最初的理论考察，是15～18世纪初受到普遍推崇的一种经济哲学。重商主义又分为早期重商主义和晚期重商主义两种。早期重商主义以“货币差额论”为中心，代表人物英国的威廉·斯塔福；晚期重商主义以“贸易差额论”为中心，代表人物则是英国人托马斯·孟。

一、重商主义主要观点

（一）重商主义崛起背景

15世纪，西欧各国逐步开始从封建社会向资本主义过渡，特别是由于新大陆和新航线的发现，商业活动范围空前扩展，商品货币关系不断发展和壮大。商品经济的发展，使货币需求急剧增长，货币成为社会各界纷纷追逐的对象。商人、高利贷者、手工场主需要货币转换为资本，以获取高额利润；地主、贵族需要货币，以购买从国外进口的奢侈品；农民需要货币缴纳地租或贡赋，因为实物地租已被货币地租所取代；封建王

① 重商主义一词首先是由法国贵族米拉博侯爵于1763年提出的，而首次深入系统的考察是斯密在其著作《国民财富的性质和原因的研究》中提出的。

室也需要货币，以维持宫廷和官僚机构的庞大开支。当时，充当交易媒介的货币，主要是黄金、白银等铸成的金属货币。金银货币成为社会财富的象征，具有至高无上的权威。拜金主义或货币拜物教，成为当时社会思潮的主旋律。

社会对货币的巨大需求，与金银可能的供应形成强烈反差。西欧除法国出产少量的白银外，大多数国家都不产金银。于是，西欧各国寄希望于发展国际贸易，从国外获取国内所需的大量金银货币。

当时，在社会经济生活中居于统治地位的是商业资本，作为雏形的工业资本尚处在从属地位。发展对外贸易，商业资本自然就成为经济活动的主角。西欧大国对美洲、非洲和亚洲的殖民掠夺，使大量金银流入，使得西欧积累了巨额的货币财富。

对外贸易的发展又促进了商品货币经济的蓬勃发展和封建自然经济的加速瓦解。社会财富的重心由土地转向金银财富，社会各阶级的生活对商业资本都有很大的依赖性。货币财富成为各阶级共同追逐的对象，成为社会经济生活的支配力量，赤裸裸的拜金主义成了社会风尚。从政治和阶级的角度看，15～17 世纪，也是西欧各国中央集权权力扩大的时期，这为贸易保护制度实施提供了政治基础。15 世纪末 16 世纪初，封建制度瓦解，代表新兴政治力量的民族国家产生，君主统领一切政务。新兴资产阶级对市场和贵金属的强大需求，政府对财富积累的需要，促使中央集权国家开始运用国家力量推行贸易保护，支持商业资本的发展。伴随着国际贸易的显著发展，资本原始积累的需要，新兴民族国家聚敛财富的需要，崇尚财富的狂热心理主导了当时人们的思想，如何使国家变得更为富强成为了人们最为关心的话题，而当时衡量一国是否富有的标准即是金银的多寡，国内的贸易并不能增加一国的货币拥有量，只有通过对外贸易并保持贸易顺差才是积累财富之道，于是早期的贸易保护制度应运而生，而与之相对应的理论基础就是重商主义。

（二）重商主义的基本信条

（1）货币（金银）即财富。虽然重商主义者不否认农产品、自然资源也是财富，但是他们坚持认为金银即货币才是真正的财富，那些不能出售的产品没有什么意义。他们把财富与货币混为一谈之后，认为一切经济活动都是为了获取金银，从而把货币的多寡视为衡量一国富裕程度的标准。

（2）财富来自流通领域和对外贸易。既然财富是货币，那么获得财富的途径就是不断地积累货币。因此，除了增加开采金银矿藏之外，只有在流通领域里才能实现，而国内贸易不过是将财富在国民之间进行了重新的分配，并不会实质性地增加社会财富。因此，对外贸易，将本国剩余产品出口换回货币被理解为是国家增加财富的唯一途径。一切经济活动就是为了获取金银。除了开采金银矿以外，对外贸易是货币财富的真正来源。因此，要使国家变得富强，就应尽量使出口大于进口，因为贸易出超才会导致贵金属的净流入。一国拥有的贵金属越多，就会越富有、越强大。政府应该竭力鼓励出口，不主张甚至限制商品（尤其是奢侈品）进口。重商主义认为，一国的获利总是基于其他国家的损失，即国际贸易是一种"零和游戏"。因此，英王伊丽莎白一世不仅采取许多有利于贸易发展的措施，同时提高商人的政治地位。

（3）强调中央集权国家的作用。重商主义者意识到商业资本的发展及利益需要有民族国家政权的支持。因此，他们要求建立统一的民族国家，并极力主张国家采取各种干预经济的措施，保护国内工商业免于封建垄断势力的压迫，同时促进对外贸易的发展，实现财富的积累和增长。

（三）重商主义的两个阶段

重商主义的发展经历了早期重商主义和晚期重商主义两个阶段。两个阶段重商主义的基本思想是一致的。它们都是资本原始积累时期商业资产阶级的意识形态，都把货币看成是财富的唯一形态。但是，在如何增加货币财富的问题上，有不同的看法和主张，提出过不同的措施和办法。早期重商主义产生于15世纪，以货币差额论为中心，又称重金主义。代表人物为英国的威廉·斯塔福和法国的孟克列钦[①]。早期重商主义者主张采取行政手段，禁止货币输出，反对商品输入，以贮藏尽量多的货币。一些国家还要求外国人来本国进行交易时，必须将其销售货物的全部款项用于购买本国货物或在本国花费掉。16世纪下半叶到17世纪是重商主义的第二阶段，即晚期重商主义，其中心思想是贸易差额论，强调多卖，代表人物为法国财政大臣柯尔贝尔和英国人托马斯·孟。他们把商品和财富联系起来。托马斯·孟有句名言"货币产生贸易，贸易增多货币。"总体上主张贸易顺差，但不必每一项贸易都是顺差。他们强调贸易顺差是取得金银的手段，货币只有投入流通才会增值。比如托马斯·孟认为应该容许金银出口，可以增加商品的出口总量：

> 那么我们为什么要怀疑在贸易中支付的金钱不一定能够以财富的形式收回来；并伴随着它可能产生巨大的收益……如果我们只看到农夫在播种时期将许多非常好的谷物抛到田里的行为，我们肯定会认为他是个疯子而不是个农夫；但当我们在其收获的最后努力中考虑他的劳动时，我们就会发现他行为的价值和巨大增值[②]。

纵观重商主义时期，早期和晚期重商主义学说的共同点是把货币作为财富的唯一形态，都把一国拥有货币的多少作为衡量该国富裕程度的标准。同时重视国家干预和管制经济，反对自由放任，认为只有政府采取措施才能保证财富的流入。而不同点则主要体现在对如何增加货币的方式上的不同。早期重商主义着眼于金银的进口，主张用行政手

---

① 孟克列钦于1615年发表了《献给国王和王后的政治经济学论》一书。孟克列钦在书中第一次提出"政治经济学"这一术语，以此来说明本书所论述的是广泛的社会经济问题，而不是以往的家庭管理的所谓"经济学"。经济学就一直称为政治经济学，一直到新古典经济学时代。

② Thomas Mun, *England's Treasure by Foreign Trade* [M]. New York: Macmillan, 1903: 26-27.

段设法通过扩大出口，从国外吸收大量的黄金和白银，然后再努力把它保持。而晚期重商主义被马克思称为真正重商主义，因为他们不仅仅停留在“货币即是财富”的层面上，而是认识到只有将货币投入贸易，才能赚回更多的货币，因此认为只要保持贸易顺差就必然有更多的货币流回本国，从而增加本国财富，因此也被称为“贸易差额论”。晚期重商主义的进步还体现在重视工业和生产这一点，认为建立一个以工业为核心，具有报酬递增特征的产业体系，才能支撑经济的可持续发展。如意大利的安东尼·塞拉，重视手工业，提出如果各式各样的和为数众多的手工业，能生产出超过本国需要的必要生活资料、享乐用品和奢侈品，就可以给国家换回充足的货币。他主张发展转运业，可以使大量货币集中到国内。认为国家要增加货币，就要遵循贸易差额的原则，在对外贸易中必须保持出超。因此，他的结论是，应该重视调节商品的流动，促进货币的运动，而不应限制货币的流动①。

二、重商主义的经济政策

早期重商主义和晚期重商主义的差别反映了商业资本不同历史阶段的不同要求。重商主义促进了商品货币关系和资本主义工场手工业的发展，为资本主义生产方式的成长与确立创造了必要的条件。重商主义的政策、理论在历史上促进了资本的原始积累，推动了资本主义生产方式的建立与发展。

15~17 世纪，重商主义在欧洲大陆盛行，欧洲一些大国制定了许多重商主义政策，目的是抑制其他国家的发展，保证自己国家的利益。主要政策包括以下内容：

（1）对金银进行管理，禁止出口。当时西欧各国都规定了严禁金银输出的法令。比如西班牙规定：输出金银货币或金银块者处以死刑。同时，各国政府还通过法令规定外国商人必须将出售货物所得的全部金银用于购买当地商品，以避免金银外流。到晚期重商主义时期，各国货币控制政策已有所放松。

（2）对殖民地的贸易进行独占垄断。英国的航海法案规定，进口到英国或其殖民地的物品必须用英国或其殖民地的船只来运输，或者必须用原产国的船只来运输，而且殖民地的某些产品只能卖给英国，另一些产品即使卖给其他国家也必须先运到英国。

（3）创立了征收关税制度，进口征收高关税，出口免税或退税。为了实现贸易顺差，重商主义者提倡实行奖出限入的政策，反对进口奢侈品，对一般制成品的进口也采取严格的限制政策，无一例外地征收重税。比如法国在 1667 年规定：把从英国、荷兰进口的呢绒和花边等装饰品的税率提高一倍。英国在 1692 年规定，从法国进口的一切商品，征收 25% 的从价税。另外，重商主义对原材料则实行免税进口。但在出口方面，重商主义者主张阻止原材料或半成品出口，奖励制成品出口。对本国的出

---

① ［意］安东尼·塞拉．略论可以使无矿之国金银充裕的成因［M］//［美］门罗．早期经济思想——亚当·斯密以前的经济文献选集．蔡受百，等译，北京：商务印书馆，1985：139.

口给予补贴，降低和免除对一些商品的出口关税。实行出口退税，即对出口商品所使用的原料所征收的捐税。在出口后，把原来征得的税款退还给出口厂商。比如在英国，如果本国货在国际或国内参与同外国的竞争时，可以退还对原料征收的税款，必要时国家给予补贴。

（4）他们还奖出限入，鼓励原料进口，禁止原料出口。英国禁止活羊、羊毛、毛纱的出口，对于出口者，甚至处断臂至死刑。重商主义主张，对本国不能生产的进口原材料免征关税，而对本国能够生产的制成品和原材料进行保护，并严格限制原材料出口。例如，伊丽莎白女王统治时期曾经通过法律禁止出口活羊，而在查理二世时期则连羊毛也被禁止出口，这是为了使本国的制成品的出口价格保持在较低价位。

（5）重商主义政策还包括扶植手工业。招聘外国技工，禁止优秀技工离开本国，鼓励人口增殖，压低工资以及改善信用制度，扶持对外贸易。如法国财务大臣、重商主义者柯尔贝尔赞成拥有大量努力工作、工资低廉的劳动人口。他认为，没有儿童因年幼而不能参与生产制造，国家应该强制儿童劳动。柯尔贝尔在 1665 年写道："以往的经验已经清楚地表明，一个儿童生命中早期的懒惰是他后来生活中一切失序的真正根源。"① 在 1668 年的一项法令中，他命令所有欧塞尔的居民都要在其子女年满 6 岁时将孩子们送到花边厂工作，否则将被处以每个儿童 30 苏的罚款。

三、重商主义的破产

从时间上看，重商主义可以说与文艺复兴运动同步。同一时期产生两种社会思想——人文主义和重商主义，其中有深刻的根源，当时社会上追求商品生产更快发展，追求商业资本的迅速增加和货币资本的不断积累，已成为一股不可抗拒的潮流，这是重商主义产生的一个重要原因。但重商主义的产生和更深层次的背景，却是在追求商业资本增加、追求货币积累这股强大潮流冲击下，所引起的西欧经济形式和社会阶级关系的变化。新经济的发展引起了社会各阶层的变化，旧式贵族变成了真正的商人，这反映了自然经济向商品经济过渡的变化。重商主义就是在这样一种背景下产生的。

重商主义抛弃了西欧封建社会经院哲学的教义和伦理规范，开始用世俗的眼光，依据商业资本家的经验去观察和说明社会经济现象。它以商业资本的运动作为考察对象，从流通领域研究了货币—商品—货币的循环运动。重商主义是和新航路开辟、文艺复兴以及西欧早期殖民扩张同步进行的，所以也主要流行于英国、西班牙、葡萄牙、荷兰和法国等欧洲国家。

在很大程度上，重商主义反映的是商业资本利益的一种经济观点和经济政策，它从现实生活去研究问题，把观察到的经济现象加以简单的综合、整理、分析和归纳，最后得出一系列经验主义的结论。因此，严格地说重商主义还不能称为一个学派，主要有这

---

① Heckecher. *Mercantilism* [M]. London: Allen, 1935 (2): 135.

么几个方面的原因：第一，它没有学派的领导人物，也没有专门授业传道的门徒；第二，它没有经院学者之间那样的一致性和连续性；第三，重商主义者分布很广，构成复杂，其中有银行、运河、工业和殖民冒险事业的发起人；第四，重商主义者相互之间也缺乏或根本不存在交流；第五，重商主义缺乏统一完整的分析体系，也缺乏基本的分析工具。

尽管重商主义在一些国家获得了成功，但在另外一些国家，如法国，结果并不令人满意。当亚当·斯密构建了近代经济学体系并创立了绝对优势理论后，重商主义受到了沉重打击，它的辉煌就宣告结束了。

第二节　重农主义

重农主义是18世纪50~70年代的法国资产阶级古典政治经济学学派。重农学派以自然秩序为最高信条，视农业为财富的唯一来源和社会一切收入的基础，认为保障财产权利和个人经济自由是社会繁荣的必要因素。重农学派在鼎盛时期以“经济学家”称谓。成员之一杜邦·德·奈穆尔于1767年编辑出版了一本题名为《菲西奥克拉特或最有利于人类的管理的自然体系》的魁奈著作选集，首次提出了源于希腊文“自然”和“统治”的合辞作为他们理论体系的名称。但重农学派在整个经济学影响并不大，因为在法国流行重农主义时，英国工业革命逐渐拉开序幕，工业取代农业，成为改变世界的主要力量已经不可逆转①。

一、重农主义的信条和经济政策主张

（一）产生背景

18世纪中叶的法国，依然处在落后的封建社会。农业仍然是法国社会经济中的主导产业，国家财政收入主要来源于农业。由于没有工业的支撑，结果造成农民的农业税费负担很重，农业因此遭到破坏。而这一时期，一方面，重农主义以资本主义方式经营的小农场的数目增长很快，小农场主们代表着先进生产力，极力要求摆脱封建式经营方式的束缚。

另一方面，法国社会发展受到英国工业革命的强烈影响。工商业获得相当迅速的发展，而且工商业在社会经济中的重要性与日俱增。但当时由于受到法国重商主义政策管制，重农主义以及国家对贸易与旅行所征收过境税的阻碍，法国社会经济发展依然十分

① 在当时，重农主义这个新名称没有得到通用。斯密在1776年发表的《国富论》中，依据他们“把土地生产物看作各国收入及财富的唯一来源或主要来源”的学说，把他们称为“农业体系”，汉语则意译为“重农学派”。

缓慢；另一方面，重农主义法国宫廷奢侈浪费成风，挥霍无度，造成国库严重亏空，不得不用增发货币来应付，却又引发严重的通货膨胀，一时间，各种社会矛盾交织，引发了法国社会变革的大讨论，法国社会制度变革已是迫在眉睫。因此，重农主义为改革寻找理论依据和经济思想基础便成为当时经济学家们的己任，于是重农主义学派应运而生。

（二）主要观点

重农学派的主要观点可以大致概括如下：

（1）自然秩序。自然秩序是重农主义体系的哲学基础，是在法国大革命前启蒙学派思想影响下形成的。杜邦·德·奈穆尔在为重农主义体系下定义时，明确地称之为“自然秩序的科学”。重农主义者指出，和物质世界一样，人类社会中存在着不以人们意志为转移的客观规律，这就是自然秩序，自然秩序是永恒的、理想的、至善的。但社会的自然秩序不同于物质世界的规律，它没有绝对的约束力，人们可按自己的意志来接受或否定它，以建立社会的人为秩序。后者表现为不同时代，不同国度的各种政治、经济制度和法令规章等等。重农主义的自然秩序学说第一次确认在人类社会存在着客观规律，从而为政治经济学提出了认识客观规律的任务。这一认识成为古典政治经济学的传统，创立了把社会经济看作是一个可以测定的制度的概念。这个概念意味着社会经济受一定客观规律的制约；经济范畴间存在着相互的内在联系；事物的发展具有理论上的可预测性。资产阶级古典政治经济学的全部理论和政策就是建立在这一概念上的。但由于他们的局限性，重农主义者既把人类社会客观规律看作永恒的规律，又把社会一个特定历史阶段的规律看成同样支配着一切社会形式的抽象规律。

（2）自由放任、自由通行。“自由放任”是文森特·德·古尔奈（Vin-cent de Gour-may，1712～1759）提出的，这个短语实际意思是“不要政府干预，让人们做他们喜欢做的事情”。除了保证最低的、必需的基本保障如保护生命与产权、维持签约的自由等之外，政府不应对经济生活施加任何干预。因此，重农学派几乎反对一切封建主义、重商主义和各种政府管制，支持国内工商业和国际贸易自由化。古尔奈是重商主义者队伍中的几个高官之一，他的经历使他后来成了一个自由放任主义的追随者。

（3）重视农业。重农学派认为工业、贸易和各种职业都是有用的，但不是生产性的，仅仅是再生产出以原材料和工人基本生存资料为形式消耗掉的价值，也是工人们的生存手段。只有农业（也许还包括采矿业）才是生产性的，因此它生产了剩余，生产了超过所耗费资源的价值的净产品。

（4）对土地所有者征税。重农主义者认为，因为只有农业才产生剩余，并且土地所有者以地租的形式获得了剩余，所以应该只对土地所有者征税。对其他人所征收的税收最终将通过某种形式转嫁给土地所有者。间接税将随着被转嫁而有所提高，因此对土地所有者征直接税优于间接税。

（三）重农主义的主要政策主张

整体来看，重农学派主要是捍卫贵族拥有土地和收取地租的权利，并以此来安抚他们。他们的政策对农民也是有益的，客观上也推动了工业发展，尽管不是他们的本意。重农主义的经济政策主张有以下三方面：

（1）主张发展资本主义大农业。魁奈主张，国民财富经济政策主张的不断增长要靠越来越多的“纯产品”生产，这需要大力发展农业，而且是资本主义大农业，因为大农业与小农业相比，规模大、效率高，生产的纯产品更多。

（2）主张自由贸易自由经济。魁奈认为，要振兴经济，发展农业，必须增加生产阶级的收入，这就需要提高法国农产品价格，降低工业品价格。而法国重商主义政策强制压低农产品的国内价格，不许农产品出口，同时又阻挠外国廉价工业品进口以及维持国内工业品高价。为此，他极力主张自由贸易，允许法国农产品自由出口，农产品价格就会上升；同时允许工业品自由进口，工业品价格就会下跌，生产阶级的实际收入就会增加，农业就会振兴和发展。

（3）主张实行单一地租税。魁奈认为，“纯产品”是以地租形式为土地所有者获得的，因此，一切赋税也应当由土地所有者负担。这就是所谓的单一地租税，即只向地租征税，生产阶级和不生产阶级获得的都只是生产费用，如果向他们征税，农业和工商业都会受到损害。只有地租收入都是用于个人消费的，与生产无关。因此，向地租征税不会影响生产和经济。重农主义的经济政策主张清楚表明，这一学派的经济思想尽管披了封建主义外衣，但实质上是为发展自由的资本主义经济服务的。

二、魁奈及《经济表》

（一）魁奈及主要经济思想

弗朗索瓦·魁奈（Frangois Qucesnay，1694～1774）是一个土地所有者的儿子，是重农学派的奠基人和领袖。他受过医学训练，通过他在医学和外科手术方面的技术获得了一笔财富。魁奈后来成为路易十五和蓬皮杜夫人的宫廷医生。1750 年，他遇到了古尔奈，不久之后他对经济学的兴趣超过了医学。魁奈和他的支持者希望把国王转变成一个“开明的君主”、和平改革的工具。在 1757 年发表在《百科全书》上的一篇文章中，魁奈指出小农场没有能力采用最有效率的生产方式，他支持由“企业家”经营的大农场，因此也就期望出现我们这个时代已经存在的大型农业企业。

在魁奈看来，社会类似于物质有机体。经济中财富和商品的循环就像身体中的血液循环。他们都遵循自然秩序。魁奈认为人们制定的各种规则应该符合自然规律。法国皇太子曾经向魁奈抱怨做国王的艰难（他还没有被指定继承王位）。魁奈说：“我不认为当国王会这么艰难。”皇太子问：“那么，假如你当国王你会做些什么？”魁奈回答说：

“什么也不做。”被问及谁将统治这个国家时，魁奈神秘地回答：“规律”，在这里显然他指的是自然规律。

魁奈的经济著作有：《租地农场主论》（1756）、《谷物论》（1757）、《人口论》（1757）、《经济表》（1758）、《经济表的说明》（1759）、《自然权利》（1765）、《关于货币利息的考察》（1766）、《经济表的分析》（1766）、《农业国经济统治的一般准则》（1767）和《中国的专制制度》（1767）。

魁奈的经济理论主要体现在以下几点：

（1）自然法则。自然法则是指支配自然界和人类社会运行的客观规律，包括物理的法则和道德的法则。物理的法则是“明显地对人类最有利的自然秩序之一切物理现象的规则运行过程”“可以理解为明显地从对人类最有利的自然秩序所产生的一切实际事件的运行规则”。道德法则是“明显地和对人类最有利的物理秩序相一致的道德秩序有关的一切人类行为的规则”“可以理解为明显地适应对人类最有利的实际秩序的道德秩序所产生的一切人类行为的规律”。魁奈认为私有制和自由是社会自然法则的基础，并对社会的自然秩序持一种乐观态度。他认为，人类行为法则是以最小的代价获得最大的快乐；而在自由制度下，个人利益的最大化和集体的共同利益并不是对抗性的，而是一致的。因此得出结论，人的这种追求自身利益的自发运动将会使理想的国家形式得到实现。

（2）“纯产品”理论。“纯产品”指的是生产出来的产品扣除掉生产过程中的耗费后的余额，“纯产品”只限于农业。在农业中，除非发生意外，扣除掉生产工具、种子、农业劳动者的生活资料后会有一个余额，从使用价值的角度看则表现为农业的剩余产品。但在商品社会中，“纯产品”的实质就是农业中的超额剩余价值。因此他将农业生产者包括农业资本家和农业工人称为生产阶级，将他们的劳动称为生产性劳动。在土地私有权是自然秩序基础的条件下，“纯产品”就该归土地所有者占有，况且土地所有者为了改善土地还进行了一系列的生产性投入。土地所有者包括地主及其从属人员、国王、贵族以及由国家付俸禄的官吏和收取什一税的僧侣们，他们本身并不生产“纯产品”，但由于他们提供了生产“纯产品”所必需的土地而占有“纯产品”，在魁奈的经济学说里被称为土地所有者阶级。同时，对于工业和商业，魁奈认为二者都不生产“纯产品”，因而不是生产性的，并将工商业的从业人员称为不生产阶级。

（3）资本理论。魁奈通过仔细的观察和分析得出结论：农业的生产费用包括两大部分，一部分叫作“原预付”，另一部分叫作“年预付”。“原预付”指的是几年投入一次购置农业设备的基金，包括耕畜、农具、库房等，这一部分提前预付的生产费用要根据其使用情况分次在生产物中得到价值补偿；“年预付”指的是一年支付一次的费用，包括种子、肥料、农业生产者及农业资本家和农业工人的生活资料，这一部分价值要每年在土地年产物中得到补偿。后来，亚当·斯密深化了这一概念，他将“原预付”称为固定资本，将“年预付”称为流动资本。

（二）《经济表》思想精髓

魁奈于1758年出版了他的名著《经济表》。《经济表》不只是一幅单纯的图表，而是一种理论分析的工具，是为了解决当时法国的现实经济问题和振兴国民经济而制定出来的。它以简明扼要的形式，试图通过描述社会各阶级之间的商品流通运动，论证资本主义社会生产和再生产的客观过程，阐明社会总产品的再生产及其在价值和实物形式上如何进行补偿的科学理论。

虽然《经济表》没有能真正揭示社会再生产的基本规律，也没有能解决现实的社会资本的再生产和流通问题，但这种天才的尝试对以后再生产理论的探讨具有深远的意义。《经济表》是经济学说史上第一次明确而系统地对社会资本的再生产和流通过程进行理论研究的，是魁奈对政治经济学做出的杰出贡献。

假定前提：（1）社会普遍实行的是大规模租地农业经济。（2）社会上划分为三个主要阶级。（3）社会资本所进行的是简单再生产。（4）价格是固定不变，且为等价交换。（5）商品和货币流通只在三个主要阶级之间进行，各阶级内部的流通略而不谈。（6）不考虑对外贸易①。

魁奈《经济表》的出发点是总的收成，是农业在上一年所生产的总产品。也就是说流通是在生产过程结束之后才开始的，是从生产的成果或者说是收获出发，而其基础就是商业资本的循环。在流通开始前，三个阶级的情况是这样的：（1）生产阶级在生产过程中，最初原预付为100亿里弗尔②，每年再投入价值20亿里弗尔的“年预付”。魁奈假定“原预付”的资本可用十年，每年损耗为10亿里弗尔。投入的资本每年可创造出价值50亿里弗尔的年总产品。从实物构成上来说，在这50亿里弗尔的总产品中，40亿里弗尔为粮食，10亿里弗尔为工业原料。而就价值构成来说，这价值50亿里弗尔的总产品分别包括以利息形式补偿“原预付”的耗损或折旧的价值，补偿“年预付”价值和“纯产物”，也就是剩余产品的价值，它们分别为：10亿里弗尔，两个20亿里弗尔。此外，在流通前，生产阶级还掌握着在上一年度流通中收回的20亿里弗尔，并交给地主（土地所有者阶级）作为地租。（2）土地所有者阶级在流通开始时，有生产阶级交给他们的地租，20亿里弗尔。这20亿里弗尔是国内流通所需的货币总额，在即将开始的流通中起着重要的杠杆作用。（3）不生产阶级在流通开始前，已有加工制造出来的工业品价值20亿里弗尔。这有一半是生活用品，另一半则是生产用品。从价值形态上说，也就是有10亿里弗尔为经营资本，10亿里弗尔为不生产阶级在生产期间所必需的生活费用（见图3－1）。

---

① ［法］弗朗索瓦·魁奈．魁奈经济表及著作选［M］．晏智杰，北京：华夏出版社，2006：65.

② 里弗尔，法国古货币单位名称，相当于一磅白银，最早出现于查理曼大帝时代。1795年，法郎被定位标准货币，里弗尔停止使用。

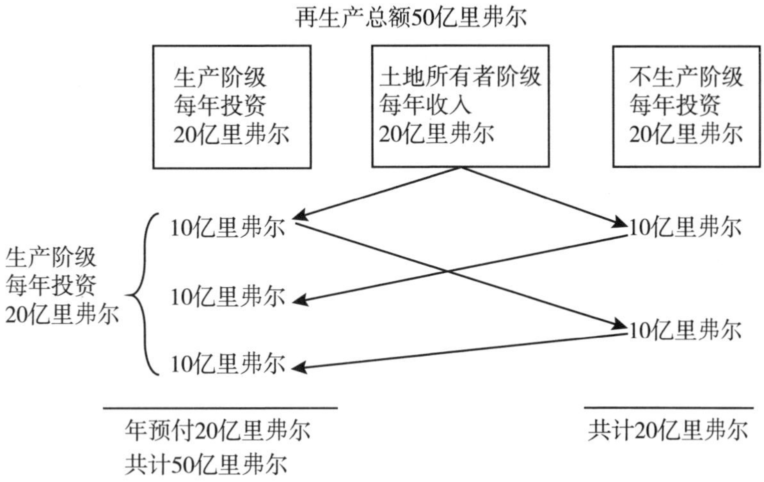

图3－1 魁奈的《经济表》运行机理

魁奈在《经济表》中把整个流通过程归结为包括商品和货币流通的五次交换行为，每次均流通10亿里弗尔产品，共50亿里弗尔产品，其中工业制造品20亿里弗尔，农业30亿里弗尔。具体过程如下：（1）土地所有者用生产阶级交付的20亿里弗尔地租中的10亿里弗尔来和生产阶级交换他们所必需的生活资料；（2）土地所有者用剩下的10亿里弗尔地租向不生产阶级购买工业品。（3）不生产阶级用出售工业品给土地所有者所得的10亿里弗尔向生产阶级购买生活资料。（4）生产阶级为了生产向不生产阶级购买价值10亿里弗尔的工业品（生产资料）。（5）不生产阶级又以向生产阶级出售工业品所得的10亿里弗尔向他们购置农产品以作为工业原料。

经过上面五次交换，即整个流通后形成了这样的结果：（1）土地所有者用他们在流通前所取得的20亿里弗尔货币地租，换取了10亿里弗尔的生活资料和10亿里弗尔的工业品，得到了他们所“应得”的“纯产品”。（2）不生产阶级得到了10亿里弗尔的生活资料确保生存需要和10亿里弗尔的农产品（工业原料），保证再生产的继续。（3）生产阶级以上一年度生产中的价值30亿里弗尔的农产品（20亿里弗尔的生活资料，10亿里弗尔的工业原料）换得价值10亿里弗尔的生产资料和20亿里弗尔的货币。除了这30亿里弗尔进入流通外，生产阶级还有价值20亿里弗尔的农产品保留在他们手中，作为种子和本阶级的生活资料，不参加流通。

整个经济运动就此完成。在本年度，简单的再生产可以再进行，而在本年度生产结束后，同样的流通又可以再进行。这就是魁奈《经济表》所阐述的主要内容，也是魁奈在经济学说史上的一个杰出的贡献。

三、重农主义评述

重农学派的一些观点很明显是错误的。该学派错误地认为工业和贸易是非生产性的，而法国的工业和贸易越发达，重农学派的分析错误也就越明显。这种错误导致了另一种错误——因为认为只有土地才产生剩余，所以应该只对土地所有者征税。富有的工业资本家笑了，因为他们赞成这种信条：他们没有增加财富所以不必纳税。重农学派的税收观念留下了长期的影响。约翰·斯图亚特·穆勒在19世纪中期倡导政府应该得到由于地价上涨而增加的全部资本利得，一个方式是政府对未来上涨的地租征税。在重农学派100多年后，亨利·乔治在美国同样倡导"单一税收"运动，其目的是没收全部租金。

重农学派颂扬资本主义农场主是法国经济发展的主导力量，但他们在两个方面是错误的。第一，工业资本家和雇佣工人成为这个国家经济增长中最重要的力量，而农业的重要性却相对降低了；第二，是小农场主而不是大的农业资本家成为法国农业的典型象征。如果土地仍然控制在贵族手中，对土地所有权征税会限制奢侈品消费。但当大革命以后，小农获得了土地，他们就将承受绝大部分的税收负担。

重农主义体系实际上是第一个对资本主义生产进行分析，却又是封建制度、土地产权统治的资产阶级的翻版。封建主义是以资产阶级生产的角度来加以说明，而资本主义则以大农业改造封建制度的臆想来发展。这样，封建主义就具有资产阶级的性质，资产阶级社会获得了封建主义的外观。这个实质和外观的矛盾出现于重农主义几乎所有的理论中。

重农学派在当时法国的宫廷、贵族、达官中获得声誉，甚至在巴黎所谓社会显贵名流的社交场合中，以称道农业改革和穿着带有农家色彩的装束为时尚。在法国以外的当时欧洲若干国家的统治者，如俄罗斯的叶卡捷琳娜二世、瑞典的古斯塔夫三世、托斯卡纳的利奥波德二世、西班牙的查理三世、奥地利的约瑟夫二世、那不勒斯的斐迪南一世等也对他们的学说和主张产生一定的兴趣。但他们的学说也引起了革命的或进步的启蒙思想家们的反感。伏尔泰在《有四十个埃居的人》中，对于他们学说的臆想进行了无情的讽刺与嘲弄。

重农学派也欺骗了他们自己。他们中绝大多数是达官、贵人，他们的利益和法国当时的封建制度，甚至和波旁王朝是密切地联系在一起的。他们没有认识到，他们所鼓吹的是一个与现存的封建社会相对立，并且只有消灭现存社会才能建立起来的新资本主义制度；而他们所企求的只是对旧制度的改良，而改良的目的是巩固现存的封建贵族制度。

重农学派领袖人物魁奈的去世和杜尔哥的免职，标志着这个学派的迅速崩溃[①]。1776年《国富论》的出版给重农学派以致命的打击，在理论上和政策主张上，斯密的经济思想成为以后的资产阶级古典经济学的传统思想。而1789年法国大革命后，制宪会议从重农学派杜尔哥改革方案得到启发的财政政策，只能是这一体系的"回光返照"而已。

---

① 杜尔哥（1721～1781），是法国政治家和经济学家。曾任法国海军大臣、财政大臣。他在任职时期推行重农主义政策，因受贵族反对而被取消。他发展了纯产品理论，并明确提出了资本概念。

第三节 古典经济思想的先驱

古典经济学的形成经过了一个较长的时期。它是在批判重商主义和重农学派的基础上不断演进的。最终由亚当·斯密创立了完整的古典经济学体系。本节主要介绍在17世纪末叶到亚当·斯密出版《国富论》以前的经济学思想史。这一阶段对于古典经济学的最终创立与发展具有重要意义。可以说，这一时期涌现出一些著名的古典经济学先驱。本节我们主要介绍主要代表人物配第、坎蒂隆和休谟以及他们主要的经济学思想。

一、古典经济思想的历史背景

古典经济学也称为古典政治经济学，它的产生有必然的历史背景。当时科技革命取得了重大进展，而工业革命正在悄然发生，人类经济进入了一个伟大的变革时代。这一时代不同于以往任何时期，是人类有史以来最伟大最剧烈的革命。

首先是科技革命。开普勒和伽利略是近代科学的主要奠基者，1687年，牛顿发表了科学巨著《自然哲学的数学原理》。牛顿提出了万有引力定律：宇宙中任何两个物体间的引力与它们的质量之积成正比，与它们之间的距离的平方成反比。这一定律解释了包括行星运动在内的物体运动的规律。与牛顿和其他科学家相联系的科技革命有三个方面值得一提。第一，这些科学家非常依赖实验证据。牛顿和同时代的科学家都不相信那些只通过推理而没有经过实验得到的直觉知识。第二，牛顿推广了宇宙是由自然规律统治的这一已经存在的观点。第三，牛顿的理论体系是对宇宙的静态研究，空间、时间与物质之间是相互独立的，不会随时间而改变。宇宙中的运动与联系都是在不断循环往复的。

在古典学派的思想中可以看到牛顿的影响。按照古典主义者的观点，腐朽的封建制度和重商主义的严格限制已经没有存在的必要了。对他们来说，牛顿的科学和之前的上帝意愿一样完全有效地解释了自然界。如果是神的意愿创造了一种不加干涉就可以和谐、自动运行的机制，那么自由主义就是处理社会事务最高形式的智慧。自然规律将引导经济体系和人们的活动。

这些观点在他们那个时代是具有革命性的。人们不再毫无疑问地接受古代的真理，如利息是罪恶的，地位可以继承等。如果人们自由遵循自利的自然法则，那么社会将变得更好。古典经济学中的牛顿式思想提供了证明财产收入正当的观念体系。既然自然规律最好完全不受阻碍，私人的节约和谨慎对社会利益有所贡献，那么地租、利息和利润就是对所有者和财富有效使用的公平回报。

其次是工业革命。1776年，在亚当·斯密创立古典经济学时，工业革命刚刚开始。

在17世纪，英国在商业方面落后于荷兰，在制造业方面落后于法国。但到了18世纪中叶，英国在商业和工业方面都取得了霸权地位。工业革命和古典政治经济学都首先在英国得到了发展。生活在工业革命早期的斯密和他同时代的人们，还不能充分认识到这一现象的重大意义及未来发展的方向。这样的智慧通常总是在事后逐渐表现出来；但是他们已经意识到制造业、贸易、发明与劳动分工等都已取得了实质性发展。工业的增长导致了时下思想对经济生活中工业方面的更多关注。

到1776年，作为世界上工业效率最高、实力最强大的国家，英国从自由国际贸易中获得了巨大的利益。由于英国的企业家越来越强大，他们不再依赖政府补贴、垄断特权和关税保护。随着企业家数量的大幅增加，垄断协议很难达成和执行，竞争越来越依靠产品的合理价格和优良品质。在每一方面都不断扩张的商业活动高潮迭起，许多重商主义的措施被废止。自由资本主义大门似乎被彻底打开了。一个自由流动的低工资和勤奋工作的劳动力大军也涌现出来。有时候劳动力受到保护，但更多时候是雇主得到支持。在英国，地方治安法官对工资的管制长达几个世纪，它们通常规定工资的上限。议会通过圈地法案授权人们可以用栅栏树篱、围墙圈起公共土地及没有篱笆的空地，而从前农民在那些空地上种植作物、圈养猪牛、采收燃料等。这些法令将土地严格置于私人所有权范围内，并鼓励大规模、资本密集型的农业生产。此外，随着工厂制度的发展，手工业者丧失了竞争优势，这迫使他们也进入劳动力市场成为挣工资的雇佣工人。高出生率和低死亡率增加了人口，童工和来到英国的破产爱尔兰农民也增加了劳动力供给。

二、威廉·配第的经济思想

威廉·配第（William Petty，1623～1687）是英国古典政治经济学先驱，统计学创始人，最早的宏观经济学者。配第出生于英国的一个手工业者家庭，从事过许多职业，从商船上的服务员、水手到医生、音乐教授。他头脑聪明，学习勤奋，敢于冒险，善于投机，先后创办了渔场、冶铁和铝矿企业。斯图亚特王朝复辟时期他投靠国王查理二世被封为男爵，并被任命为爱尔兰土地测量总监。1662年当选为英国皇家学会会员。晚年他已占有27万多英亩土地。一生著作颇丰，主要有《赋税论》（1662）、《献给英明人士》（1664）、《政治算术》（1672）、《爱尔兰政治剖析》（1672）、《货币略论》（1682）等。马克思对于他的经济思想给予了极高的评价，称他为“现代政治经济学的创始者”“最有天才的和最有创见的经济研究家”“政治经济学之父，在某种程度上也可以说是统计学的创始人”①。

劳动价值论：配第主张从生产过程来考察资本主义经济发展过程，把劳动看作财富的源泉。配第认为，一个国家的富强，在于团结一致和治理得很好的人民数量、技术水平和勤劳程度。国家贫穷的真正原因，一是人口少，从而劳动力少；二是人民没有技

① ［德］马克思，恩格斯．马克思恩格斯全集（第13卷）［M］．北京：人民出版社，1962：43.

术，不够勤劳；三是货币不足。他看到了货币需要投入流通才能增值。同时，他把货币看作流通手段，认为货币过多或者过少都对商业有害。说明了他已经基本上摆脱了重商主义思想。在《赋税论》中配第指出“用于驱动一国贸易必要的货币有特定的限度或比例”。但他进而指出，不只是过小的数量会有损于贸易，过大的数量也会有损于贸易。他把货币比作“国家身体上的脂肪，太少会使它生病，同样地，太多会经常影响它的灵活性”[①]。他认识到，在财富生产上，土地和劳动都是必不可少的，而劳动起着更为主导的作用。所以，他主张增加人口以增加劳动力。他又认为，在人口中只有从事物质生产劳动的人才会创造财富。因此，他极力主张压缩牧师、官吏和商人等非生产人口，减少非生产的开支。同时，他主张充分利用现有的劳动力资源，为此反对一些摧残劳动力的刑罚。和以上主张相联系，他指出：一个国家的统治者要使国家富强，就不能对全国的人口、财富、产业的情况一无所知。

把劳动时间看作衡量价值的尺度和基础。这是劳动价值论的一个基本观点。当时古典学派的劳动价值论还处于初创阶段，配第主要是在分析谷物价格时，提出劳动价值论的基本观点的。实际上是用劳动时间来确定商品的价值，用配第的话说，“这是各种价值相等和权衡比较的基础”[②]。配第提出用“自然价格”表示价值，这主要与市场价格相区别。配第的贡献不仅在于他首先明确用生产中所耗费的劳动时间来决定价值，而且在于他已经看到价值量的大小和所耗费的劳动时间成正比，却和劳动生产率成反比。

地租利息论：在劳动价值论的基础上，他考察了地租的性质和来源。地租是从农产品中扣除生产费用（工资加种子）以后的余额。他说，假定一个人用自己的双手在一块土地上面栽培谷物，在收获以后，“这个人从他的收获之中，扣除了种子、自己食用以及为换取其他必需品而给予别人的部分之后，剩下的谷物就是这一年这块土地的当然的正当的地租”。他所说的地租还包括农业投资的利润，但因为他以独立小生产者作为例子，把这点掩盖了。而且由于他把地租同工资相对比，所以他所说的地租实际上是剩余价值的一般形式。关于利息，配第的思想是认为利息由地租派生的，他称利息为“货币租金”。他认为，每个货币所有者都能购买土地并收取地租，所以货币应当与土地一样产生收入。货币所有者不用自己的货币购买土地，而是将它贷放出去，而贷放出去的货币就要收取利息：在安全没有问题的情况下，它至少要等于用借到的货币所能购买到的土地所产生的地租；在安全不可靠时，还要加上一种保险费。配第还认为利息水平应由货币的供求来决定，同时他又认为利息率的高低是由地租的高低决定的。

价值理论：人们知道，自古希腊和古罗马以来，重视劳动的思想就不时出现，中世纪的学者更将劳动提到极为重要的地位；但是，这些思想都只是将商品价格和生产成本相联系的成本价格说，而没有深入到对价值的探索。配第则是将劳动与价值结合考虑的第一人，从而最早提出了劳动决定价值的观点。

---

① ［英］威廉·配第．赋税论·献给英明人士·货币略论［M］．陈冬野，译，北京：商务印书馆，1963：62.
② ［英］威廉·配第．赋税论·献给英明人士·货币略论［M］．陈冬野，译，北京：商务印书馆，1963：45.

（1）配第将商品的价格区分为“自然价格”和“政治价格”。其中，自然价格是商品的价值，政治价格则是定义时常会发生涨落的市场价格。同时，这种市场价格涨落的中心就是自然价格，而自然价格是商品的成本以及运送到销售地点所有费用的总和。进一步地，配第把商品的价值归结为生产商品所耗费的劳动量。配第写到：“自然价值的高低决定于生产自然必需品的人手的多少”“一百个农民所能做的工作，如果由二百农民来做的话，谷物就会涨价一倍。”

（2）配第认为，商品交换应按照它们包含的劳动量来进行。例如，在回答谷物或地租的价值时，配第说：“我认为它值多少货币，就看另一个人在同一时间内专门从事货币生产与铸造的人，除去自己费用之外还能剩余多少货币；也就是说，假定这一个人前往生产白银的地方，在那里采掘和提炼白银，然后把它运到另一个人栽培谷物的地方铸造成货币，并且假定这一个人在从事这些工作的同时，也能得到生活所必需的食物和衣服，我认为这个人的白银和另一个人的谷物，价值一定相等。”

（3）配第已经把劳动时间作为计量商品价值量的尺度，并且认识到，商品价值量与劳动生产率的高低有关，两者是反向关系。当然配第的学说也存在不一致性，后来他又指出“土地为财富之母，劳动为财富之父”①，这似乎又偏离了劳动价值论。不过，配第又宣称，资本是过去劳动的产品。因此，不管如何，配第都可称为劳动价值论的先驱，在此后的近一个世纪的时期里，英国经济学基本上都是遵循配第的道路向前发展。

经济学方法：配第对经济学发展的另一个贡献是他在经济学方法上的创新。他称自己的方法是探讨的“政治算术”，坚信引入数量方法将产生较为精确的社会现象分析。在社会科学中应用数量方法代表机械唯物论概念战胜了亚里士多德的三段论演绎法。

配第受哲学家培根的影响较大，坚持一种将经验主义和理性主义融为一体的归纳法。从古希腊人和经院学派的主观主义和逻辑演绎跳到经验主义和客观主义成了英国古典政治经济学的一个重要主题。配第适应这个历史潮流，自觉地以新的方法取代了旧的方法。配第方法的另一个特征是试图把道德同科学区分开。他断言，科学的存在并不是为了处理道德问题——它不过是达到目的的一种手段而已。

配第的考察并不旨在产生一种知识的体系，而是为了获得解决实际问题的答案。他只想产生一般的政策指南。这就是他的“政治算术”的实际基础，不过这也是他的经济学方法的弱点，这意味着只收集解决实际问题所需要的基本要素。但他也认识到了，必须把现实世界所面临的每个经济问题（不管是货币问题、国际贸易问题，还是任何其他问题）都看作是更大的完整问题的一部分，而不能当作一个孤立的现象。

---

① Petty, Williamn. *The Economic Writings of Sir William Petty* [M]. New York: A. M. Kelley, 1963: 63.

三、坎蒂隆的经济理论

（一）坎蒂隆生平与著作

理查德·坎蒂隆（Richard Cantillon，1680～1734）是爱尔兰人，他的主要经历在法国，而且他的经济学研究以法国为对象，因此被列入法国经济学家的行列。坎蒂隆的著作《商业性质概论》预示着后来重农学派的某些核心观念，并且对价值、货币、利息、工资、企业家等领域进行了开创性的深入研究。坎蒂隆遇害后，他的手稿辗转到了重农学派的米拉波手里。1755 年，米拉波出资出版了这部著作的法文版。斯密之后，经济学的中心一直在英国，但在英国经济学界，没有人知道坎蒂隆其人。坎蒂隆引起人们的注意并进入伟大经济学家的行列，得力于杰文斯。杰文斯是一个天生收藏家，他总是热衷于搜求那些名不见经传的作者们的经济学小本子和小册子。杰文斯搜寻到了坎蒂隆的《商业性质概论》，他认定这是《国富论》之前最伟大的著作，而坎蒂隆则是斯密之前最卓越的经济学家。1881 年，杰文斯发表了《理查德·坎蒂隆和政治经济学的国籍》的文章，热情洋溢介绍了坎蒂隆及其《商业性质概论》，高度评价了其在政治经济学历史上的地位和意义。杰文斯在文章的最后说："此书一直被认为是法国学派的各种主要思想的源泉。众所周知，法国学派在很大程度上是《国富论》的基础，而且就该学派的许多学说来说，它注定被人们认为是经济学中真正科学的学派。那么，经济学是什么国籍呢？这个问题现在读者可以自己去回答。"①

坎蒂隆的一生具有传奇色彩，他的出生和青年时期很少为人所知，他在经济学上的作为和他的去世也同样是个谜团。他出生于爱尔兰北部的一个基督教家庭。他的成长也很少有人知道。1711～1713 年，他受聘为英国驻西班牙的军需办事处的职员。1716 年，他来到法国接手其堂兄的银行。1720 年，在密西西比淘金热中，他通过出售密西西比股权获利丰厚。为了逃避法国对高利贷的法律制裁，他将贷款伪装成外汇交易，即用一种货币的形式贷出，再用另一种货币的形式收回。频繁的交易让他经常陷入法律纠纷中。为了彻底摆脱这样的麻烦，他决定带着巨额财富回到英国生活。但在他回到英国不久，他的住所就发生了一场大火。当时大多数人们认为是蓄意谋杀或意外伤害，但是有人认为是理查德·坎蒂隆为了解决他的财富引来的法律问题从而假装的死亡。一位他的邻居说住所里烧焦的尸体没有头，此外事发多年后，在南美荷兰殖民地一带，曾发现他手迹的一些手稿。所以，他的死亡也是一个谜。

尽管他以挣钱为生活的目标，却写出了第一部真正意义上的经济学论著，主要阐述了经济体系之间的关系和运行。此外他对货币理论也有贡献，并且首次提出了企业家在经济活动中的重要性。《商业性质概论》一共分为三部分，阐明了一套简单的解释经济

---

① ［英］杰文斯. 理查德·坎蒂隆和政治经济学的国籍［M］. 北京：商务印书馆，1986：180.

如何运行的重要的原理。

（二）《商业性质概论》基本内容及观点

坎蒂隆的《商业性质概论》在经济学说史中占有重要地位。一方面，它是政治经济学形成过程中在斯密之前对该学科各种理论和实践问题的第一次系统全面论述。另一方面，它对以后许多经济学家都产生过影响，特别是法国重农学派和英国经济学家受影响最大。这本书被称为配第以后到斯密之前最杰出的经济学著作。就其思想和理论内容而言是重农主义的重要先驱。在斯密之后，这本书被埋没了。在书的第一部分（共 17 章），他将经济看作一个相关的体系，或货币和商品的循环流动，并解释了这一体系内部的相互关系。他深入分析了生产交换的循环过程，指出其重点在于地主的货币支出。地主的支出不仅养活了城市中的工人，也通过创造就业机会、提供收入从而养活了一些农民。制造业部门的工人、农业部门的农民既需要购买工业制成品，同样需要购买大量的农产品，这些需求为这两种产业的劳动者提供了许多就业机会和收入。由于对农产品的需求大于对工业制成品的需求，因此货币趋于从制造业部门流向农业部门，同时农民需要向地主缴纳地租，所以货币又从农民手中流入地主的腰包，从而开始一个循环过程。坎蒂隆注意到，各行业的产量取决于对不同产品的市场需求量的大小。如果农场主需要较多的工业产品和较少的农产品，则人力和物力资源就会从农业部门流向制造业部门，从而工业产品产量提高，农产品产量减少。这一市场需求决定供给的法则同样适用区域之间的资源流动。如果城市提供的就业机会大于农村，劳动力就会从农村流向城市。

坎蒂隆还分析了在这一循环过程中企业家的经济作用。18 世纪初期，人们一般将和政府签订合同的承包商叫企业家。由于通常由政府支付费用，因此这一行业毫无风险。坎蒂隆借用了这一名词并重新定义。他认为，相对于一般按时领取工资的人而言，企业家应是冒险者。因为未来具有太多的不确定因素，所有的经济活动在本质上都是有风险的。尽管如此，还是要有一些人需要冒险以期望将来获得利润。冒险的企业家对于循环的生产过程的良好运作和经济的繁荣是必不可少的。

书中的第 2 部分（共 10 章）说的是货币在循环过程中的作用。鉴于他对货币的经济作用的深入阐述，他理应被称为古典货币理论的奠基者。18 世纪的货币即金银铸币，可以通过采掘或通过向其他国家出售商品获得。当采掘者或贸易商拥有较多的货币时，他们对商品或服务的消费需求将增加，这种需求会促使其他产业的就业机会增多，出口增加。通常需求增加往往会刺激物价上涨，但并不意味着货币供给量的同比例增加，而且有时候虽然有更多的货币，但却没有更多对货币增量的支出。

现代经济学家将货币对经济的不确定性影响称为“坎蒂隆效应”。根据坎蒂隆的理论，货币和信贷供应量的变化通过相对价格之变动而会对经济产生重大影响。货币增量并不会在同一时间等量地作用于所有价格，而是像在水里投下一枚石头一样，会一圈一圈地扩散，因而增量货币会对经济产生什么样的影响，取决于货币注入的方式和渠道。

增发货币未必会有利于所有人，相反这可能会伴随一个再分配过程。先获得货币的人会推动商品价格的上涨，产生通货膨胀，而对于社会上的另一部分人来说，通货膨胀政策是对他们的一种掠夺。于是通过经济周期过程，完成了收入的再分配。

坎蒂隆认为，由货币缔造的经济繁荣时代已经结束，货币的作用更多地体现在国际贸易上。物价上涨将会使出口商品在国际市场上缺乏竞争力，而与此同时，由于进口商品相对便宜，从而更吸引国内消费者，这就造成了贸易逆差，意味着要将国内的货币运到国外去偿付进口商品。货币外流，将会使国内货币供给量减少，国内生产企业陷于停滞，坎蒂隆把这叫作“硬币流动机制”。

书中的第三部分（共 8 章）主要讨论了贸易政策，并且相当一部分继承了重商主义者的观点。坎蒂隆提倡贸易保护主义制度，并希望制造业贸易实现顺差。他认为，贸易保护主义将会使英国人口增加，制造业上的贸易顺差可以允许英国进口粮食，从而养活更多的人口，使国家强盛。

坎蒂隆在经济学界不太闻名，人们只知道他对魁奈和重农主义者的影响，以及他“货币流动将不同经济部门联系起来”思想。然而，他对经济学的贡献绝非这些。《商业性质概论》堪称第一部真正的经济学著作。也有人将他称为第一位真正的经济学家。

四、休谟的经济思维

大卫·休谟（David Hume，1711 ~ 1776）出生于苏格兰，休谟 12 岁时就进入爱丁堡大学，在 15 岁时离开，并没有获得学位。作为一个杰出的哲学家，休谟因其怀疑论精神和非正统思想，曾两次被爱丁堡大学拒绝聘为哲学系教授。事实上，斯密也曾因在房间被发现有一本休谟的《人性论》而险些被牛津大学开除。

休谟一生的角色是侯爵的家庭教师和低级的政府官员。退休以后他回到继承来的庄园里，在那里他进行了大量的创作。他作为一个历史学家的声望来源于多卷本的《英国史》，该书出了大量版本；他作为一个经济学家的名望来自他在 1752 年出版的《政治论丛》上发表的经济学论文。在所有的古典经济学先驱者中，休谟的思想和好朋友斯密最接近。从某种意义上说，他是那个时代最杰出的经济学家和哲学家之一。

作为一个经济学家，休谟最大的贡献在于提出了后来被称为“价格—铸币流动机制”的理论。为了积累硬币，重商主义者希望提高出口盈余。从坎蒂隆（重农学派的先驱）悲观的角度来看，这一策略会弄巧成拙，因为如果获得更多硬币，价格就会上升，进口就会增加，而为了支付进口商品，金钱将被运往国外，只留下贫困和破产；因此，政府应该防止货币过剩。重农学派基本上不关心对外贸易，除了一个例外，他们希望可以允许谷物自由流动到国外。但是，正像坎蒂隆接受了约翰·洛克的货币数量论（给定货币流通速度和产量，价格水平由可得的货币数量决定）一样，休谟分析了在不受政府干预下起作用的国际均衡机制，自由放任主义占了上风，产生了理想的结果。

休谟并不认为价格水平的调整（无论上升还是下降）会立即发生。在他的《论货币》与《论利息》中，他指出，最初的价格水平的变化将滞后于货币量的变化。在一定时期内，货币量的一次性增加会促进消费、生产和就业。但最终，流入的货币将被完全吸收转化为价格水平的上涨。同样，货币供给量的一次性减少，在使价格水平降低之前将首先抑制消费、产出与就业。

另外，休谟反驳了重商主义的一个重要观点：贸易国是竞争对手，一国获利是以他国受损为代价的：

> 为反对这一狭隘、有害观点，我冒昧地断言，任何一个国家的财富和贸易的增加将不会损害，而是促进所有邻国的财富和贸易。如果周围所有的国家都被淹没在无知、懒惰与野蛮之中，那么一个国家几乎根本不能够从事贸易与工业[①]。

休谟所指的是，国际贸易是一种正和博弈，其收益总和是一个正数。这与重商主义者的零和博弈观点形成了鲜明的对比，在重商主义者看来，一方所得到的恰好是另一方所失去的。但是，国际贸易会不会将富裕国家对贫困国家的优势永远保持下去呢？因为富裕国家拥有更广阔范围的贸易、巨额的资本、发达的工业、熟练的劳动力等等。在1758年写给凯姆斯勋爵的一封信中，休谟对此的回答是“不会”。他认为，在富裕的国家，食品和劳动力变得越来越昂贵。贫困国家可以先在粗加工工业，然后在精加工工业上与富裕国家成功竞争。

休谟也探讨了另外几个感兴趣的话题。例如，他已经意识到需求弹性的概念，这一概念很久之后才被吸收到经济学分析之中。休谟认为，如果降低酒类的关税，政府就会获得更多的收入。显然其假设前提是，由国外销售数量增加带来的收入提高，将超过因单位价格下降带来的收入损失。但他并没有将这一观点扩展到国际均衡的分析。他认为进口的增加会刺激出口。但他没有意识到如果一个国家销往国外的商品缺乏弹性（需求量变动的百分比小于价格变动的百分比），进口盈余导致国内价格下跌，但不能刺激足够多的出口以恢复均衡。

在1776年写给杜尔哥的一封信中，休谟反对重农学派的如下观点：对工人征税会通过工资提高、地租降低的方式转嫁给地主。他指出，瑞士对劳动力不征任何税，但瑞士劳动力的价格要比税负很重的法国劳动力价格高。在英国的殖民地几乎没有任何税收，而其劳动力比欧洲国家的贵三倍。他认为，劳动力的工资取决于劳动力的供给与需求，而不是税收。对工人消费的商品征税时，直接的结果是工人们减少消费或增加劳动；税收不会简单地转嫁给地主。

复习与讨论

1. 牛顿等创立的近代科学体系和休谟对经济学的巨大贡献存在着联系，请解释这是什么联系。

---

① David Hume. *Writings on Economics* [M]. Madison: University of Wisconsin Press, 1970: 64.

2. 比较古典学派与重农学派的主要信条，其中哪些是相似的？哪些是不同的？在比较的基础上，你是否认为重农学派是古典学派的先驱？

3. 按照坎蒂隆的观点，什么决定商品的内在价值？为什么商品的市场价格可能不同于其内在价值？

4. 详细解释下面这段话：美元的英镑价格上升同时也一定意味着英镑的美元价格下降。哪种货币升值了？哪种货币贬值了？按照休谟的观点，哪些贸易因素可能导致两种货币相对价值的变化？汇率会如何变化并最终改变这种情况？

5. 利用下面的数学恒等式（交换方程）解释休谟的价格—货币流动机制：$MV = PT$，其中 M = 货币存量，V = 货币流通速度，P = 价格水平，T = 交易的商品的数量。假设 V 与 T 是固定不变的。

6. 讨论：古典经济学家认为经济规律是不可变的，既不能被削弱也不能被阻挠。他们及其追随者不能理解作为对经济发展的总结，经济规律能够被抑制、被战胜或被改变方向，即人类可以控制经济生活。

7. 讨论：古典经济学家相信自利行为是人类天性的基础。因此，似乎自私行为也是真正的自利。

8. 讨论：魁奈以“纯产品”学说为基础，依照社会上人们与“纯产品”生产的关系，把社会上的人们分为三个阶级：(1) 生产阶级；(2) 土地所有者阶级；(3) 不生产阶级。

问：魁奈的社会阶级划分有什么样的局限？纯产品学说是否正确？

本章移动端课件

经济学简史　第三章

扫码学习　移动端课件

第二篇
古典经济学

古典经济学的创立是经济学第一次革命。古典经济学时期主要是指斯密到边际革命之前这段时间，大约经历了100年时间。这段时间也是欧洲主要国家第一次工业革命开始至完成时期，经济、社会、文化都处于剧烈震荡期，封建贵族势力不断衰弱，新兴资产阶级逐渐成为社会主角，而马克思主义在欧洲广泛传播。

亚当·斯密1776年出版《国富论》标志着古典经济学的创立，而李嘉图是古典经济学的集大成者，约翰·穆勒的政治经济学是经济学思想史上的第一次大综合。英国、法国走在了时代前列，自然科学理论大多在英国、法国产生，同时也是古典经济学的主要阵地，小资产阶级经济学和资产阶级庸俗经济学也占有很大市场，一些经济学主张开始受到国家当权者的重视。马克思经济学说开天辟地，创立了科学共产主义，揭示了剩余价值本质。

本篇主要包含五章内容，重点阐述古典经济学主要观点与主张，揭示马克思主义经济学对古典经济学的批判。第四章主要介绍斯密的经济学经典理论，论述分工理论、价值理论、分配理论以及国际贸易理论，阐述他的反对国家干预经济政策。第五章介绍李嘉图的劳动价值论，阐述他的分配理论、货币数量论、地租理论，并深度解读比较优势理论。第六章内容丰富，阐述萨伊定律、马尔萨斯人口原理、西斯蒙第的小资产经济理论，他们代表了古典时期资产阶级的庸俗政治经济学。第七章介绍19世纪30~60年代的西方经济学，这一时期的经济学成果主要是在工人风起云涌运动中产生的。主要诠释西尼尔的一小时理论、穆勒的综合经济学说以及凯里、巴师夏的阶级调和论。第八章阐述马克思的经济思想，介绍影响马克思经济学说的思想流派，重点介绍剩余价值学说，阐述马克思的经济周期理论和未来经济制度的伟大构想。

CHAPTER 4

第四章　亚当·斯密的经济理论

斯密是公认的经济学宗师。他第一次对政治经济学的基本问题作出了系统的研究，第一次把以前的经济知识归结为一个统一和完整的体系并加以丰富和发展，是古典经济学的主要奠基人。斯密反对重商主义，接受了一部分重农学派观点，坚决反对国家干预，是自由经济、自由贸易的支持者。

第一节　历史背景与亚当·斯密生平

一、历史背景

17 世纪中叶英国进行了资产阶级革命，打破了封建君主的专制统治，1688 年经过光荣革命，英国最终确立了资本主义君主立宪制，为资本主义经济的发展开辟了道路。

到 18 世纪中叶，英国资本主义经济有了很大发展，城市人口迅速增加，工业在国民经济中的地位显著提高。在工业中，带有封建性质的行会手工业逐渐分化解体，资本主义的工场手工业得到了广泛的发展，成为社会生产的主要形式。英国从 16 世纪中叶以后，资本家开始创办手工工场，到 18 世纪时，拥有几百工人的手工工场已相当普遍，并已有了包括几百台织机的呢绒工场。这时英国大约有五分之一的人口靠毛纺织手工工场生活。此外，制盐、冶金、棉织、啤酒、丝绸等部门的手工工场也有相当的发展。

17 世纪最后数十年间，小农在农村人口中还占多数，但到 18 世纪中叶英国的小农就基本消失了。此时圈地运动也达到高潮，圈占的土地不仅经营大规模的牧羊业，而且谷物的生产也转向了资本主义经营。可以说封建庄园制和采邑制基本结束，资本主义大规模经营已经确立。

通过资本主义原始积累和贸易，英国获得了大量财富和国家利益。尤其是 1650 年同葡萄牙的战争，1655 年同西班牙的战争，1652～1674 年同荷兰的三次战争。通过这些战争，英国夺得了大量殖民地，建立了海上霸权。1757～1763 年击败法国获得七年战争的胜利，英国获取了北美和印度广大殖民地，英国成了世界上头号的对外贸易和殖民强国。

此时英国政治舞台上有三种力量：无产阶级、资产阶级和封建贵族地主。其中，无产经济刚刚登上历史舞台，已经焕发出蓬勃力量。资产阶级刚刚确立了君主立宪制，在选举法、税收制度、行会制度、关税政策等方面与封建势力有巨大冲突，因此资产阶级与封建贵族地主的矛盾是当时社会的主要矛盾。

随着社会生产力和生产关系的发展，到18世纪中叶，英国进行产业革命的条件逐渐成熟。手工工场分工日益发展，技术不断革新，已经为机器的发明和采用创造了前提条件。圈地运动和资本主义大农场的发展，使农民大量破产，提供了大批廉价的劳动力。殖民地贸易为英国资本主义发展积累了巨额资本，同时英国有世界上最广阔的殖民地，也为英国倾销工业产品提供了市场。同时，自然科学也取得了巨大成就，尤其是1687年牛顿出版了《自然哲学的数学原理》，对当时的欧洲科学发展产生巨大冲击。这时的英国已经处于产业革命的前夕。

二、亚当·斯密生平

亚当·斯密（Adam Smith，1723～1790）是英国古典经济学创立者。1723年，斯密生于苏格兰，担任关税查账员的父亲在他出生前6个月便已去世。斯密一生与母亲相依为命，终身未娶。

斯密14岁进入格拉斯哥大学，研读道德哲学，完成拉丁语、希腊语、数学和伦理学等课程。17岁获硕士学位，并被推荐去牛津大学学习，1746年毕业。1748～1750年任爱丁堡大学讲师，先后讲授修辞学、英国文学、法学和经济学。1751年任格拉斯哥大学逻辑学教授，1752年改任道德哲学教授。他讲授的道德哲学的内容包括自然哲学、伦理学、法学、政治学。1758～1763年斯密曾兼任格拉斯哥大学财务主管、教务长、副校长等职务。1759年出版的《道德情操论》获得学术界极高评价。1762年被授予格拉斯哥市荣誉市民、格拉斯哥大学博士学位。1764年初斯密辞去教职，改任布克莱希公爵的私人教师。1764年2月前往法国，先后去过图卢兹、巴黎、日内瓦等地。在法国期间，斯密拜访重农学派代表人物魁奈、杜尔哥等，交流了学术观点。1767年回到家乡，专心从事政治经济学理论研究和写作。1773年5月斯密被接纳为英国皇家学会会员。1776年3月出版《国民财富的性质和原因的研究》，书中观点集中地体现产业资产阶级的利益和要求，对当时政府政策产生影响。1776年斯密被授予爱丁堡市荣誉市民称号。1787年，斯密应邀去伦敦为英国内阁成员讲授经济学，同年11月，又被推荐担任母校格拉斯哥大学的校长。1790年7月17日在爱丁堡去世。斯密的头像被印在2007年3月13日发行的20英镑纸币的背面。

《道德情操论》和《国富论》是斯密最重要的两部著作，《道德情操论》阐述的主要是伦理道德问题，《国富论》阐述的主要是国家财富增长问题，这是两门不同的学科，前者属于伦理学，后者属于经济学。

第二节 分工和货币理论

一、分工和交换

斯密在《国富论》中最先论述的就是分工，在他看来，提高国民财富的最重要原因就是提高劳动生产力，而产业工人的分工协作是提高劳动生产力的主要原因。他考察了工场手工业，通过工人制针例子，论述了分工带来的好处：

一个劳动者，如果对于这职业（分工的结果，使扣针的制造成为一种专门职业）没有受过相当训练，又不知怎样使用这职业上的机械（使这种机械有发明的可能的，恐怕也是分工的结果），那末纵使竭力工作，也许一天也制造不出一枚扣针，要做二十枚，当然是决不可能了。但按照现在经营的方法，不但这种作业全部已经成为专门职业，而且这种职业分成若干部门，其中有大多数也同样成为专门职业。一个人抽铁线，一个人拉直，一个人切截，一个人削尖线的一端，一个人磨另一端，以便装上圆头。……因此在这一个工厂中，有几个工人担任二三种操作。象这样一个小工厂的工人，虽很穷困，他们的必要机械设备，虽很简陋，但他们如果勤勉努力，一日也能成针十二磅。以每磅中等针有四千枚计，这十个工人每日就可成针四万八千枚，即一人一日可成针四千八百枚①。

他认为分工提高劳动生产力的原因主要有三点：第一，劳动者的技巧因分工和专业化而增进；第二，分工可免除工人由一种工作转到另一种工作所费的时间；第三，分工使操作简单化，可促进机械发明。

他指出文明国家的一切工业品，从生产原料、制造工具到加工成品、运输出卖，都是由各行各业分工协作完成。各生产者之间通过交换，互相供给需要，使社会各部分连成一个协作的整体。他认为分工是由人类本性中互通有无的交换倾向引起的。同时，他也指出了分工的不利影响，分工使工人操作单一，妨碍工人智力发展。

斯密认为分工是由交换引起的。分工源于人类的交换倾向，这种倾向是互通有无、物物交换，人类普遍具有交换倾向。当人类社会发展有剩余劳动物品时，就会交换他人的剩余劳动物品，这对双方都是有利的。斯密认为人在社会中都存在利己心，这也是人类分工与交换的基础。斯密在论述交换时，揭示了市场经济基本含义和存在基础。他认为，利己心存在使人们要协作和获得援助，就需要通过交易的途径，交换是人类文明公

---

① ［英］亚当·斯密．国民财富的性质和原因的研究（上卷）［M］．郭大力，王亚楠，译．商务印书馆，1972：6.

认的协作方式。斯密认为“不论是谁，如果他要与旁人做交易，他首先要这样提议，请给我以我所要的东西吧，同时你也可能获得你所要的东西”①。

斯密还探讨了分工与市场大小问题，分工依赖于市场大小，市场太小，专业化经营难以为继。而交通有利于市场扩张，市场扩大有利于分工，分工则有利于经济繁荣。

二、货币理论

货币起源是斯密论述的重点。他认为作为交换工具的货币是在克服物物交换的困难中产生的。例如屠夫要卖肉，酿酒人和做面包的人需要买肉，但屠夫不需要酒和面包，交换就发生了困难。一些人就想到先用自己的产品换取为许多人都乐于接受的商品，以便使交换顺利进行。于是这种商品就逐渐成为通用媒介，发展为货币。起初在各个地方充当货币的商品是多种多样的。后来集中到用贵金属作货币，开始用金属条块，后来又发展为金属铸币。斯密在论述货币功能时，重点强调的是货币的交换功能、价值尺度及流通功能。货币是交换的媒介，可以帮助物品的流通。货币也是劳动的产物，可以表示其他商品价格，具有价值尺度功能。他认为，如果一国生产物品增多，则需要更多的货币进行流通，如果货币数量超过商品流通数额，多余货币就会退出流通领域。

斯密还开创性地研究了纸币及功能。认为纸币可以代替金属货币进行流通，可以大大促进工商业发展。他赞扬纸币可以节省成本和更为方便。纸币发行量必须和金属货币相当，也只能在国内发行和流通。如果发行纸币过多则可能造成挤兑。尽管这些论述有一些偏颇，对金属货币和纸币的论述也并不深刻，但对于今天的货币学说仍有进步意义。

第三节 价值理论

一、交换价值与使用价值

斯密在论述货币理论后，提出了他的价值论。首先他区分了交换价值和使用价值。他认为特定物品的效应就是使用价值，而由于占有某物而取得的对他种货物的购买力则是交换价值。他在论述交换价值和使用价值不同时写到：

> 使用价值很大的东西往往具有极小的交换价值，甚或没有；反之，交换价值很大的东西往往具有极小的使用价值，甚或没有。例如水的用途最大，但我

① ［英］亚当·斯密．国民财富的性质和原因的研究（上卷）［M］．郭大力，王亚楠，译．商务印书馆，1972：13－14.

们不能以水购买任何物品，也不会拿任何物品与水交换。反之，钻石虽然几乎没有使用价值可言，但需有大量其他货物才能与之交换①。

二、商品价格的构成

斯密提出，劳动是商品的真实价格。在所谓初期野蛮社会，劳动生产物都属劳动者自己。斯密是劳动价值理论支持者，并对此做出很大贡献。价格的所有不同组成部分的真实价值，是用它们各自所能购买或支配的劳动数量来衡量的。劳动不仅衡量价格中分解成为劳动工资的那一部分的价值，而且也衡量其分解成为地租和利润的那两部分的价值。他认为，所有商品的价格都是由工资、利润和地租某一部分或全部构成的。他在论述商品价格时举例说："亚麻的价格也像谷物的价格一样分为三部分。在麻布的价格中，我们必须把亚麻的价格，刷洗工、纺工、织工、漂白工等工人的工资，以及他们各自的雇主的利润加在一起。绝大多数商品的价格都由三部分组成：劳动者的工资、地租、资本家的利润。当然，牲畜、机器的损耗也可以直接或最终分解为地租、劳动和利润这三部分。"②

三、自然价格和市场价格

通过观察，斯密发现市场中商品价格并不是永久不变的，而是经常发生变动的，但是存在一个中心价格，"各种意外的事件，固然有时会把商品价格抬高到这中心价格之上，有时会把商品价格强抑到这中心价格之下。可是，尽管有各种障碍使得商品价格不能固定在这个价格中心，但商品价格时时刻刻都向着这个中心"③。这个中心价格斯密称之为自然价格，商品在市场上的买卖价格即市场价格。

斯密的自然价格即价值，"一种商品价格，如果不多不少恰恰等于生产、制造这商品乃至运送这商品到市场所使用的按自然率支付的地租、工资和利润，这商品就可以说是按它的自然价格的价格出售的"④。

斯密认为，市场价格会围绕自然价格上下波动，商品供不应求时，市场购买者的竞争促使价格升到自然价格以上，供过于求时，出售者更容易产生竞争，市场价格会下跌到自然价格之下。如果市场供求均衡，市场价格和自然价格相同或大致相同。斯密还提

---

① ［英］亚当·斯密．国民财富的性质和原因的研究（上卷）［M］．郭大力，王亚楠，译．商务印书馆，1972：25.

② ［英］亚当·斯密．国民财富的性质和原因的研究（上卷）［M］．郭大力，王亚楠，译．商务印书馆，1972：45.

③ ［英］亚当·斯密．国民财富的性质和原因的研究（上卷）［M］．郭大力，王亚楠，译．商务印书馆，1972：53.

④ ［英］亚当·斯密．国民财富的性质和原因的研究（上卷）［M］．郭大力，王亚楠，译．商务印书馆，1972：50.

出，许多商品由于天然、政策等原因，可以使市场价格长期维持在自然价格之上，要是低于自然价格，利益受损者会采取一些措施，如撤回资本、土地、劳动，减少商品数量，使市场价格回归自然价格。当然这些市场价格的波动，都是在自由竞争环境中进行的。

第四节　分配理论

斯密的分配理论，就是劳动工资、资本利润及土地地租自然率之决定理论。亚当·斯密认为，商品价值由工资、利润、地租三个部分构成。这三个部分就是不同阶层民众的收入来源，即劳工以工资维持生计，地主以地租维持生计，雇主以利润维持生计。

关于工资，斯密认为从性质上属于劳动者的收入。这个工资至少能够维持工人自己的生活和家庭必要开支，也就是说尽管雇主拥有压低工资的力量，工资仍有其最低水平，此最低水平是劳动者必须能够维持基本生活，假定社会工人需求增加或工资基金提高，工资将高于最低水平。就另一角度言之，一国财富、资本或所得增加，将促使工资上涨，工资上涨则促进人口增加。斯密认为劳动与其他商品一样，也有自然价格与市场价格。工资的市场价格是由市场需求关系决定的。

关于利润，资本利润之高低决定于社会财富之增减，资本增加固可促使工资上涨，却使利润为之下降。斯密认为利润是劳动价值的一部分。劳动对于原材料价值的增加由两部分组成，一部分支付劳动者工资，一部分则是雇主的利润。某种意义上，斯密已经认识到剩余价值起源。

关于地租，斯密认为地租系指对土地使用所支付的价格，地租高低与土地肥沃程度及市场远近有关。地租是土地所有权的结果，是租地人支付给土地所有者的最高价格。地租是由于土地私有权的垄断，使农产品的价格大大超过了补偿生产中所支付的资本并提供平均利润后形成的。当然，斯密的地租解释还有些模糊。斯密认为，工人、资本家和地主三个阶级的收入是社会上的基本收入，其他收入如利息等是派生的收入。利润和地租都是对劳动创造的价值的扣除。

第五节　生产劳动与社会资本再生产理论

斯密认为，分工是增进财富的第一要素，生产劳动者占人口比例的增加是增加财富的第二基本要素。而劳动者增加与资本积累有紧密相关。

一、生产劳动

斯密在研究劳动时明确将其分为生产性劳动和非生产性劳动：“有一种劳动，加在物上，能增加物的价值；另一种劳动，却不能够。前者因增加价值，可称为生产性劳动，后者可称为非生产性劳动。”① 他还举例说明制造业工人劳动是生产性劳动，而家仆劳动则是非生产性劳动。制造业工人的劳动工资，是由雇主垫付。制造业工人把劳动投在物上，物的价值便增加。这样增加的价值，通常可以补偿工资的价值，并可以提供利润。雇主雇用的工人越多，收获的财富就越多。但家仆不一样，不能增加什么价值。家仆的支出工资，是无法回收的，也不会产生利润，维持许多家仆可能会导致贫困。同样，君主、官吏、牧师、医生、演员、歌手、舞蹈家等的劳动也都是非生产性的。实际上斯密对生产与非生产劳动，这种划分是不正确的。法国经济学家萨伊就说，所谓生产不是创造物质，而是创造效用。在边际效用革命以后，斯密这种生产劳动和非生产劳动的观念就逐渐被抛弃②。实际上，斯密的生产性劳动和非生产性劳动区别就在于是否产生剩余价值。

二、社会资本再生产

斯密认为，个别资本家的资产分为个人消费资料和用于生产的资本两个部分，而资本又分为固定资本和流动资本。他进一步推论，社会财产作为全体居民财产的总和也必然分为消费资料、固定资本和流动资本三个部分。消费资料需要依赖固定资本和流动资本的共同作用而获得；固定资本则由流动资本转化而来，并不断地从流动资本中得到补充。例如，制造机器需要原料和工人，那就需要流动资本，流动资本又来源于原生产物，而取得原生产物还是需要固定资本和流动资本。

斯密认为社会总产品的价值只分解为工资、利润和地租三种收入，而不包括生产资料的价值。这一观点后来为许多资产阶级经济学家所承袭，马克思称之为“斯密教条”。斯密这个错误的实质就在于把产品的全部价值与产品中所包含的新创造的价值混同起来，而忽略了不变资本（生产资料）的价值，这导致了许多理论上的混乱和错误，使他对资本主义再生产难以进行科学的理论分析。斯密有时也感到商品价值中应当包括生产资料的价值。因此他又提出了总收入与纯收入的区分。总收入是年总产品价值收入，纯收入是从年总产品中扣除了固定资本和流动资本之后的余额，通过这样的划分，斯密便在“总收入”的名义下，将自己原先丢掉的生产资料的价值又塞进了

---

① ［英］亚当·斯密. 国民财富的性质和原因的研究（上卷）［M］. 郭大力，王亚楠，译. 商务印书馆，1972：303.

② 尹伯成. 西方经济学说史［M］. 上海：复旦大学出版社，2010：38.

商品的价值当中。

第六节　经济自由与国际贸易理论

一、经济自由主义

（一）看不见的手

在斯密的经济学体系中，所有人本性都是利己的。他认为，我们每天所需要的食物和饮料，不是出自屠户、酿酒家和面包师的恩惠，而是出于他们自利的打算。在商品经济中，生产者为人们提供取之不尽，用之不竭的物品，不是基于他们对人类的同情和恩惠，而出于他们“自利的打算”。正如工人出卖自己的劳动力是为了挣得工资一样，资产者的投资只是为了取得利润。工人为提高工资而“结合”，“雇主”则为降低工资而“联合”，都是为自身的利益。

人人都追求个人利益，社会公共利益如何保证？斯密认为，只有实行充分的经济自由和完全的自由竞争。资本的“唯一目的”是“获取利润”，因此资本家必须竭尽全力使他的产品能具有“最大的价值”。而“每个社会的年收入”就是其产业年产物价值的总和。

所以，由于每个人都努力把它的资本尽可能用来支持国内产业，都努力管理国内产业，使其生产物的价值能达到最高程度，他就必然竭力使社会的年收入尽量增大起来。每个人只在盘算自己的利益，努力使自己的产品具有更高的价值，他就不自觉地实现了社会利益，“在这场合，他受着一只看不见的手的指导，去尽力达到一个并非他本意想要达到的目的”①。即“追求自己的利益，往往更有效地促进社会的利益”。

实现这只“看不见的手”的作用的机制，正是自由竞争。这个任务是政府或政治家无法替代的。斯密认为，商品经济中市场力量、价值规律的作用，只有在充分的自由竞争中才能实现。竞争越是充分展开，价值规律越能充分地发挥作用，个人利益和社会利益之间的矛盾就越有协调的可能；而限制竞争，保护独占（垄断），这种对立必将加剧，国民财富的增长和社会福利的增加势必受到阻碍。

（二）独占的消极作用

斯密是极力反对独占垄断的，他认为独占至少有三个消极作用：第一，独占是良好

① ［英］亚当·斯密．国民财富的性质和原因的研究（下卷）［M］．郭大力，王亚楠，译．商务印书馆，1972：27.

经营的大敌，出色的经营必然来自“自由和普遍的竞争”，这势必驱使每个人为自卫而采取良好的经营方法。第二，独占可以提高商业利润，但高利润不仅会妨碍资本的增长速度，在农业中还会妨碍土地投资和农业技术的改造。第三，独占违反资本流向的自然趋势，势必破坏国家一切产业部门的均衡。

（三）改革措施

为了取消独占，取消妨碍资本主义经济自由发展的政策法令，斯密提出四个方面的改革：选择职业的自由；土地买卖的自由；国内贸易自由；对外贸易自由。每个人只要不违反“正义的法律”，都应给予“完全的自由”，让他们选择“自己的方法”“追求自己的利益”，以其“劳动和资本”同任何人进行自由竞争。这样无须政府监督，就可以自发地实现增加国民财富的目的。但斯密也认为，利息率的法律限制，邮政事业的国家管理，实行强迫性的初等教育，规定钞票的最低面额等方面，需要国家的干涉。

二、国际贸易理论

斯密的经济自由主义在国际贸易上，则主张自由地发展对外贸易，反对垄断和政府限制政策。斯密在清算重商主义的贸易差额理论时指出，这种干涉国际间互通有无的主张和为达到这一目的而采取的种种手段，会增加或减少国家的实际财富和收入，从总体上看是完全不可取的。

斯密认为分工既然可以极大地提高劳动生产率，那么每个人专门从事他最有优势的产品生产，然后彼此交换，则对每个人都是有利的。即分工的原则是成本的绝对优势或绝对利益。他以家庭之间的分工为例说明了这个道理。他说，如果一件东西购买所花费用比在家内生产得少，就应该去购买而不要在家内生产，这是每一个精明的家长都知道的格言。裁缝不为自己做鞋子，鞋匠不为自己裁剪衣服，农场主既不打算自己做鞋子，也不打算缝衣服。他们都认识到，应当把他们的全部精力集中用于比邻人有利地位的职业，用自己的产品去交换其他物品，会比自己生产一切物品得到更多的利益。

斯密认为在国际分工基础上开展国际贸易，对各国都会产生良好效果。斯密由家庭推及国家，论证了国际分工和国际贸易的必要性。他认为，适用于一国内部不同个人或家庭之间的分工原则，也适用于各国之间。国际分工是各种形式分工中的最高阶段。他主张，如果外国的产品比自己国内生产的要便宜，那么最好是输出在本国有利的生产条件下生产的产品，去交换外国的产品，而不要自己去生产。他举例说，在苏格兰可以利用温室种植葡萄，并酿造出同国外一样好的葡萄酒，但要付出比国外高 30 倍的代价。他认为，如果真的这样做，显然是愚蠢的行为。每一个国家都有其适宜于生产某些特定产品的绝对有利的生产条件，如果每一个国家都按照其绝对有利的生产条件（即生产成本绝对低）去进行专业化生产，然后彼此进行交换，则对所有国家都是有利的，世界的财富也会因此而增加。

斯密认为，有利的生产条件来源于有利的自然禀赋或后天的有利条件。自然禀赋和后天的条件因国家而不同，这就为国际分工提供了基础。因为有利的自然禀赋或后天的有利条件可以使一个国家生产某种产品的成本绝对低于别国，而在该产品的生产和交换上处于绝对有利地位。各国按照各自的有利条件进行分工和交换，将会使各国的资源、劳动和资本得到最有效的利用，将会大大提高劳动生产率和增加物质财富，并使各国从贸易中获益。

斯密解释国际贸易时提出了绝对优势理论，但许多情况下，一个国家相比另外一个国家，两种商品都具有绝对优势，按照斯密分工原则无法解释，这个问题就留给了李嘉图。

亚当·斯密并不是经济学说的最早开拓者，他的经济思想中有许多也并非新颖独特，但是他首次提出了全面系统的经济学说，为该领域的发展打下了良好的基础。因此完全可以说《国富论》是现代政治经济学研究的起点。除了斯密观点的正确性及对后来理论家的影响之外，就是他对立法和政府政策的影响。《国富论》一书技巧高超，文笔清晰，拥有广泛的读者。斯密反对政府干涉商业和商业事务、赞成低关税和自由贸易的观点在整个 19 世纪对政府政策都有决定性的影响。事实上他对这些政策的影响今天人们仍能感觉出来。

自斯密以来经济学有了突飞猛进的发展，以致他的一些思想已被搁置一边，因而人们容易低估他的重要性。但实际上他是使经济学说成为一门系统科学的主要奠基者，也是人类思想史和经济思想史上的伟大人物。

复习与讨论

1. 论述斯密的三个阶级与三种收入理论观点。

2. 斯密与重农主义学派有些思想相通，阐述斯密哪些思想扩展并超越了重农学派思想。

3. 《道德情操论》有哪些主要观点？它和《国富论》有哪些相通之处？

4. 结合现实经济社会发展情况，分析斯密“看不见的手”学说。

5. 结合现实世界中的经济发展，分析斯密的分工理论。

6. 斯密许多观点是建立在批判重商主义基础上的，试分析斯密是如何定义国民财富性质的？

7. 按照斯密观点什么是引起国民财富增长的因素？

8. 水和钻石悖论一直是经济学探讨的问题，分析斯密有关使用价值和交换价值是否正确。

本章移动端课件

经济学简史 第四章

扫码学习 移动端课件

CHAPTER 5

第五章　李嘉图的经济理论

李嘉图是19世纪初英国资产阶级经济学家主要代表。他旗帜鲜明地反对封建贵族统治，支持资本主义发展，坚持劳动价值论，在货币理论有很大创新，尤其是在国际贸易理论方面做出了卓越贡献，继承和发展了古典经济学，是英国古典经济学的集大成者。

第一节　历史背景与李嘉图生平

一、李嘉图生平

大卫·李嘉图（David Ricardo，1772～1823）于1772年4月18日出生在伦敦一个犹太人家庭。在17个孩子中排行第3，他之所以在后来的著作中喜欢抽象的演绎推理，也许跟他的犹太血统有关。李嘉图的父亲是个富裕的证券经纪人，年轻时李嘉图并没有受到良好教育，但他的父亲却有钱给他请任何他喜欢的家庭老师来讲课。他12岁的时候，就曾被父亲送到荷兰留学。14岁时李嘉图回到英国，参与父亲证券交易所工作。

21岁时因与新教徒女子恋爱，违反犹太族习俗，遭其父反对，与家庭脱离关系。1793年独立开展证券交易活动，25岁时拥有200万英镑财产，随后钻研数学、物理学。1799年一次偶然机会读到《国富论》后开始研究经济问题。1809年，李嘉图发表了“论黄金价格”文章，获得极大关注，此后连续发表文章与小册子讨论黄金与银行券发行问题。1815年与马尔萨斯展开论战，坚决反对“谷物法”。1817年发表其最著名经济学专著《政治经济学及赋税原理》。

李嘉图由于长期经营股票交易工作，使他聚集了大量财富，是最富有的经济学家。后来的李嘉图兴趣广泛，专研数学、物理、天文、化学、地质学等，还是英国地质学会的创始人之一。李嘉图同一时期，他结识了穆勒、边沁、马尔萨斯等学者，这为他的经济学理论创立汲取了丰富素养。斯皮格尔认为李嘉图“所受到的正规教育是一个伟大的经济学家所受到的最贫乏的教育。这样，他作为一个经济学家的成就必须归之于天才”①。

二、时代背景

在斯密时代，是工业革命萌芽时期，工场手工业还是主流。而到了李嘉图生活时期，社会已经发生了翻天覆地的大变化。由于当时英国进行殖民战争，开始垄断商业贸易，扩展自己的殖民势力范围，获取了大量的原始资本。同时圈地运动造就了大量的失地农民，这些农民涌入城市，工业生产劳动力得到解决。18世纪60年代，以纺织行业技术革命为先导，以蒸汽机革命为重点，以交通技术革命为桥梁，英国首先开始了震古烁今的工业技术革命，开辟了机器大工业取代工场手工业的序幕。这一革命对于整个社会都是巨大冲击，生产效率几十倍、上百倍提升，大量廉价商品被生产出来。工业革命极大地提高了生产力，巩固了资本主义各国的统治地位。随着资产阶级力量的日益壮大，他们希望进一步加强自身的经济和政治地位。工业革命要求进一步解除封建压迫，实行自由经营、自由竞争和自由贸易。资产阶级通过革命和改革，逐渐建立第一次工业革命巩固自己的统治。

李嘉图时期，尽管资本主义在充分发展自己的势力，但大贵族大封建主还有一定社会势力和经济势力，他们和资本主义冲突时有发生。最主要的就是体现在黄金价格论战和谷物法废立上。

黄金价格论战发生在18世纪末。英国由于对拿破仑的战争处于财政困境，政府利用大量发行银行券的办法弥补财政赤字，引起金价上涨，银行券贬值。李嘉图在《晨报》上匿名发表了《黄金价格》引起了所谓黄金价格论战。论战分为“金属派”和“反金属派”两方，李嘉图是金属派的首领，他以货币数量论为依据，认为金价上涨的原因是银行券发行过多，从维护工业资产阶级利益出发，要求有一个稳定币值的货币制度。

英国议会1815年通过了修订的限制外国粮食进口的保护贸易政策——谷物法。谷物法维持和提高国内粮价，使地租增加，给土地所有者带来利益。粮价提高使货币工资上升，又限制了利润的增长。因此，谷物法的存废成为资产阶级和地主阶级斗争的一个突出问题。李嘉图对谷物法提出尖锐的批评，与代表土地贵族利益的经济学家马尔萨斯进行了激烈论战。这场辩论持续多年，直到1846年，李嘉图死后20多年英国政府才废除了谷物法。

李嘉图所处的时代是英国产业革命蓬勃发展的时期。产业革命使社会生产力得到迅速发展，也使社会阶级关系发生了重大变化。英国社会的主要矛盾是工业资产阶级和地主阶级之间的矛盾。随着产业革命的发展，工业资产阶级的经济力量迅速壮大，并在经济生活中起着决定性的作用。但政权仍在地主阶级手中，这侵害了资产阶级的利益。于

① ［美］斯皮格尔．经济思想的成长［M］．晏智杰，等译．北京：中国社会科学出版社，1999：267.

是在一系列问题上，资产阶级与地主阶级发生了尖锐的矛盾冲突。在政治方面，它表现在工业资产阶级要求通过议会改革，取得议会的多数，以便掌握政权；在经济方面，它表现为对谷物法的存废和货币改革的争议。李嘉图学说一开始就具有明显的党性色彩。李嘉图坚定地、毫不动摇地站在工业资产阶级立场上，与土地贵族阶级进行论争。

第二节 劳动价值论

李嘉图以边沁的功利主义为出发点，把个人利益看作是经济活动的动力和准则。直接继承斯密理论，建立起了以劳动价值论为基础、以分配论为中心的理论体系。

李嘉图赞同斯密以劳动作为衡量商品价值尺度的理论观点，但他又认为，斯密的价值理论缺乏连贯性，在批评和纠正斯密价值理论的基础上，李嘉图较为系统地阐述了自己的劳动价值论。

李嘉图使用了许多术语表达商品价值，如绝对价值、真实价值、实在价值、实际价值、自然价值等。而把交换价值叫作相对价值、比例价值等。在谈到交换价值时，他认为交换价值的意义是一件商品所具有的能够换取另一商品的任何某一定量的力量。他明确区分了商品价值与交换价值。李嘉图强调商品价值与投入劳动量成正比。他认为决定商品价值的劳动不是个别生产者在生产中实际耗费的劳动，而是必要劳动，但这一必要劳动是指最不利条件下生产每单位产品所耗费的劳动。李嘉图解释说：

> 一切商品，不论是工业制造品、矿产品，还是土地产品，规定其交换价值的，永远不是在极为有利、并为具有特种生产设施的人所独有的条件下进行生产时已感够用的较小量劳动，而是不享有这种便利的人进行生产时所必须投入的较大量劳动；也就是由那些要继续在最不利的条件下进行生产的人所必须投入的较大量劳动。这里所说的最不利条件，是指所需的产量使人们不得不在其下进行生产的最不利条件①。

如果一个单位谷物在优等地上生产要 1 小时，在中等地上要 2 小时，在劣等地上要 3 小时，则 3 小时的劳动耗费就是这单位谷物生产上的必要劳动。如果每小时劳动工资是 5 英镑，则该单位谷物的价格就是 15 英镑。当然这个必要劳动时间非常值得商榷，后来马克思在研究必要劳动时间时就更为科学，即社会中等技术和生产条件下商品生产所必需的时间。

李嘉图还研究了商品价值与劳动率问题，他认为，商品价值大小与劳动生产效率成反比。劳动生产效率提高，单位商品中所包含的劳动量就少，单位商品价值就下降，反之，单位商品价值就提高。

---

① ［英］大卫·李嘉图．政治经济学及赋税原理［M］．郭大力，王亚南，译．北京：商务印书馆，1976：60.

李嘉图认为劳动实际上可以分为简单劳动和复杂劳动，复杂劳动是简单劳动的倍加。

李嘉图区分了直接劳动和间接劳动。他把再生产中新加入的劳动看作是直接劳动，形成新价值。生产工具、机器、原料等生产资料转移到商品中的价值，则视为间接劳动。李嘉图写到：

> 生产出来的商品的交换价值与投在生产它们生产上的劳动成比例；这里所谓劳动不仅是指投在商品的直接生产过程中的劳动，而且也包括投在实现该种劳动所需要的一切器具或机器上的劳动[①]。

由于李嘉图混同了劳动与劳动力，价值与生产价格，使他遇到了两个无法克服的矛盾。第一，资本和劳动相交换与存在剩余价值的矛盾。就是说，如果资本家支付了全部劳动，就不存在剩余价值；如果资本家扣除了剩余价值，就违背了等价交换规律。第二，等量资本获得等量利润与劳动价值论的矛盾。就是说，如果利润和资本数量成比例，商品价值就和其中包含的劳动数量无关；如果利润和资本数量不成比例，就与明显的事实相矛盾。这样李嘉图理论无法解释这两个矛盾，最终导致李嘉图理论体系的崩溃。

第三节　分配理论

分配理论是李嘉图经济思想的核心，目的是抑制封建贵族地租，支持资本主义开疆拓土、获取更多的原始积累。分配理论主要研究工资、利润和地租之间关系。

一、工资

李嘉图认为工资是劳动的报酬或价格，劳动价格和其商品价格一样，也有自然价格和市场价格之分，劳动的自然价格是“让劳动者大体上能够生活下去并不增不减地延续其后裔所必需的价格”[②]。而劳动的市场价格则是企业根据劳动市场供求情况实际支付给工人的货币工资。在劳动供不应求时，劳动的市场价格会涨到其自然价格以上，劳动者的生活会好一些，会刺激人口增加，从而使劳动者人数增加，增加劳动供给。在对劳动需求不变的情况下，会使劳动价格（工资）跌落，从而使劳动者的境况发生逆转，人口减少，达到与其自然价格相适应的水平。如果劳动价格跌落到其自然价格以下，工人不能维持其正常的生存，人口锐减，劳动供给大量减少，从而使劳动价格提高，直至恢

① ［英］大卫·李嘉图．政治经济学及赋税原理［M］．郭大力，王亚南，译．北京：商务印书馆，1976：19.

② ［英］大卫·李嘉图．政治经济学及赋税原理［M］．郭大力，王亚南，译．北京：商务印书馆，1976：80.

复到其自然价格水平。这种劳动工资的上下波动，与后来的马歇尔分析的供给需求均衡比较相似。从长期来看，或者平均地说，工资居于其自然水平之上。

在一定的历史时期。劳动的自然价格往往是不变的。李嘉图认为劳动的自然价值为工人及其家属生存所需生活资料的价值。这实际上是把工人的贫困归因于工人自身，归因于自然因素。李嘉图和其他的古典经济学家一样。认为工人出卖的是劳动，这就必然导致价值规律同利润规律之间的矛盾。因为资本和劳动相交换，如果按价值规律的要求，等价交换的结果是没有利润的。如果存在利润，就破坏了价值规律。李嘉图理论中包含的这个矛盾是导致李嘉图学派解体的原因之一。

李嘉图工资理论还有一大贡献就是关于相对工资的提出。他认为在使用机器以后，工资、地租和利润都会增加，但工资增加的幅度没有利润那么大，工资实际是下降了。在劳动创造价值过程中，工资和利润变动是成反比的。

二、利润

关于利润，李嘉图把它说成是商品价值中扣除工资后的余额。当劳动生产率提高时，维持工人生活所需消费品就会便宜，工资就会下降，利润就会增加；反之，劳动生产率下降时，生活资料便昂贵，工资就会上升，利润就会下降。所以，他认为工资和利润在数量上具有反比例关系。他还对利润率变化的趋势做了研究。认为随着社会不断进步，人口不断增加，土地耕种不断从优等地转向中等地和劣等地。单位农产品的价值和价格会不断提高，货币工资也会不断提高，致使利润和利润率下降。利润率下降趋势的存在，不利于资本积累，也不利于社会生产的发展。这种学说揭示了资产阶级和工人阶级的矛盾，很明显，李嘉图站在了资产阶级立场。

三、地租

李嘉图将地租定义为“对原始的和不可破坏的土壤肥力的支付”，并明确地指出：

> 如果所有的土地都具有相同的性质，如果它在数量上是无限的，在质量上是统一的，就可以免费应用土地，除非它在地理位置上有特殊的优点。这样，仅仅由于土地的数量有限，质量不同，并由于人口增进，劣等土地或地理位置欠优的土地，被要求投入耕种。这样使用土地总要支付地租。在社会发展过程中，当次等土地投入耕种时，头等土地马上就开始有了地租，而地租额则取决于两种土地在质量上的差别①。

李嘉图认为，地租产生的条件有二：一是土地有限，二是土地肥沃程度或位置有差

---

① Ricardo, David. *The Works and Correspondence of David Ricardo*, 10 Vols. [M]. London: Cambridge University Press, 1951 - 1955: 70.

别。随着社会经济尤其是工商业发展，城市人口增加，仅靠耕种优等和中等土地上生产的农产品已不能满足需要，只得耕种次一等土地或劣等地。而同量资本和劳动投在优等地上比投在中等地上、投在中等地上比投在劣等地上，同样面积土地上生产的农产品要多得多。因此，单位农产品（例如每斤谷子）耗费的劳动（或者说成本），优等地上最少，中等地上次之，劣等地上最多。而农产品的价值是由最劣等的土地上耗费的劳动量（社会必要劳动）决定的，表现为优等地、中等地和劣等地上种出的单位农产品在市场上都只能按同一价格出售。但是，劣等地上生产的农产品价值（即售后的总价格）扣除掉消耗的生产资料和工资以后，也必须提供平均利润，否则就不会有人愿意耕种劣等地，而不耕种劣等地的话，社会上农产品又不够满足需要。这样，和劣等地相比，优等地和中等地上的农产品按价值出售以后，就会得到一个超过平均利润的超额利润。由于大家争相耕种好地，这个超额利润就落入地主贵族口袋，变成地租。

实际上，李嘉图给出了级差地租的两种形态。第一种形态，投入等量资本和等量劳动于不同等级的土地上，因土地的位置或肥沃程度不同而产生的地租。第二种形态，即在同一块儿土地上追加等量资本和劳动，因每增加一单位投资所带来的产出减少，这是因生产率的不同而产生的地租。例如，假定第一、二、三等地上投入等量资本与劳动，各生产谷物 200 千克、180 千克、160 千克，则第一、二等地上的地租分为 40 千克、20 千克。

李嘉图是古典经济学家中最充分阐述级差地租的经济学家，正确地说明了地租的来源，给出了级差地租的解释，批驳了地租是自然力报酬的错误说法，并给出了边际收益递减的最朴素解释，为地租与级差地租理论做出了卓越贡献。

由此，李嘉图得出结论：随着社会经济发展，工人名义工资提高了，利益基本不受影响；农产品价格上涨，地租上升了，地主得利；利润则由于农产品价格上涨和工资提高而降低了。利润率的不断下降，使工商业失去了投资的动力，经济会趋于停滞。当然，如果在此过程中农业上有技术的进步或者廉价农产品进口，就不必耕种越来越差的土地，或者不必在土地上作递减收益的追加投资，农业劳动生产率就不会降低，农产品价格上涨的势头会得到抑制。然而，英国的谷物法却阻碍了农产品进口，这大大有利于地主阶级而不利于工商业发展。为此，李嘉图坚决主张废除谷物法。

第四节　货币数量论

和斯密一样，李嘉图认为货币是一种商品，具有价值。其价值由生产金银耗费的劳动时间决定。他写到：“黄金和白银像其他一切商品一样，其价值只与其生产及运上市场所必需的劳动量成比例。金价约比银价贵 15 倍。这不是由于黄金的需求大，也不是因为白银的供给比黄金的供给大 15 倍，而只是因为获取一定量的黄金必须花费 15 倍的劳动量。”①

李嘉图指出，货币价值量的变动与耗费的劳动成正比，与劳动生产率成反比。如果发现更丰饶的金矿，或者使用了更先进的开采金矿的机器设备，用更少的劳动量便可以获得一定数量的黄金，黄金的价值因而会显著下降。李嘉图经过考察认为，在商品总量和商品价值不变或在流通中的商品总价值不变的情形下，一国流通所需要的货币量必然取决于货币的价值。他指出，作为流通手段的金银货币可以用纸币来代替，这是用最廉价的媒介代替最昂贵的媒介。但是，不是纸币规定作为商品的金银的价值，而是黄金规定纸币的价值，纸币仅代表黄金的价值。

在研究货币功能时，李嘉图强调的是价值尺度和流通手段。他认为货币具有内在价值，因此作为价值尺度是合适的，黄金和白银具有稳定的货币价值，作为价值尺度也是适宜的。货币是商品流通的媒介，货币数量需要同商品交换对货币的需要相适应。他在考察货币流通速度和货币数量时认为，一国货币流通速度越快，所需要的货币数量就越少，二者有一个反比例关系。

很明显，李嘉图是货币数量论的坚定支持者。他在参加当时英国黄金价格论战时认为，如果银行发行的银行券或者说纸币不受约束的话，就一定会无限制大量发行，结果是货币（即纸币）大大贬值，使民众的财产大受损失。金价持续上涨是由于银行券因发行过多而贬值，因此消除货币制度中一切弊端的办法是：银行应逐渐减少流通中的纸币数量，直到金银的价格降低到法定的价格为止。但李嘉图并不主张取消纸币，而认为一种调节得当的纸币是商业上一种巨大的进步。如果只有金属货币，可能会发生黄金的生产赶不上人口增加的情况，这时金价将上涨，物价将下跌②。

李嘉图的货币理论包含明显的矛盾，开始他认为，黄金和普通商品一样，价值由其包含的劳动时间决定。可是转而又认为货币的价值由流通中的货币数量决定。他还不了解货币的储藏手段职能，以为所有的货币都要进入流通，把货币和铸币看成一回事，因此把货币看成价值符号。

第五节 比较成本学说

一、经济自由主义

经济自由主义是李嘉图理论的基本思想。他指出，国家干预经济生活是不明智的，

---

① ［英］大卫·李嘉图．政治经济学及赋税原理［M］．郭大力，王亚南，译．北京：商务印书馆，1976：101.

② 尹伯成，黄海天．大卫·李嘉图的货币理论及黄金的历史使命［J］．江海学刊，2012（2）：66－71.

主张给予经济以更大的自由，国家的职责仅仅是保证与保障经济的正常运行。

李嘉图认为，所有人追求的个人利益与全社会的整体利益是一致的，唯有实现经济自由的社会制度，才能够确保个人利益与社会利益的一致，而且对于生产力的发展最有利。他表示，尽管企业主在发展生产的时候追求的是个人利益（利润），然而他们获取利润又是为了资本积累，而这又有利于发展生产以及促进社会财富增加，从而符合社会进步与发展的要求。所以，企业主的个人利益和社会的经济发展以及社会的整体利益是一致的。

李嘉图认为实行自由对外贸易可以使个人利益与社会利益密切结合，有利于社会全体成员。李嘉图把斯密的自由对外贸易思想发展为系统的国际自由贸易学说。李嘉图强调，进出口贸易要尽可能自由地进行，自由主义国际贸易政策是最明智和最稳妥的政策，是实现一国人民高度富裕的有效手段。他认为，国际贸易不能以别国的贫困而使一国繁荣。他反对国际贸易施加种种限制，认为限制国际贸易的政策不利于一国致富。只有实行不加限制、充分自由的贸易政策才能最有效地促进一国经济福利的增长。

当然，李嘉图和斯密经济自由主义和国家贸易主张是建立在英国强大的工业经济基础上的，当时英国首先进行了工业革命，工业产品大量生产出来，需要世界市场进行倾销，实行自由贸易政策可以使英国获得最大利益。

二、比较优势理论

斯密创立了经典的国际贸易学说。他认为，国际贸易的基础是各国之生产技术的绝对差别。国际贸易和国际分工的原因和基础是各国间存在的劳动生产率和生产成本的绝对差别。两国间的贸易基于绝对优势。

一个国家应该生产和出口本国具有绝对优势（劳动生产率高）的产品，进口本国具有绝对劣势（劳动生产率低）的产品，这样参加贸易的国家都可以从国际贸易中获得利益。什么是绝对优势？一国如果在某种产品上具有比别国高的劳动生产率，该国在这一产品上就具有绝对优势；相反，劳动生产率低的产品，就不具有绝对优势，处于绝对劣势。

斯密创立的绝对优势学说有很大局限性，两个国家参与国际贸易分工，如果一国两种商品生产都具有绝对劣势，是否可以参与国际分工而获益呢？按照斯密的逻辑是无法分工的，而李嘉图的相对优势学说给出了明确答案。

比如斯密在提到分工理论时给出一个例子，鞋匠和裁缝，鞋匠有制鞋优势，裁缝有做衣服优势，可以进行分工。但如果一个人制鞋和做衣服都比另一个人强，该如何分工呢？根据李嘉图的理论，这要看两人在两种职业上的劳动生产率相差多少。如果一个人比另一个人在制鞋上强 1/3，而在做衣服上只强 1/5，那么这个较强的人应该制鞋而那个较差的人应该去做衣服。这样的分工对双方都有利，也是资源的最佳配置。

国际分工环境中，即使其中一个国家在两种产品生产上都处于绝对劳动成本劣势，另一个国家在两种产品生产上都处于绝对劳动成本优势，两国照样可以进行国际专业化分工和自由贸易。双方各自选择自己比较成本低的产品进行专业化分工并尽力扩大生产、加强出口贸易，照样可以保证贸易双方的互惠互利。即按“两优取其重，两劣取其轻”的比较优势原则进行分工。相对生产率的差异是国际贸易的最根本原因。每个国家都集中生产和出口比较优势产品，进口比较劣势产品。

李嘉图在阐述自己比较优势理论时列举了一个著名例子。英国和葡萄牙都生产毛呢和葡萄酒。其中英国生产 1 单位呢绒需要 100 小时，生产 1 单位葡萄酒需要 120 小时；葡萄牙生产 1 单位呢绒需要 90 小时，生产 1 单位葡萄酒需要 80 小时。显然，无论生产葡萄酒还是呢绒，葡萄牙都具有绝对优势。按照斯密观点是无法分工生产的，但李嘉图认为，尽管葡萄牙两种商品都具有绝对优势，但优势程度有差别，葡萄牙生产酒的优势更大，呢绒优势较小，因此照样可以分工。分工的结果是葡萄牙生产优势更大的酒，因为葡萄牙酒具有相对优势；英国生产呢绒，因为英国生产呢绒的绝对劣势较小，具有相对优势。具体而言，分工贸易前英国 220 小时可以生产 1 单位呢绒和 1 单位葡萄酒，但分工贸易后，英国 220 小时全部生产呢绒可以生产 2. 2 单位呢绒。相似地，分工贸易前葡萄牙 170 小时可以生产 1 单位呢绒和 1 单位葡萄酒，但分工贸易后，英国 170 小时全部生产酒可以生产 2. 125 单位葡萄酒。这样，分工的结果是呢绒和葡萄酒的生产率都得以提升。如果进行贸易消费，双方也都可以获得收益（见表 5 - 1）。

表 5 - 1　　李嘉图比较优势理论

项目	地区	分工贸易前		分工贸易后	
		呢绒	葡萄酒	呢绒	葡萄酒
生产	英国	100 小时，1 单位	120 小时，1 单位	220 小时，2. 2 单位	0
	葡萄牙	90 小时，1 单位	80 小时，1 单位	0	170 小时，2. 125 单位
	世界	2 单位	2 单位	2. 2 单位	2. 125 单位
消费	英国	1 单位	1 单位	1. 2 单位	1 单位
	葡萄牙	1 单位	1 单位	1 单位	1. 125 单位
	世界	2 单位	2 单位	2. 2 单位	2. 125 单位

比较优势理论证明，无论一个国家是否商品具有绝对优势，都是可以进行分工生产的。比较优势理论比斯密的绝对优势学说更具有现实意义和说服力。双方进行分工生产后再进行贸易往来都可以获得收益。但显然贸易收益大小是不一样的，这个取决于贸易条件或交换价格。这个贸易条件如何确定，李嘉图受当时条件限制并没有给出确切答案，这一任务最终由穆勒完成。

李嘉图理论体系的根本缺陷是不懂得资本主义生产方式的历史性，把资本主义制度看作永恒的自然的制度，把资本主义经济规律当作人类社会的一般规律。因此，他从不注意研究经济范畴和经济规律的历史性和社会性，只研究经济范畴的数量关系，造成理论上不可克服的矛盾。但李嘉图的劳动价值论和地租理论揭示了基本的资本主义经济规律，尤其是他的比较优势有着天才般的思想，这些都为古典经济学的进一步发展奠定了基础。

复习与讨论

1. 比较优势理论是李嘉图最著名的经济学说之一。请利用现代经济学分析方法解释比较优势带来的收益。

2. 论述李嘉图在废除“谷物论”论战中的观点与主张。

3. 李嘉图和斯密的货币理论有什么异同?

4. 李嘉图认为商品的交换价值取决于生产的必需劳动时间。请联系现代社会解释这个学说。

5. 在古典国际贸易模型中，假定有 A、B 两个国家，A 国有 100 个单位的劳动力，B 国有 90 个单位的劳动力。如果 A 国生产 1 单位 X 产品需要 1 个劳动力，生产 1 单位 Y 产品也需要 1 个劳动力；B 国生产 1 单位 X 产品需要 3 个劳动力，生产 1 单位 Y 产品需要 2 个劳动力。根据以上条件画出 A、B 两国的生产可能性曲线，并分析哪个国家生产 X 产品具有比较成本优势，哪个国家生产 Y 产品具有比较成本优势。

本章移动端课件

经济学简史　第五章

扫码学习　移动端课件

CHAPTER 6

第六章　萨伊、马尔萨斯和西斯蒙第的经济学说

李嘉图经济学思想是古典经济学的高峰，同时代还有一些著名的经济学家提出了许多有价值的经济学说。本章主要阐述 19 世纪初叶庸俗政治经济学学说，其中法国经济学家萨伊的效用价值论、生产三要素论、萨伊定律，马尔萨斯的人口论和有效需求不足论，西斯蒙第的小资产阶级经济学和资本主义危机论最具代表性。

第一节　萨伊的经济学说

一、生平与著作

让·巴蒂斯特·萨伊（Jean Baptiste Say，1767～1832），法国著名经济学家，古典自由主义者。他是继斯密、李嘉图之后，古典经济学派兴起之后的又一个经济学伟人。

萨伊 1767 年出生于法国里昂的商人之家，9 岁入私塾，但未及一年便辍学，举家迁往巴黎。由于家道中落，萨伊不到 12 岁就完全脱离普通教育，开始学习经商。19 岁时萨伊去英国完成商业教育，在那里感受到英国朝气蓬勃的工业革命气息。21 岁时，萨伊接触到《国富论》，同时法国爆发了资产阶级大革命，统治法国多个世纪的君主制度土崩瓦解，这时他正担任保险公司经理的秘书一职。25 岁时萨伊投笔从戎。1793 年，他解甲归田，反对雅各宾派执政。1794 年，萨伊任《哲学、文艺和政治旬刊》杂志总编辑，在任职的 6 年间发表了很多经济学论文。1799 年拿破仑当政初期，萨伊被拿破仑任命为法兰西法制委员会委员。其间，萨伊潜心学问，于 1803 年出版了经济学巨著《政治经济学概论》，积极宣传斯密的经济学思想和主张。但是此书出版之前，拿破仑要求他修改关税政策的部分章节，萨伊拒绝了，结果在《政治经济学论》一书出版的同时萨伊被解除了公职。1804 年，拿破仑加冕称帝，告诉萨伊如果能悔悟投诚，则既往不咎并且委以重任，但最终萨伊并没有低头。1805～1813 年被解职的萨伊，在巴黎的郊区与人合股创办了一个纺纱厂，并将公司管理得井井有条，公司业绩蒸蒸日上。1813 年，拿破仑失败被流放到地中海的厄尔巴岛，萨伊才离开自己的工厂，回到巴黎重新从

事科研活动。1814 年，《政治经济学概论》第 2 版付梓，此书在萨伊有生之年被译为英文、意大利文和西班牙文①。1815 年波旁王朝复辟，他得到了波旁王朝的赏识，并被派往英国考察工业。萨伊到英国访问期间，和李嘉图、马尔萨斯、边沁等英国经济学家进行了交流。考察结束之后，于 1815 年完成《论英国和英国人民》，主张一国之自由。1816 年以后，萨伊一直在大学讲授政治经济学。1820 年，他将自己课程的名称改为“产业经济学”。他把讲稿整理为《实用政治经济学全教程》（共 6 卷），在 1828 ~ 1829 年出版。1830 年，萨伊担任法兰西学院政治经济学教授。于 1832 年 11 月 15 日在巴黎逝世。

二、政治经济学三分法

萨伊首先提出确立研究对象的重要性，认为只有确定了研究对象，科学才能沿着正确道路发展。萨伊认为政治学和政治经济学有很大区别。他指出，一个国家无论是什么组织和政体，只要国家事务处理完善就可以达到繁荣。

萨伊认为政治经济学就是阐明财富是怎样生产、分配与消费的科学。为了正确确定政治经济学的对象，必须把政治经济学与政治学和统计学等学科经济学区别开。在对政治经济学进行界定时，萨伊将科学分为两类：叙述性科学和实验科学。前者向人们介绍一些物质及其性质，如植物学或博物学。后者则阐明事件是怎么发生的，如化学、物理和天文学。他将政治经济学归为后者。他认为：

> 政治经济学根据那些总是经过仔细观察的事实，告诉我们财富的本质。它根据关于财富本质的知识，推断创造财富的方法，阐明分配财富的制度与跟着财富消灭而出现的现象。换句话说，他说明所观察的和这一方面有关的一般事实②。

萨伊指出，物质不是人力所能创造的，人只能改变物质新的形态或扩大原有的效用，也就是人类所创造的不是物质而是效用。这种创造就是财富的生产。同时，萨伊将消费分为生产性消费和再生产性消费。萨伊认为财富是由协助自然力和促进自然力的人类劳动所赋予各种东西的价值组成的。

在政治经济学史上，萨伊第一次从理论上明确提出确定研究对象的意义以及区分政治经济学与其他科学的主张，并依此为依据，为资产阶级政治经济学提供了第一本通俗而系统的教科书，这对资产阶级政治经济学的普及和发展是有一定贡献的。

三、分配理论

萨伊将商品的价值定义为效用，并以效用论为基础提出了生产理论。他认为，人们

---

① ［美］斯皮格尔．经济思想的成长［M］．晏智杰，等译．北京：中国社会科学出版社，1999：224.

② ［英］萨伊．政治经济学概论［M］．陈福生，等译．北京：商务印书馆，1997：18.

在生产中所创造的不是物质，而是效用。因为人类不能创造物质，也不能使物质的数量有所增加或减少，只能改变原有物质的形态，使它具有新的效用或扩大原有效用。

萨伊理解的效用实际上就是使用价值。他提出创造效用就是创造价值，是混淆了价值与使用价值。萨伊认为效用就是价值，而价值是在生产过程中由劳动、资本和土地三个要素共同创造的，是劳动、资本和自然力这三个方面共同作用和协力的结果。他批判斯密只看到了劳动的贡献，而忽略了其他两个要素的重要作用。

萨伊的分配理论被马克思称为三位一体。他认为，任何社会生产都离不开资本、土地和劳动。既然三者都在生产中提供了服务，创造了价值和效用，那么资本家、工人和地主都有权从产品价值中得到报酬。土地的报酬是地租，资本的报酬是利润，劳动的报酬是工资。按照萨伊的价值理论，土地、劳动和资本都是价值的创造者，他们都有生产性，当然也就都有从它们共同生产的价值中分得相应部分的权利，所以不存在剥削。

萨伊指出，劳动有简单劳动和复杂劳动，复杂劳动工资高，是积累资本的利息报酬。工人大部分是简单劳动，也可以经过训练获得劳动技能成为复杂劳动。也会获得像企业家那样的报酬，他称其为“劳动利润”。而资本家或企业主的劳动是复杂劳动。把利润即资本收入划分为互相独立的两个部分：利息是对资本的效用或使用所支付的租金，企业主收入是他从事冒险、监督和管理企业的“智能和才能”的报酬，他归结为企业主高度熟练劳动的报酬即高级工资。认为企业家的“智力和才能”应得到高的报酬。

萨伊的收入分配理论在于证明资本主义的分配关系是合理的，工资是劳动者在生产过程中提供劳动所得到的报酬，利润是资本提供生产性服务的报酬，地租是土地提供自然力应该得到的报酬。因此，工人们并没有受到剥削，也就不应该要求更多的产品和工资。这就歪曲了生产的实质，否认了物质资料的生产是社会经济生活的基础，割裂了效用与一定物质形态间的联系，不仅把人类劳动与资本、土地等物的作用等量齐观，而且抹杀了剥削者与劳动者的界限。

四、萨伊定律

萨伊在《政治经济学概论》提出这个理论。他认为，如果供给者没有掌握正确的市场信号，个别产品生产过剩是可能的。这些供给者会由于决策失误招致损失和惩罚，但同时那些正确了解市场信号的供给者将得到利润的奖赏。但任何时期都不会发生普遍的生产过剩。总而言之，就是“供给创造自身的需求”。他写到：

> 一个人通过劳动创造某种效应，从而把价值授予某些东西。但除非别人掌握有购买这价值的手段，否则不会有人鉴赏有人出价购买这价值。上述手段由什么东西组成的？由其他价值组成，即由同样是劳动、资本和土地的果实的其他产品组成。这个事实使我们得到一个乍看起来似乎是很离奇的结论，就是生

产给产品创造需求①。

萨伊经过考察认为货币并非一切交易的目的，只不过是媒介，交换中只起“一瞬间”的作用。一种产品过剩，并非由于缺乏货币，而是由于某些产品生产过少所致。生产愈多，销路会愈广；一个企业的成功，有助于其他企业，全体利害与共；进口会给本国产品开辟销路，购买或输入外国货物，绝不损害国内产业和本国生产。他认为仅仅鼓励消费无利于商业，因为困难不在于刺激消费的欲望，而在于供给消费的手段，激励生产是贤明的政策，鼓励消费是拙劣的政策。

萨伊之后的新古典经济学家对萨伊定律作了新的解释，萨伊定律意味着充分就业下的储蓄与投资相等。他们并不要求经济体系总是处在充分就业水平上，偶然的生产过剩和失业问题将时有发生，但这些问题将因市场的自我调节而很快消除。20 世纪 30 年代，萨伊定律遭到了凯恩斯的猛烈批评。凯恩斯论证了有效需求不足是资本主义经济的痼疾，市场调节不能自动实现充分就业的均衡。在资本主义大萧条面前萨伊定律完全破产了。马克思评价萨伊理论是庸俗资产阶级政治经济学。

五、萨伊的经济政策思想

萨伊反对奢侈浪费，提倡节约。他指出由于封建贵族和上层人士的奢侈，使没有工可做的工人陷于穷困。所以说，奢侈和贫穷是两个不可分开的伴侣。

萨伊在反对封建贵族地主阶级的非生产性消费的同时，提出了鼓励节约的主张。他区分了节约、吝啬和浪费的不同。萨伊继承了斯密的经济自由主义思想，结合当时法国的具体情况，反对国家对经济的干预和保护关税等重商主义的政策。

萨伊参照英国工业发展的原因，并根据巴黎的一些郊区工业发达的事实，说明“利己主义是最好的教师”。萨伊在反对国家对经济干涉的同时，也强调了政府的主要职责应该是保证经济活动的自由进行。

在课税问题上，萨伊认为，课税是指一部分来自劳动、资本和土地的年产品，从个人手中转到了政府手里，用来支付公共费用或供给公共消费。他提出最好的租税原则应当是税率要适度，便利纳税人，公平课税，税收不要妨害再生产，税收应有利于国民道德的培养。

第二节　马尔萨斯的经济学说

马尔萨斯和李嘉图是同时期的经济学家，也是非常要好的朋友，但他们的经济学观

① ［英］萨伊．政治经济学概论［M］．陈福生，等译，北京：商务印书馆，1997：142.

点却是根本对立的。尤其在“谷物法”废立上，马尔萨斯坚持维护谷物法律，限制国外谷物的大量进口，以维护土地所有者阶级的利益。而在资本主义经济危机分析中，马尔萨斯提出有效需求理论。马尔萨斯的人口原理具有较为深远的影响。

一、背景与生平

（一）历史背景

在马尔萨斯时期，英国的两大论战吸引了他的注意力。第一个是有关贫困法立法问题。到 1798 年，工业革命和城市化进程的一些负面效应开始显现。失业和贫困越来越成为令人瞩目的问题，需要得到补救。英国最新的一系列济贫法规定不论穷人收入多少都应为他们提供最低收入保障，从而取消了以前的法律限制。这一法令将家庭收入与面包价格联系起来，如果家庭收入降低到规定水平以下，这些家庭就会获得津贴以弥补这一差额。在大多数农村教区和一些制造业地区比较流行这一制度，很自然地引起了激烈的争论。即使法国大革命的动乱正在蔓延到其他国家的贫困阶层，英国的资产阶级仍然拒绝对贫困负担任何责任并强烈反对重新分配收入的法令。

第二个论战是关于英国谷物法的。这些法令规定对进口谷物征收关税，并对从外国进口到英国的谷物设定了最低价格。地主贵族拥护这些关税政策，但地主们的政治权力受到了日益上升的商人阶层、工业资本家及其追随者们的挑战。1801 年的一项调查表明，不断增长的人口正在给英国的食物供给带来压力。早在 1790 年英国就已经发现进口粮食是必要的。但是拿破仑战争使得进口相对减少，结果造成了极其高昂的国内谷物价格和地租价格。英国为了保证谷物供应，不断拓展自己土地，限制农产品进口。操纵着议会的英国地主非常担心新一轮进口谷物的涌入会压低农产品的价格，并大幅减少地租收入。因此他们要求提高已有的对进口谷物设定的最低价①。另外，资产阶级企业团体反对谷物征收更高的关税并主张全面废除谷物法。李嘉图就是主张废除谷物法的代表人物。

（二）马尔萨斯主要生平

托马斯·罗伯特·马尔萨斯（Thomas Robert Malthus，1766～1834），英国资产阶级庸俗政治经济学的创始人，也是资产阶级化的地主贵族思想家。

1766 年马尔萨斯出生于英格兰土地贵族家庭。他父亲是一名土地贵族，也是一位著名学者，是思想家卢梭的学生。1784 年进入剑桥大学耶稣学院学习神学和哲学，数学则是他的强项。大学毕业后，一度在家闲居，继又到剑桥大学继续研究。1798 年加

---

① ［美］斯坦利·布鲁，兰迪·格兰特．经济思想史［M］．邸晓燕，等译．8 版．北京：北京大学出版社，2014：93.

入英国教会的僧籍，并在他的出生地萨里郡任牧师。同年，马尔萨斯因同他的父亲对英国政治学家、作家葛德文（Godwin，1756～1836）的著作评价不一，匿名发表了《论影响社会改良前途的人口原理》即《人口原理》，阐述自己反对社会改革的理由，这本小册子当时引起较大轰动。随后，马尔萨斯到欧洲各地搜集资料，回国之后于1803年出版该书第2版，对原先的某些观点作了修正。原先只有5万多字的小册子被扩大为20多万字的一本专著，书名也改为《人口原理，或关于其过去及现在对人类幸福影响的见解；以及有关我们将来消除或减轻由此而引起的灾难前景的研究》。

1805年马尔萨斯受聘任东印度公司创办的海利伯里学院的历史和政治经济学教授，直至去世。在这期间，马尔萨斯还发表了一系列关于政治经济学的著作，包括《关于谷物法的短文集》（1814～1815），《地租的性质和增长研究》（1815），《济贫法》（1817），《从应用观点考虑的政治经济学原理》（1820），《价值尺度》（1823），《政治经济学定义》（1827）等。1819年，当选为皇家学会会员。在社会活动方面，马尔萨斯也十分活跃，1821年参与创办了政治经济学俱乐部，1834年参与创建了伦敦统计协会。

二、价值论和地租论

（一）价值论和利润论

马尔萨斯支持斯密关于价值决定于商品所能购买劳动的观点，他还吸收了萨伊生产三要素理论。马尔萨斯反对李嘉图劳动价值论，他认为价值有三种不同的含义：一是使用价值，即商品的内在效用；二是名义交换价值或价格，除特殊指明其他物品外，它不过是以贵金属来估量的商品价值；三是内在交换价值，指商品由内在原因产生的购买力，在没有其他说明的时候，物品的价值总是指这种意义上的价值。

马尔萨斯价值论实际就是供求论。他认为，供求关系决定价格具有普遍性，“生产费用只能处于从属地位，也就是仅仅在影响供求的通常关系的场合，才能对价格发生影响”①。

他认为，购买到的劳动在通常情形之下，总是大于耗费的劳动。耗费劳动只包括积累劳动和直接劳动，而购买劳动必然可以代表和衡量其中所包含的劳动量和利润，利润就是二者之间的差额。如果价值只等于耗费劳动，就没有利润。为了生产和再生产继续不断进行，这个差额是必需的，因为利润是资本主义生产的推动力，没有利润则生产和再生产都要停止。

（二）地租论

李嘉图支持新兴资产阶级革命，而马尔萨斯则站在相反立场鼓吹高地租可以实现经

① ［英］马尔萨斯．政治经济学原理［M］．厦门大学经济系翻译组，译．北京：商务印书馆，1962：64.

济繁荣和社会发展。马尔萨斯认为，地租是总产品中扣除耕种费用后归于地主的部分。地租并非由于土地垄断，而是农产品价格经常超过其生产成本的结果。地租存在的原因：一是土地生产必需品多于农业生产者的需求量；二是土地生产的必需品自身能造成需求；三是肥沃土地相对稀少性。地租是自然对人类的赐予。高额地租意味着国家富足、土地肥沃、农产品丰富，低额地租相反。

马尔萨斯还认为，地租必然上涨，主要集中于三个因素：一是资本积累使利润下降；二是人口增加使劳动者工资减少；三是农业改良或劳动强度高使生产所需劳动者人数下降。这三个原因导致生产费用的降低，在其他条件不变的情况下，扩大了农产品价格与生产费用之间的差额，结果必然是地租的上涨。除此之外，他认为农产品价格因为需求的增加而上涨，也是促使地租上涨的重要原因。

他站在封建土地贵族立场上，坚决反对废除谷物法。认为谷物法引起的谷物高价是长期的，因为在英国本土增加谷物产量，非增加生产成本不可。他认为英国作为一个独立国家，必须实现粮食自给。这无疑是为地主贵族摇旗呐喊，但却影响了资本主义发展。

三、人口理论

葛德文和孔多塞是当时英国和法国的主张社会变革的思想家，他们认为人类增加生活资料有无穷潜力，而性欲和繁殖会受到理性控制。因此，社会灾难和不幸不是来自人口过剩，而是来自私有制。马尔萨斯为了反驳他们的观点，提出了自己的一套人口理论。这套理论可以概括为两个公理，两个级数，两种抑制。

两个公理：食物为人类生存所必须；两性间的情欲是必然的，且几乎会保持现状。他认为，自从有人类社会以来，似乎就是我们本性的固定法则。

两个级数：人口以几何级数增加，而生活资料却将以算术级数增加。他以北美殖民时期人口增加为例，人口如果不受任何阻碍，25 年就会增加一倍。而人类无论如何勤奋，粮食增加产量都不会超过人口。

两种抑制：人口增加和生活资料增加不能保持平衡，而两个公理又要求两者保持平衡，这就需要两个抑制发挥作用。一是积极抑制，包括战争、饥荒、贫困、疾病等。二是预防的抑制，又分两种，道德和不道德的。道德的是指不结婚或者晚婚，严守性道德的节制，即禁欲主义。不道德的是指不正当节育，即人为的避孕措施。

其中，马尔萨斯提出“人口原理”不过是他坚持私有制，反对济贫法的说辞。他认为，第一，劳动者失业和贫困是人口规律所决定的，与私有制度无关。第二，私有制度是控制好逸恶劳恶性的唯一手段，而且可以保持人口增长和生活资料平衡，在私有制度下，人们可以理性思考生育多少孩子并如何抚养孩子，否则人们会像动物一样毫无节制地繁衍。第三，反对英国当时的济贫法，认为贫困是生孩子太多造成的，对这些人进行救济只能继续产生贫困。他认为贫困原因在于贫民本身。

马尔萨斯人口理论自发表以来，众说纷纭，有支持者，有反对者。事实上在发达国家似乎是失败的，在发展中国家似乎有一定道理。但他把资本主义制度下的相对过剩人口歪曲为绝对过剩人口，把造成人口过剩的社会原因说成是自然原因，归罪于工人本身人口繁殖过快，从而掩盖了资本主义社会工人失业和贫困的真正原因。

四、有效需求不足理论

马尔萨斯认为，商品价值在市场上的实现，取决于市场上有效需求是否充分。他认为，有效需求是人们的购买愿望加上实现这一愿望的购买能力。他认为，资本主义生产能力的充分发展，要求市场里有一个充分的有效需求。如果有效需求不足，生产出来的商品就不能全部售出，社会商品的总价值就不能实现，这样就会出现资本主义的生产普遍过剩，出现经济危机。

马尔萨斯认为单靠资本家和工人两种购买者不能实现社会上商品的全部价值，那么就必须有第三种的购买者，把过剩的商品买去消费掉，利润才能实现。这样商品的有效需求才能充分地适应商品的供给，资本主义商品的生产普遍过剩才可避免。这第三种购买者包括地主、僧侣、官吏、年金受领者、军队和仆役等。而在这个阶级中地主无疑居于显著地位。为了使他们对于商品的需求成为有效的，就必须给予他们以充分的购买手段，首先和最主要的当然是地租。

马尔萨斯认为，有效需求不足是资本主义内在的缺点，是资本主义生产普遍过剩可能性的根源。因此要保证资本主义的顺利发展，地主阶级和地租就必须长久存在。这是他对资产阶级的恫吓，也是为土地贵族的申辩和站台。

第三节　西斯蒙第的经济学说

西斯蒙第既是古典政治经济学的完成者，又是小资产阶级政治经济学的创始人。他前期是斯密经济自由主义学说的信徒，后期是叛逆。其对古典政治经济学的完成是怀疑、批判、补充，其怀疑、批判本身是对资本主义制度本身而言。资本主义制度并非为英国资产阶级所认为的那样美妙和谐，它存在弊病，必须进行改革完善。同时西斯蒙第在对古典政治经济学怀疑、批判和补充的同时，又开创了小资产阶级政治经济学。

一、历史背景和西斯蒙第生平

（一）历史背景

18 世纪，法国仍然是一个农业人口占比八成以上的封建农业国家。资本主义工场手工业有所发展，但比重小且多为国家兴办，封建色彩浓厚。1789 法国大革命摧毁封建生产关系，资本主义生产迅速发展。资本主义发展一方面提高了生产力，另一方面摧毁原生产秩序，导致大量小生产者破产。小农阶级远远超过人口的半数，手工业仍是工业的基本形式。产业革命浪潮无情地摧毁和荡涤了以小生产为基础的一切根深蒂固的旧关系，大生产取代了小生产，生产力大大发展了，同时却为广大劳动群众带来了破产和贫困。

因此，在 19 世纪初的法国和瑞士，小资产阶级和资产阶级的矛盾和斗争表现得特别突出。小资产阶级一方面要保存资本主义商品生产制度的基础，另一方面又力图反抗大资本对于小生产者的威胁，因而产生了以理想化的小生产方式阻止或延缓资本主义迅速发展的幻想，西斯蒙第就成为 19 世纪这种思想的典型代表。所以某种意义上说，西斯蒙第是当时非主流的资本主义经济学家。

（二）西斯蒙第生平与著作

西斯蒙第（Sismondi，1773～1842）是法国古典政治经济学的完成者，经济浪漫主义的奠基人。原籍意大利，出生于瑞士日内瓦的一个新教牧师的家庭，后移居法国。他曾在巴黎上过大学，因家道中落，中途辍学，在里昂一家银行当职员。法国资产阶级民主革命爆发后，他回到瑞士日内瓦。不久瑞士也爆发革命，西斯蒙第和他的父亲因同一些贵族有密切往来而被捕入狱。出狱后西斯蒙第一家一度移居英国，后又重返瑞士。由于革命形势的发展，他迁居意大利，住了 5 年。在意大利期间，他置办产业，经营农庄，大约在这个时候他开始研究政治经济学。1800 年，他重返瑞士，此后一直在日内瓦从事著述活动。1838 年，他被选入法国社会政治科学院，1841 年被法国政府授予荣誉军团大十字勋章。

1803 年，西斯蒙第出版了第一部经济学著作《论商业财富：或商业立法中应用的政治经济学原理》。在这一著作中，他向法国人介绍了斯密的经济学说，表明了他是斯密经济学说的忠实信徒。19 世纪初，法国革命和英国产业革命都在深入发展，西斯蒙第亲眼看到了 19 世纪最初几次经济危机，看到了机器大工业的发展所产生的一系列后果。当 1818 年《爱丁堡百科全书》编辑部邀请他为百科全书写“政治经济学”辞条时，他又开始研究政治经济学，1819 年发表了代表性著作《政治经济学新原理，或论财富同人口的关系》。在这部著作中，他从英国古典政治经济学的信徒转而成为激烈的反对者。1837～1838 年，他又出版了两卷集的《政治经济学研究》，这部著作以大量的历史和现状材料论证了《政治经济学新原理》中提出的理论。

二、经济危机理论

西斯蒙第刚开始鼓吹经济自由主义，是站在小资产阶级立场反对封建主义的结果。

后来坚决批判英国古典主义，也是因为小生产者面临产业资产阶级的威胁。

从小生产者立场出发批判资本主义，他认为经济自由主义和英国古典政治经济学只研究财富。他指责资本主义经济是为生产而生产，是迷信财富忘了人。他认为，人们劳动生产的目的是物质需要和享受，不是创造财富本身，“只有增加了国民享受国民财富才算增加”①。认为自由竞争导致私人利益增加而使公共利益遭受损失，使资本家加强对工人的掠夺。他认为国家应该对国民经济，尤其是对危及公共利益的私人经济行为进行干预。他还是法国主张实行工厂立法的第一人。

西斯蒙第认为，利润是对工人阶级的掠夺，“企业家所得的报酬，通常来自对工人的掠夺。利润的获得，并不由于企业的产值大于成本，而由于企业家没有给工人以足够的劳动报酬，没有支付企业所应付的全部成本”②。

他宣称，资本主义发展的结果会出现社会两极分化，自由竞争加剧了这种结果，同时无产阶级会快速成长。西斯蒙第是第一个指出并系统论证资本主义社会必然会爆发经济危机的经济学家。他认为，生产应该服务于消费，但资本主义生产无限扩大，而不公平的社会制度导致收入减少，收入减少又导致消费不足，消费和生产的矛盾是资本主义一切祸害的根源，是资本主义的基本矛盾。而大生产和两级分化的存在，意味着大量小生产者的破产和小生产者收入的消失。西斯蒙第认为资本主义生产方式存在弊病，不能实现最优配置，经济危机不可避免，因而对资本主义制度需进行改良。

三、政策主张

西斯蒙第同情劳动人民，强烈指责资本主义发展所带来的恶果，揭露资本主义的矛盾和缺陷，抨击资产阶级经济学家把资本主义说成是合理的自然制度。他把资本主义的社会问题归结于人们受错误思想支配，归结于执政者错误的政策和学说。因此，他把希望寄托于国家政权和执政者。

西斯蒙第认为，政府应保护居民不受竞争的影响。在他看来，社会改革的核心是社会应该以怎样的权利原则和司法原则来保护城市工人和农业工人免遭竞争的危害。

在他的社会改革设想中存在着两个主要阶级（雇主与工人），这两个阶级相依为生，所以在他们之间存在着一种连带关系。在农业中，让农场主负责在工人病老和贫困时供养他们，并且不把工资降到最低线，不使工人做力所不及的劳动等。为此，要加重向大地主的征税。在工业中，要使工人能有机会与雇主联合，能分享雇主的一份权利。

他要求依靠国家政策来调节社会经济生活，以代替经济自由主义。他充满勇气和力量，是第一个和经济自由主义传统决裂的经济学家。

---

① ［法］西斯蒙第．政治经济学新原理［M］．何钦，译．北京：商务印书馆，1964：47.
② ［法］西斯蒙第．政治经济学新原理［M］．何钦，译．北京：商务印书馆，1964：68.

复习与讨论

1. 西斯蒙第如何分析资本主义必然产生经济危机?

2. 西斯蒙第代表的是小生产者和小资产经济利益，为他们摇旗呐喊，为什么说他是当时的非主流经济学家?

3. 结合现实世界阐述萨伊定律是否正确?

4. 评述马尔萨斯的人口理论，并在此基础上分析他的人口理论与当时英国实施的济贫法有何关系?

5. 比较马尔萨斯赞成对进口谷物征收关税的理由与早期的重商主义者赞成关税的理由有何异同?

6. 讨论如下论点：提高贫困国家生活水平的方法不是降低人口增长，而是促进生产产出和提升劳动生产率，一旦产出增加和工资水平上升，人民生活水准提高，人口增长率就会下降。

7. 萨伊认为供给创造自身需求。我国进入经济新常态发展阶段，并提出供给侧改革，讨论彼此之间的差异。

本章移动端课件

经济学简史　第六章

扫码学习　移动端课件

CHAPTER 7

第七章　19 世纪 30 ~ 60 年代的西方经济学

李嘉图学派解体后，西方经济学出现了新的发展。而在 19 世纪 30 ~ 60 年代，欧洲爆发了多次工人阶级运动和起义，资产阶级和无产阶级的冲突成为当时社会的主要矛盾，而空想社会主义传播也对资本主义制度形成了挑战。此时，西方经济学对斯密和李嘉图劳动论有很大质疑，新的时代需要新的经济学理论和解释。西尼尔、凯里、巴师夏、穆勒就是其中杰出代表。西尼尔以“节欲”说明利润的来源，证明资本主义不存在无偿占有。穆勒认为生产规律是永恒的，分配规律是历史的，应改变分配以满足无产阶级的诉求。凯里主张保护关税以抵制英国。凯里与巴师夏惧怕空想社会主义的传播，编造了阶级利益和谐论麻痹大众。

第一节　西尼尔的经济学说

一、西尼尔的四个基本命题

纳索·威廉·西尼尔（Nassau William Senior，1790 ~ 1864），英国著名经济学家。出生在英国一个乡村牧师家庭，1811 年牛津大学毕业，获得文学硕士学位，1819 年在伦敦担任律师。从 1825 年开始，曾经两度担任牛津大学教授，开设了英国历史上最早的经济学讲座。1831 ~ 1834 年，西尼尔在济贫委员会、工厂委员会、教育委员会等单位工作，参与制定 1834 年的《济贫法修正案》。1836 年完成《政治经济学大纲》，1857 年任皇家教育委员会委员。

西尼尔的“节欲论”和其他理论是从他提出的政治经济学的四个基本命题中派生出来的。他在《政治经济学大纲》中提出，政治经济学应严格限制在研究财富的性质、生产、交换和分配的范围内，不应该包括立法、行政、哲学和道德等问题研究。这种“纯粹经济学”是建立在以下四个基本命题上的：

（1）每个人都希望以尽可能少的牺牲取得更多的财富。

（2）限制世界上的人口或限制生存在这个世界上的人数的，只是精神上或物质上的缺陷，或者是各阶级中各个人对于在养成的习惯下所要求的那类财富可能不足以适应其要求的顾虑。

(3) 劳动的力量和生产财富的其他手段的力量，借助于将由此所产生的产品作为继承生产的工具，可以无限定地增加。

(4) 即使农业技术不变，在某一个地区以内的土地上所使用的增益劳动，一般会产生比例递减的报酬。也就是说，尽管在土地上增加劳动，虽然总的报酬有所增加，但报酬不能随着劳动成比例地增加①。

在西尼尔看来，上述四个基本命题中，第一个命题是意识的问题。其他三个基本命题则是观测的问题，是对第一个基本命题的注解。从以上四个基本命题看，他不过是旧的功利主义、马尔萨斯人口论以及萨伊经济学说的继续和发展。如西尼尔同意马尔萨斯的人口理论，主张对人口的增长采取预防性的抑制。如果人口比现在少一些，其他的人就比现在富裕一些，如果人口增长率能够降低，今后的生活就可以有所改善。

二、西尼尔节欲论

西尼尔提出了生产的三要素理论，认为劳动、自然要素和节欲是生产的三个手段。劳动是一种为了生产目的而在体力或脑力方面自觉努力的行为，即劳动者放弃自己的安乐和休息所作出的牺牲。而自然因素是自然所提供的，与人力无关，土地只是其中的一个构成部分。西尼尔认为节欲是人类的自我节制行为，即资本家牺牲个人消费而有意识地将其所能支配的资本用于未来成果的生产行为。西尼尔认为，虽然劳动和自然因素是主要的生产力量，但必须有节欲这种生产要素的协助才能取得完全的成效。而且，用节欲代替资本作为生产要素更为适合，因为资本在大多数情况下是所有三种生产要素相结合的产物，所以资本本身就包含三种生产手段，而使用节欲一词就可以把第三种生产要素同前两种严格区分开。

他认为社会上可以划分为三个阶级，即劳动者、资本家和自然要素的所有者。工资和利润都是人类创造的，工资是劳动者牺牲安逸的报酬，利润是资本家牺牲眼前享乐的报酬，地租是自然要素所有者所取得的报酬。西尼尔认为，对商品价值起决定作用的是劳动和节欲，两者构成生产成本。西尼尔说的节欲就是资本，节欲所表示的是节制当前欲望，即人暂不把资本用于非生产性消费，因而是牺牲了当前个人的享受。这与劳动者劳动牺牲了安乐和休息一样，都是一种牺牲，都应得到报酬。工资是劳动作出“牺牲”的报酬，利润是对资本家节欲作出“牺牲”的报酬。没有“节欲”，就没有资本，借助于资本，劳动的生产能力可无限增加。

① ［英］纳索·威廉·西尼尔．政治经济学大纲［M］．蔡受百，译．北京：商务印书馆，1986：46.

三、“最后一小时”理论

西尼尔作为济贫法修改委员会的委员，参与了济贫法的改革、工厂法的制定和手工织布工人的调查等活动。

他提出的“最后一小时”理论，成为当时英国资产阶级制定反对工会主义，反对工人争取10小时劳动斗争的政策依据。按照当时的法律，凡是雇用不满18岁工人的工厂，严格规定每天的劳动时间不得超过11.5小时。他认为纯利润来自最后1小时。如果劳动时间减少1小时，纯利润就会消失；如果劳动时间缩减1.5小时，总利润也就消失了。

假定：一个纺织厂厂主投资10万英镑，其中8万英镑用在厂房和机器上，2万英镑用在原料和工资上，资本每年周转一次，总利润率为15%，即1.5万英镑，则该厂年产品为11.5万英镑。

在一年内，工人每天都劳动11.5小时（23份×0.5小时），于是工人每半个小时（1/23份）生产的产品价值为5000英镑。

在全年中，工人用每天的前10小时（20份）生产10万英镑，补偿工厂主垫支的全部资本；用0.5小时生产5000英镑，补偿厂房和机器的磨损；在最后1小时生产1万英镑，为纯利润。

据此他宣称，工厂主的全部利润是在11.5小时工作日中的最后1小时创造的。如果工作日缩短1小时，纯利润就会消失。如果缩短1.5小时，总利润就会消失。这样工厂要停工，工人就会失业，所以工作日不可以缩短。

西尼尔的“最后一小时理论”和他的“节欲论”相矛盾。按照“最后一小时”理论，利润是工人剩余劳动创造的，但按照“节欲论”学说，利润是资本家牺牲的报酬。因此，西尼尔的“最后一小时”理论实际上是为资本主义剥削进行的诡辩。

第二节 约翰·穆勒的经济学说

一、第一次大综合

约翰·斯图亚特·穆勒（John Stuart Mill，1806~1873），英国著名经济学家、哲学家、政治理论家。他3岁开始学习希腊文，8岁开始学习拉丁文，13岁开始学习政治经济学，并在父亲指导下学习研究斯密、李嘉图的著作，也经常参加父辈们的学术活动。后来他结识了李嘉图，并一起进行探讨经济学的问题。1820年他应边沁的邀请到法国，并结识了萨伊和圣西门。1823~1858年在东印度公司任职，1865~1868年当选为国会议员，后来移居法国，直到去世。他的主要著作有《略论政治经济学的某些有待解决的问题》《政治经济学原理》《伦理学体系》等。其中1848年出版的《政治经济学原理》是当时最著名、最权威的经济学教科书。

19世纪中叶，英国资本主义社会正处于比较繁荣发展的时期。第一次工业革命的完成极大地推动了英国社会生产力的发展，进一步巩固和扩大了英帝国作为当时头号工业强国和殖民大国的地位。英国国内的阶级矛盾和斗争，标志着英国工人阶级已经作为独立的政治力量登上政治舞台，空想社会主义的出现和一定程度的传播对资本主义制度也是一种冲击。但总的来说，以英国为首的资本主义生产方式以自由竞争为特点处于历史发展的黄金时期，各种反对派不能从根本上动摇资本主义生产方式的统治地位。这种社会历史条件为一种折中与综合的经济学体系提供了温床，使其成为必要和可能。穆勒以折中调和为特征的经济学应运而生。

如果说斯密建立古典经济学是经济学上的第一次革命，那么穆勒的经济学理论是经济学历史上第一次大综合。综合指他的理论借鉴了前辈和同辈的许多思想。他的许多经济学思想都有其他人的痕迹，是许多经济学家和思想学家的理论大综合。主要吸纳了斯密的劳动价值论、西尼尔的节欲论、边沁的功利主义、萨伊的供求论和效用论、马尔萨斯的人口论、李嘉图的土地报酬递减和级差地租论等，即使他父亲老穆勒（詹姆斯·穆勒，经济学家）的工资基金论都为他提供了素养。所以后来许多经济学家评价穆勒并没有太多原创的思想。

折中是指他的思想和主张，力图使反映资本利益要求的政治经济学和当时已不容忽视的无产阶级要求来一个调和折中。他一方面认为，资本主义私有财产制度不能颠覆，必须存在；另一方面他又受到工人运动和空想社会主义思潮的影响，对工人悲惨境况表示同情，因而主张对资本主义社会进行改良，尤其是产品分配办法要改进。西方一些经济学家面对市场竞争造成的贫富悬殊和尖锐的阶级矛盾，常常会提出各种改良主义理论和主张，约翰·穆勒可说是最有名的开创者。

二、生产理论与分配理论

生产规律和分配规律的理论，在约翰·穆勒经济理论体系中占有重要地位。他反对斯密和李嘉图关于经济规律都具有普遍性和永恒性的观点，认为它们具有不同的性质。

（1）生产理论：穆勒强调劳动和自然是根本的生产要素，而资本是过去劳动生产物的积蓄，是决定产业进步程度的因素，所以也是重要的生产要素。他将劳动区分为生产劳动和非生产劳动。他认为，在劳动、资本、土地这三种生产要素中，首先劳动不构成生产增加的障碍，因为人口增加并无阻碍的因素。资本只要有利润的诱惑，便会得到积累。在这种情况下，也不构成生产增加的障碍。但若利润率下降，从而投资激励下降，势必将构成生产增加的障碍。至于土地，由于数量有限及其生产力有限，必定构成生产增加的障碍。他认为，由于收益递减规律的作用，持续保持技术进步，改良农业生产是发展生产之必需。由于自然的这种吝啬，限制人口的增加是非常必要的。任何人类所生产的东西，必须按照一定的方法，在一定的条件下被生产，这是由外界事物，以及人类自身的身体构造和精神构造上固有的性质决定的。所以生产规律是永恒的自然规律，不以社会制度的变化而改变，财富的生产规律和条件含有自然真理的性质。

（2）分配理论：在工资问题上，约翰·穆勒接受了工资基金理论，认为短期的工资决定于供给和需求的关系，即工资基金和要求就业的劳动者人数的比例。

在利润问题上，约翰·穆勒接受了西尼尔的节欲论。他把总利润划分为三个部分，即利息、保险费和管理工资。利息是对资本节制的报酬。保险费是对资本家承担投资风险的报偿。管理工资则是对资本家管理企业、组织领导生产所付出的劳动和技能的代价。在地租问题上，基本上是沿袭了斯密和李嘉图等的地租理论。他认为由于地主阶级对土地的垄断，所以农民耕种土地就必须支付地租。他也认为，土地肥沃程度和位置的不同，所生产的产品产量不同，其差额就是级差地租。穆勒还提到了随着科学的发展农产品产量得到大幅度增加，农产品价格下降。

他认为，如何分配完全是人类制度的问题。有了财富，人类就可以个别地或集体地按照他们自己的愿望和意志来处理财富。就是说他们可以随意把财富交给任何人来支配，并随意规定条件，所以分配取决于社会的法律和习惯；决定分配的规律是统治社会的人的意见和情感制造出来的，并且在各个不同的时代和不同的国家大不相同。就是说，分配规律随着社会制度的变化而变化，是历史的规律，不是永恒的规律。

穆勒把生产规律和分配规律分开，提出政治程序在决定合理的收入分配中发挥更大作用的观点，是想通过改善分配方式来调节资本主义的矛盾，为他的社会改良主义政策提供理论依据。

三、国际价值理论

约翰·穆勒承上启下，对李嘉图的比较成本理论进行了重要的补充，提出了相互需求的理论，用以解释国际间商品交换的比率。李嘉图证明了成本条件的相对差异，可以成为获得贸易利益的基础。但和斯密一样，他的理论仍集中在成本分析方面，忽略需求面的影响，所以无法解释贸易利益在各国间的分配问题。

穆勒提出“相互需求理论”，正式将需求面的分析纳入李嘉图的比较利益理论，回答了国际价格比率即贸易条件是如何决定的这一问题。这是对古典经济学和国际贸易理论重要贡献。

相互需求理论的基本观点有：（1）进口商品的价值不是由其生产成本，而是由“获得成本”决定的，获得成本是指为了换取进口所需偿付的出口商品的数量。（2）国际贸易物物交换的比率必然在交易双方国内交换比率形成的界限内摆动。（3）这一摆动的比率要能稳定下来而成为现实的国际交换价格，必须是贸易双方达到贸易均衡的时候，即一国出口总量刚够支付该国进口总量的价值，或者说必须满足国际需求方程式：甲国进

口需求量 × 国际交换价格 = 甲国的出口 = 乙国进口需求量 × 国际交换价格 = 乙国的出口。(4) 国际交换价格的摆动方向和幅度，取决于彼此的商品需求强度，即对别国产品需求强的国家，它的商品交换对方商品的能力就要降低，国际交换价格偏向于它的国内交换价格，则贸易条件将变得不利，反之则变得有利。(5) 国际交换价格越接近本国国内交换价格，分得的利益越少，相反越接近对方国家国内交换价格，则分得的利益就越多。

穆勒为了解释他的相互需求理论，特别举了一个例子说明（见表 7 - 1）。

表 7 - 1　　相同劳动量下英国、德国生产条件

国家	毛呢	麻布	国内交换比例
英国	10 码	15 码	10 毛呢：15 麻布
德国	10 码	20 码	10 毛呢：20 麻布

表 7 - 1 给出了英国和德国生产条件，穆勒沿袭的是李嘉图比较优势分析思路，他也坚信劳动价值论。英国同等劳动量下可以生产 10 码毛呢和 15 码棉布，德国同等量劳动下可以生产 10 码毛呢和 20 码棉布。那么英国国内 10 码毛呢 = 15 码棉布，德国国内 10 码毛呢 = 20 码棉布。如果进行国际贸易，由于两种物品交换比例不同，双方有进行分工贸易的动力。比如，国际交换比例是 10 码毛呢交换 17 码棉布，那么英国可以分工生产毛呢，德国可以分工生产棉布，这样对于双方都有收益。如果国际交换价格是 10 码毛呢交换 15 码棉布，那么贸易收益全部都被德国垄断；如果国际交换价格是 10 码毛呢交换 20 码棉布，那么贸易收益全部都被英国所独占。所以贸易条件必然是位于 10 码毛呢交换 15 ~ 20 码棉布，双方才都有收益。

相互需求理论表明，现实的国际贸易条件是使得双方出口的总收入能够支付双方总进口时形成的价格。当进口方对于出口方商品的需求程度提高，在价格不变的情况下希望进口更多的商品时，进口方对于出口方商品的需求强度便增大，出口方的贸易条件得到改善，进口方的贸易条件比过去有所恶化。如果需求强度的方向相反，则进口方的贸易条件会得到改善，获得更多的贸易利益。双方的相互需求强度，基本取决于双方对于商品的偏好，以及双方各自收入水平的实际情况。穆勒写道：

> 因此，可以断定，当两国相互交换两种商品时，这两种商品的相对交换价值，将按照两国消费者的爱好和境况而自行调整，以使一国所需要的由邻国输入的物品数量，与后者所需要的有前者输入的物品数量，适足相互抵偿①。

四、政策主张

约翰·穆勒认为人类社会是一个不断发展、进步的过程，奴隶制和封建制必然灭

① ［英］穆勒．政治经济学原理［M］．赵荣潜，等译．北京：商务印书馆，1991：130.

亡。他对英国资本主义发展给予极大赞扬，并认为主要因素是科学技术革命和自由经济制度。由于当时英国社会阶级分化，资产阶级和无产阶级矛盾加深，穆勒认为是到了改革时机，反对将社会分为雇主阶级和雇工阶级。他虽然同意社会主义者对资本主义的批判，但不同意消灭私有制，更不同意抛弃自由竞争。

对共产主义和私有财产制度进行对比时，他揭露了私有财产制度的分配不均和弊端。但是他又说，现存的私有财产制并不是它的最好形式，很难和共产主义进行对比，而无法确定这两种制度中哪一种会成为人类社会的最终形态。

由于穆勒思想上的矛盾和阶级的局限，他只提出了一些改良主义的经济政策主张：(1) 在坚持经济自由主义同时，政府在保护消费者利益、普通教育、环境保护、强化永久性合同、公共设施和公共慈善事业等领域进行干预是正当的。为了保障经济有序运行，某些个人的经济自由应当受到适当的调节或限制。(2) 征收土地税，使地租社会化。征收土地增值税，限制地租数量。(3) 限制财产继承权，减少财富分配不均，使财富得以分散。(4) 适当限制人口数量，通过教育、行政、法律等手段实现这一目标。

穆勒除了提倡经济自由主义，还主张政府从事满足人类的共同福利，对个人无利可图的事业，如普及教育文化、开展科学研究、发展交通运输、兴修水利、创办公共医疗卫生事业等。穆勒综合了百家之长，建立了一个包容性极强的经济学体系，他的许多经济学思想对于今天经济学仍有深远影响。

第三节 凯里的经济学说

凯里是美国经济学家，阶级利益和谐论的倡导者，是当时美洲唯一有创见的经济学家。他根据19世纪美国的经济发展现实，对古典经济学说进行了批判，首次对价值、分配、人口、土地、货币和价格、保护关税、社会科学和自然科学之间的关系进行了系统论述，建立了不同于英法古典经济学的较为完善的政治经济学体系。

一、历史背景与凯里生平

(一) 历史背景

凯里生活在美国独立战争后、资本主义开始高速发展的时刻。当时美国国内经济矛盾和阶级矛盾尚未充分展开，只是北部工商业资本家与南部种植园主之间的矛盾有所表现。但是，英、法等国家国内经济矛盾和阶级矛盾已显得相当尖锐，流行于欧洲的空想社会主义也开始向美国传播，对美国资产阶级形成危机。凯里的经济学是美国这一特殊环境下的产物，显示出与英、法古典经济学的不同特点，具有民族主义、乐观主义、调和主义的倾向。经济和谐论和保护主义就成为他经济理论的两大主题。在这个时期，欧洲的空想社会主义学说也传播到了美国，在这样的历史条件下，他提出了以经济利益一致为核心的经济学说。就是说，凯里结合当时美国的土地和人口情况，认为对城乡之间和工农业之间的和谐的破坏来自英国。因此，他主张实行国家关税保护主义，防止与英国竞争，积极发展本国的工业。

（二）凯里生平与著作

亨利·查尔斯·凯里（Henry Charles Carey，1793~1879），美国经济学家，阶级利益和谐论倡导者。他出生于美国的富裕商人家庭。他的父亲是爱尔兰的移民，是爱尔兰教徒，因政治原因避难美国。凯里年轻时继承父业，成为一个富有的出版商，并拥有造纸、煤气等许多企业，直到1835年退职为止。之后专门致力于经济学的研究工作。

他的著作大多发表在19世纪50年代，美国南北战争之前。最主要的代表作是1857~1859年发表的《社会科学原理》（3卷本），还有《政治经济学原理》《过去、现在和将来》《农工商利益一致论》等。

二、再生产费用价值论

再生产费用论是凯里阶级利益和谐论的理论基础。凯里在论证美国资本主义社会各阶级的利益调和时，首先否定了李嘉图关于雇佣工人、资本家、地主三者之间利益相互对立的观点。他指出，人类的目的就是增加对自然界控制的能力并为人类服务，而人类对自然的统治每前进一步，劳动的困难程度就会减轻，劳动报酬就会增加。

因此，一切发展的社会里，随着科学技术的进步，生产工具的改良，劳动生产率的提高就会降低产品的生产费用，所以生产费用不再是价值的标准，价值是由产品的再生产费用决定的。在地租理论上，凯里反对李嘉图和马尔萨斯的观点。他认为，土地的耕种，从来就是先从最贫瘠的劣质土地开始的，人们随着财富的增加和人口的增长，才有力量逐步过渡到耕种和使用最肥沃的土地，并使报酬不断提高。

再生产费用则取决于人类在控制自然的过程中使用的工具等生产资料（资本）和耗费的劳动，所以再生产费用也就是由资本家的利润和劳动者的工资组成。他认为商品价值不是取决于生产费用，而是取决于“再生产费用”。依他看来，由于生产工具、生产方法的不断完善，再生产同量物品所需的劳动量减少，费用不断降低，因此工人劳动能力提高，工资随之增加，已经积累起来的资本价值下降，利润趋于下降。但由于资本积累增多，利润的绝对量会增加。其结果是：在资本积累增多、劳动生产率提高、社会产品不断增加的情况下，资本家和劳动者的收入都会增加。其中劳动者的收入不仅绝对增加，而且占社会总产品的比例也相对增加；资本的收入绝对增加，占社会总产品的比例相对下降，阶级利益趋于调和。他认为这条规律是使人类各个不同阶级之间现实的和真正的利益达到充分和谐的基础。

三、政策主张

凯里主张实行国家保护关税政策。在他看来，国家保护关税政策的实施会加快开辟国内市场，促进这一地区工厂的建立和原材料生产的发展。而且，其产品通过市场出卖给当地的消费者，是生产者和消费者之间的相互交换和接近会扩大，必然推进人们之间的团结。

当时占世界市场统治力量的英国正努力通过推行自由贸易政策使自己成为“世界工厂”，并迫使其他国家成为其原料产地和产品倾销市场，从而使它成为世界市场上破坏经济和谐、经济利益调和的主要因素。凯里认为，像英国这样强大的工业国在世界上存在的情况下，其他国家只有实行保护政策，才能保护和发展本国的幼稚工商业，并以此与英国强大的工业力量相抗衡。为进一步论证他的贸易保护主义思想，凯里区分了“商业”和“贸易”，并把阶级利益调和遭到破坏的原因归结为“贸易”。

他认为，“商业”适合于生产者和消费者较近的国内市场，它是为了满足人们迫切需要的联合或协作。“贸易”则是为了他人而执行交换的行为，一般适合于生产者和消费者较远的国外市场。工商业是一国财富的重要来源，它的发展关系到一个国家的强盛与兴衰。因而，工商业远比贸易业重要。一个国家工商业越发达，其经济越发展，从而越可能实现阶级利益的普遍和谐。相反，一个国家贸易业愈发达，其工商业就愈衰弱，一国经济发展也就愈缓慢；从事贸易的人获利越多，生产者和消费者损失也就越多。

因此，贸易不是一国财富的来源，而是破坏经济和谐的因素。既然贸易破坏经济关系的和谐，那么国家就应当采取措施对贸易进行干预。凯里的贸易保护主义是对阶级利益调和论的修补，他试图将保护主义与阶级利益调和论相结合，希望通过国家的力量来实现经济关系的普遍和谐。

凯里的价值学说是错误的。他把资本和生产资料混同起来，用以说明资本主义制度下的阶级利益是和谐一致的，掩盖了资本的剥削实质。他的贸易和商业的论述也有很大争议，两者的区分并不科学。另外，他的保护主义贸易观点对一些工业发展落后国家有一定积极意义，但长远看对国家和整个世界发展弊大于利。

第四节　巴师夏的经济学说

巴师夏理论的主要特征是论证自由贸易的合理性，反对保护制度，倡导“经济和谐”论，反对社会主义。巴师夏的经济和谐论与凯里的阶级利益和谐论，基本观点完全一样，都是从资本主义制度本身的分配规律出发，认为资本家和工人的利益是注定会和谐一致的，资本主义社会就是一个资本家和劳动者共同合作的、美好的社会。

一、巴师夏生平与著作

弗雷德里克·巴师夏（Frederic Bastiat，1801～1850），法国经济学家。1801年6月29日出生于法国巴约讷附近的米格龙一个贸易商家庭。7岁丧母，9岁丧父，从小就是孤儿。后由祖父母抚养长大，家境殷实。巴师夏早年学习经商，1825年继承其祖父遗产成为一个庄园酒业资本家，从而使他可以花费更多时间专研哲学、历史、宗教、政治经济学等理论。1830年法国革命后，他当选为本地法官。在法国“七月王朝”后期，巴师夏迁居巴黎，从事自由贸易的宣传活动，于1846年建立“法国争取自由贸易协会”。1848年欧洲革命后，巴师夏写了不少论著来反对当时在法国广泛传播的空想社会主义思想。在1848～1849年法国资产阶级大革命期间，当选为制宪会议和立法会议的代表，抨击临时政府组织的“国民工厂”。1848年欧洲革命后，巴师夏著述反对空想社会主义。其主要著作有《经济诡辩》（1845）、《经济和谐》（1850）。

巴师夏年轻时正值拿破仑战争时期，他目睹了当时政府大量干预经济领域的后果，同时早期的农业试验失败和从商经历也使得巴师夏逐渐领悟了贸易及市场管制的影响。使他成为一位坚定的自由贸易论者和自由经济的积极支持者。1845年来到英国，坚定支持废除谷物法，反对贸易保护主义。

二、服务价值论

巴师夏是从服务的交换中引出价值。巴师夏认为，经济就是交换，政治经济学就是研究交换的科学，研究的是人的欲望、努力和满足。满足别人的欲望所作的努力，就是提供服务，两种互相交换的服务决定价值。他把服务交换看作是统治人类社会的“最高规律”。

他认为，在自由交换的前提下，每个人的努力都能够交换回来用以满足自己欲望的服务劳动。一个人为满足别人的欲望做出了努力，就为别人提供了服务劳动，同时别人又为他提供了另一种服务或劳务，这就形成了两种服务的交换。人们在交换中互相帮助，互相替代对方的工作，这就是人们生存的必要条件，也是社会的自然状态。

既然交换就是两种服务的交换，那么价值就存在于相互服务的交换，价值的基础也就是交换者的努力和服务。因此，衡量价值的尺度就是提供服务者所节省的努力和紧张程度，或者反过来说就是接受服务的人所做出的努力和免除紧张的程度。

在经济自由的条件下，交换只有对买卖双方都有利时才能成立，因此交换总是以等价为基础的，交换双方对努力和紧张的估计总是相等的，而等价交换是公平交换。这表明人类社会的利益是和谐的。

三、分配理论

巴师夏反对李嘉图的利润、地租和工资相对立的见解，认为这是不符合事实的。巴师夏认为，地租是对地主阶级作为社会和自然的中间人，在开发和改良土地时所提供的服务的报酬。而利润可以划分为利息和企业主收入。其中利息是对资本家为积累资本，而延缓了自己的消费和享受的报酬。企业主收入是对企业家劳动的报酬。而工人工资则是对工人为资本家生产而提供服务的报酬。

依他看来，资本家提供生产资料和生活资料，工人替资本家进行生产。这两种是相互的服务，而工资和利润就是这两种服务的报酬。他论证资本家和工人之间存在着“合作”的关系，由此得出劳资合作成果在分配方面的一条重要规律：随着社会进步，资本增加、利息下降，但社会总产品会继续增加，社会总产品中分配给资本的部分，其绝对量也会增加，但相对量会减少。而社会总产品分配给劳动的部分，其绝对量和相对量都会增加。他断言社会一切阶级将会无止境地接近于不断提高的水平，人们的状况会不断地得到改善，并趋向于平等化。他否认资本主义存在剥削、存在阶级对立，认为劳资双方的利害关系是“一致的”“和谐”的，要求以信任的眼光来对待资本家。

最终他得出结论：资本家和雇佣工人双方利益是一致的，都得益于社会利益的增长。

四、破窗理论

巴师夏在自己的论文《人们看到了什么和没有看到什么》虚构了这么一个场景：一个顽童不小心打碎了一家面包店的橱窗，一群看热闹的人开始从经济方面思考这一事件并得出结论，即这个开始看起来是一个有害的破坏行为，却由于玻璃装备行业可获得额外的收益而成为经济上的一件积极的事件。因为店主会重新购买一块玻璃，而玻璃商又可以用这笔钱去支付给另外的人，如此循环就可以促进整个工业的发展。这就是所谓的“破窗理论”。

但是巴师夏反对这种看法，认为这些人仅仅看到了能看见的一面，而没有考虑到看不见的一面。事实上，此事的全部积极效应只是对玻璃装配商而言的。因为被打碎玻璃的主人现在要为装修付钱，而这一支出不是为了有益于经济的目标。例如面包店店主本可以用那笔钱来购买新鞋或新书，现在不去买了，结果鞋商或书商就成为牺牲品。这却不为人们所知。显然，那些好心的、涉足经济过程中的人，从来没有比较准确地描写这种看不见的副作用，没有考虑除表面当事双方之外的第三方——鞋匠或书商的利益。

巴师夏用上述例子来反对贸易保护主义政策。他认为，人们往往看到了保护主义促进工业的一面，却看不到其破坏的一面。进一步地看，一个行动、一种习惯、一项制度或一部法律都可能带来一系列的后果。其中有些是当时就能看得见的而受到了注意，而另外一些则要过一段时间才能表现出来而不被人们所注意。事实上如果国家对艺术的促进、高税收、技术进步、军备等一切东西都要用“人们看到什么和没有看到什么”的公式来审查，那么国家便会丧失其作为法律保障者去保护人民自由和财产的本来作用，而更多地成为一种集团利益的工具，这些利益集团不断地滥用国家权力，干损人利己的事情。

巴师夏通过“破窗理论”来检验“好”与“坏”经济学家。他认为，“好”的经济学家既考虑可见的影响，也考虑那些必须被预见的影响。而“坏”的经济学家局限于可见的影响。“破窗理论”是好是坏争议很大，有些经济学家借此批评凯恩斯的国家干预政策。

复习与讨论

1. 约翰·穆勒为什么被称为“折中主义大师”？

2. 弗里德曼在 1953 年发表的“实证经济学方法论”一文中指出，经济理论的唯一重要检验应是它在预测经济学家所关注的现象方面能否取得成功。而事实上，当人们认识到仔细检查假设的实在论是一种方法论的错误时，“穆勒问题”就会自然而然地消失，即“假设的实在论与理论评价无关”。如何理解以上表述？

3. 巴师夏提出经济和谐论的动机和中心意图是什么？

4. “奢侈品鼓励了消费水平的提高，刺激了工业的发展，促进工业新产品的发明创造，并投入大批量生产。它是我们经济生活的动力源之一。工业的革新与进步，所有居民生活水平的逐步提高，都应当归功于奢侈。”尝试运用巴师夏的“破窗理论”分析这句话。

5. 分析美国经济学家凯里和德国经济学家李斯特的贸易保护主义有什么异同？

6. 如何理解西尼尔“最后一小时”理论？

本章移动端课件

经济学简史 第七章

扫码学习 移动端课件

CHAPTER 8

第八章　马克思的经济思想

哲学家们只是用不同的方式解释世界，而问题在于如何改变世界。马克思以他敏锐的思维、渊博的知识、大无畏的革命精神和他的革命战友恩格斯一起创立了马克思主义。他深刻剖析了剩余价值和资本主义经济危机，坚信共产主义一定会实现。

第一节　历史背景与马克思生平

一、历史背景

工业革命推动资本主义迅速发展是马克思主义诞生的社会经济前提。工业革命是从工场手工业向机器大工业的飞跃。它不仅是生产技术上的革命，也引发了社会关系的深刻变化。一方面，工业革命推动生产的迅速发展，并导致了资本主义经济危机的爆发，使资本主义社会的基本矛盾日益明显地暴露出来。另一方面，工业革命使社会分裂为资产阶级和无产阶级两大对立阶级，促进了工人运动的兴起和发展。机器生产本来可以用来减轻工人的繁重劳动，但在资本主义生产关系下，它却成了更多榨取工人劳动血汗的工具。机器的使用，使劳动分工更为细致和专门化，工人掌握的技术日益简单。资本家常常用大批非熟练工人代替熟练工人，用女工、童工代替成年男工，以减少工资。工人随时面临失业的危险，工人的处境没有得到改善，反而更加恶化了。工人运动随之兴起。

独立工人运动的兴起，是马克思主义诞生的阶级基础。19 世纪 30 ~ 40 年代，工人运动已从经济斗争发展到独立的政治斗争。法国里昂工人的武装起义，英国的宪章运动，德意志西里西亚工人起义，具有鲜明的政治斗争性质。在此以前，工人阶级有时也参加政治斗争，但在那些斗争中无产阶级是在资产阶级的领导下进行反封建斗争。而现在，工人阶级是为了自己的政治权利和经济利益去进行斗争，并把矛头指向资本主义剥削制度。工人们从斗争实践中逐渐认识到，要想从根本上改善自己的处境，就必须改变政治上的无权地位，进行反对资产阶级的政治斗争。这标志着无产阶级已经作为一支独立的政治力量登上了历史舞台。独立的工人运动需要科学理论的指导，同时也为科学理论的创立奠定了阶级基础。

欧洲的空想社会主义思想，是马克思主义的思想来源之一。德意志的古典哲学、英国的古典政治经济学和法国的空想社会主义是马克思主义的三个直接来源。社会主义思想是工人阶级反对资本主义剥削和压迫的理论表现。早在16～17世纪资本主义兴起时，就出现了以英国人莫尔为代表的早期空想社会主义。19世纪初，随着英国工业革命的深入和法国资产阶级统治的确立，又出现了以法国人圣西门、傅立叶和英国人欧文为代表的空想社会主义。19世纪30～40年代，随着工人运动从经济斗争发展到独立的政治斗争，更多的欧洲有识之士怀着急迫的心情，深入地探讨资本主义社会的各种问题。

二、马克思生平与著作

卡尔·海因里希·马克思（德语：karl Heinrich Marx，1818～1883），德国政治家、社会主义理论家、作家、革命家、哲学家，马克思主义的创始人之一，国际无产阶级运动的领袖。全世界无产阶级的伟大导师和领袖。代表作有《资本论》和《共产党宣言》。

1818年，马克思出生在普鲁士特里尔城一个富裕的犹太家庭。马克思的父亲是一位非常有名的律师。这对马克思丰富的思维、严密的逻辑和雄辩的演说才能的影响很大。在马克思的家里，有较为富裕的条件和充满文化气氛的环境。

马克思从小勤奋好学，善于独立思考。1830年10月，马克思进入特里尔中学，在中学毕业论文“青年在选择职业时的思考”中写道：“如果我们选择了最能为人类福利而劳动的职业，那么，重担就不能把我们压倒，因为这是为大家而献身，那时我们所感到的就不是可怜的、有限的、自私的乐趣，我们的幸福将属于千百万人，我们的事业将默默地，但是永远发挥作用地存在下去，面对着我们的骨灰，高尚的人们将洒下热泪。”①中学毕业后进入波恩大学，18岁后转学到柏林大学学习法律，但他大部分的学习焦点却放在哲学和历史上。柏林大学在当时不仅学习气氛浓厚，而且在思想学术领域都处于领先地位。马克思在柏林大学学习期间，加入了青年黑格尔派，积极参与他们的活动，为他以后的思想发展、理论建树奠定了基础。

1841年，马克思被耶拿大学授予博士学位。大学毕业后，马克思被聘用为《莱茵报》主编。这时，马克思正好借《莱茵报》来宣传革命思想，所以这份报纸成了马克思毕业后进行革命工作重要的第一步。1844年9月，恩格斯到访巴黎，两人并肩开始了对科学社会主义的研究，并结下了深厚友谊，马克思写了《经济学哲学手稿》。1845年12月，马克思宣布脱离普鲁士国籍，和恩格斯一起完成了《德意志意识形态》，书中批判了黑格尔的辩证法，并对费尔巴哈唯物主义的不彻底性进行了分析，从而第一次有

① ［德］马克思，恩格斯．马克思恩格斯全集（第1卷）［M］．中共中央马克思恩格斯列宁斯大林著作编译局，译，北京：人民出版社，1975：459.

系统地阐述了他们所创立的历史唯物主义，明确提出无产阶级夺取政权的历史任务，为社会主义由空想到科学奠定了初步理论基础。

1846年初，马克思和恩格斯建立布鲁塞尔共产主义通讯委员会。1847年，马克思和恩格斯应邀参加正义者同盟。1847年6月，改组同盟并更名为共产主义者同盟，马克思和恩格斯起草了同盟的纲领《共产党宣言》，1848年，《共产党宣言》发表。1849年，马克思被驱逐到伦敦，他常年到大英博物馆阅览室钻研复杂的政治经济学，尽管他遭受了疾病、贫困和三个孩子夭折的折磨，但他坚持写作和领导工人运动。1864～1867年，马克思组织领导了国际工人协会。1859年，马克思发表《政治经济学批判》。1867年，马克思出版了他的鸿篇巨制《资本论》第一卷，马克思去世后，恩格斯校对整理了他的手稿，出版了第二卷和第三卷。后来考茨基整理出版了马克思的另外三卷作品《剩余价值理论》（*Theories of Surplus Value*）①。1883年3月14日，马克思积劳成疾，躺在安乐椅上溘然长逝。

第二节　影响马克思的思想流派

马克思政治经济学集各流派之大成，开辟了古典经济学时期一个新局面。马克思主义方法论主要来源于黑格尔辩证法和费尔巴哈的唯物史观，同时李嘉图的劳动价值论，19世纪初的空想社会主义，达尔文社会进化论都对马克思经济学产生重要影响。

一、李嘉图的影响

古典经济学的劳动价值理论是马克思劳动价值论的理论来源。作为英国古典经济学奠基者和完成者的斯密与李嘉图，对劳动价值论都有过精辟的论述，其论述对近代劳动价值理论具有深远的影响。马克思尤其对李嘉图劳动价值论和地租理论感兴趣，花费大量时间研究李嘉图方法论和经济学思想，在此基础上提出了自己的劳动价值论和剩余价值论，深入剖析了资本主义剥削的本质，从根本上解决了李嘉图的两个困惑问题。

二、达尔文的影响

达尔文是19世纪英国最著名的博物学家。他在研读马尔萨斯人口理论时，突然意识到在自然界环境中，所有生物种群都要争夺有限资源，那些适应环境的物种将生存下

① ［美］斯坦利·布鲁，兰迪·格兰特．经济思想史［M］．第8版．邸晓燕，等译．北京：北京大学出版社，2014：185.

去，而不适应环境的物种必将灭亡，这就是“自然选择”，是物种进化理论。

1860 年，在给恩格斯的一封信中，马克思写道：“在过去四周的时间里，我读了各种各样的书，其中包括达尔文关于自然选择的著作。虽然这本书是以拙劣的英国风格写作的，但这本书却包含了我们观点的自然历史基础。”① 在马克思看来，经济组织有时候和生物组织一样，是过去的变迁和将要变迁的结果。

三、社会主义的作用

早期的空想社会主义起源于托马斯·莫尔。他主要通过著作描绘人类的和谐社会。18 世纪末的巴贝夫主张彻底废除私有制，希望社会实现平均主义。

1800 ~ 1840 年，法国是欧洲社会主义思想和活动的中心。圣西门、傅立叶、欧文、蒲鲁东是 19 世纪初期批判的空想社会主义代表，标志着空想社会主义发展的最高阶段。空想社会主义在对资本主义批判和揭露的基础上，对未来美好社会进行了精心勾画和设计，提出了一系列重要思想和观点。他们提出废除私有制和雇佣劳动，消灭阶级和阶级差别。如欧文认为，私有制、宗教和婚姻形式是阻碍社会改造的三大障碍和祸害，其中最主要的是私有制。私有制是人们所犯无数罪行和所遭无数灾祸的原因，是隔阂、仇视、欺骗、敲诈、卖淫等各种丑恶现象的根源，也是各国的一切阶级之间纷争的永久根源。

空想社会主义者提出改变资本主义分配制度，实行共同劳动，合理分配。针对资本主义分配制度的不合理，空想社会主义提出了按劳分配和按需分配的思想。圣西门提出要“各按其能，各按其劳”。这已经隐约反映出他对社会主义各尽所能、按劳分配原则的猜测。傅立叶提出，分配应该按劳动、资本、才能三方面进行，即“按比例分配”。欧文还提出了消灭货币和实行按需分配的思想。有些空想社会主义者提出消灭商品交换，有计划地组织生产。莫尔提出，未来社会产品直接满足社会全体成员需要，社会生产是按计划组织起来的，避免了盲目性。社会主义者都有着美好理想，希望消灭城乡差别、脑力劳动和体力劳动差别、阶级差别。欧文提出，合作公社制度下的社会生活要把城市和乡村结合起来，把工业和农业结合起来，把脑力劳动和体力劳动结合起来，消灭三者之间的差别；教育同生产劳动结合起来，培养全面发展的新人。空想社会主义者主张把国家变成纯粹的生产管理机构，直至最后消亡。蒲鲁东认为国家是统治权威的集中表现，政权是暴政的工具和堡垒，因此革命的任务就是摧毁国家这个机器，消灭现行的政治和政府制度。

马克思许多观点来自空想社会主义，支持他们对资本主义的愤怒，赞扬他们对古典经济学的批判，欣赏他们对社会主义美好未来的憧憬。但当时社会主义者思想大部分处于空想阶段。他们拿不出实际解决问题的办法，也不了解资产阶级剥削工人的本质。

---

① Enrique M, Urena. Marx and Dawin [J]. *History of Political Economy*, 1977 (9): 549.

四、黑格尔和费尔巴哈的影响

马克思主义哲学的直接理论来源是德国古典哲学。德国古典哲学的主要代表有康德、费希特、谢林、黑格尔和费尔巴哈等，其中对马克思影响最大的是黑格尔和费尔巴哈，但这两位哲学家的理论存在着明显缺陷。

马克思结合当时的社会实践，批判地吸取了黑格尔哲学中的“合理内核”——辩证法思想，并对之进行了唯物主义的改造；批判地吸取了费尔巴哈哲学中的“基本内核”——唯物主义思想，并克服了它的形而上学性、机械性与不彻底性。马克思主义哲学和政治经济学的产生，是当时资本主义社会发展的产物。

第三节　劳动价值论和剩余价值学说

一、劳动价值论

马克思的劳动价值论某种意义上继承了斯密和李嘉图观点，但又超越了他们的价值论。马克思的劳动价值论研究起点是资本主义的商品。他认为，商品是为了获得利润生产出来的产品，可以满足生活资料，也可以作为生产资料间接满足人们需求。马克思认为，商品不仅具有使用价值，还具有交换价值，使用价值或总效用构成了一切财富的存在形式。交换价值或通称的价值，是凝结在产品中的抽象的无差别的人类劳动。马克思一直在思考什么是商品价值。他的回答是：在社会正常的生产条件下，在社会平均的劳动熟练程度和劳动强度下，生产该商品所需要的社会必要劳动时间。社会必要劳动时间包括生产该商品的直接劳动、该商品生产过程中使用的机器与原材料所包含的劳动、在生产过程中转移到该商品上的价值。马克思的劳动价值论具有深刻的社会含义，真实反映了商品价值的组成和内涵。假设一个书架包含的社会平均劳动时间是 2 小时，如果一个小企业由于生产效率低下，生产这个书架的时间是 4 小时，那么这个书架的价值仍然是 2 小时。如果一个大企业生产效率高，生产这个书架的时间是 1 小时，那么这个书架的价值仍然是 2 小时。因为这个书架的价值是由社会的平均劳动时间或者说是社会必要劳动时间决定的。

马克思认为价值并不受价格的影响，供给与需求变化促使价格围绕价值上下波动，有时高于价值，有时低于价值。价值的持续波动可以互相抵消和缩小，达到商品价值的平均价格。马克思还在所有商品劳动都统一在一个分析框架内，把它们平等地归纳为抽象劳动。这样劳动就分为具体劳动和抽象劳动，分别对应于商品的使用价值和价值，这是马克思的一大创造。

二、剩余价值论

剩余价值论是马克思的一大重要发现。马克思认为，资本主义本质从经济学角度分析就是剩余价值的生产。他认为，剩余价值不能在流通领域中产生，但也不能离开流通领域。因为，资本家要从流通领域购进生产资料和劳动力，以便实际进行剩余价值生产。资本家要在流通领域出卖其产品，从而实现其剩余价值。而生产领域则是资本主义实现剩余价值的主要场所。这里呈现的是资本家的残酷剥削和压榨，揭示了资本家剥削的秘密。

马克思科学地揭示剩余价值的起源和本质，关键在于把“劳动力”与“劳动”区分开来，并且依据价值规律阐明了劳动力这个商品的特殊性质。资本家购买到劳动力这一特殊商品后，同生产资料结合起来进行生产。工人在生产过程中，不仅能再生产出劳动力的价值，并且能创造出比劳动力自身价值更大的价值，实现了价值增值。这样资本家才有利可图。于是，剩余价值的起源和性质也就昭然若揭了，剩余价值无非是由雇佣工人剩余劳动创造的并被资本家无偿占有的价值。

马克思进而通过对劳动过程中不同要素的不同作用的分析，又把资本划分为不变资本和可变资本，用于购买生产资料即原料、辅助材料、劳动资料的那部分资本，经过生产过程并不改变自己的价值量，因而称之为不变资本。用于购买劳动力的那部分资本，在生产过程中改变了自己的价值量，因此叫可变资本。由于代替可变资本进入生产过程的劳动力，以其具体的有用劳动创造出有用产品，把在生产过程中消耗的生产资料的价值转移到新产品中去，同时由于支出了抽象劳动，它再生产出自身的等价物和一个超过这个等价物而形成的余额即剩余价值。

马克思在分析剩余价值时，提出了工作日这一创造性概念。他指出，工作日就是资本家消费他所购买到的劳动力的一日劳动时间，它由必要劳动时间和剩余劳动时间或者说由工人生产他的劳动力的补偿价值和生产剩余价值的时间构成。补偿劳动力价值的必要劳动时间相对来说是一个定量，而生产剩余价值的时间则是一个可变量。资本家总是千方百计地延长工作日，以便榨取更多的剩余价值。在资本主义发展初期，技术和生产率相对落后，就只能采取比较原始的剥削手段，即靠绝对延长劳动时间以加强剩余价值的生产。随着资本主义机器大工业的产生和发展，资本家便主要采取加强相对剩余价值的生产方法，依靠技术进步和加强劳动管理，从而在一定的工作日时间内，降低劳动力的价值，即缩短必要劳动时间以相对延长剩余劳动时间。

马克思认为，剩余价值揭示了资本家的剥削本质，产业资本家、商业资本家、借贷资本家分别以产业利润、商业利润和利息的形式瓜分剩余价值。马克思在研究剩余价值学说时，提出了剩余价值率和利润率。资本家生产商品的原材料和机制属于不变资本 c，购买劳动力和支付工资的属于可变资本 v，而劳动力生产出的被资本家无偿占有的额外价值是剩余价值 s，剩余价值率是 s'，也成为剥削率，那么：$s' = s/v$。马克思还提出利

润率 p'，那么利润率是剩余价值与投入的总资本比率，因此，$p' = s/(c+v)$。马克思在考察资本主义经济发展时认为，由于机器大工业发展，资本家会增加资本的有机构成而减少工人数量，这样必然导致利润率的下降，但剩余价值率却增加了，增加了无产阶级与资产阶级的矛盾。

第四节　经济周期理论

西斯蒙第作为经济学说史上系统论述经济危机问题的第一人，他的分析方法及所阐述的内容对马克思产生了重要影响。

有关经济危机的根源问题，马克思立足于唯物史观，运用矛盾分析方法，从生产（供给）、交换（市场）、消费（需求）到社会经济制度对经济危机的成因进行了系统全面的分析。在交换上，马克思认为在社会生产力低下条件下的直接产品交换，是不具有供给和需求严重脱节的可能性，但随着产品交换发展到以货币为媒介的商品交换。此时，商品内在的使用价值和价值的矛盾外化为商品和货币的矛盾，货币的流通手段职能使商品的买卖在时空上发生了分离与对立，货币的支付手段职能形成了蕴含货币危机的债务链条。在供给（生产）上，马克思认为，大工业生产方式具有一种跳跃式的扩张能力。他说："一旦与大工业相适应的一般生产条件形成，这种生产方式就获得一种弹力，一种突然地跳跃式地扩张的能力"，从而激化了市场供需矛盾，致使危机从可能转化为现实。所以，马克思指出：在现代工业周期中，生产规模突然的跳跃式的膨胀是它突然收缩的前提和首要原因，大工业的这种巨大的迅速扩张的能力，是形成经济周期波动的物质前提。从消费（需求）上说，根据马克思的分析，一方面随着社会生产力的发展，会提高资本有机构成，造成相对人口过剩，失业人数增加；另一方面对抗性的分配关系"使社会上大多数人的消费缩小到只能在相当狭小的界限以内变动的最低限度"，由此，必然要造成劳动人民有支付能力需求的相对缩小，形成狭隘的消费和市场，进而产生商品生产与实现的矛盾，导致生产相对过剩和危机的出现。马克思认为，在社会经济发展实践中，"任何危机出现的本质原因，基本源自社会群体的贫困及消费能力下降。但是，作为资本的持有者和掌握者，尚未意识到这个问题，一味发展社会生产，将社会的绝对生产能力作为表征社会生产力发展的评价基础"①。

单从经济角度来说，在马克思看来，生产过剩经济危机是商品流通领域供求矛盾的直接表现，而市场上的供求矛盾又不过是生产和实现（消费）矛盾的表现形式。然而马克思经济学分析的中心是资本主义经济制度，所以他对生产过剩危机的分析，并没有停留在经济现象分析，而是深入资本主义经济关系或经济制度探寻根源。根据马克思的分

① ［德］马克思．资本论（第三卷）［M］．北京：人民出版社，1975：548.

析，市场交换领域所蕴含的危机，在简单商品经济下是由生产商品的社会劳动和私人劳动之间的矛盾所决定的，在资本主义商品经济下，则是由生产社会化和生产资料资本主义私人占有之间的矛盾所决定的。

除此之外，服务于市场交换的资本主义的货币制度、银行制度、汇兑制度、信用制度等，为市场交换领域矛盾的激化、潜在危机的现实化提供了制度结构条件，在某种意义上说，这些制度结构之间的不协调与相互碰撞，给经济危机的发展起了推波助澜的作用。从生产领域的制度看，以资本主义商品经济制度为基础的剩余价值规律、资本占有规律和市场竞争规律为资本主义大工业生产能力的跳跃扩展，提供了强大的利益刺激和外在压力。以私有产权为基础的工厂制度、股份公司制度为生产能力的扩展、资本突然扩展能力的增长提供了有激励效应的微观制度结构。生产的无政府状态为社会生产的盲目扩展提供了“宽松”的外部环境或宏观制度结构。

因此，马克思得出结论：资本主义生产资料私有制和由此决定的资本主义基本矛盾的运动是爆发生产过剩经济危机的根本原因。马克思指出，资本主义经济危机具有明显的周期性，经济危机每隔若干年就爆发一次，“在世界范围内的经济发展实践和贸易实践中，19 世纪早期到中期，社会资本主义发展处于萌芽期，社会资本主义发展周期较短，更新发展较快，起初周期为 5 年，到了中后期，发展周期延长至 10 年”①。经济危机之所以周期性地爆发，其原因在于资本主义基本矛盾运动过程本身的阶段性，只有当资本主义基本矛盾发展到尖锐化程度，使社会再生产的比例严重失调时，才会发生经济危机。而经济危机以后一段时期内，资本主义各种矛盾暂时缓和，生产重新恢复和发展。但由于资本主义基本矛盾从而产生经济危机的根源并没有消除，因此，随着资本主义生产的恢复和高涨，资本主义基本矛盾又重新激化，必然导致再一次经济危机的来临。经济危机的周期性爆发，使资本主义再生产过程也具有周期性。从一次危机爆发到下一次危机爆发所经历的时期即一个再生产周期。它一般包括危机、萧条、复苏、高涨四个阶段。解决经济危机的方法是推翻资本主义制度，用生产资料公有制代替私有制，由社会中心统一安排社会生产。

第五节 未来经济制度构想

一、资本主义的对外扩张

马克思运用唯物史观和剩余价值论分析了资本主义发展进程，认为资本主义在反对封建贵族过程中是进步的力量，但在无产阶级登上历史舞台后，就成为世界进步力量的

---

① ［德］马克思．资本论（第三卷）［M］．北京：人民出版社，1975：554.

阻碍。资本主义对内残酷压榨工人阶级，对外进行殖民统治，力图建立资本主义的市场垄断。

在资本主义生产过程中，生产的直接目的是使资本价值增值，实现剩余价值的生产和积累。在这里，生产是以巨大的、日益扩大规模进行的，因此市场必定不断扩张。马克思注意到资本主义发展交通运输工具的重要性，认为为了缩短商品流通时间，会形成"发展交通运输工具—扩大市场—再发展交通运输工具—再扩大市场"的经济循环过程。另外，马克思也把资本对外扩张看作是少数资本家对多数资本家剥夺的资本集中的结果。他写到：

> 随着这种集中或少数资本家对多数资本家的剥夺，规模不断扩大的劳动过程的协作形式日益发展，科学日益被自觉地应用于技术方面，土地日益被有计划地利用，劳动资料日益转化为只能共同使用的劳动资料，一切生产资料因作为结合的、社会的、劳动的生产资料使用而日益节省，各国人民日益被卷入世界市场网，从而资本主义制度日益具有国际的性质①。

资本主义在世界的扩张可以阻止利润率下降的趋势，甚至可以提高利润率，同时市场的扩大还可以扩张资本主义生产规模取得规模经济的好处。另外，资本主义的商品输出，在国外市场以高于本国的价值出售，可以赚取属于商业利润的额外利润。为了实现较高利润率的目的，资本家也可以在资本有机构成较低的落后国家进行直接投资，利用其廉价的原料和劳动力进行商品生产。

二、共产主义的两个阶段

马克思把未来的共产主义社会划分为两个阶段：第一阶段和高级阶段。在谈到共产主义社会第一阶段（后来通常所说的社会主义社会）的基本特征时，马克思集中阐明了这样几个重要论点：共产主义社会的第一阶段是刚刚从资本主义社会中产生出来的，因此它在各个方面，在经济、道德和精神方面还带着它脱胎出来的那个旧社会的痕迹；除了个人消费资料，没有任何东西可以成为个人的财产；在消费资料分配方面，仍然通行等价交换原则。而关于共产主义的高级阶段，马克思描绘了美好场景：

> 在共产主义社会高级阶段，在迫使个人奴隶般地服从分工的情形已经消失，从而脑力劳动和体力劳动的对立也随之消失之后；在劳动已经不仅仅是谋生的手段，而且本身成了生活的第一需要之后；在随着个人的全面发展，他们的生产力也增长起来，而集体财富的一切源泉都充分涌流之后，只有在那个时候，才能完全超出资产阶级权利的狭隘眼界，社会才能在自己的旗帜上写上：

① ［德］马克思．资本论（第一卷）［M］．第2版．北京：人民出版社，2004：874.

各尽所能，按需分配[①]！

三、必然王国和自然王国

马克思把自己设想的未来的经济制度称之为“自由王国”，而原有的资本主义经济制度称之为“必然王国”，人类社会如果实现真正自由，必须完成“必然王国”向“自由王国”的飞跃。马克思写道：

> 这个领域内的自由只能是：社会化的人，联合起来的生产者，将合理地调节他们和自然之间的物质变换，把它置于他们的共同控制之下，而不让它作为一种盲目的力量来统治自己；靠消耗最小的力量，在最无愧于和最适合于他们的人类本性的条件下来进行这种物质变换。但是，这个领域始终是一个必然王国。在这个必然王国的彼岸，作为目的本身的人类能力的发挥，真正的自由王国，就开始了。但是，这个自由王国只有建立在必然王国的基础上，才能繁荣起来[②]。

马克思不仅是伟大的哲学家，也是一个开拓政治经济学新领域的伟大探索者。他更是剩余价值论的伟大发现者。他是真正资产阶级掘墓人，他的哲学著作和伟大经济学思想一如他留在大英博物馆里的脚印一样，必将长存于人类文明史上。

复习与讨论

1. 认真阅读《资本论》，全面阐述资本主义经济危机论观点。

2. 马克思的历史论和经济制度演进理论与达尔文的进化论有什么联系？

3. 假设典型的普通工人和他们家庭每天必须消费的商品中包含了3小时的社会必要劳动时间，同时假设资本家雇用工人每天进行12小时劳动，那么剩余价值率是多少？利润率是多少？

4. 马克思的资本主义经济危机论和西斯蒙第经济危机理论有何异同？

5. 马克思所阐述的绝对剩余价值和相对剩余价值有什么区别？有什么联系？

6. 讨论如下这句话：“在奴隶劳动下，所有权关系掩盖了奴隶为自己的劳动，而在雇佣劳动下，货币关系掩盖了雇佣工人的无偿劳动。”

7. 运用马克思经济思想讨论如下观点：一个经济体，在成功转入马克思的社会主义、共产主义之前，必须先经历资本主义。

本章移动端课件

经济学简史 第八章

扫码学习 移动端课件

---

① 马克思，恩格斯．马克思恩格斯全集（第三卷）［M］．第2版．中共中央马克思恩格斯列宁斯大林著作编译局，译．北京：人民出版社，1995：305－306.

② ［德］马克思．资本论（第三卷）［M］．北京：人民出版社，1975：928.

第三篇
新古典经济学

新古典经济学产生、发展、成熟时期恰是资本主义经济大变革时期，世界主要经历了德国完成统一、第二次工业革命、第一次世界大战、苏联社会主义革命等大事件。自然科学的不断突破与完善对经济学演变产生重要影响，经济学家开始将经济学精细化、科学化、定量化。

古典经济学过于注重生产与供给，而忽视了需求和主观价值论。19 世纪 70 年代，边际效用革命爆发，倡导全新的研究方法和研究工具，成为西方主流经济学。马歇尔开辟新的经济学道路，将主要生产供给的古典经济学和注重消费需求的边际效用学派结合在一起，创立了新古典经济学。新古典经济学更注重经济理论的数量化和模型化，使经济学成为一门数理模型的社会科学。它继承了古典经济学的自由放任思想，却以边际效用价值论取代劳动生产价值论，成为现代经济学中的微观经济学。

新古典经济学兴起于 19 世纪 70 年代，结束于 20 世纪 30 年代的资本主义经济危机。本篇主要包括 4 章内容，诠释西方新古典经济学历史、理论与政策。第九章介绍边际效用学派，重点论述边际效用学派的先驱思想，阐述数理学派和奥地利心理学派的主要观点、政策主张。第十章是马歇尔的新古典经济学，介绍马歇尔的供给理论、需求理论、价格均衡理论以及国际贸易理论。第十一章是福利经济学的创立与发展，阐述帕累托的新福利经济学，介绍以庇古税为核心的旧福利经济学。第十二章介绍 20 世纪 20 ~ 30 年代西方经济学，主要阐述斯拉法、张伯伦、罗宾逊的垄断竞争理论，埃奇沃斯、希克斯的均衡理论，以及维克塞尔、费雪的货币经济学说。

CHAPTER 9

第九章　边际效用学派

19 世纪 70 年代初，几乎同时在欧洲出版了三本经济学著作，带来了经济学说史上的具有划时代意义的所谓边际革命：第一本是英国的杰文斯于 1871 年出版的《政治经济学理论》；第二本是奥地利的门格尔于 1871 年出版的《国民经济学原理》；第三本是法国的瓦尔拉斯于 1874 年出版的《纯粹经济学要义》。他们三人的经济学理论并不一致，也不是一个体系。杰文斯在英国建立英国学派，门格尔创立奥地利学派，瓦尔拉斯创立洛桑学派。但他们三人却有一个共同点，即同时提出了边际效用价值论，他们抛弃了古典学派的劳动价值论，并与马克思的劳动价值论相抗衡，形成了边际效用学派。边际效用学派的理论与边际分析方法为后来的新古典经济学和现代经济学分析方法开辟了道路。

第一节　边际革命兴起的背景

工业革命开始 100 多年后，一些严重的经济与社会问题仍然没有得到解决。尽管生产率得到了极大的提高，但贫穷依然很普遍。尽管人民总体生活水平有了提高，但财富和收入分配的极端不公平引发民众不满情绪。经济波动对许多人产生了负面影响，个人不再能够单纯依靠个人的主动性和能力来克服他们所面临的各种情况。大量农村劳动力漂泊到了城市。在健全的工人补偿法颁布之前，许多工业事故给工人及其家庭带来了严重的灾难。长时间的劳动、危险和不健康的工作环境、在和工人的劳资谈判中雇主的经济优势、垄断企业的兴起和人们在老年时的不安全感等，许许多多的问题迫使人们超越古典经济思想的狭隘局限去寻求解决方案。

当时在英国占统治地位的经济学是古典经济学，但无论是劳动价值论、生产费用论，还是工资基金论，都已越来越难以说明现实世界和解决现实世界问题。后来出现的旧的德国历史学派对经济世界的解释也显得苍白无力，经济学要另找出路，尤其是价值由什么决定，需要有不同于古典经济学传统解释的新理论。这种新理论就是效用价值论。

其实，商品价值由效用决定的观点并非新理论，而是早已有之。效用价值论在历史上最早可以追溯到古希腊的亚里士多德和古罗马的加图。18 世纪意大利的费尔南陀·加利阿尼提出了效率和稀缺性价值原理。用效用和稀缺共同说明商品的价值。重农学派的杜尔哥以及法国的孔狄亚克也曾在各自经济思想中阐述价值效用论。然而，价值起源于劳动的观点一直占据上风，尤其是古典经济学产生、发展到衰落的200多年间，由劳动或成本决定价值的观点，在价值论中始终占据主导地位。只是从19世纪中期起，古典的价值论和工资基金论在现实面前实在越来越缺乏说服力，经济学家才转换方向来说明价值问题，这也许是边际效用论兴起的一个学术环境。

实际上，如果从经济学思想史的角度分析，商品价值主要就分为劳动价值论和效用价值论。斯密和李嘉图等经济学家坚持劳动价值论，而西尼尔、萨伊、巴师夏等坚持效用价值论。但很显然，坚持效用价值论的经济学家还没有将数学工具合理引入经济学。后来一些经济学家杜能、古诺开始将效用、稀少性结合起来，直到杰文斯、门格尔和瓦尔拉斯才将厂商理论、消费理论、生产理论融合起来，运用边际思想和数量模型分析效用价值论，开辟了一场经济学新革命。

当然边际学派的兴起离不开当时的学术界大环境发展。牛顿力学的推广开始在各个方面彰显影响力，热力学第一、第二定律也已经成熟，达尔文的进化论成为社会科学和自然科学的翘楚，微积分和高等数学不断向社会科学延伸，各门学科似乎都想从物理学、数学、化学中寻求突破，都想更加精确地描述社会现象和整个世界。因此，经济学也开始寻求新的科学范式，将数学和边际思想引入经济学的条件成熟了。

从19世纪70年代起，边际主义的兴起，确实引起了经济学范式的一次重要革命。经济学实现了古典范式到现代分析范式的转变。并且正是有了这种转变，经济学才正式开始成为一门在可供选择的不同用途之间分配有限资源，以实现最佳目标的科学。边际学派都承认，一个人所拥有的有限资源有多种用途时，一定会按照使各种资源在使用中的边际效用相等的原则来配置资源。而资源在整个社会的优化配置，又只有通过自由竞争才能实现。于是，古典学派的自由竞争思想又获得了新的理论支撑，古典经济学进入了新古典阶段。

第二节　边际效用学派先驱

效用价值的思想，在近代大致与劳动价值思想同时出现。17世纪英国的巴尔本、18世纪中叶瑞士伯努里、意大利的加利安尼都是代表人物。19世纪30年代以后，英国的劳埃德被认为是明确以边际效用来说明价值决定的第一人。爱尔兰的朗菲尔德、法国古诺较多使用边际分析方法，是数理经济学的鼻祖。德国的杜能也使用了边际分析方法，戈森被视为边际效用学派的直接奠基人。这里我们介绍边际效用学派的三个重要先驱古诺、杜普伊特和戈森。

一、古诺及古诺模型

（一）数理经济学开拓者

安东尼·奥古斯丁·古诺（Antoine Augustin Cournot，1801～1877），法国数学家、经济学家和哲学家，数理统计学的奠基人。1801年出生在法国上索恩省。20岁时进入巴黎高等师范学校学习数学。古诺在其整个青年时代都沉溺于永不满足的读书欲之中。1823～1833年，他在巴黎大学完成了博士学业，并且开始与当时知识界的顶尖人士接触，其中的许多人是自然科学家和工程师。在此期间，古诺发表了几篇论数学的文章。古诺论数学的文章引起了物理学家和统计学家泊松（Poisson）的注意。他帮助古诺于1834年在里昂取得了一个数学教授的职位。古诺在这里讲授微积分并完成了《关于随机变化理论的评述》的初始性工作。次年，古诺被任命为格勒诺布尔学院院长，成为法国勋级会荣誉军团成员，几个月之后又晋升为教育总视察官。1838年结婚，并出版了其论微观经济学的创新之作《财富理论的数学原理研究》。与此同时，他还被任命为巴黎的教育总巡视员。

由于他的视力状况不佳，迫使古诺曾在1844年去意大利度假调养。1854年，他成为第戎学院的校长，并保持这个职位直到他1862年退休。在此期间及以后，古诺继续出版论社会哲学和经济问题的著作。他后来分别于1863年和1877年出版的论经济学的两本书——《财富理论的原理》和《经济学说简评》都没有使用数学去处理经济问题，相对于古诺论经济理论的开创性著作《财富理论的数学原理研究》而言，它们都没有增添实质性的新东西。古诺于1877年突然死亡。古诺在经济学上的成就以其垄断理论而著名。

古诺时代正是法国社会主义思潮蓬勃发展时期，欧洲大革命风起云涌，古诺本人性格孤僻，不善言辞，他的著作和思想并没有引起多大关注。也就在他临终前，他的作品才引起杰文斯等名家的注意，认识到他的著作的深远意义。

古诺是第一个运用数学对经济进行分析的经济学家，是第一位提出完全垄断、双头垄断和完全竞争的精确数学模型的经济学家，数理经济学不能算是经济学流派，但作为重要的经济学分支，古诺无疑是最重要的奠基者。

（二）垄断模型

古诺在研究企业生产获得利润最大化时提出了一个垄断模型。古诺运用微积分解释企业为了获取利润最大化生产的产品数量。古诺分析的是一个矿泉水厂商占据整个市场行为：这个企业作为垄断者存在，目的是获取最高的利润；它并不关心产品价格，因为价格过高销售量则下降。通过微积分，古诺认为随着销售量增加，企业利润会不断增加，但增加到边际收益为零时，垄断企业就会获得利润最大化。企业就不会增加产量。

古诺进一步分析，边际成本大于零时，面对正的成本，企业利润最大化将在边际成本与边际收益相等时出现，$MR = MC$ 时，企业获取最大化利润，此时企业将保持这样产量。

（三）双寡头理论

如图 9－1 所示，古诺认真研究了一个市场存在两个竞争者的情况。他认为如果一个市场有一个厂商 A 进入，那么这个厂商 A 将占据整个市场，但这个厂商 A 为了赢得利润最大化，它不会生产市场全部容量产品，它只生产市场容量的 1/2 是最有利的。现在假设有两个厂商 A 和 B，这两个厂商都会根据对方的行动做出下一步反应。如果 A 厂商进入市场后，它会生产市场容量的一半，此时如果 B 厂商看到这个市场有利可图，也进入市场进行竞争。由于 A 厂商已经生产市场一半产量，市场只剩下一半容量，B 厂商如果获取利润最大化只能生产其中的一半，就是生产市场容量的 1/4。A 厂商的反应是生产剩余市场容量 3/4 的一半，即生产整个市场容量 3/8，如此这样调整产量，最终双寡头厂商都生产市场的 1/3，两者生产全部市场容量的 2/3。双寡头比完全垄断要多生产出一些产品，使价格降低而有利于消费者。

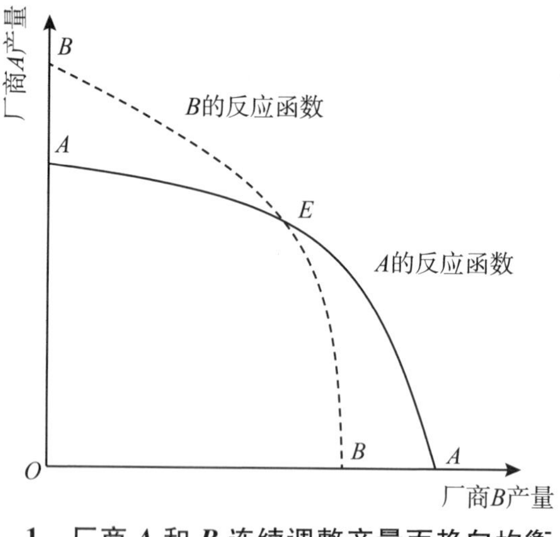

图 9－1　厂商 A 和 B 连续调整产量而趋向均衡点 E

双寡头市场可以推出一般化结论，如果有 m 家厂商，每个厂商生产成本相同，则每个厂商的产量为完全竞争产量的 $1/(m+1)$，故行业总产量为完全竞争产量的 $m/(m+1)$，随 m 的增大而越来越接近于完全竞争均衡。如果是三寡头垄断竞争，则每家厂商生产市场容量的 1/4，所有厂商生产全部市场容量的 3/4。

二、杜普伊特经济理论

朱尔斯·杜普伊特（Jules Dupuit，1804～1866）是法国工程师、经济学家。他出生在意大利皮埃蒙特的福塞诺，当时此地是法兰西帝国的一部分。他在享誉盛名的国立桥梁与道路学校获得工程学学位。他对公路、水上导航和市政水利系统的研究与设计在工程学领域颇有建树。1843 年他被授予法国荣誉军团勋章，1850 年任巴黎的总工程师，1855 年任法国土木工程兵团的总监理。

由于他的数学理论功底深厚，这对于他的经济学研究也很有帮助。在经济学方面，他结合公共工程给出了很多科研成果。1844 年发表《论公共工程效用的测量》，1849 年发表《论收费站与收费表》，1853 年发表《论效用与效用的衡量》。他的研究分析方法与古诺类似，经常用图形解说、数理方程式进行表达。杜普伊特经济学思想主要集中在边际效用递减、消费者剩余和价格歧视方面，其中心思想是在“边际上”作出决策。

（一）边际效用与消费者剩余

杜普伊特指出，一种产品的价值因人而异。例如，一个人从一个特定单位的水中所获得的效用取决于它的用处。最初，个人将水用于很高价值的用途上，随着水的储备不断增加，逐渐用在价值较低的用途上。他指出“各种被消费的东西的效用因人而变化；不仅如此，每个消费者自己加到同一东西上的效用也会随其能够消费的数量而有所不同”①。

他还确立了需求曲线的概念：价格与需求量呈反向运动，需求曲线也就是边际效应曲线。连续消费某一特定的产品将产生越来越少的额外满足。他以水的消费为例，认为除非产品的价格下降，否则消费者将不会购买额外单位的产品。

杜普伊特的消费曲线使他得到了一个重要发现，后来马歇尔将之称之为消费者剩余，就是消费者额外获得的经济学收益。假设政府当局对水的定价是 10 法郎，其含义是消费者愿意为除第 10 单位的水之外所有单位的水支付高于 10 法郎的价格；第 10 单位之前的每单位的边际效用都超过 10 法郎，只有最后一单位（第 10 单位）的价格等于边际效用。以每一单位为基础，每一单位的边际效用与其价格之间的差额是相对效用，或剩余效用。所有这些边际效用与其价格之间差额的和就是总的消费者剩余。

（二）垄断定价与价格歧视

杜普伊特设计的很多公路、桥梁和水利系统都是政府垄断的。杜普伊特就想知道，即便政府定价，政府应以对这些垄断产品或服务索要什么样的价格？他认为，如果目标是总效用最大化，那么价格应该是零。如果价格高于零，就会产生两个结果：其一，有些效用从消费者转到卖者那里，但是转移的结果并未带来净效用的减少；其二，有些效用消失了，用今天的术语来说，会有一个无谓损失。

杜普伊特认识到一个明显的问题：价格为零不能使供给者补偿提供产品或服务的成

① 杜普伊特．公共工程效用的测量［J］．国际经济论文选，1952（2）：66.

本。因此他建议政府卖者应该制定这样一个服务的成本可以得到补偿而且总效用损失最小的价格。为了补偿提供产品或服务的成本，一个方式就是制定单一价格，在这个价格上产生的总收益等于总成本。但杜普伊特想知道是否还有更好的价格策略以补偿提供成本。

通过进一步研究，杜普特提出了一个更好的定价方案：多重定价。比如，对边际效用高于10法郎的消费者索要一个高于每单位成本10法郎的价格。其结果是，这些买者的一部分消费者剩余将会转变成卖者的额外收入。但对这些买者实行的高于成本的定价不会导致总效用的损失。他仅仅是将一部分消费者剩余转移给了卖者。更重要的是，这些额外收入使卖者能够对那些边际效应低于10法郎的个人索要较低的价格。因此，与单一价格相比，这既提高了总效用，也满足了总收入与总成本相匹配的要求。这种多重定价方案被现代西方经济学称为“价格歧视”。

（三）政府与公共物品

杜普伊特对于边际效用函数的阐述使他能够极大地改进对于由政府提供的物品所具有利益的估计。他关于公共物品（高速公路、水利分布、公共运输等）供应的一般规则是：如果公共物品的价格能够补偿这些物品一年的总成本并产生某种“净效用”，政府就应当提供这些物品。换言之，如果一个企业的边际年收入能够保证边际成本（包括资本成本）在规定的若干年间每年被补偿回来，就应当提供该产品。

三、戈森定律

赫尔曼·海因里希·戈森（Hermann Heinrich Gossen，1810～1858）是德国经济学家，出生在德国西部城市迪伦，先后在波恩大学和柏林大学攻读法律，在普鲁士政府担任过税务官。1847年辞职后与他人合办保险公司，1850年开始潜心研究经济学，主要著作是《人类交换规律的发展及人类行为的准则》（1854年）。著作出版后，销售远未达到戈森预期，他极为失望，1858年去世前他将未售出的书收回。后来英国经济学家杰文斯发现了此书，并被其中的理论价值所折服，1889年此书以德文重新印制出版。戈森是边际分析主义在德国的先驱之一，由于他较早地建立了一个比较完整的经济理论体系，被杰文斯评价为“数理经济学说的真正开始”。

当时整个欧洲经济学都受到边沁功力主义影响，因此戈森研究经济学的出发点也试图寻求幸福避免痛苦。他认为，每一个人的目的都是提高生活享乐到最大程度，其理论任务便是研究其实现途径。戈森指出，人的享受受两大条件的制约：一是可变的享受的多样性；二是人的一生的长度。当人们在寻求快乐时，要遵循一定的规律使享受总和最大化。

他坚持数学方法是处理经济问题唯一正确的方法。戈森在《人类交换规律的发展及人类行为的准则》一书中，以边际原理为基础完整地发展了消费理论，提出了著名的戈森第一、第二定律①，并利用几何和数学公式进行了说明。

戈森第一定律实际就是后来的消费边际递减。他认为，人类为满足欲望和享乐，需不断增加消费次数，而享乐因随消费的增加而递减。享乐为零时，消费就应停止，如再增加，则成为负数，使享乐变为痛苦，即“欲望强度或享乐递减定律”。戈森第一定律很好地解释了现实中人类普遍存在的享乐递减规律：当你在炎炎夏日吃第一块西瓜时，你会感觉无比舒畅，但你吃第二、第三块西瓜时候，你大概已经没有太多感觉。

戈森第二定律就是边际效用均等原则。物品供给有限和人的欲望无限的情况下，理性的人把支出花在各种产品时，要达到花费在每一种产品上的最后一单位货币所带来的效用是相同的。戈森认为，理性的人应该将他的货币收入理性分配，使得花费在某一种商品上的最后一元钱产生相同的边际效用。

戈森第二定律可以用公式表示：

$$MU_A/P_A = MU_B/P_B = MU_C/P_C = \cdots$$

可以用消费者行为来解释该不等式：1 元钱用在 A 上所产生的边际效用，比用在 B 或 C 上所产生的边际效用大。这样，消费者就会把用在 B、C 上的支出转移到 A 上。因为戈森假设边际效用递减，更多地购买 A 商品，使 A 的边际效用降低；减少的 B、C 消费使它们的边际效用增加。消费者将重复这一过程直到所有的商品的边际效用与其价格的比值相等。

此外，戈森认为，在原有欲望已被满足的条件下，要取得更多享乐量，只有发现新享乐或扩充旧享乐。这个规律适用于“所有的感情，从饥饿到爱情”，概莫能外。这个规律一般称之为戈森第三定律。戈森对自己的理论观点极为自负。他宣传其理论是社会经济研究中的一个伟大发现。他甚至认为自己的贡献堪比哥白尼在天体物理学方面的贡献。

第三节 数理学派的经济学说

数理学派是 19 世纪 70 年代形成的一个资产阶级理论经济学流派。它是边际效用学派的一个分支，是边际效用论和数学方法相结合的产物，其代表人物把数理方法作为经济研究的最主要的，甚至是唯一的方法，试图利用数学语言和公式剖析各种经济现象之间的依存关系，从理论上阐述某些经济学范畴和规律。

数理学派可以分为两个分支：一个是以英国经济学家杰文斯为代表的英国学派；另

① 戈森第一定律的提法来自奥地利学派维塞尔的《自然价值》（1889 年），他本人则称为享乐递减律；戈森第二定律的提法则来自莱克西斯《政治经济学袖珍词典》（1895 年）中的边际效用词条。

一个是以瓦尔拉斯为代表的法国数理学派。两个学派独立发展，对边际效用有不同的理解，但他们都试图用数学方法分析效用。数理经济学派的共同特点是：把边际效用论同数学结合起来，把数学方法尤其是几何方法和微分方法说成是主要的甚至是唯一的健全方法，强调以数学概念、符号、方程、图形去解释社会经济现象而排斥和抛弃一切以因果关系解释经济现象的理论。后来的经济学家埃奇沃斯和克拉克基本也属于边际效用的数理学派。

一、杰文斯的经济学说

威廉·斯坦利·杰文斯（William Stanley Jevons，1835～1882），既是边际效用价值论的创立者之一，也是数理经济学派的创始者之一。杰文斯1835年出生在英国利物浦的一个制铁机械师家庭。1854年，正在学习自然科学的杰文斯穷困潦倒地离开了伦敦，去悉尼作了一个分析员，在那里他迷上了政治经济学。此外，他还对统计学、逻辑学及社会问题产生浓厚兴趣。1859年他回到了英格兰，于1862年发表了《政治经济学数学理论通论》，概括了价值的边际效用理论。1863年发表了《黄金价值暴跌》。他在1865年出版的《煤炭问题》中提醒英国煤炭逐渐枯竭，受到了社会的赞誉。1866年，他开始担任曼彻斯特大学欧文学院逻辑、道德哲学及政治经济学教授。1871年发表代表作《政治经济学理论》。1875年他转任伦敦大学学院政治经济学教授。1880年被选为伦敦统计学会（英国皇家统计学会前身）副主席。杰文斯以为，消费者从最后一单位产品得到的效用或者价值与他所拥有的产品数量有关，这个数量也许会有一个临界值。1882年，杰文斯在一次游泳中不幸溺死，年仅47岁。

由于他性格非常内向，对于其同辈及学生并没有产生很大的影响。他的主要著作《政治经济学理论》（1871）奠定了他在经济学思想史上和边际效用学派与数理学派中的地位。除此之外，杰文斯还写过一些经济论文。他还以太阳黑子的活动来解释经济危机的原因和周期性。杰文斯的长处在于开创性思考，而不是批判；他将以一个勤勉的逻辑学家、经济学家和统计学家闻名后世。马歇尔对杰文斯的评价非常高："除了李嘉图，他比其他任何人都具有建设性的推动作用。"

（一）边际价值效用论

19世纪五六十年代的英国，经济一派繁荣，但劳动者的贫困、恶劣的劳动条件、童工、女工、公共卫生等问题却日益尖锐。针对这种情况，杰文斯从"苦乐主义"出发，指出"如何以最小的努力换取欲望的最大满足"是经济学的研究目的，并提出要以数学分析为工具将经济学改造为"快乐与痛苦的微积分学"①。

---

① ［英］杰文斯．政治经济学理论［M］．郭大力，译．商务印书馆，1984：2.

杰文斯曾在他的名著《政治经济学理论》中宣称要重建理论经济学，实际上就是以苦乐学说为基础，以边际效用理论为基石，以交换与价格理论为核心，以数学为分析工具。他宣称经济学如果要成为科学，就必须是一门数学的科学。

为了解释杰文斯的价值理论，必须从他的边际效用递减规律开始。杰文斯的边际效用递减理论类似于戈森和杜普伊特的早期思想。杰文斯认为，效用不能直接度量，至少不能用现成的工具来度量。这种主观快乐或满足只能通过观察个人的行为和注意个人的偏好来估计。他还反对任何试图比较不同人之间快乐和痛苦强度的尝试。他用边沁的功利主义来解释效用。他认为效用就是一物品所具有的产生快乐和防止痛苦的性质，它表示一物品对一人的快乐与痛苦的关系。凡是能引起快乐或避免痛苦的东西，都可能有效用。他用这种观点来看待劳动。他对劳动做出定义，认为劳动是我们所忍受的痛苦的努力，其目的在于防止更大的痛苦或获得净剩余的快乐。他认为效用带来快乐，是正数，是正效用；劳动带来痛苦，是负数，是负效用。杰文斯的效用与劳动观点显然有些自相矛盾。

杰文斯的边际效用是一种主观价值论。他把边际效用阐述为"最后效用程度"。他认为，随着产品供给量增加，产品效用就会递减，会出现总效用和效用程度的区别。总效用是全部现有物品各单位实际效用的总和，效用程度是在产品供给的某一点上所表现的需求强度。在物品的各效用程度中，杰文斯特别强调"最后效用程度"意义，它"表现现有商品量中那极小的或无限小的最后增量或一次可能增量的效用程度"[①]。他认为：

> 我们几乎不需要考虑程度效用，只需考虑消费的最后一单位增加量的效用，或者相同的是，即将消费的最后一单位增加量的效用。因此，我们通常用最后的效用程度这一表述方式来表达增加最后一单位所带来的效用程度，后者是对现存数量的一个非常小或者无限小的下一单位可能的增加所带来的效用程度[②]。

杰文斯用图形和数学方法表达了总效用与边际效用之间的区别以及边际效应递减规律。简洁的数学表达方式如下：用 u 表示消费 x 量某商品所带来的总效用，$\frac{du}{dx}$表示效应程度（现在称为边际效用）。由此可知，边际效用是总效用的一阶导数，是消费量的函数，并且边际效用会随着 x 的增加而减少，即$\frac{d^2u}{dx^2}<0$。

杰文斯的边际效用递减规律解决了困扰古典经济学家的"水与钻石悖论"，即尽管水的总效用远远大于钻石的总效用，但是钻石的边际效用却比水的边际效用大很多。实际上斯密提出这个问题，并没有给出令人信服的答案，但杰文斯的答案似乎更加合理。杰文斯发展了戈森第二定律，他用最后效用程度解释人们消费多种商品时应该采用的策

① ［英］杰文斯．政治经济学理论［M］．郭大力，译．商务印书馆，1984：60.

② William Stanley Jevons. *The Theory of Political Economy*［M］. London：Macmillan，1888：51.

略。他认为如果消费两种商品，那么当两种商品的最后效用程度相等时，即$\frac{du_1}{dx_1}=\frac{du_2}{dx_1}$，此时可以获得最大效用。

（二）交换理论

杰文斯还使用其效用最大化原理来解释从交换中得到的利益。杰文斯认为“价值概念仅仅与一物同另一物相交换的事实或情况有关”“价值不过表示一物以一定比例同另一物交换的比例”①。

杰文斯认为，交换时交换者总是比较两种物品的最后效用程度，来决定他愿意放弃多少自己的商品，换取多少对方的商品。交换者要求交换后达到最大效应，其条件是两种商品的增加量的效用——最后效用程度对交换双方恰好相等。杰文斯断言：两个商品的交换比例是交换后各个商品量的最后效用程度比率的倒数。他认为，这一命题是全部交换理论与主要经济学问题的核心。他举例说，如果甲只有谷物，乙只有牛肉，甲以一部分谷物换乙的一部分牛肉，甲、乙双方通过交换后得到效用总和都会增加。假定通过交换后，甲、乙两人各自拥有的一定量谷物和牛肉中，10 磅谷物和 1 磅牛肉的边际效用对甲、乙两人来说相等，那么，交换将停止进行，两者交换比率便确定为 10 磅谷物换 1 磅牛肉。这是因为，随着交换的进行，甲拥有的谷物量逐渐减少，牛肉量逐渐增加，乙的情况则相反。只要甲觉得 10 磅谷物对他的边际效用还不及 1 磅牛肉的边际效用大，乙也觉得 1 磅牛肉的边际效用不如 10 磅谷物的边际效用大，甲、乙双方都将从交换商品中得益，因而交换会继续进行下去。但随着甲身边谷物的减少，谷物的最后效用程度逐渐增加，而随着他身边牛肉的增加，牛肉对他的最后效用程度将逐渐减少，对乙来说情况则相反，交换将进行到甲、乙两人拥有这两种商品的效用对于甲、乙双方都恰好相等为止。如果再交换下去，甲、乙双方所得效用都要小于所失效用。

（三）劳动理论

杰文斯反对古典的劳动价值理论，认为它缺乏一般性。杰文斯宣称，李嘉图是“一个能干但头脑错误的人”，他把“经济学的列车驶入了错误的轨道”，穆勒则把这部列车进一步推向混乱，而西尼尔的经济学分析更符合自己的口味。

杰文斯坚持认为，劳动不能成为价值的调节器，因为劳动本身的价值就不相等，它在质量和效率方面有极大的差别。他认为：“劳动是完全可变的，因此它的价值必须由产品的价值来决定，而不是产品的价值由劳动的价值来决定。”杰文斯将劳动的均衡用微积分方程表示为：

$$\frac{dl}{dt}=\frac{dx}{dl}\cdot\frac{du}{dx}$$

---

① William Stanley Jevons. *The Theory of Political Economy* [M]. London: Macmillan, 1888: 77.

式中的 l 代表劳动量所伴随的痛苦余额，t 代表劳动时间，x 代表劳动生产的商品量，u 代表该商品的总效用。

杰文斯基于最后效用程度（边际效用）理论分析了劳动者如何实现应用劳动的效用最大化问题，阐发了其特有的劳动理论。他提出了一个这样的劳动变化法则：人们在劳动中，先会经历一段因不适应而引起的痛苦的阶段，在逐渐适应而不再感到痛苦以后，所感到的则是快乐。随着劳动时间的延长，快乐逐渐下降，当不再感到快乐以后，愉快转化为痛苦，而且劳动继续下去，痛苦将按递增的速度增加。劳动又是一个获得报酬因而获得效用的过程。劳动产品能给劳动者带来效用，但效用变化服从边际效用（最后效用程度）递减规律。当劳动者从产品中得到的边际效用等于本身引起的边际痛苦（边际负效用）时，劳动就会中止，这时他从产品中获得的效用总量最大。杰文斯用净痛苦来表示工作的痛苦与快乐的差额，从而将分析集中在工作的净痛苦、工作量和获得的效用量上。

（四）公共政策主张

杰文斯支持免费的公共博物馆、音乐会、图书馆和教育。他认为童工应该受到法律的限制，工厂的卫生和安全条件应该受到管制。他支持福利或友好性质的行业工会，因为它们的保障功能减少了对公共救济的需要。但工会应该让自然规律来调节工资率。如果他们实现了工资增长，这是以其他工人或总人口的更高价格为代价的。他认为，“假设的劳动与资本之间的冲突是一种错觉，真正的冲突是生产者与消费者之间的冲突”。

杰文斯反对管制成年男性的劳动时间。他提倡，为了孩子的利益，拥有学龄前孩子的母亲不要去工厂或作坊工作。但是他谴责各种免费的医院和医疗慈善机构，因为它“使最贫困的阶层怀有依赖富有的阶层获得普通的生活必需品的满足感，这本来应该由他们自己提供”①。他反对政府对控制煤炭浪费的保护措施，因为这种方式的干预会打破产业自由的原理，自从亚当·斯密时代以来，大多数成功都归之于对这一原理的认可。

杰文斯支持旨在提高公共卫生设施的立法，但对于是否应取消因欠债而受监禁却犹豫不决。政府对铁路的温和管制赢得了他的支持。在他看来，消费税，如火柴税，是最合意的税收形式，因为它们不会对工业产生不利影响。而且，在贫民等级以上的所有人都应该对国家做出与他们收入成比例的贡献。杰文斯相信人们从本质上来说都是享乐主义的，因此他赞成边沁的最大幸福原理。他认为，没有任何法律、习俗或产权是如此神圣而必须保留的，如果它们被证明会阻碍最大幸福的实现。

杰文斯强调数学在经济研究中的作用。他认为经济学是效用与自利心的力学，因为它是研究量的科学，因此微积分是最主要也是最适当的方法。虽然经济变量无法得到精

① William Stanley Jevons. *The State in Relation to Labour* [M]. London: Macmillan, 1882: 98.

确的测量，但这并不妨碍经济学的数学性质。

同时，他也特别重视运用统计资料来分析实际经济问题。在他的著作中，比较成功的是《煤炭问题》（1865 年）。在该书中，杰文斯提出废除谷物法后英国经济的发展不再受谷物的制约，而是受煤的制约，并得出了类似于马尔萨斯的理论。在《通货和金属研究》一文中，杰文斯认为，太阳黑子的循环期和资本主义危机周期是一致的，都是 10 年左右爆发一次。凯恩斯称赞杰文斯的统计归纳研究实现了理论与历史的前所未有的统一，标志着经济科学的一个新阶段的开始。

二、瓦尔拉斯经济理论

里昂·瓦尔拉斯（Léon Walras，1834～1910）是法国经济学家，曾经被约瑟夫·熊彼特认为是“所有经济学家当中最伟大的一位”。他开创了一般均衡理论，是一位数理经济学家，边际革命领导人，洛桑学派创始人。

1834 年瓦尔拉斯出生在法国。他的父亲奥古斯特·瓦尔拉斯是法国颇有名气的学者，曾在法国卡因皇家学院任哲学教授，是当时著名的经济学家。瓦尔拉斯青年时期喜欢文学，1851 年获文学士学位。1858 年他出版了小说《弗兰昔司、沙维尔》。1859 年在《法兰西评论》上发表短篇小说《信》。1859 年，他在巴黎出版首部论著《蒲鲁东批评》，表达了将数学应用于经济研究的信心。瓦尔拉斯很快发现，自己在文学上不会有所成就，转而从事经济学研究。

1865 年瓦尔拉斯和里昂·赛伊共同办了一家生产合作银行，开始对法国合作运动进行研究。从 1866 年至 1868 年银行破产倒闭前，他们还主办经济杂志《劳动》月刊。他在 1868 年出版《社会理想的研究》，主张社会各阶级利益调和，反对社会和阶级暴力。1870 年任洛桑大学法学院的政治经济学讲座教授，1874 年出版他最著名的专著《纯粹经济学要义》，全面论述了他的经济学思想，创立了一般均衡理论。1876 年任洛桑大学校长。1881 年，瓦尔拉斯发表了《复本位数学理论》，提出了完整的有固定比率的复本位理论。1892 年因健康原因退休，推荐帕累托为他的继任人。此后继续从事学术研究，推动了洛桑学派的形成。1896 年和 1898 年，他又先后出版了《社会经济研究》和《应用经济学研究》。

瓦尔拉斯不仅提出了边际效用论，而且将数学和这一理论结合起来。在瓦尔拉斯之后，数理经济分析开始被广泛地采用。意大利经济学家帕累托等继承并发展了他的理论，逐渐形成了洛桑学派。瓦尔拉斯被认为是洛桑学派的实际创始人。这一学派因他长期任教于洛桑大学而得名。

（一）稀少性理论

瓦尔拉斯将经济学区分为纯粹经济学、应用经济学和经济伦理学。纯粹经济学与自然科学类似，是以商品交换和交换价值为研究对象的社会财富论，其核心是在完全自由竞争制度假设下确定价格的理论。应用经济学属于技术范畴，研究的是分工条件下的产业组织，是有关工业生产、农业生产和商业贸易的理论。经济伦理学是社会财富的分配理论，其核心问题是如何公平地进行分配。

他认为，只有用数学的方法才能赋予经济学以准确性，才能建立起经济理论的最后证明。他写道："当同样的事物用数学语言可以做出简洁、精确而清楚得多的表达式，为什么一定要像李嘉图经常所做的那样，或者像穆勒在《政治经济学原理》中一再所做的那样，用日常语言，在极其笨拙并且不正确的方式下来解释这些事物呢?"①

虽然瓦尔拉斯的主要著作比杰文斯和门格尔的著作都晚，但他的基本概念实质上与他们一样，都是从物品效用递减和供给有限的条件出发去论述价值。他没有使用"边际效用"或"最后效用程度"的用语，却运用了"稀少性"一词。他继承父亲奥古斯特·瓦尔拉斯的观点，接受了其"稀少性"的术语。瓦尔拉斯认为物品要具有价值，就必须既有用又在数量上有限，即价值决定于物品的稀少性。瓦尔拉斯区分了总效用和边际效用。所谓"稀少性"就是人们消费一定量消费品时最后欲望所感到的满足程度。而商品的交换目的就是取得最大限度的效用满足。"稀少性"也就是边际效用，它必须同交换价值联系在一起，并与交换价值成比例。瓦尔拉斯认为：

> 经济科学对价值起源问题提供了三种解答：第一种是亚当·斯密、李嘉图和马尔萨斯所做的英国的解答，他们把价值起源追溯到劳动。这个解答太狭窄了，没有把价值归到实际有价值的东西上。第二种是孔狄亚克和萨伊所做的法国的解答，他们把价值的起源追溯到效用。这个解答太宽泛了。将价值归到了实际上没价值的东西上。最后第三种解答是由让·柏拉曼克和我父亲奥古斯特·瓦尔拉斯提出的把价值的起源追溯到稀少性，这是正确的答案②。

瓦尔拉斯把价值、交换价值和价格等同起来，他认为，价值就是商品在市场上的交换比例，这实际上是交换价值。他假定市场上有 a、b 两种商品，以 m 表示商品数量，以 v 表示商品价值，那么两个商品的价值就可以表示如下：

$$V_a = \frac{m_b}{m_a},\quad V_b = \frac{m_a}{m_b}$$

他把价格规定为商品交换价值的比值，以 p 表示商品价格，则有

$$p_a = \frac{v_a}{v_b},\quad p_b = \frac{v_b}{v_a}$$

瓦尔拉斯首先从两个消费者两种商品交换开始，来分析商品价格的形成机制。它假定在完全自由竞争的市场上，双方竞争交换 a 商品的供给，就形成了对 b 商品的需求，b 商品的供给也形成了对 a 商品的需求，从而市场交换中供给等于需求。瓦尔拉斯发

---

① ［法］瓦尔拉斯．纯粹经济学要义［M］．蔡受百，译．北京：商务印书馆，1989：56.

② Léon Walras. *Elements of Pure Economics* ［M］. London：Allen &Unwin，1954：201.

现，两种商品的价格或交换价值互为倒数：

$$p_a = \frac{1}{p_b}$$

他认为，交换的目的在于获得最大限度的满足，而达到最大限度满足的条件就是这两种商品价格必须等于它们的稀少性的比率，即等于它们满足最后欲望强度的比率，实际上就是等于它们边际效用的比率。

（二）一般均衡理论

一般均衡理论是瓦尔拉斯整个理论的中心和最突出的贡献。该理论是在稀少性价值论的分析基础上，由两种商品交换的情况，发展到各种商品的一般情况，提出一般交换下价格决定的所谓一般均衡理论。熊彼特（奥地利裔美籍经济学家）非常欣赏瓦尔拉斯的一般均衡思想，他写道：

> 经济均衡理论是瓦尔拉斯的不朽贡献。这个伟大理论以水晶般明澈的思路和一种基本原理的光明照耀着纯粹经济关系的结构。在洛桑大学为尊敬他而竖立的纪念碑上只是刻着这几个字：经济均衡①。

瓦尔拉斯把两种商品的交换比例扩大到全部商品。均衡理论分析市场上所有商品的交换比例的决定。他认为，均衡理论各种价格是相互联系相互影响的。任何一个市场都不可能脱离其他市场而独立达到均衡。均衡理论认为任何一个市场的不均衡都会影响到其他市场。需要研究整个市场上所有的价格如何相互作用最终同时达到均衡的。因此，均衡理论认为任何一个商品的价格必须同时和其他商品的价格共同来决定，均衡理论只有当一切商品的价格达到供给和需求相等的程度时，市场的一般均衡才算完成，既包括所有商品市场，也包括全部要素市场。

为了论证他的思想，瓦尔拉斯首先区分了最终产品、服务和资本品三类商品，并定义了产品市场、服务市场和资本品市场三个市场。在市场中的经济主体一共有四类：地主、工人、资本家和企业家。地主、工人和资本家是服务的供给者，服务包括生产服务和消费服务。企业家是产品的提供者，商品包括最终产品、中间产品、原料和资本品即机器设备。产品市场的供给者是企业家，需求者有两类：一类是消费品的需求者即地主、工人和资本家；另一类是原料、中间产品的需求者，即企业家自己。服务市场的供给者是地主、工人和资本家，需求者也分为两类：一类是生产性服务需求者，即企业家；另一类是消费性服务需求者，即地主、工人和资本家。资本品市场的供给者是企业家，需求者也是企业家，但其资金来源于地主、工人和资本家的储蓄基金。可见，瓦尔拉斯实际上分析的是两类市场：最终产品市场和生产要素市场。

瓦尔拉斯还进行了企业家和资本家的区分，让企业家处于经济活动的中心。企业家从资本家那里借来资本，从工人那里买来劳动，从地主那里租来土地，然后，把生产出

---

① ［美］熊彼特. 从马克思到凯恩斯十大经济学家［M］. 宁嘉风，译. 北京：商务印书馆，1965：79.

来的产品卖给资本家、工人和地主。市场被分为产品市场和要素市场，企业家把这两个市场连接起来并通过竞争实现均衡。这种竞争是完全竞争，每个生产者和消费者都是市场价格的接受者。完全竞争的均衡结果是每种产品的价格等于要素成本即生产费用。如果产品价格超过生产费用产生利润，那么竞争者会增加，价格会下降或生产费用上升，利润减少，价格最终与生产费用相等。此时，企业家获得相当于自己工资的正常利润，超额利润是零。整个市场不存在超额需求也不存在超额供给。

瓦尔拉斯一般均衡需要这样几个假设：（1）要求市场的参与者有关于市场的完全信息；（2）假定经济中不存在不确定因素，因此不会因为预防不测而贮藏货币；（3）不存在虚假交易，所有的交易都是在市场均衡价格形成时达成，即只有在这套价格下，市场参与者才能实现最大化目标，均衡价格是通过拍卖商喊价过程来实现的；（4）经济系统是个“大经济”，即有足够多的参与者，从而符合“无剩余条件”。

瓦尔拉斯认为：要使整个经济体系处于一般均衡状态，就必须使所有的 n 个商品市场都同时达到均衡。瓦尔拉斯通过在 n 个价格中选择一个“一般等价物”来衡量其他商品的价格，并进行化简，可得到一个恒等式：

$$\sum_{i=1}^{n} P_i Q_i \equiv \sum_{i=1}^{n} P_i Q_i^s$$

等式两边代表整个市场体系的同一个成交量，它对任意价格都成立，故为恒等式。这个恒等式被称为瓦尔拉斯定律。

由该定律可知，在表述一般均衡条件的等式中并非所有 n 个等式都是独立的，其中有一个等式可以从其余 $n-1$ 个等式中推出。例如，从其余的 $n-1$ 个等式，根据瓦尔拉斯定律可以推出第一个等式。为此，可将瓦尔拉斯定律展开如下：

$$P_1 Q_1^d + \sum_{i=2}^{n} P_i Q_i^d \equiv P_1 Q_1^s + \sum_{i=2}^{n} P_i Q_i^s$$

如果所有的从 2 到 n 的其余 $n-1$ 个等式均能成立，则上面的恒等式便可化简为：

$$P_1 Q_1^d = P_1 Q_1^s$$

即：

$$Q_1^d = Q_1^s$$

基于这种情况，瓦尔拉斯认为，在这 n 个带决定的价格中消减一个变量的方式是，确定一个价格作为一般等价物来衡量其他商品的价格。例如，令第一种商品的价格为“一般等价物”，即 $P_1=1$；于是，所有其他商品的价格就是它们各自同第一种商品交换的比率。这样，均衡条件中变量就减少了一个，即待决定的价格为 $n-1$ 个。于是，他断言一般均衡价格是存在的。

现实的市场体系能否实现一般均衡，关键在于现行市场价格是否恰好就是均衡价格。如果现行价格并非均衡价格。那么，现实的市场体系便不能实现一般均衡。在这种情况下，瓦尔拉斯一般均衡体系便很难成立。为了克服这个困难，瓦尔拉斯做了“拍卖人”假定。首先，拍卖人随意报出一组价格，家庭和厂商便根据这种价格来申报自己的需求或供给。如果所有的市场供求均达到均衡，他便将这种价格确定下来，家庭和厂商便在这种价格上成交。如果供求不均衡，家庭和厂商便抽回自己的申报，不必按错误的价格交易。拍卖人则修正其报价，另报一组新价。拍卖人修正报价的原则是：如果价格太高，他将降低价格；如果价格太低，他便提高价格。如果新报出的价格仍然不是均衡价格，他就继续对报价加以修正，直到找到均衡价格为止。这就是瓦尔拉斯体系达到均衡的“试探过程”。

第四节　奥地利学派的经济学说

边际主义兴起时，有两个派别：一个倾向于从心理学角度解释边际效用，经济学思想史称之为心理学派；另一个是以数学工具解释边际效用，经济学思想史称之为数理学派。前者以奥地利经济学家为主。

一、主要代表人物

卡尔·门格尔（Carl Menger，1840～1921）生于加利西亚，经济科学中的奥地利学派当之无愧的开山鼻祖。他的父亲是一位律师。他先后在维也纳大学（1859～1860 年）和布拉格大学（1860～1863 年）研修法律和政治科学，1867 年在克拉科夫大学获得法学博士学位。毕业后，他成为一名撰写经济分析方面的记者。又过了几年，进入奥地利首相办公厅新闻部工作。工作期间，撰写了那部被视为奥地利学派基石的理论著作——《国民经济学原理》（1871）。1873 年，门格尔被提升为维也纳大学法律系的“杰出教授”。这使得他毅然弃政入学。1876 年，他担任奥地利王储的导师，并陪同这位 18 岁的王储游历欧洲各国。1879 年回国后，被任命为维也纳大学政治经济学讲座教授，从此安心于平静的学术生活。1883 年，他出版了第二部著作《关于社会科学、尤其是政治经济学方法的探讨》。由这本书所引起的奥地利学派与德国历史学派关于经济学方法的论战，持续到 20 世纪初才偃旗息鼓。1900 年，他当选奥地利上议院终身议员。1903 年，门格尔辞去了一切教职，致力于修正和扩展自己原有的经济理论框架。1921 年，他以 81 岁高龄溘然长逝。

弗里德里希·维塞尔（Friedrich Wieser，1851～1926）出生在奥地利的维也纳，是奥地利学派主要代表人物之一。1874 年他从维也纳大学毕业，1875～1877 年赴德国留学，就学于旧历史学派的罗雪尔、克尼斯等，但没有成为该学派的追随者。回国后任文官，1883 年任维也纳大学讲师，翌年调入布拉格大学，1889 年任该校政治经济学教授。1903 年，继任门格尔在维也纳大学的教授席位，1922 年退休。1884 年出版著作《经济价值的起源和主要规律》，介绍和发展了门格尔的理论。1889 年出版《自然价值》，发展了门格尔的生产要素价值和价格理论。1917 年后，创立了奥地利学派风格的生产要素分配论，作为国家上议院议员并在奥匈帝国最后两届内阁中任商业部长。此外，他还著有《社会经济理论》（1914）、《物权法则》（1926）等；是第一位注重研究资源配置问题的奥地利经济学家，独立提出了机会成本理论，分析论证了竞争条件下效用和效率最大化与成本最小化的一般原则。

欧根·庞巴维克（Eugen Bohm－Bawerk，1851～1914）是奥地利经济学家，奥地利学派的主要代表人物之一。生于奥地利，在维也纳大学攻读法律，毕业后到奥国政府任职，曾与维塞尔同赴海德堡、莱比锡和耶拿大学攻读政治经济学。1880 年任维也纳大学讲师，翌年起任布鲁克大学教授 9 年。1889 年到奥国财政部任职，并先后三次担任奥国财政部部长。1895 年担任枢密顾问，1899 年担任奥地利上议院议员。1902 年当选为奥地利科学院院士，1911 年当选为副院长，同年当选为院长。1904 年，任维也纳大学教授直至去世。1888 年，出版著作《资本实证论》，对门格尔的价值和价格理论进行通俗阐释，并提出"时差利息论"。此外，他还著有《资本与资本利息》（1884）、《马克思主义体系的终结》（1896）、《商品价值理论纲要》（1886）、《奥地利的经济学家》（1890）、《价值、成本和边际效用》（1892）和《财货价值的最后尺度》（1894）等。庞巴维克的肖像曾在 1984～2002 年出现在奥地利 100 元的先令钞票上，直到被欧元取代为止。

二、研究对象与方法

在经济学的研究方法上，奥地利学派自诩为古典学派的继承者和发展者。以历史学派的批评者姿态出现，反对历史学派理论上的虚无主义和"历史归纳法"，强调人类经济生活中存在规律性，主张用"严密的方法"即"抽象演绎法"进行经济学研究。

对于这一方法，门格尔解释为："使人类经济的复杂现象还原为可以进行单纯而确实的观察的各种要素，并对这些要素加以适合于其性质的衡量，然后再根据这个衡量标准，以再从这些要素中探出复杂的经济现象是如何合乎规律地产生着。"① 可见，抽象演绎法遵循了从具体到抽象，再从抽象上升到具体的研究思路。然而，抽象演绎法本身只是一种方法，在经济分析中怎么运用抽象演绎法要受以下两个方面因素支配：其一是政治经济学的对象与任务；其二是方法论本身的哲学基础。

奥地利学派把经济学的研究对象视为人与物之间的关系。他们认为，人类经济生活的最高准则就是以最小代价换取最大的福利或效用，该准则适用于一切场合和一切人。因此，人类欲望无限性和满足欲望的物质有限性是构成人类经济生活的两个基本要素，是一切经济问题的根源，这引出如何有效地使用物品的问题。由此门格尔提出，理论经济学的任务，不是研究人类经济行为的实际建议，而是研究人类为满足其欲望而展开预

---

① ［澳］门格尔．国民经济学原理［M］．刘絜敖，译．上海：上海人民出版社，1958：2.

筹活动的条件。庞巴维克也说，经济学是研究人和物质财富的相互关系的科学。这样，全部人类经济生活都归结为人的欲望和满足欲望的条件之间的关系。

从对经济学对象和经济分析的哲学基础的判定中，派生出抽象演绎法的一系列特点：

（1）把个人从社会和历史中抽象出来。奥地利学派以对孤立个人的经济行为的分析作为说明社会经济现象的关键，宣称从鲁滨逊式的个人处理其欲望同周围环境关系的做法中可以找到支配现代最复杂经济现象的法则。他们认为，社会不过是个人经济的单纯综合。因此，分析孤立个体的欲望以及满足这种欲望的条件关系，是经济分析的出发点和关键。

（2）在分析经济现象时，从个人的心理动机出发，如果把作为分析出发点的个人社会性和历史性抽象掉，人便只剩下自然的、心理的和生理的范畴。门格尔断言：人类意志决定经济活动的结果，这种意志表现为避免痛苦和追求享乐。因此，分析个人趋利避害的心理活动规律，便是整个经济分析的基础。经济学就是要研究快乐和痛苦的关系。维塞尔甚至宣称政治经济学是实用心理学。反映资本主义经济关系的一系列概念和范畴都被看作是超越时间、空间，适合于一切时代的心理现象，客观的经济规律成为合理状态的外部表现。

（3）把消费分析提到首位，不重视对生产的研究。在奥地利学派眼中，消费既是产生欲望的起点，又是满足欲望的终点。生产是实现消费的条件，它从属于消费并受其支配。因此，他们把分析的基础由生产转移到消费，从抽象地建立在鲁滨逊式的个人心理基础上的消费出发，来构建学说体系。

奥地利学派的抽象演绎法，从根本上改变了经济分析的方向，对经济学说的发展走向产生了不可估量的影响。

三、主要理论

（一）边际价值理论

边际效用价值论把价值说成是人们对物品效用的心理感受或主观评价，而物品价值的大小，由该物品边际效用的大小决定。门格尔首先提出这一理论的基本观点，维塞尔进行了补充和发挥，庞巴维克则完成了系统整合。他们把早已被古典学派排除在外的使用价值因素引入价值理论，并将其视为各经济学理论的本源。但在这里，使用价值本身也发生了变化，它不再表现物品本身具有的客观效用或有用性，而是表示这种效用引起的主观心理感受。为此，庞巴维克将价值分为主观价值和客观价值。主观价值取决于人对效用的主观评价，是价值的本源。客观价值包括财货本身所具有的客观能力即效用，和其他财货相交换的能力即通常说的交换价值。

物品要具有价值，必须既具有有用性，也具有稀缺性。奥地利学派特别强调，稀缺性是价值的前提，稀缺性就是物品相对于满足全部需要的稀少性。门格尔用一个巨大的算术表来说明它的价值及相关的边际效用递减规律。表 9-1 所示是一张简化的算术表，其中罗马数字代表不同性质的物品，阿拉伯数字代表对不同性质和不同数量物品的主观评价。门格尔认为物品重要程度是不一样的，比如第Ⅰ类是食物，重要性和紧迫程度是最高的，以后重要程度依次降低，第Ⅹ类是最轻微的需求。

表 9-1　　门格尔的边际效用递减

消费的单位	Ⅰ	Ⅱ	Ⅲ	Ⅳ	Ⅴ	Ⅵ	Ⅶ	Ⅷ	Ⅸ	Ⅹ
第 1 个	10	9	8	7	6	5	4	3	2	1
第 2 个	9	8	7	6	5	4	3	2	1	0
第 3 个	8	7	6	5	4	3	2	1	0	
第 4 个	7	6	5	4	3	2	1	0		
第 5 个	6	5	4	3	2	1	0			
第 6 个	5	4	3	2	1	0				
第 7 个	4	3	2	1	0					
第 8 个	3	2	1	0						
第 9 个	2	1	0							
第 10 个	1	0								
第 11 个	0									

根据表 9-1，门格尔认为所有的物品都存在边际递减规律，如第Ⅰ类食品，消费第 1 个时，价值效用为 10；消费第 2 个时，主观价值效用减少到 9；当消费第 11 个时，主观价值效用降低到 0。这个表格也可以确定最优的消费支出组合。假设这个人想花掉 10 美元，所有商品每单位都是 1 美元，这时他的收入如何分配效用才最大化？利用前面讨论过的等边际效用规则，可以确定答案是，4 单位的商品Ⅰ，3 单位的商品Ⅱ，2 单位的商品Ⅲ和 1 单位的商品Ⅳ。在这个组合上，全部收入将花费掉，同时边际效用和价格比也正好相等，消费者效用最大化。

门格尔认为，价值的衡量完全是主观的。因此，对一个人来说具有极大价值的一件商品，对另一个人来说可能具有极小的价值，而对第三个人来说可能完全没有价值，这取决于这三个人每个人偏好的差异和可得的收入数量。因此，不仅价值的本质是主观的，而且价值的度量也是主观的。价值与生产成本没有任何关系：

> 一个经济人认为一件产品所具有的价值等同于这种特殊满足的重要性，这种满足又取决于他对这种产品的支配。产品的价值与在生产中是否使用劳动和其他更高阶产品，或使用了多少数量的劳动和其他更高阶产品，没有必然的或

直接的联系。一件非经济物品（比如原始森林中的一些原木）对人们来说并不具有价值，即使在生产过程中使用了大量的劳动和其他经济物品。一颗钻石是被偶然发现的还是经过上千天的劳动从钻石矿中得到的，与它的价值完全无关。一般来说，在现实生活中，评价一件产品的价值时，没有人会询问它的历史起源，人们仅仅会考虑这件产品为他提供的服务和如果不支配这件产品时他将不得不放弃的东西。花费了很多劳动的产品往往没有价值，而另外一些产品，花费很少劳动或不花费劳动却具有很高的价值。对于一个经济人来说，花费很多劳动的产品和其他那些花费很少或不花费劳动的产品，往往具有相同的价值。因此，产品生产过程中所使用的劳动或其他生产手段的数量不能成为产品价值的决定因素①。

门格尔认为，进行贸易是为了满足交易方的满足程度，贸易可以提高双方的总效用。交换价值的基础是不同个人对同一件产品不同的相对主观评价。

（二）价值和价格理论

门格尔的种类分级理论有较大缺陷，比如食物是最重要种类，但面包价值显然低于钻石，这与现实有很大差距。因此庞巴维克提出："我们对物品所估的价值和需要种类的分级毫不相干，只同具体需要的分级有关。"② 奥地利学派认为，决定物品价值的不是其放大效用或平均效用，而是它的最小效用。这种最小效用被维塞尔定义为"边际效用"。维塞尔继承和发展了门格尔的主观价值论。他最先提出"边际效用"一词，说明价值是由"边际效用"决定的。所谓"边际效用"就是某物品一系列递减的效应中最后一个单位所具有的效用，是满足一系列递减欲望中处于被满足与不被满足的边缘之上，最后被满足的最不重要的那一具体需要的能力，即满足边际欲望的能力。边际效用是价值的尺度，产品价值的高低取决于边际效用的大小。

按照维塞尔的解释，某一财物要具有价值，必须既有效用，又有稀少性，效用和稀少性相结合是边际效用，从而是价值形成的必要和充分的条件。在阐述边际效用价值论时，庞巴维克有相似观点，他提出商品的效用是其价值的源泉，是形成商品价值的必要条件，但还不是充分条件。形成商品价值的充分条件是商品的稀缺性。他认为，物品是否有价值取决于人们的主观评价，价值只是表明物品对人的福利关系。以对水的评价为例，庞巴维克指出，对于一个住在河边或水泉附近的人来说，一杯水没有任何价值，而对于在沙漠中旅行的人来说，一杯水却极为珍贵。原因是在前者的情况下水的数量极大，没有任何稀缺性可言，尽管有效用，却没有价值。在后者的情况下水的数量极少，稀缺性极大，故其价值也最大。庞巴维克认为，价值取决于最小效用或边际效用。

---

① Carl Menger. *Principles of Economics* [M]. Glencoe: Free Press, 1950: 145 - 147.

② [奥] 庞巴维克. 资本实证论 [M]. 陈端，译. 北京：商务印书馆，1981：162.

庞巴维克以居住到森林中的农民举例。假如一个农民收获了五袋谷物，它把第一袋谷物用作最基本的维持生活的食品，第二袋用来加强营养，第三袋用来饲养家禽，第四袋用来酿酒，第五袋用来养鹦鹉。这五种需要的重要性显然依次递减。该农民对于第一袋谷物的效用的评价是10，其他各袋谷物的效用评价分别为8、6、4、1，最后一袋谷物的效用的评价最低，只有1。这最后一袋谷物的效用是最小的效应，也是边际效应。边际效应不仅决定最后一袋谷物的价值，而且决定所有五袋谷物每袋的价值。如果该农民仅有四袋谷物，那么第四代谷物边际效应便决定所有四袋谷物中每袋的价值。就此，庞巴维克得出结论：如果对某一商品的需要不变，这些物品的数量越多，边际效用就越小，这种物品的价值就越小。如果某一物品的数量极多，以致在满足一切需要之后尚有剩余，那么这一物品的边际效用变为零，因而便没有任何价值。

奥地利学派认为交换的动机就是追求经济利益，只有交换可以给人带来利益时，人们才可能进行交换。庞巴维克提出了"边际对偶"理论，从而把人的主观评价和商品的客观价值结合起来，说明了市场价格的上限、下限决定于两对"边际对偶"的估价，即商品的市场价格不可能低于"最后"的买主准备支付的最低价格，也不可能高于"最后"的卖主要求的最高价格。在此上限、下限内，通过供求平衡形成市场价格。

庞巴维克区分了交换的三种情况：孤立的交换、单方面的竞争和双方面的竞争。孤立的交换是一个买主和一个卖主之间的交换。他认为，在孤立的交换中，价格的决定以买主的评价为上限，以卖主的评价为下限，最终结果则取决于二者谁更灵巧、狡猾和更具说服力。单方面的竞争又分买主单方面的竞争，即有许多买主和一个卖主，卖主单方面的竞争即有许多卖主和一个买主。庞巴维克指出，双方面的竞争即有许多买主和卖主参加的竞争，这是经济生活中最普遍的现象，而且对价格规律的发展也非常重要。他用表9－2来说明马市价格的形成。表9－2列出了10个买主和8个卖主，所有出卖的马优劣相等。买主对马的主观评价在15～30镑不等，卖主对马的评价在10～26镑不等。卖主争取高价出售，买主争取低价买进。但是在市场上，并不是所有的买主和卖主都能决定价格，只有A5、A6和B5、B6的主观评价对价格的形成具有决定意义。价格的上限由交换成功的最后买主A5和交换失败者中最有竞争力的卖主B6的主观评价决定，其下限是由交换成功的最后卖主B5和交换失败中最有竞争力的买主A6的主观评价决定，马的价格就是由这两个边际对偶的主观评价所限制决定的。庞巴维克的边际对偶决定论为以后马歇尔的供求市场均衡论提供了坚实基础。

表9－2　　　　庞巴维克关于马市价格的形成

买主 对马的评价（愿意以低一些价格买进）		卖主 对马的评价（愿意以高一些价格卖出）	
A1	30镑	B1	10镑
A2	28镑	B2	11镑

续表

买主 对马的评价（愿意以低一些价格买进）		卖主 对马的评价（愿意以高一些价格卖出）	
A3	26 镑	B3	15 镑
A4	24 镑	B4	17 镑
A5	22 镑	B5	20 镑
A6	21 镑	B6	21 镑 10 先令
A7	20 镑	B7	25 镑
A8	18 镑	B8	26 镑
A9	17 镑		
A10	15 镑		

（三）财货理论

奥地利学派认为，价值是人们对商品效用的主观评价。门格尔在《国民经济学原理》一书中指出，一切经济现象都受因果关系的支配，人类经济中最原始最单纯的动机是欲望，其目标是能够自由支配满足欲望的具有效用的物品即财货。

欲望和财货之间是一种因果关系。接着门格尔对财货进行了分类，第一级财货或初级财货是直接满足人类欲望的财货即消费财货，如面包、衣服等；第二级财货是用来生产第一级财货的，如面粉、面包烤炉、煤等；第三级财货是用来生产第二级财货的，如小麦、磨面机、挖煤的器具等；耕地、农具、煤矿等是第四级财货，如此类推。高级财货可以通过一定方式转化为低级财货以满足人类欲望。但低级财货往往由两种以上的高级财货生产而来，因此高级财货受生产低级财货的补足财货所制约。高级财货向低级财货转化以满足人类的欲望需要时间。高级财货一阶段一阶段地转化为低级财货，低级财货最终满足人的需要，是受因果关系支配的。而因果关系却不能与时间相分离。另外，不同财货满足需要的过程、所需要的时间具有很大的差异。所以，研究高级财货转化为低级财货的过程，时间是一个必不可少的因素。也正是基于时间的因素，人类的经济存在不确定性。由高级财货转变为人类所享用的第一级财货的过程中，一方面，人类欲望是变动的，原先的欲望消失了，会被新的欲望所替代；另一方面，随着转化层级越多、期间越长，生产过程的不确定性必定越大，也就是说在此过程中充满了各种以人类目前的理性和认知无法控制的因素。

门格尔还区分了经济财货与非经济财货（自由财货）。他认为，人们所拥有的财货存量小于对它们的需求量，这种存货就是经济存货；反之，支配量大于需求量的财货，则是非经济财货。所以，同一种财货很可能在一定的场所不具有经济的性质，而在其他的场所具有经济的性质。不但如此，就是在同一场所，由于情况的变化，同一种财货也可以时而获得经济的性质，时而又丧失经济的性质。另外，还存在人为垄断使非经济财货变为经济财货，以及在未来可预计的经济财货。门格尔认为，人类经济活动无外乎以下四种形态：第一，支配经济财货；第二，维持这些财货的有用性（效用）；第三，区别不同层级财货的重要性（效用排序）；第四，效用最大化，成本最小化。进一步地，门格尔由经济财货转向对所有制的探讨。人都有占有经济财货的欲望，已占有财货的人为防止他人通过暴力抢夺已得财货，便积极推动立法以保护财产、明确所有权。

庞巴维克比门格尔更明确地对现在财货和未来财货作了区分和阐述。在他看来，现在财货是目前已经存在的直接满足现在欲望的财货，即消费品以及作为工资的那部分货币；而未来财货则是不能满足现在需要只能满足将来欲望的财货即生产资料及工人的劳动。现在财货的特点是在消费上立即满足需要，在生产上具有技术的优越性，因而现在财货比同一种类和同一数量的未来财货更有价值，并由此引出了时差利息论。

（四）时差利息论

庞巴维克把物品区分为两类：一类是现在就能够满足人们需要的物品及现代物品；另一类是现在无法消费而能满足将来需要的物品及未来物品。他说：“现在的物品通常比同一种类和同一数量的未来的物品更有价值。这个命题是我要提出的利息理论的要点和中心。”[①] 现在物品和未来物品之间价值上的差别，其首要原因是需要和供应之间的情况，在现在和未来是不同的。现在物品的价值是按照现在的需要与现在物品供应的互相关系来评价的，未来物品的价值则是按照将来的需要与未来物品供应的互相关系来评价的。通常人们都对现在的货物评价高于对未来的货物评价。较穷困的人更加偏爱现在的物品。例如，收成不好或因火灾遭受损失的农民，由于疾病或家中有人死亡的工人，以及正在为饥饿所苦的劳动者，他们为了避免目前所遭受的灾难和痛苦，迫切需要现在能使用的物品，结果对现在物品的评价会大于未来物品。这些人常甘愿接受高利贷足以证明这一点。确信将来经济会较好的人偏爱现在的物品。例如，年轻的艺术家、律师、官员、新开业的医生和学生等，为了得到一笔现在的物品用作创业的基础，他们不惜在将来为得到现有的物品支付较大的代价。这表明他们对未来物品的估价是比现在的物品要低。第二个原因是低估未来，由于缺少知识对未来考虑不周，或由于意识欠佳只顾眼前快乐而不计未来损失，或由于人生短促无常。第三个原因是现在物品技术上的优越性，由于现在物品在技术上一般是能优先满足人类需要的手段，有了现在物品就可促进迂回生产方式的发展，这可以带来较大的产品量和未来较大利益。由于以上原因，人们对现在物品和未来物品的主观评价不同，从而产生价值的差异。因此，未来物品的所有者必须付给现在物品的所有者与价值差价相等的“贴水”，即利息。

一切利息都来源于同种和同量物品价值上的差别，而同种和同量物品的价值上的差

① ［奥］庞巴维克．资本实证论［M］．陈端，译．北京：商务印书馆，1981：243.

别又是由二者在时间上的差别造成。即一切利息形态的产生和利率的高低，都取决于人们的对于等量的统一产品，在现在和将来的两个不同时间内主观评价的不同。把利息、利润、地租都变为心理和自然的产物，把生产过程说成为一种自然成长和“成熟”的过程。

庞巴维克的利息概念是广泛的，他把剩余价值的各种形态都称为利息，认为一切利息都来自商品在不同时期内由于人们评价不同而产生的价值差异，又叫价值时差。

现在物品通常要比同一种类等量的未来物品具有更大的价值，二者之间的差额就叫价值时差。当物品所有者延缓对物品的现在消费而转借给他人消费时，就要求对方支付相当于价值时差的贴水。利息是对价值时差的一种补偿。

庞巴维克把利润、利息、地租等各种剥削收入都归结为人在不同时期内对物品效用主观评价不同的结果。他批评利息的“使用理论”，他认为产生利息的交易仍是一种商品的交换，存在所有权的转移，他把所有物品分为两类：直接满足欲望的现在物品；满足将来欲望的将来物品。两者存在价值上的差别，这种差别是一切资本利息的来源。他把两者的差别归结为人们对现在物品的主观评价较高。庞巴维克把利息分为三种形态：(1) 借贷利息，利息的一般形态。借款人用未来款项偿还当前借贷，所以必须付出一笔“贴水”，即借贷利息。(2) 企业利润，利息的特殊形态。资本家在进行生产时购买生产资料和劳动，它们在物质上虽然是现在物品，但在经济上都是未来物品，因为他们不能直接满足现在的消费需要，而必须经过一定时间的生产过程才能成熟为现在物品。由未来物品变为现在物品所增加的那部分价值就是时差的贴水即利润。(3) 耐久物品的利息，也即租金（包括地租）。耐久物品包括工具、住宅、服装和土地等。它的特点是在技术上能够提供多次连续的服务，其价值由一连串多次服务的各个价值组成。耐久物品的价值，在一系列服务中远期效用总是低于近期效用，两者的差别就是利息即租金。

边际主义学派提出了崭新的、强有力的分析工具，特别是几何图表与数学技巧。由于这些思想家，经济学变成了一门更精确的社会科学。需求条件作为决定最终产品和生产要素价格的因素被给予了应有的重视。该学派强调影响个人决策的各种力量，在个人决策是决定经济活动过程的重要因素的世界里，这是正确的。边际主义者清晰地阐明了作为经济分析的基础的各个基本假设，这与很多古典经济学家的做法相反，后者将这些假设隐藏在背景之中。边际主义者发起的关于方法论的论战，导致了那些基于假设的客观的、可证实的原理与那些取决于价值判断和哲学态度的原理相分离。

边际学派学者将研究重点日益集中在人与物的关系层面上，作为消费者逐渐摆脱了社会人的特性变成理性经济人，消费行为也简化为追求“效用最大化”的分析。更重要的是，它产生了经济分析和其社会学前提关系的重大变化。在古典分析中，消费分析是作为经济过程的一部分进行分析的，如马歇尔所说，对于个人支出与消费的选择，经济学家往往不予以分析，而边际学派的消费理论乃至整个经济理论建立在理性个人的集合体的社会学基础之上，只能符合一种个人主义的社会观点，使其遭受许多质疑与批评。

复习与讨论

1. 简述“边际革命”这个称谓的由来，并分析边际效用学派的主要特点。

2. 试分析心理学派和数理学派的主要区别，并阐述它们研究方法的异同。

3. 亚当·斯密早就提出钻石与水的价值悖论，阐述边际效用学派是如何解释钻石与水的价值。

4. 戈森是边际效用学派的先驱，尽管他提出的理论当时不被世人所重视，但他的经济学思想对杰文斯影响极大，根据现实经济世界，举例说明戈森第一定律和戈森第二定律意义。

5. 边际效用学派三杰门格尔、杰文斯、瓦尔拉斯各自独立提出了不同理论，对经济学都做出了自己的贡献，请阐述当时的时代背景和经济学发展背景。

6. 讨论以下论断：就经济学而言，数学的简洁要远远优于“辞藻华丽而又曲折蜿蜒的文字表达的途径”。

7. 根据现实经济生活和银行利率，阐述庞巴维克的“时差利息论”是否符合目前的经济世界。

本章移动端课件

经济学简史 第九章

扫码学习 移动端课件

CHAPTER 10

第十章　马歇尔的新古典经济学

马歇尔继承19世纪以来英国经济学的传统，兼收并蓄，以折衷主义手法把供求论、生产费用论、边际效用论、边际生产力论等融合在一起，建立了一个以完全竞争为前提、以“均衡价格论”为核心的相当完整的经济学体系，是继约翰·穆勒之后经济学观点的第二次大综合，从而构建了新古典经济学的理论体系。马歇尔的新古典经济学曾经被称为传统价格理论，而现代微观经济学就是在其基础上发展而来的。其价格理论最重要的地方是构建了一个决定市场价格的供求均衡分析框架。需求和供给、需求价格和供给价格均被统一在供求理论框架下，从而形成一个均衡价格，即需求量和供给量相等时的价格。因此，一旦需求或者供给发生改变，均衡价格也随之调整。不过，马歇尔的供求变化理论仍然属于比较静态分析范畴，没有考虑价格随时间变化而变化的情况。

第一节　历史背景和马歇尔生平

一、新古典经济学产生的时代背景

马歇尔经济理论产生的时代，正是19世纪末20世纪初资本主义向帝国主义过渡时期。在边际革命之后，西方经济理论又有了一定的进展，马克思主义也得到广泛传播，世界各国工人运动不断发展，无产阶级政党纷纷成立。面对资本主义发展的新阶段和日益高涨的革命运动，资产阶级政权也越来越感到革命运动的威胁。他们迫切需要能够安抚工人运动、平息革命斗争的各种理论。经济上，他们也需要一种能比以往的经济理论更有效、更实用，又能说明自由资本主义优越性的新理论。

英国在19世纪中期，经济上已经达到最繁荣的阶段，工业发达，居世界第一位，海外贸易运输方面号称海上霸主，拥有广阔的市场和殖民地，被称为“日不落帝国”。它从本国和世界各地攫取了大量的利润。当时在英国占统治地位的经济理论是基本上沿袭古典经济学传统的约翰·穆勒的经济学说。19世纪70年代后，上述情况发生了变化。英国开始经历历史上的萧条和困难，它在国际上的经济地位也发生了变化。在1875年到产业革命开始时期，世界产业主要是纺织为主导，而以钢铁为主的新的主导产业尚未形成，英国垄断着全世界的纺织品市场，这种安于现状的状况抑制了英国未来的发展，而后来美国和德国则是靠着新主导的钢铁产业崛起的。特别是第二次工业革命，进入了电气时代，第二次工业革命是在德国完成统一和美国国内战争结束后发生的，德国和美国的创新激情和工业能力得到巨大释放，大量的新技术、新能源、新工具和交通运输首先在德国和美国发明和应用，英国在第二次工业革命时已经落伍了，经济实力也先后被美国和德国超越。为了维持自己经济强国的地位，英国垄断资本加紧对工人的剥削，从而加剧了工人的贫困化程度。突出的失业问题也同时加剧了阶级矛盾。这样，英国的工人运动开始高涨。在这种形势下，旧的约翰·穆勒的经济学体系已不能很好地适应形势的发展需要。再加上欧洲大陆上的德国历史学派和后来兴起的边际学派对古典经济学的攻击，约翰·穆勒的经济学理论体系很快就面临崩溃的地步。马歇尔的经济学说就是在这种形势下应运而生的。

马歇尔时期的英国是两级分化时期，尽管经济强国地位受到美国和德国的竞争压力，但第二次工业革命还是给英国人民带来了较大益处。但是，资本家对工人的剥削日益加重，还有大量的失业民众对国家极度失望。马歇尔从小就受到宗教熏陶，对劳苦大众很同情，并多次到贫苦人居住区域做过访问调查。他认为，经济学要研究是否必然有许多人生来就注定要做苦工，贫困是否必然的问题，这是经济学最应关注的问题。他把贫富差别扩大看作是自由放任资本主义产生的弊端之一。他主张对社会现状做改革，但是他既不相信社会主义，认为集体主义会使经济停滞，甚至会破坏人生中最美好、快乐的东西。也不相信政府干预，认为政府官员对经济进步的贡献很小。他认为，依靠私人经营的资本主义制度才是以往经济发展的根本原因。因此，社会改良的领导权应由实业家来掌握，经济自由是马歇尔经济学的主基调。

二、马歇尔生平和著作

阿尔弗雷德·马歇尔（Alfred Marshall，1842～1924），19世纪末20世纪初英国最著名的经济学家。英国剑桥学派创始人，局部均衡论奠基者，把古典经济学和边际主义结合起来，创立了新古典经济学。马歇尔出生在英国伦敦一个中产阶级家庭，其父为英格兰银行的出纳员。他自幼喜好数学。1861年，他放弃了牛津大学奖学金，以主修神学取得教会职务为条件，进入剑桥大学圣约翰学院学数学，成绩出众。1863年，马歇尔到德国研究康德哲学，并接触到罗雪尔的经济学说，同年回国，任剑桥大学道德科学讲师。法德战争期间再赴德国研究黑格尔哲学。1865年，他以优异的成绩从剑桥大学圣约翰学院毕业，留校任研究员，辅导数学。1868年起任数学讲师，直至1877年。1877～1882年，他就任布里斯托尔大学政治经济学教授和学院院长。1883～1884年，他接替阿诺尔德·汤因比任牛津巴里奥尔学院研究员和政治经济学讲师。1885年任剑桥大学政治经济学教授，直至1908年退休。

马歇尔的名著《经济学原理》是英国经济学的“圣经”，经济学教科书，长期占据西方经济学的主流地位。该书常被与斯密的《国富论》和李嘉图的《政治经济学及赋税原理》相提并论，被公认为是经济学发展史上的一个“里程碑”。在马歇尔的努力下，经济学从仅仅是人文学科和历史学科的一门必修课发展成为一门独立的学科，具有与物理学相似的科学性，剑桥大学在他的影响下建立了世界上第一个经济学系。此外，1919 年出版的《工业与贸易》、1923 年出版的《货币、信用与商业》也享有盛誉。

第二节 马歇尔经济学方法论的特点

1890 年以马歇尔《经济学原理》为标志的新古典经济学的诞生，无疑是经济学发展史上的一次重要事件。这种新颖的经济学，彻底地改变了经济学的发展方向，并在 20 世纪占据了西方经济学的主流。

马歇尔以剑桥大学为基地，凝聚起一群卓有才华的经济学家，采用了杰文斯提出的“经济学”这个新的学科名称，在吸收李嘉图、杰文斯等经济理论和借鉴历史学派部分观点的基础上，以边际效用论为核心，建立了新古典经济学派。与之前的演绎派学者相比，马歇尔以更具包容性的态度接纳了很多历史学派的思想。他承认，经济学研究的应该是一个实在的人，而不是抽象的经济人，在经济研究中，包括道德在内的制度因素都必须被考虑进来。在 1885 年的剑桥大学政治经济学教授就职演讲中，马歇尔明确指出，由于各个国家和地区在习俗、规则和制度上的差异及其不断变化，任何经济理论都不能被看作是普适不变的真理。尽管经济理论本身不具有普适性，但是它作为从事经济研究的工具，是具有普适性的①。

具体而言，马歇尔经济学说方法论具有如下特点：

（1）用社会达尔文主义分析经济学。马歇尔受达尔文社会进化论影响非常深，他在很多方面都主张达尔文的进化论。马歇尔认为资本主义私有制是合乎人类本性的社会制度，自由竞争是最好的和最有效的经济制度，一切矛盾和冲突在这种制度内最终都会得到解决，但这种过程却是长期的、渐进的。他还把社会达尔文主义引进经济学来说明这种观点，他认为生物界的发展是渐进的演化过程，没有飞跃过程。人类社会也是一样，也不能有飞跃。他认为，就人类的心理来说也是一种渐进的演化发展过程，绝不是突变和飞跃的变化过程，因此经济也绝不能飞跃。他认为渐进是社会发展的正常状态，因而应当成为经济学研究的基础。他用“自然界没有飞跃”作为全书题词。既然人类经济生活中只有渐变，因此经济学中存在并适用一个“连续原理”。

马歇尔经济学中贯穿着一种连续性的法则，重在考察经济变量连续变化之间的关

---

① 关永强，张东刚．英国经济学的演变与经济史学的形成（1870～1940）［J］．中国社会科学，2014（4）：45－65.

系。他是从古诺在经济学中运用连续函数受到启发，认为各种经济现象间没有明显和严格的区分，只有连续的数量关系。连续性、渐进性贯穿马歇尔经济学分析的一切领域。

（2）以心理分析为基础。马歇尔认为，经济学说是要研究人类行为的动机，因为人类的动机会“最有力、最坚决地影响人类行为”①，支配经济活动。人类行为的动机分为两类：一是追求满足，这可以激发人们经济活动的动力；二是避免牺牲，这可以成为制约经济活动的阻力。这两类动机的均衡就是绝大多数经济范畴和经济规律的基础。这种心理学方法论来源于边沁的苦乐主义。他认为，人的动机难以用统一尺度直接衡量，但可以通过货币来间接衡量。人们希望得到多大的满足，可通过愿意支付的价格间接地测量出来。

（3）强调均衡分析方法，特别是局部均衡分析。马歇尔认为，均衡就是两种相反力量之间的均势，一种是动态的、生物学意义上的均势或均衡；另一种是静态的力学意义上的均衡。前者像人的成长衰亡，工商业的兴衰、民族的兴衰等。他认为，前者是经济学研究的最终目标，但它不能成为经济分析的起点和基础。因为它比静态均衡复杂，静态均衡是经济生活的正常状态。因此，经济学研究的出发点和基础应是静态均衡。他把一切经济指标数量的决定，都归结为相反力量之间相互冲击和制约的最终均势。马歇尔强调的均衡不是一般均衡，而是局部均衡。在这种局部均衡之下，只需以单个生产者或消费者为研究对象，而不考虑各厂商、消费者之间的相互关系和影响。这种方法就是当代微观经济学分析方法的基础。这种均衡是马歇尔经济学体系的中心概念和范畴。他认为，经济现象的各因素终究会达到均衡。他在《经济学原理》中这样写道：

> 在经济研究中，时间因素是所遇到的困难的一个主要原因，而这些困难使得循序渐进对能力有限的人类是必要的。把一个复杂的问题分解，一次研究一部分，最后把各个部分的解综合成或多或少对整个问题的全部解答。在分解问题时，把那些会引起不便的扰动因素隔离在其他条件不变这一范围内。对某些趋势的研究要在其他条件不变假设下进行。这并非否认其他趋势的存在，而是暂时忽略其扰动作用。这样，问题限制得越严格，对其处理就越精确，但是也越不与现实生活相一致。然而，每次对小问题精确而严格的处理，有助于处理那些包含它的更大的问题，这要比其他可能的方法精确。逐步使更多的东西不再依赖其他条件不变这一假设；精确的讨论更加具体，而现实的讨论也比以前更加精确②。

（4）强调“边际增量”分析。这是受杜能和数理学派经济学中边际分析的启发而产生的，也是他连续原理的引申和运用。他认为，“在精神和物质世界中，我们对自然的观察，与总数量的关系没有与增加量的关系那么大”③，因此，应当注重增量分析。

---

① ［英］马歇尔．经济学原理（上册）［M］．朱志泰，译．北京：商务印书馆，1964：11.

② ［英］马歇尔．经济学原理［M］．刘生龙，译．北京：中国社会科学出版社，2007：790.

③ ［英］马歇尔．经济学原理（上册）［M］．朱志泰，译．北京：商务印书馆，1964：14.

而产品的生产、交换和分配又与产品的边际增量之间有一定的连续的函数关系。他举例说，在需求不变时，任何一个生产要素使用量的增加，如超过一定的边际，就会是报酬递减。而供求平衡时，边际产量的增加又会为生产费用的相应增加所抵消。马歇尔完全接受了边际学派的边际分析和数理学派的边际增量分析方法及概念，并进一步把它运用到资源配置、要素替代、收入分配等各个方面。马歇尔把边际增量分析引进经济学，对现代西方经济学的分析方法产生了重大的影响。马歇尔分析问题时，经常采用数学方法，但大部分数学证明和方法都放在附录中，而不是正文中，这是防止不懂数学的读者被吓跑。

马歇尔运用了折中的方法论，把英国古典经济学以来的理论和边际学派的理论综合而融化于一炉，转变成为“现代经济学”的形式，成为西方现代经济学的起点。为此，马歇尔不仅成了他以前的资产阶级各派传统学说的集大成者，也成了他以后当代经济学特别是现代微观经济学最重要的先驱者和奠基者。

第三节 供给理论

马歇尔认为，供给是由产品的成本决定的，并设想供给就是一条曲线（供给曲线），即必然是伴随着一系列不同价格而产生的一系列数量。

一、生产要素

马歇尔提出生产四要素说，即除劳动、土地和资本外，还应包括“组织”（机器改良、生产规模、资本家的“管理才能”等）。除了土地以外，其他生产要素都有自己的供给价格，而且都有各自的变动规律。

他认为土地是自然赐予的物质和力量，土地没有生产费用，因而也没有生产它的供给价格。土地有其土地报酬变动规律。土地对用于土地上的劳动和资本的报酬，它的变动倾向可能是递增的，也可能是递减的。在单位土地上，集中投入劳动和资本，那么产量的增加量大于投入量的增加。这一耕作阶段就是土地报酬递增。在单位土地上，连续投入劳动和资本的投入量（如果耕作技术没有改良），产量的增加量小于投入的增加量。这个阶段就是土地报酬递减。他还认为，在土地已充分利用而人口压力不断增加的国家里，土地报酬递减的倾向是不可抗拒的。关于劳动，他讨论了影响劳动数量的诸因素，分析了影响劳动质量的诸因素，着重阐述了发展教育对于提高劳动者素质的重大作用。关于资本要素，他赞同西尼尔的节欲论。认为利息是对“节欲”所作牺牲的报酬。马歇尔认为，为了生产物质财富，并获取收益而积蓄起来的设备就是资本，资本来源于节约和储蓄，而节约和储蓄是为了将来而牺牲现在的愉快。他认为，储蓄是消费的“延期”，而非需求上的“节约”，利息是储蓄的报酬。马歇尔区别于古典经济学家，给出了第四个生产要素：组织。他认为，知识是最有力的生产动力，组织则有助于知识的积累。组织有许多形式：企业组织、行业内部组织、各个相关行业组织以及国家等，因此要把“组织”作为一个独立的生产要素分离出来。马歇尔认为，组织作为一个生产要素，是研究分工、生产规模的利弊、企业管理等问题，目的是提高经济效率，增加企业的收益。

二、内部经济与外部经济

马歇尔在分析第四种生产要素工业组织时，提出了内部经济和外部经济的概念。他认为，可把因任何一种货物生产规模的扩大而发生的经济分为两类：第一类是有赖于这工业的一般发达的经济；第二类是有赖于从事这工业的个别企业的资源、组织和经营效率的经济。前者为外部经济，后者为内部经济。

内部经济是由于企业规模扩大而产生的效率的提高与成本的节约（对资源的利用效率以及组织和经营效率的提高）。随着企业规模的不断扩大，企业更多地享受到专业化分工与大规模生产所带来的好处，使用更多、更好的机器来降低生产成本。随着一个企业规模的扩大，购买和销售也变得更为节省，规模较大的企业可以获得条件较为宽松的银行贷款，而且还能够更有效地使用高级管理人才。

外部经济则来自企业外部，依赖于行业的一般发展（依赖于企业之间的合理分工和联合，经济的合理区划等）。随着行业的发展，原材料的供应商在企业附近建厂为不断扩大的行业服务；这样的供应变得比较便宜，另外为了满足不断发展的行业特殊需要，也有可能出现运输服务的提供者，从而降低了运输成本。

三、代用原则和代表性企业

与分析生产成本相联系，马歇尔又提出了代用原则、代表性企业概念。他认为，生产者的知识和经营能力所及，他们在每一场合下都会选择最适合的生产要素，这些生产要素的供给价格的总和，一般都小于可以用来替代它们的任何其他一组生产要素的供给价格的总和，如果不这样，生产者就会采用生产费用较低的方法。“这个原理几乎可运用在经济研究的各个领域之中”。比如，当生产数量发生变化时，即使没有出现技术上的进步，也会引起商品生产所需要的生产要素的相对数量的变动。

比如，机器代替劳动力：当生产规模扩大时，一般地需要劳动力的增加，这就会引起工资费用的增加，这时引进新的机器设备所需要的费用低于工资费用，就会采用机器。替代原材料的使用经常出现。随着生产规模的增加，原材料的需求也会增加，这也可能引起原料的长距离运输，就会引起原材料价格的上升，这时如果存在可以替代原材料，而且其供给价格比远距离运来的原料的价格低的话，就会利用替代原材料。

马歇尔提出代表性企业具有很大意义，可以用这个概念分析经济一般现象。在一个产业部门的各个企业，由于其内部经济和外部经济各不相同，因此各个企业的生产成本也有很大的差异。因此用“代表性企业”的概念，以它来作为生产企业的代表。

同一个产业部门中，由于各个企业的内部经济和外部经济各异，因此以生产规模、获利能力或发展状态上都处于中等水平的企业作为代表企业，以考察企业的经济程度。

马歇尔开创地对“代表性企业”的分析，在随后的微观经济分析中一直延续至今。在马歇尔之后，经济学家们建立了在完全竞争市场、垄断竞争市场、寡头市场、完全垄断市场条件下经营的代表性企业的精确模型。

四、供给规律和供给弹性

马歇尔认为，供给同样可以用供给价格代替，而供给价格是由生产成本（费用）决定的。这实际是生产费用论的观点，但他从主观心理分析的角度论证的供给。马歇尔同样把货币作为衡量成本的标准工具，以货币生产成本代替了实际生产成本。他认为，货币生产成本是对这些劳作和牺牲所必须付出的货币额。他说，该货币额就是商品的生产费用，也就是为生产某种商品所需要的生产费用，或者说为生产某种商品所需要的各种要素供给价格。这个观点某种意义上是西尼尔的翻版。

马歇尔为了说明供给规律，给出了英国市场茶叶的价格和数量供给数据（见表10－1），根据表格，可以看到茶叶供给量和价格成正比。马歇尔由此得出供给规律：价格高则供给多，价格低则供给少。马歇尔只是说明了供给价格和产量增加成正比或同方向变动的情况，但供给价格如何变动，还要看生产的扩张过程是处于报酬递增阶段还是处于报酬递减阶段。

表10－1　　马歇尔的茶叶供给

每磅价格（便士）	供给数量（磅）
17	6
19	7
21	8
24	9
28	10
33	11
40	12
50	13

马歇尔认为，当增加可变成本要素投入而与固定成本要素相结合时，就会引起报酬递减。当产出增长大于投入增长时，就会出现报酬递增。他认为，在不同报酬条件下，平均成本与边际成本的变动趋势也是不同的。

同时，马歇尔又提出了供给价格弹性的概念。供给弹性是与需求弹性相对的，用来衡量商品供给价格变动一定幅度所引起的供给量相应变动幅度的大小，它是供给量对价格变动的反应，需求弹性受时间影响较小，而供给弹性则受时间影响较大。因为价格上升会引起供给量增加，供给量的变化又会影响生产规模的变化，所以会涉及时间因素。短期中供给弹性取决于储备多少和下次交易价格水平的估计，长期中情况较为复杂：(1) 需大型设备而且原有设备已被充分利用的部门，供给弹性小；(2) 需简单设备的产品，供给弹性大；(3) 受“收益递减规模”支配的部门，供给弹性小：(4) 受“收益不变或递增规律”支配部门，供给弹性较大。供给弹性系数的公式为：

$$E_s = \frac{\mathrm{d}Q/Q}{\mathrm{d}P/P} = \frac{\mathrm{d}Q}{\mathrm{d}P} \cdot \frac{P}{Q}$$

其中，E_S 为供给弹性或供给弹性系数，P 为价格，Q 为供给量，dP 为价格变动量，dQ 为供给变动量。

第四节　需求理论

一、边际效用递减

马歇尔的需求理论的出发点是人的欲望。他认为，需求是欲望的满足，而人的欲望是由效用来满足。按照马歇尔的观点，需求建立在边际效用递减规律的基础上。就是说，一物对任何人的全部效用，随着其所有量的增加而增加，但其边际效用是递减的。马歇尔对边际效用递减规律做出如下论述：

> 欲望的种类是无穷的，但每一种单独的欲望都是有限的。人类本性中这种熟悉而又基本的倾向可以通过需求的饱和规律或效应的递减规律来进行说明：一个物品对任何一个人的总效用（也就是这个物品为他带来的全部愉快或者其他利益）随着该物品存量的每一次增加而增加，但效用增加的速度没有物品数量增加得快。如果该物品的数量以同一比例增加，那么由此得到的利益以递减的比例增加。换句话说，一个人对一件物品拥有量的增加，会得到部分新增加的利益，而这部分新增加的利益随着他已拥有的数量的每一点增加而递减[①]。

然而，边际效用只是买者对一物的主观需求，无法直接衡量。因此，马歇尔就用购

① ［英］马歇尔．经济学原理［M］．刘生龙，译．北京：中国社会科学出版社，2007：203.

买者愿意支付的货币数量，即需求价格来加以衡量。从而需求转化为需求价格，用边际需求价格去衡量边际效用。由于边际效用是递减的，所以边际需求价格也是递减的。

马歇尔是基数效用论者，认为效用可以具体衡量与加总，总效用等于每个商品的效用之和，用公式表示为：

$$U = \sum_{i=1}^{n} u_i$$

马歇尔把刚刚被购买的那部分商品称之为边际购买量，其效用则称为对购买者的边际效用。马歇尔认为，需求量的大小取决于边际效用量的大小，边际效应递减规律决定着人的需求变动规律。

马歇尔的需求分析还使用了理性消费者选择的思想。他说，在货币经济中每项支出都会使价值 1 元（先令）的商品边际效用与这 1 元用在其他用途上所产生的边际效用相等。比如，消费者必须决定购买新衣服还是用这笔钱来度假，他就要衡量这两种不同类型支出的边际效用。

二、需求法则

马歇尔的需求法则是直接由他的边际效用递减规律和理性消费者选择思想推导出来的。马歇尔用需求表和需求曲线来说明需求法则，是通过假设时间足够短而其他条件不变，画出了自己的需求曲线。马歇尔认为，需求的一般规律是：需求的数量随着价格的下跌而增大，并随着价格的上涨而减少。这就是现在我们所熟悉的向下方倾斜的需求法则。

其他条件不变包括：偏好、个人财富、货币购买力、替代商品的价格等变量保持不变。在现代西方经济学，这些“其他条件”就构成了需求的决定因素。长期看这些“其他条件”发生变化，会使整条需求曲线向左或向右移动。因此，马歇尔将需求量的变动（沿横轴表示）和需求的变动（整条曲线的移动）做了明确的概念区分。

马歇尔把消费者希望并能支付的价格称为需求价格，消费者对不同数量的商品的需求价格就形成了他的需求表。马歇尔用茶叶的价格和茶叶的需求量构建了一个需求表和需求曲线。这是个人需求曲线，反映个人的需求规律。马歇尔从个人需求曲线出发又扩展、引申到一个市场的需求曲线。在某种商品的市场上，每个购买者都有一个需求表和需求曲线。在每一个可能的价格下，把所有购买者对此商品的需求加起来，就得到了市场需求量。将不同价格下的市场需求量排列成一张表，就是市场需求表，根据此表就可以得到需求曲线。所以市场需求的定义为：在其他条件不变的情况下，在一定时期内，某种商品的各种可能的价格水平下，全体购买者所愿意购买的数量。在一定时期内，市场对某种商品的需求曲线就是对这一商品的需求点的轨迹。由于个人需求曲线是向下倾斜的，所以市场需求曲线也是向下倾斜的，其对于某商品的需求，随着价格的下跌而增大，并随着价格的上升而减少。

马歇尔认为，价格下跌有两种效应：替代效用和收入效用。商品 X 的价格下跌，将会产生这两种效用来增加购买量。其中马歇尔集中于替代效应的分析（或称为相对价格效应）。但是当 X 的价格下跌时，还会产生收入效用，即消费者的购买力增加了。实际收入增加的部分有可能继续用来消费 X 商品，从而增加了 X 的需求量。

三、消费者剩余

马歇尔认为，一种商品的总效用等于连续增加的每一单位的边际效用之和。因此，一个人为购买一种商品而支付的价格绝不会超过得到此产品而愿意支付的价格；一个人从对一种商品的连续购买中得到的总效用将超过购买这种商品而付出的牺牲。马歇尔为了说明消费者支付了一定价格而占有一件物品所得到的满足究竟有多大，从而提出了消费者剩余的概念①。马歇尔在论述消费者剩余时写道：

> 一个人对一物所付的价格，绝不会超过、而且也很少达到他宁愿支付而不愿得不到此物的价格。因此，他从购买此物所得到的满足，通常超过他所因付出此物的代价而放弃的满足；这样，他就从购买中得到一种满足的剩余。他宁愿付出而不愿得不到此物的价格，超过他实际付出的价格的部分，是这种剩余满足的经济衡量，这个部分可成为消费者剩余。

因此消费者剩余是指消费者愿意支付的价格和实际支付价格（市场价格）之间的差额。实际是指消费者在购买商品时得到的一种额外收益。消费者剩余的大小也可以通过需求曲线加以度量。如图 10－1 所示，D 为消费者曲线，面积 BOHA 为消费者愿意支付的 OH 数量商品的总价格，OC 为其实际单位价格，面积 OCAH 为实际总价格，那么面积 ABC 代表消费者剩余。消费者剩余现在已经成为福利经济学研究的重点内容，也成为微观经济学重要概念。

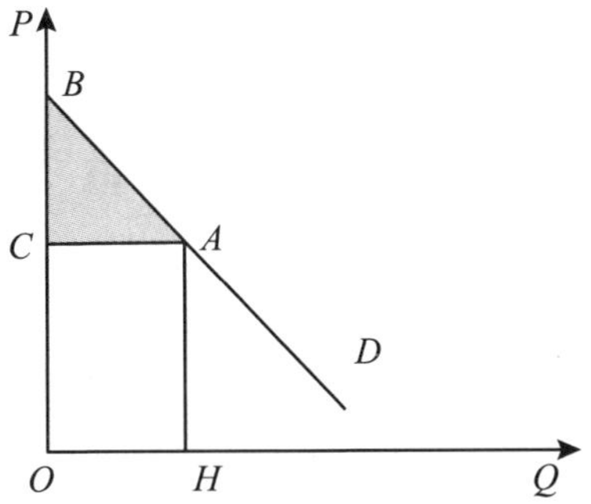

图 10－1　马歇尔的消费者剩余

---

① 法国数学家、工程师杜普伊特在分析公用事业的效用时，认为存在高于使用者所支付的费用的效用。他称为“保留给消费者的效用”，其含义与“消费者剩余”是相同的。

四、需求弹性

马歇尔把物理学中的弹性引入经济学，创造了“需求弹性”这一科学概念，是经济学思想史上的伟大创举。价格和商品购买量是有关系的，一般价格高，需求量就少，价格低，购买量就多，但如何准确衡量商品的需求量，这就是需求弹性问题。它衡量的是价格的变动所引起的需求量变动。需求弹性可以用以下公式表示：

$$e_d = \frac{dx/x}{dy/y} = -\frac{dx}{dy} \cdot \frac{y}{x}$$

其中，e_d 为需求弹性系数，y 为需求量，x 为价格，dx 为需求量的导数，dy 为价格的导数。

需求弹性系数是价格的变动百分比所引起的需求量变动的百分比，是衡量需求对价格变动的反应程度。如果弹性系数大于1，表示这种商品具有弹性；如果弹性系数等于1，表示这种商品是单一弹性；如果弹性系数小于1，表示这种商品缺乏弹性。

马歇尔认真分析了市场中的许多商品，得出一些结论：（1）食盐、各种香料和廉价药品价格很低，价值一旦下跌，是否会引起消费大量增加，实成疑问。（2）肉类、牛奶牛油、羊毛织品、烟草以及普通医疗用品，工人阶级和下层中等阶级的需要很有弹性，而富人不是。（3）放在温室的水果、上等的鱼类以及其他昂贵的奢侈品，中等阶级对于它们的需要很有弹性。而富人和工人阶级对它们的需要没什么弹性。（4）名贵的酒类、跨越季节的水果、高度熟练的医疗服务和法律服务等，除了富人，社会上对于它们差不多没什么需要，即使有需要也往往有很大的弹性。

需求弹性原理，对于理解很多问题和政策都是非常有用的。比如，政府对那些缺乏需求弹性的商品（香烟、酒）征税，而富有需求弹性的商品不征税，是因为税收收入会更多一些。

第五节　均衡价格理论

马歇尔的均衡价格理论，就是他的价值理论，是他的经济学说的核心和基础。马歇尔就是以均衡价格论为中心，把其他经济理论联系起来，构成他的整个折衷主义经济理论体系。

市场价格由什么决定，古典经济学认为是生产成本，是客观的劳动生产成本与节欲的牺牲，边际效用学派则认为是需求。马歇尔综合了两方面观点，认为是需求与供给共同决定。马歇尔用均衡价格论来说明价值的决定问题。某一商品的价格决定于买卖双方力量的相互冲击和相互制约，最终形成均衡而达成的。这就是说，使买卖双方力量达到均势的价格就是均衡价格。

马歇尔把供给和需求看成同等重要。同时，他又着重强调供求趋于均衡的观点，从需求价格和供给价格的相互关系中建立起他的均衡价格论。马歇尔认为，均衡价格就是一种商品的需求价格与供给价格相一致时的价格或供给与需求的价格在市场上达到均衡状态时的价格。马歇尔这样论述价格均衡：

> 我们讨论价值是由效用所决定还是由生产成本所决定，与讨论一块纸是由剪刀的上边裁还是由剪刀的下边裁是同样合理的。的确，当剪刀一边拿着不动时，纸的裁剪是通过另一边的移动来实现的。我们大致可以说，纸是由第二边裁剪的。但是这种说法并不十分确切，只有把它当作对现象的一种通俗的解释，而不是当作一种精确的科学解释时，才可以那样说①。

图 10－2 表示马歇尔的均衡价格。马歇尔的均衡价格是由供给价格与需求价格的均衡决定的。其中，边际效用决定需求价格，生产成本决定供给价格。当某种商品的需求价格大于供给价格时，生产者就会增加供给量，促使需求价格下降，从而使供求趋于一致。相反，当商品的需求价格小于供给价格，生产者就会减少产量，促使需求价格上升，从而达到供求均衡。在马歇尔的分析中，商品的数量是独立变量，而价格是从属变量。因此，为了达到价格均衡，需要调节商品的数量。

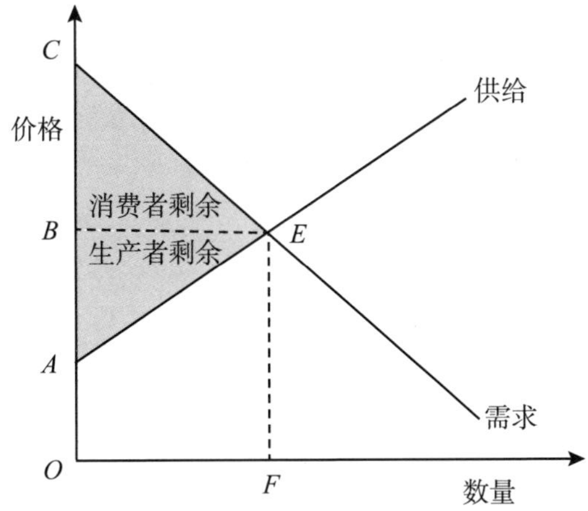

图 10－2　马歇尔的价格均衡理论

当商品的需求价格与供给价格相等时，其处于需求曲线与供给曲线相交的 E 点，产量将既不增加也不减少，达到均衡状态。此时的产量就是均衡产量 F，此时的价格就是均衡价格 B。这是马歇尔关于某种商品的局部均衡分析。图 10－2 还反映了马歇尔提出的消费者剩余。图中 BEC 面积衡量的就是消费者剩余。需求曲线表明有些消费者宁愿支付高于市场价格 B 的价格，也不愿意放弃这种商品。价格由购买最后一单位产品所得

① ［英］马歇尔．经济学原理（下卷）［M］．陈良璧，译．北京：商务印书馆，2005：40.

到的边际效用来决定，因为所有单位的产品都定价为 B，消费者总共得到的效用剩余等于 BEC。

马歇尔还表达了生产者剩余的思想，在图 10－2 中用 ABE 来表示，有些卖者愿意以低于市场的价格 B 出售商品，而不是继续持有商品。由于这些生产者得到的是市场价格 B，因此他们可以获得生产者剩余。马歇尔指出，生产者剩余既包含工人的（工人剩余），也包含累积财富的所有者的（储蓄者剩余）。生产者获得剩余在经济学中是一种额外的收益，在经济学中也是一大创举。

马歇尔还讨论了时间对均衡价格的影响。这是他的重大贡献之一，也更趋近于现实世界。他认为，时间期限越短，需求对价值的影响越大。原因是消除生产成本的影响比消除需求变化的影响所需的时间更长。偶然的事件影响市场价值，但是从长期看，这些不规则的事件会相互平衡抵消。因此从长期看，生产成本是价格与价值的最重要的决定因素。在稳定状态下，剔除货币因素的干扰，生产成本将决定价格与价值。但是在一个变化的世界中，为了适应那些不完全的、渐进的变化，需求与供给都是重要的。在短期内，需求的增加会提高价格，这是因为为了增加产量，需要使用非熟练工人或者延长工作日。但是从长期来看，可以建立更多的工厂，可以将更多的工人吸引到该行业中并接受培训。供给能够增加，而价格不会上升，甚至可能下降，这可能得益于规模经济的存在。

马歇尔将长期正常价格定义为恰好使供给与需求数量达到均衡的价格，并且该价格等于长期平均生产成本。正常价格随着每一次生产效率的变化而变化，市场价格将围绕正常价格上下波动，但是只有在偶然的情况下才正好相等。由于知识、人口与资本的逐渐增加，以及一代又一代人之间需求与供给条件的变化，正常价格发生了渐进的、长期的变动。

第六节　收入分配论

马歇尔首次在他的著作中明确使用了国民收入的名词后得以确定下来。马歇尔认为，在创造国民收入的过程中，各种生产要素相互合作、彼此依赖。因此，国民收入是由各生产要素共同努力所创造出来的，是一国全部生产要素的纯生产总额。马歇尔认为国民收入是由劳动、资本、土地和企业组织这四个生产要素共同创造的。国民收入是与这些生产要素相适应的工资、利息、地租和企业经济收入即利润来构成。各个生产要素在国民收入中所占的份额的大小，取决于各自的均衡价格。所谓国民收入的分配，就是各个生产要素价格的决定问题，马歇尔用均衡价格理论来说明这些生产要素价格的决定。

马歇尔部分同意克拉克的边际生产力理论，但马歇尔认为，边际生产力只是决定性因素之一。马歇尔从其均衡价格论出发，把提供生产要素也当作提供商品，把提供生产要素而获得的“报酬”也视为一种让渡价格；而作为一种价格，既取决于边际生产力之类的需求方面的因素，也取决于供给成本之类的供给方面的因素。

马歇尔认为工资是劳动的报酬，是劳动的均衡价格。劳动的需求价格由劳动的边际生产力决定。劳动的边际生产力就是工人提供的边际纯产品数量或工人增加的边际产量。他认为，劳动的需求，价格不能高于或低于劳动的边际生产力，若高于此水平，对资本家不利，他就不会雇用工人。若低于此水平，资本家有利可图，竞相雇用工人，使劳动的需求价格上升。劳动的边际生产力，就是其他要素不变，劳动生产力随着劳动的增加而递减的情况下，最后一个劳动者所提供的生产力。马歇尔认为，劳动的供给价格是由养活、训练和维持有效率的劳动者的生产费用决定。在计算劳动成本时，既包括劳动者的生活必需品，如衣食住等，也包括一些习惯性必需品，如烟酒嗜好、时尚衣装等。同时，特殊劳动技术的供给还有其特殊的要求。这些是工人出卖自己劳动时所愿意接受的价格。如果低于此数量，工人就不能维持和延续劳动。工资水平由劳动的供给双方共同发挥作用决定，它决定于劳动的需求曲线和供给曲线相交的均衡点。

如果工人提高劳动生产力，也就是提高劳动的边际生产力，提高劳动的需求价格，从而提高工资。相反，由于劳动生产力的递减规律，如果资本数量不变的情况下增加工人，劳动的边际生产力递减，劳动的需求价格下降，因而工资也将降低。至于劳动的供给价格，由于它的费用构成复杂，有的也可能受非经济因素的影响，因此，它也是不断地变动。

马歇尔认为，利息是资本等待的报酬。马歇尔说，大多数人都喜欢现在的满足，而不喜欢延期的满足。人们把资本贷出去就要牺牲，现在的满足就要等待，所以要索取报酬，获得利息。这种说法基本来源于西尼尔学说。马歇尔把利息分为纯利息和毛利息两种：前者是使用资本的代价或成为等待的报酬；后者除纯利息之外，还包括其他因素，如运用资金的手续费、管理费、投资风险的保险费等。这里所讲的利息是指纯利息，即货币资本的借贷利息。

资本家收取利息的理由有三点：一是资本的借出是一种牺牲，在出借期间，资本所有者暂时不能使用和享受；二是借入者可以利用资本得到利益，必须付出代价；三是资本是过去劳动和等待的结果，这种成果的利用与劳动的利用相同，应付出一定代价。

至于利息水平的决定，他仍用资本的供求规律来说明。利息率的水平由资本的需求价格和供给价格决定。资本的需求价格是资本的边际生产力，在其他情况不变的情况下，继续追加资本，每一资本增加单位所增加的产量依次递减，最后增加一单位资本所增加的产量就是资本的边际生产力。资本供给价格取决于对未来享受的等待，“故利息常趋于一均衡点，使得该市场在该利率下对资本的需求总量，恰等于在该利率下资本的总供给量”①。

---

① ［英］马歇尔．经济学原理（下卷）［M］．陈良璧，译．北京：商务印书馆，2005：206.

马歇尔认为，企业家在收益中扣除利息后的剩余就是利润。利润是企业家组织和管理企业以及承担风险的报酬。马歇尔根据供求均衡原理认为，利润的大小决定于企业组织管理能力的需求与供给，就如工资的多少决定于劳动的需求和供给一样。他指出，由于供求规律的存在，具有天赋才能和特殊训练的管理人才，与特殊技术工人一样，应该得到较高报酬。马歇尔认为："工作上所需要的那种稀有的天赋才能和用费浩大的特殊训练，对管理人员正常报酬的影响和对熟练工人正常工资的影响如出一辙。"①

马歇尔指出，从企业家自身的角度来看，成功企业家的报酬是如下各种报酬的总和：一是其自由能力的报酬；二是其生产设备和其他物质资本的报酬；三是商业信誉或企业组织以及商业往来关系的报酬。但是，实际上的报酬要大于这三项报酬之和，因为该企业家效益还部分地取决于其所处行业的状况。

马歇尔对土地这一生产要素的看法独特：土地由自然界赐予，供给是恒定的，没有生产费用，故没有供给价格。因此，地租只受土地需求的影响，是土地的报酬，其大小由土地的边际生产力决定。马歇尔从土地收益递减规律出发，认为在同一土地上，不断地增加资本和劳动的投入，农产品总产量的增加率递减，最后投入土地的劳动和资本是土地的边际耕作。它提供的产量仅是偿付边际劳动和边际资本的报酬，不会给地主带来收入或造成损失，是可有可无的耕种。其余各次耕作才为地主提供收入。他们提供的土地产量超过边际耕作提供产量的余额便形成地租。可见，马歇尔所论述的只是级差地租，他认为地租是土地上的生产者剩余。

马歇尔认为，土地的供求关系有着自己的特点。从整个社会来看，地租是由土地产品的价格决定的，地租不是农产品的成本，从而不决定其价格。但是从某个生产者的角度看，地租是决定生产成本的，从而决定农产品的价格。

马歇尔认为，要素价格暂时超过其均衡价格水平的部分，就是准地租。这是他对传统地租概念的引申和新发展。准地租，就是把地租之外的分配范畴，从某种条件和某种程度上看作与地租决定原则相一致，供给暂时不变，价格只受需求影响时，就可能产生准地租。如工资、利息和利润，都可以看作是供给条件相对不变和固定下的"准地租"。他认为，固定资本（机器、厂房、设备）借助于有天赋和特殊才能的工人，具有天赋特长的企业经营能力等都会产生相应的准地租。马歇尔认为，在企业家利润中的较大部分是准地租，在某些场合为了某些目的，几乎企业的全部收入都是准地租。马歇尔指出，准地租和一般地租无本质区别，只有程度差异。二者的区别仅在于土地的供给恒定，因而地租永远只由需求决定，而其他收入只是暂时地局部地受需求影响。

马歇尔的收入分配论是生产三要素论、供求论、节欲论、生产费用论的综合，实际是证明资本主义分配制度的合理性，他反对马克思主义的传播，害怕工人运动，但主张谨慎的社会改革。

---

① ［英］马歇尔．经济学原理（下卷）［M］．陈良璧，译．北京：商务印书馆，2005：270.

第七节 经济学其他贡献

除了以上主要贡献外，马歇尔在垄断组织、货币和国际贸易都有所创新。

一、垄断理论

马歇尔在《工业与贸易》一书中，探讨了垄断组织问题。他认为，垄断是指一种商品只有一个供给者的情况。在垄断条件下，垄断者可以自由调整其供给，以取得最大的纯收入。因为这时，垄断者可以始终调节供给，使需求在原价格上大于供给，从而导致价格上升，直至在更高的价格上达到均衡。这时的均衡价格就是垄断价格了。商品生产费用加垄断收入，就是垄断条件下的供给价格了。马歇尔对垄断的理解：除了稀有的优越的自然条件的垄断之外，现实生活中几乎不存在绝对的永久的垄断，有的只是相对和暂时的垄断。马歇尔认为，如果垄断者定价太高，就会吸收别的生产者进入其行业，从而使之失去垄断地位和高额垄断收入。虽然垄断和自由竞争在理论上是完全分开的，但是它们实际上以不易觉察的程度相互渗透着。

垄断和竞争并存是现实生活中存在的状况。垄断与竞争之间没有一条明显的界限，二者只有数量和程度的差别而已。垄断未必会总是有利于垄断者，而不利于消费者和非垄断者。垄断者实际上只能得到一种折中的利益。垄断者的利益仍和消费者的利益密切相关。为了将来的发展，垄断者可以暂时牺牲一些纯收入。这样，马歇尔认为，垄断并非坏事，因为产品价格不会因它而提高，产量也不会因它而减少。

马歇尔认为垄断组织在经济生活中的作用是巨大的，因此从政策上来说，英国不应该限制它，而应该像美国、德国学习，以恢复和保持英国在国际上强有力的经济地位。马歇尔的垄断理论实际上涉及了垄断、垄断竞争和寡头垄断等不完全竞争的多种形式，但他未能严格加以区分。他的研究仍处于初步探索，但为后来不完全竞争理论指出了方向。

二、货币思想

马歇尔的货币理论也有一定特点和贡献。马歇尔的货币思想最早见于他在1887～1889年向英国金银委员会提交的备忘录。这份备忘录一度成为剑桥学生学习货币理论的教科书。1923年，马歇尔的《货币、信用与商业》一书系统性地阐述了他的货币思想。该书从货币的起源、意义、功能、购买力一直谈到货币数量说和他所主张的金银混合本位制。

马歇尔认为货币的职能有两类：一是充当交换媒介；二是充当价值标准和延期支付的标准。只有当货币的一般购买力不激烈变化时，货币才能有效地履行这两种职能。货币购买力的变化使得实际的经济生产活动出现波动，同时还影响了借贷双方的财富分配。马歇尔支持传统古典经济学中的货币数量学说，认为导致货币购买力变化的主要原因是贵金属的数量相对于必须以贵金属为媒介的通货量之间的比例发生了变化。同时，执行贵金属职能的钞票、支票和汇票及信用的变化也是引起购买力波动的原因。

人们想以通货形式持有其资源的比例越小，通货总值就越低。也就是说，与一定数量的通货相对应的物价就将越高。马歇尔的这一表述其实就是“现金余额说”。这一思想被后来的庇古和拉文顿发展为“剑桥方程式”，进一步发展为凯恩斯的流动性偏好。此外，马歇尔还是个金银复本位主义者。面对当时世界上白银贬值而黄金升值的趋势，实行金本位的英国正经受着通货紧缩的危机。通货紧缩使得英国国内商品价格下降，工业生产收缩，工人失业增加。在这种情况下，马歇尔认为应当实行金银复本位制以取代单独的金本位制，即金银共同作为通货的基础。

马歇尔对于传统货币理论有如下改进：一是将信用货币如汇票、支票等也纳入了货币体系，扩大了货币理论的研究范围；二是在考虑货币流通和证券市场时强调了信用因素的影响，考虑了预期和信用对货币体系的影响；三是充分考虑了人口、财富、交通方式等非货币因素对于货币供需的影响；四是颠覆了传统货币数量论的理论；五是提出了货币理论的现金余额说，不仅认识到了货币的交易职能，也认识到了货币的储存的投资职能。马歇尔货币理论的缺陷也比较明显。首先，马歇尔认识到了稳定币值的重要性，但他并没有提出稳定币值的具体方法。按马歇尔的分析，货币的购买力（币值）取决于贵金属的数量和以贵金属为媒介的通货量之间的变化，如果贵金属的数量和通货量都没有变化，那么货币的购买力则不会发生变化。

但是，如果在贵金属和通货量都没有变化的情况下，生产扩张了，这时产生的通货紧缩会使得物价下降，货币的实际购买力上升，这正是英国当时的情况。由此可见马歇尔关于货币购买力的分析是有缺陷的，所以他马上用供给和需求的均衡分析来解决这一缺陷。马歇尔又认为货币的购买力（币值）取决于供需的平衡，供过于求则贬值，物价上升，通货膨胀；供不应求则货币升值，物价下降，通货紧缩。

三、国际贸易理论

马歇尔在国际贸易理论方面也有很多建树，他创造性地用几何图形方法分析国际经济的进出口问题，反映国际贸易福利和贸易条件。提供曲线就是他的伟大贡献，提供曲线包含了供给和需求两方面，反映了一个国家在不同的相对价格水平下所愿意进口和出口的商品数量。曲线本身是由一个国家的供给、需求曲线合成的。

马歇尔以国内价值分析为基础，阐明了国际价值和比较成本理论。他把供求价格理论扩展为国际价值理论，创造性地运用提供曲线分析，建立了以贸易条件为中心的相互需求贸易理论，并考察了运输因素对比较成本的影响。

马歇尔继承了约翰·穆勒的相互需求法则，但不同于古典贸易学，又发展为新古典贸易学的相互需求法则。他的相互需求法则在很大程度上描述了国际贸易的运行机制，在两国之间存在比较成本差异的前提下，假如不计运费，国际贸易价值将明确地决定于生产的比较成本和每个国家对另一国家在其生产中占优势的那些货物的相对需求量。马歇尔认为，这使得贸易双方的总出口恰好支付其总进口的均衡贸易条件决定于国际需求和国际供给，具体地取决于两个彼此进行贸易的国家相互之间的商品需求的相对数量和相对强度及需求弹性。为准确衡量两国的贸易条件，马歇尔构建了一个提供曲线。图10－3是马歇尔解释国际贸易理论所提出的供应曲线，也称为提供曲线。*OA* 是 *A* 国的提供曲线，*OB* 是 *B* 国的提供曲线，提供曲线凸向轴线的商品是比较优势商品，如 *OA* 凸向 *X* 轴，表明 *A* 国比较优势商品是 *X*，*OB* 凸向 *Y* 轴，表明 *B* 国比较优势商品是 *Y*。*A*、*B* 两国提供曲线的交点 *E* 是均衡点，*OE* 则是两国贸易的贸易条件线，表示达到贸易的一般均衡状态，如果两国贸易处于不均衡，则两国的供求力量最终使两国贸易再均衡。

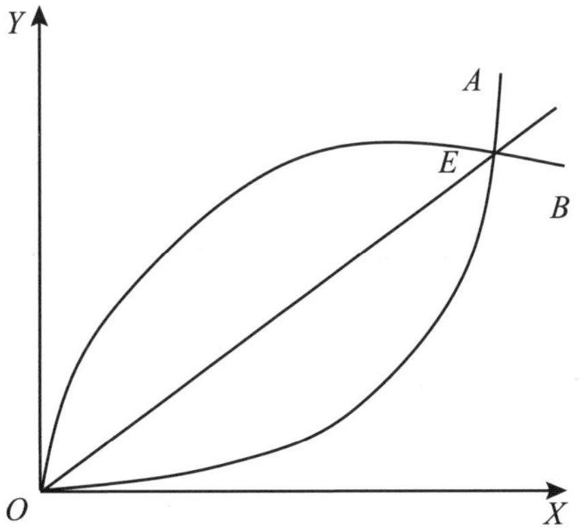

图10－3　马歇尔的提供曲线

由于供求状况的变动，提供曲线会发生移动。马歇尔认为，供求对均衡的决定作用是不同的，短期内需求和边际效应起主要作用，在长期则是供给和劳动生产效率起主要作用。马歇尔还考虑了运输成本对国际贸易和国际分工的制约作用。运输方面的优良条件，可以在很大程度上弥补生产成本的劣势，运输成本的存在，会使出口国在生产成本方面的比较优势遭到削弱。

马歇尔是坚持新古典贸易理论的自由贸易政策的，但他也有一定灵活性。他认为，对于缺乏资本主义生产资源的新兴国家来说，实行有利于发展新兴工业潜力的保护性关税并不一定不合理，但他反对向那些已经很强大、不再需要帮助的工业提供保护。他认为自由贸易的那种朴素而自然的状态将继续胜过操纵关税获得的各种不利，不管征收关税的方法多么科学、多么高明，自由贸易政策作为国际贸易纯理论的逻辑结论，现在是，或许将来仍然是最好的政策。

复习与讨论

1. 试述马歇尔价格论中需求决定和变动趋势理论的要点，并指出在上述理论中马歇尔在哪些方面继承和发展了其他经济学家的有关理论和见解。

2. 马歇尔的国际贸易理论具有卓越的经济学思想，试评述他的相互需求法则和约翰·穆勒的需求法则有何异同。

3. 为什么说马歇尔经济学是经济学思想史上的第二次大综合？

4. 凯恩斯曾说过，“杰文斯看到壶中的水沸腾了，如孩子般欢呼起来；马歇尔也看到那壶水沸腾了，却悄悄坐下，造了一台发动机”。你是否认同凯恩斯的观点？谈谈你的看法。

5. 尝试运用马歇尔的需求弹性系数分析经济世界中的“谷贱伤农”。

6. 尝试分析马歇尔的局部均衡与瓦尔拉斯的一般均衡方法的异同。

7. 马歇尔在探讨供求关系和均衡价格理论时，提出了消费者剩余与生产者剩余两个概念。试用现实经济生活中的一些现象进行解释。

8. 马歇尔经济学在探讨企业规模时，论述了规模经济问题。试评述马歇尔的经济外部性理论。

本章移动端课件

经济学简史 第十章

扫码学习 移动端课件

CHAPTER 11

第十一章　福利经济学的创立与发展

1920 年，英国经济学家庇古出版了他的代表作《福利经济学》一书，第一次将福利经济学作为一门独立的学科来看待，首次建立了福利经济学的理论体系。作为西方经济学的一个理论分支，取得了重要的进展。福利经济学的最终目标是实现社会福利的最大化，在演进过程中，在研究对象、理论前提与政策主张、价值取向上，经济学家又都有各自不同的主张。

福利经济学是西方经济学在 20 世纪发展起来的一个重要分支，也是西方发展经济学的理论基础之一。福利经济学属于规范经济学的范畴，它是在一定的社会价值判断标准下，研究私人经济与社会经济福利之间的关系，探索实现社会经济福利最大化所必需的条件，并从社会经济福利的角度对市场经济体制进行评价，研究为克服市场经济机制的缺点、谋求社会经济福利最大化所必须采取的政策措施。

第一节　帕累托的福利经济学思想

维尔弗雷多·帕累托（Vilfredo Pareto，1848 ~ 1923）是意大利经济学家，出生在巴黎。原籍利古里亚，18 世纪初进入贵族阶层，属热那亚的贵族阶层。1811 年，祖父帕累托爵士被拿破仑封为帝国男爵。帕累托年幼时，由于父亲的政治主张，一家人被迫离开意大利。1850 年前后，帕累托一家返回意大利。学完传统的中等教育课程后，在都灵的综合技术大学攻读理科。1869 年帕累托获得工程学博士学位。1874 ~ 1892 年帕累托迁居佛罗伦萨。在铁路公司当工程师，后成为意大利铁路公司的总经理。因公务需要，他经常到国外特别是英国旅行。1890 年，由于公司出现经济危机，帕累托辞职离开。1891 年帕累托阅读了马费奥·潘塔莱奥尼的《纯粹经济学原理》，开始对经济学产生兴趣。他独到的见解和过人的天赋，很快引起了学术界的关注。1892 年瓦尔拉斯推荐帕累托接替他在洛桑大学开设政治经济学。1893 年帕累托被任命为洛桑大学政治经济学教授。

1896 年在洛桑用法文发表《政治经济学讲义》。1898 年帕累托继承了一位伯父的大笔财富。他在瑞士家中接待一些意大利社会主义者，他们在逃避国内的镇压。1906 年，帕累托辞去教职，1922 年出任意大利政府驻国联代表。1923 年被任命意大利王国参议员。他在《等级体制》上发表了两篇文章，表示归附法西斯主义，但要求法西斯主义自由主义化。1923 年 8 月 19 日去世。

帕累托是数理经济学的创始人之一，良好的数学和工程学基础使他成功地将经济学图文转化成数学方程，从而推动了经济学的数学化，进一步发展了瓦尔拉斯的一般均衡理论。不过后来帕累托的学术理念发生了巨大的转变。随着研究的深入，他感到纯经济分析的效果是有限的。经济学应将社会、心理和政治因素纳入分析框架。因此，他逐渐转向社会学领域，并发表了一些重要的著作，如《社会主义体系》和《社会学通论》。

一、序数效用和无差异曲线

关于效用是否可以具体测量问题，一直有很大争议。帕累托也是边际效用论支持者。他最初沿袭了瓦尔拉斯的基数效用论，认为效用可以用数字衡量，但由于每个人的心理反应不一样，得出的基数效应结果有很大差异。所以基数效用论有很大主观性和不确定性，很多经济学家持怀疑态度。帕累托在批判基数效用论基础上提出了现今西方经济学主流的序数效用论。帕累托认为，效用是不能计量的，消费者只能区别其对物品偏好的次序。可以用第一、第二等序数来表示物品所含效应多寡的顺序，从而提出序数效用论，并引入无差异曲线。比如某个消费者购买了一个面包，一瓶红酒，基数效用论可能会说，红酒的效用是 10，面包的效用是 2。而序数效用论则可能说，红酒的效用要高于面包，更喜欢消费红酒。序数效用论认为无法对商品的效用进行精确测量，但可以比较商品之间的偏好，并可以排序。帕累托认为个人的福利取决于个人的偏好，而偏好就是消费者根据自己的意愿对可供消费的商品组合进行的排列，它反映的是消费者个人兴趣或嗜好。在假定其他因素不变的条件下，消费者对商品组合的最终选择将由他的个人偏好决定。

在帕累托之前，英国经济学家埃奇沃斯在 1851 年曾用契约曲线表示过无差异曲线分析的见解。不过，埃奇沃斯是从可衡量的总效用来推论无差异曲线的，帕累托则在序数论的基础上确立了无差异曲线的性质。假设有两种数量的组合，帕累托强调人们无法判断一种组合比另一种组合的效应是大多少或小多少，但可以判断一种组合比另一种组合的效用大还是小，或是一样大，即更偏好一种或另一种组合，或是偏好无差异。如果存在这样两组无差异的偏好组合，就完全有可能存在更多的无差异偏好的组合。比如小明有一些零花钱，他购买了 11 斤苹果和 9 斤香蕉，或者他还可能购买 8 斤苹果和 13 斤香蕉，这两种组合他感觉消费效用是一样的，这两种选择对于他就是无差异的，当然还有其他很多种组合也是无差异的。帕累托把这种可以扩大的无差异偏好序列称为无差异序列，并把这种无差异序列以一条曲线在坐标图上表示出来。帕累托称这条曲线为无差异曲线。无差异曲线是帕累托所倡导的一个理论分析工具，他用图表来表示两种或两组商品的不同数据的组合对消费者提供的效用或满足程度是相同的。

图 11-1 中，横轴 OA 表示苹果数量，纵轴 OB 表示香蕉数量。m 点是苹果数量 a 和香蕉数量 b 的组合点，形成消费者的一种组合偏好。还有其他组合都和这种组合是没有差异的，所有这些没有差异的组合序列就成为一条无差异曲线 L_1。即这个无差异曲线 L_1 上的任何一点都是苹果和香蕉的组合，在 L_1 上所有的组合点偏好是没有任何差异的。图中还画了另外一个无差异曲线 L_2，L_2 相比 L_1 更远离原点。表明 L_2 的消费水平高于 L_1，有更高水平的消费效用。另外，无差异曲线通常是凸向原点的。

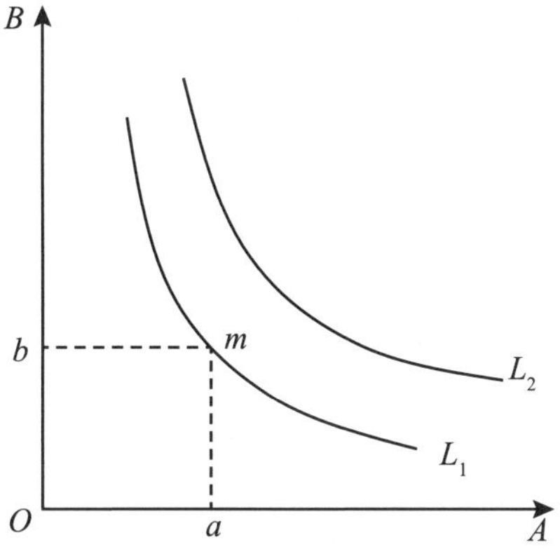

图 11-1 无差异曲线

按照帕累托的分析，在同一坐标平面上可以有许多这样的具有不同效用水平的无差异曲线，被称为无差异曲线图。帕累托还根据无差异曲线的物品之间相互关系的不同性质（互补或替代），提出无差异曲线具有不同的形状。

二、帕累托最优

帕累托改进了瓦尔拉斯的一般均衡分析，并提出了帕累托最优条件，或者也可以说是最大化福利的条件。后来，其他经济学家建立了更加严格的数学证明，即完全竞争的产品市场与要素市场能自动实现帕累托最优。帕累托认为，当不存在能够使某人的处境变得更好同时不使其他人的处境变得更坏的任何变化时，就实现了福利最大化。实际上这就是帕累托标准：如果至少有一人认为 A 优于 B，而没有人认为 A 劣于 B，则认为从社会的观点看有 A 优于 B。

在这种状态下，社会不能以帮助某人而又不伤害其他人的方式来重新安排资源配置或产品与服务的分配。因此，帕累托最优意味着：一是产品在消费者之间的最优分配；二是资源的最优技术配置；三是最优的产出数量。

（一）产品的最优分配

两种既定数量的产品分别为 X 和 Y，在两个消费者 A 和 B 之间分配。如何才能达到帕累托最优状态？也就是如何能够最大化消费者福利的分配？

帕累托认为，只有当 A 和 B 两人都在两种商品之间具有相同的边际替代率时，可以达到产品最优分配效果。可以用以下公式表达：

$$MRS_{XY}A = MRS_{XY}B$$

公式左侧代表的是 A 消费 X 商品对 Y 商品的边际替代率，右侧是 B 消费 X 商品对 Y 商品的边际替代率。边际替代率是消费者在保持效用水平不变的前提下，增加一种商品的消费数量与放弃另一种商品的消费量的比率。它是无差异曲线上某一特定点的斜率的绝对值。当边际替代率不相等时，产品的分配未达到帕累托最优。

假设有 A、B 两地。A 地棉花丰富而小麦稀缺，1 斤小麦可换 5 斤棉花（$MRS = 5$）；B 地小麦丰富而棉花稀缺，1 斤小麦可换 2 斤棉花（$MRS = 2$）。A 地的人会将棉花贩到 B 地，以 2 斤棉花换 1 斤小麦；B 地的人会将小麦贩到 A 地，以 1 斤小麦换 5 斤棉花。随着两地之间的贸易，A 地的小麦越来越多，B 地的棉花也越来越多，再继续交换的话，交换比例就会发生变化，A 地的 MRS 不断降低，B 地的 MRS 不断提高。只要交换能使两地的满足程度不断提高，交换就会进行下去，当两地的 MRS 变得相等的时候，进一步的交易就会停止。此时，两地边际替代率相等，小麦和棉花分配达到最优化。

（二）资源的最优技术配置

要使两种要素 L 和 K 在两个生产者 C 和 D 之间的分配达到帕累托最优状态，则对这两个生产者来说，这两种要素的边际技术替代率必须相等。这是生产的帕累托最优条件，或者说是资源的最优技术配置。可以用以下公式表示：

$$MRTS_{LK}C = MRTS_{LK}D$$

劳动对资本的边际技术替代率（$MRTS_{LK}$）是指在产出水平不变的情况下，一单位劳动所能替代的资本的最大单位数。以上公式表明，当两个生产者的劳动对资本的边际技术替代率相等时，资源优化配置最佳；如果不相等，那么就存在帕累托改进的可能。

举一个最简单的例子：假如有 15 个人在等同一辆车，当车开到时，他们发现这辆只能装 12 个人的车已经坐上了 11 个人，仅余下 1 个座位。在这个情况下，什么样的资源配置才是帕累托最优呢？只有让一个人上车，才算做到了“帕累托改进”，因为这样可使一个人的福利变好，又不会使任何一个人的处境变坏。当车上已坐满了 12 个人时，资源配置方式便达到了“帕累托最优”，因为在这种状态下，已经没有办法在不损害车上乘客福利的同时让任何一个等车人上车以改进他的福利。全社会的经济运行和资源配置也如同此理。

（三）产品最优产量

分配的帕累托最优说明消费是最有效率的；生产的帕累托最优说明生产是最有效率的。但我们所追求的一般均衡状态应该是交换和生产同时实现最优。这就需要把交换与生产结合起来讨论。在生产实现帕累托最优的同时，分配也实现了帕累托最优。而将生产与分配连接起来的纽带就是产品。帕累托认为，假定有 X、Y 两种产品，只有当两种产品的边际产品转换率等于边际替代率时，生产和分配同时达到均衡。此时，资源配置的效率达到最大，使消费者的满足程度达到最大。生产和分配的帕累托最优条件为：

$$MRSxy = MRTxy$$

MRT 是边际转换率，它表示在一定的技术水平下利用既定资源生产两种产品时为增加一单位某产品所必须放弃的另一种产品的数量。它是生产可能性曲线的斜率。而边际替代率是无差异曲线的斜率。假设生产与分配汉堡与马铃薯，汉堡和马铃薯的边际替代率与边际转换率分别为 4 和 3，这意味着两个消费者为了得到汉堡包而愿意放弃的马铃薯的比率（放弃 4 单位而得到 1 单位）大于为得到 1 单位汉堡包从技术上必须放弃的马铃薯的比率（放弃 3 单位而得到 1 单位）。结果是通过增加汉堡包的产出，减少马铃薯的产出将使每个消费者的福利都有所增加。在边际上，消费者的所得将大于社会的机会成本。只有当一种产品对另一种产品的边际替代率等于边际转换率时，才不存在增加一个人或更多人的福利而不减少其他人福利的机会①。

按照帕累托的分析，帕累托改进和帕累托最优都是以完全竞争为条件的，而现实的市场经济却并非完全竞争的，大部分是不完全竞争市场，这就破坏了进行帕累托改进和实现帕累托最优的条件。从这个意义上说，帕累托最优也只是一种脱离现实的理想状态。

三、帕累托社会学思想

1897 年，帕累托在一次偶然的机会中注意到了 19 世纪英国人的财富和收益模式。在日后的不断调查取样中，他发现了一个现象：大部分的财富总是流向少数人的手中，无论多少人如何努力，也无法改变这个分配比例。同时他还发现，某一个族群占总人口数的百分比和他们所享有的总收入之间存在着一种微妙的关系。后来他在不同的时期、不同的国度都见过这种现象。而且无论是在早期的英国，还是其他国家，甚至从早期的资料中，他惊讶地发现这种微妙关系一再出现，在数学上的关系也呈现出一种稳定的状态。于是，帕累托通过大量具体事实的分析总结，发现社会上 20% 的人竟然占有 80% 的社会财富，也就是说：财富在人口中的分配是绝对不平衡的。因此，帕累托认为，增加国家收入的唯一方式就是提高整个国家的收入，试图通过收入重新分配以使收入分配均等的做法是无法实现的。

帕累托用如下公式表达收入分配：

$$\log N = \log A - \alpha \log Y$$

---

① ［美］斯坦利·布鲁，兰迪·格兰特. 经济思想史［M］. 第 8 版. 邸晓燕，等译. 北京：北京大学出版社，2014：358.

其中，Y 为一定的收入水平（帕累托采用的是高于社会全部收入的众位数），N 为收入大于 Y 的人数占总人数的比例，A 代表人口规模的参数，α 是一个估计得到的参数。帕累托认为，α 估计值应该在 1.5～1.7，而且收入越平等，α 值越大。帕累托的研究结果认为，无论哪一个国家，所形成的曲线总是与 Y 轴大体成 56°角，不管一个国家的平均收入水平如何，收入的分配规律都符合这个规律。意大利约有 80% 的土地由 20% 的人口所有、80% 的豌豆产量来自 20% 的植株。帕累托相信他发现了一个可以媲美万有引力定律的经济学常数。

现在人们经常将帕累托的收入分配定律称之为“二八法则”。表示大多数社会、经济活动只需要把 80% 资源投入 20% 事件中，就可以获得 100% 结果。约仅有 20% 的变因操纵着 80% 的局面，人们经常把 80% 精力投入 20% 最重要事情中。80% 的民众通常只占有 20% 财富。

帕累托后来更加关注社会学，对数理经济学无法解决实际经济问题而烦恼。他试图将社会学、政治及心理学变量加入经济学分析体系，构建一个崭新经济学体系。他认为，均衡是经济力量相互动荡的归向，均衡只是对抗力量造成的相对均势，这个均势并不一定是最理想的，如个人的欲望和满足这些欲望的物质有限性，就是两个对抗力量。帕累托相信，社会上总是强者压迫弱者，而当强者停止压迫弱者时，他又必然遭受另一更强者所压迫。因此，他后来的兴趣从经济学转向了社会学。帕累托认为，对于非经济动因的行为，大体上可以这样说：人类的大部分行为并不是起源于人们的逻辑推理，而是起源于情感。资产阶级一方面煞有介事地鼓吹团结，另一方面却在实际上制造灾难。这些灾难最终将摧毁所谓的团结。在历史上，除了偶尔的阶段外，各民族是被精英统治着。他嘲笑人对民主、进步和人道主义理想的信念，并宣扬强权和欺诈的精英规则。尽管帕累托对社会主义持攻击态度，但按照帕雷托的分析，社会主义在逻辑上是可行的，他能够与自由竞争制度一样提供效用最大化的条件，还可以利用普遍征税来弥补间接成本，从而可能比资本主义更有效率。

第二节　庇古福利经济学

福利经济学作为一个经济学的分支体系，首先出现在 20 世纪初期的英国。1920 年庇古的《福利经济学》一书的出版是福利经济学产生的标志。第一次世界大战的爆发和俄国十月革命的胜利，使资本主义陷入了经济和政治的全面危机。垄断资产经济发展又加深了资本家对工人阶级的剥削与压迫，工人尽管获得了一些生活条件改善，但贫富差距日益扩大，社会矛盾日益尖锐，工人运动此起彼伏。1919 年曾发生过 1300 多次罢工斗争，参加的工人数多达 2500 万人次，对于资本主义社会秩序造成很大威胁。如何进一步用发展经济和改良收入分配办法来解决社会矛盾，成了人们十分关注的大问题。福利经济学的出现，首先是英国阶级矛盾和社会经济矛盾尖锐化的结果。西方经济学家承认，英国十分严重的贫富悬殊的社会问题由于第一次世界大战变得更为尖锐，因而出现以建立社会福利为目标的研究趋向，导致福利经济学的产生。

阿瑟·赛西尔·庇古（Arthur Cecil Pigou，1877～1959）是英国经济学家，马歇尔的弟子。父亲是一名英国军官，母亲出身于爱尔兰政府官员的家庭。庇古先是就读于一所优秀的英国私立学校——哈罗公学，然后是剑桥的国王学院。起初他在剑桥主修历史，后来在马歇尔的影响和说服下，开始研究政治经济学，1900 年毕业于剑桥大学。自马歇尔 1908 年从剑桥退休后，年仅 31 岁的门生庇古出任政治经济学讲座教授。

庇古毕业后投身于教书生涯，成为宣传他老师马歇尔经济学说的一位学者。他先后担任过英国伦敦大学杰文斯纪念讲座讲师和剑桥大学经济学讲座教授。他被认为是剑桥学派领袖马歇尔的继承人。当时他年仅 31 岁，是剑桥大学历来担任这个职务最年轻的人。他任期长达 35 年，一直到 1943 年退休为止。退休后，他仍留在剑桥大学从事著述研究工作。另外他还担任英国皇家科学院院士、国际经济学会名誉会长、英国通货外汇委员会委员和所得税委员会委员等职。庇古生性对异性腼腆，性情也有些古怪，是个独身主义者，也是个忠实的社会主义者。庇古一生著述颇丰，但大都是阐述其前辈们的思想。他的著作比较著名的有：《财富与福利》（1912）、《福利经济学》（1920）、《产业波动》（1926）、《失业论》（1933）、《社会主义和资本主义的比较》（1938）、《就业与均衡》（1941）等。

《福利经济学》是庇古最著名的代表作，是他少数独创性成果之一。该书也是西方资产阶级经济学中影响较大的著作之一。它将资产阶级福利经济学系统化，标志着其完整理论体系的建立。它对福利经济学的解释一直被视为“经典性”的。庇古也因此被称为“福利经济学之父”。

《福利经济学》共四篇。第一篇，“福利与国民收入”；第二篇，“国民收入的数量和资源在不同用途间的分配”；第三篇，“国民收入与劳动”；第四篇，“国民收入的分配”。庇古认为，《福利经济学》一书的目的，就是研究在现代实际生活中影响经济福利的重要因素。全书的中心就是研究如何增加社会福利。

在 1920 年出版的《福利经济学》中，庇古提出了“庇古税方案”，提倡对有“正外部性”的活动给予补贴。庇古因“庇古税”享誉后世。

一、外部性理论

许多经济学家对外部性理论的发展作出了重要贡献，具有里程碑意义贡献的三位学者是马歇尔、庇古和科斯。

马歇尔用“内部经济”和“外部经济”分析经济组织对经济产量增加的影响，他认为外部经济可以导致成本下降，最终扩大产量。但马歇尔并没有研究“外部不经济”。庇古继承了马歇尔的许多经济学说，对经济外部性理论有较大发展。在马歇尔提出的“外部经济”概念基础上扩充了“外部不经济”的概念和内容，将外部性问题的研究从外部因素对企业的影响效果转向企业或居民对其他企业或居民的影响效果。

庇古通过分析边际私人净产值与边际社会净产值的背离来阐释外部性。他指出，边际私人净产值是指个别企业在生产中追加一个单位生产要素所获得的产值，边际社会净产值是指从全社会来看在生产中追加一个单位生产要素所增加的产值。他认为：如果每一种生产要素在生产中的边际私人净产值与边际社会净产值相等，它在各生产用途的边际社会净产值都相等，而产品价格等于边际成本时，就意味着社会资源配置达到最佳状态。但庇古认为，边际私人净产值与边际社会净产值之间存在下列关系：如果在边际私人净产值之外，其他人还得到利益，那么边际社会净产值就大于边际私人净产值；反之，如果其他人受到损失，那么边际社会净产值就小于边际私人净产值。庇古把生产者的某种生产活动带给社会的有利影响，叫作“边际社会收益”；把生产者的某种生产活动带给社会的不利影响，叫作“边际社会成本”。

外部性实际上就是边际私人成本与边际社会成本、边际私人收益与边际社会收益的不一致。在没有外部效应时，边际私人成本就是生产或消费一件物品所引起的全部成本。当存在负外部效应时，由于某一厂商的环境污染，导致另一厂商为了维持原有产量，必须增加诸如安装治污设施等所需的成本支出，这就是外部成本。边际私人成本与边际外部成本之和就是边际社会成本。庇古举例说，铁路机车的火花可能会对周围的树木或农作物造成损害，而其所有者并没有因为损害而受到补偿。因此，对于铁路来说，社会成本（内部成本＋外部成本）大于私人成本（内部成本），净私人边际产品超过了社会净产品。与此类似，一个企业家在一个居民区建造一座工厂，破坏了别人财产的大部分价值。增加酒精饮料的销售对于酿酒厂来说是有利可图的，但因此而需要更多的警察和监狱时，就产生了外部成本。当存在正外部效应时，企业决策所产生的收益并不是由本企业完全占有的，还存在外部收益。边际私人收益与边际外部收益之和就是边际社会收益。庇古通过经济模型可以说明，存在外部经济效应时纯粹个人主义机制不能实现社会资源的帕累托最优配置。

二、价格歧视

价格歧视实际就是垄断厂商根据消费者实际情况，对不同消费者、不同地域消费者或不同的消费时段给出的差异价格。庇古在《福利经济学》对价格歧视进行了具体分析，指出了产生价格歧视原因及分类：

> 做了这样的假设，就可以区分出垄断者能够行使的三种不同程度的歧视权力。第一种程度的歧视权力是对全部不同的单位商品索要不同的价格，使每一单位的价格等于该单位的需求价格，不给买主留任何消费者剩余。第二种程度的歧视权力是垄断者能够制定 n 种不同的价格，使需求价格高于 x 的所有单位商品按 x 价格出售，使需求价格低于 x 和高于 y 的所有单位商品按 y 价格出售，

如此等等，以此类推。第三种程度的歧视权力是垄断者能够把其客户分为 n 个不同的组，能将它们彼此用某种好记的符号分开，并能对每组的成员索要不同的垄断价格。应该指出，第三种程度的歧视权力，从根本上说是不同于前两种的，它在一个市场上可拒绝满足需求价格超过在另一市场上能满足的需求①。

庇古将歧视价格分为三类：一级价格歧视、二级价格歧视、三级价格歧视。一级价格歧视是垄断厂商的索价恰好就是消费者愿意支付的价格，显然厂商获得最大利益，剥夺了所有的消费者剩余。二级价格歧视是垄断厂商对最初的一部分商品的每一单位索要一个价格，对接下来的一部分商品索要不同价格。这种方式极为普遍，一般是以数量折扣的方式出现，比如大型超市年底折扣优惠，购买一箱青岛啤酒 24 瓶价格是 120 元，购买两箱以上价格为 110 元。实际上现在的阶梯价格也是这种情况，比如中国某地城市水价，基本特点是用水越多水价越贵，城市将居民的生活用水水价设定两个水量的分界点，从而形成三种收费标准：用水 15 吨以内为人民币 0.6 元/吨，15 ~20 吨为 1.4 元/吨，20 吨以上为 2.1 元/吨。缺水城市可实行高额累进加价制。三级价格歧视是卖主对不同群体消费者收取不同的价格，以扩大收益。如某旅游景区对普通成人和老年人、学生收取不同价格，火车售票对普通成人和学生也有差异。

三、经济政策主张

在庇古看来，福利有广义与狭义之分。庇古认为，凡是能给人们带来满足的一切东西都叫福利，这沿袭了边沁的功利主义学说。食物可以充饥，衣物可以御寒，这些都是福利。美妙的音乐、诚挚的友谊、融洽的家庭关系，甚至商店营业员的殷勤态度，由于都能给人一种精神满足，这些都可以称之为福利。这样的福利概念虽然范围太广，并且都同个人心里感觉相联系，难以琢磨，是广义的福利。庇古更关心的是经济学意义上的福利，就是狭义福利。“经济福利”是“社会福利”的一部分。它虽然也是一种主观评价，但是直接或间接与货币尺度发生联系的部分，是可以用货币计量的，是经济学要研究的部分。

庇古福利经济学有两个资本命题：（1）国民收入量愈大，社会经济福利就愈大。福利表现为人们对商品边际效用的心理满足。可用消费者对于最后所增加的单位商品所愿意支付的价格来计量。庇古和马歇尔一样，都是基数效用论者，他们认为福利的经济价值可以计算出来，人们之间的满足总和也就可以比较，社会经济福利总和也可以计算出来。个人经济福利总和决定于收入水平，如果收入增加，他的经济福利也必然增加。如果国民收入总量增加，社会经济福利也会增加。（2）国民收入分配越是均等化，社会经济福利就越大。收入的边际效用随着个人收入多少而有所不同。从边际效用递减规律来看，一个人的货币收入越多，货币对他的边际效用就越小。同一数量的货币给富翁与

① ［英］庇古．福利经济学（上卷）［M］．朱泱，张胜纪，吴良健，译．北京：商务印书馆，2006：206.

穷人带来的边际效用是不同的。庇古认为，如果把富人手中一部分钱财，通过某些合法途径转移给穷人，这部分钱财的边际效用就会大大提高，可以使社会福利总量增加。

根据上述思想，庇古提出政府应该用一系列政策来缩小贫富差距，例如可征收累进的个人所得税，实行高额遗产税等。通过诸如此类政策，从富人手里拿来的收入应该完全用来增进穷人的福利。这些收入可以作为公费医疗基金，可以增添各种社会福利设施（如公园、剧场、幼儿园等），可以增加对教育的投资（如扩建学校、实行免费教育等），还可直接对穷人和失业者实行救济、补助或保险等。通过种种福利政策，可使国民收入的分配缩小贫富差距，从而实现社会福利极大化。

通过以上外部经济的分析，庇古认为，既然在边际私人收益与边际社会收益、边际私人成本与边际社会成本相背离的情况下，依靠自由竞争是不可能达到社会福利最大的。于是就应由政府采取适当的经济政策，消除这种背离。政府应采取的经济政策是：对边际私人成本小于边际社会成本的部门实施征税，即存在外部不经济效应时，向企业征税；对边际私人收益小于边际社会收益的部门实行奖励和津贴，即存在外部经济效应时，给企业以补贴。庇古认为，通过这种征税和补贴，就可以实现外部效应的内部化。这种负外部性征税我们称之为“庇古税”。他在《福利经济学》一书中写道：

> 显而易见，我们到目前为止所讨论的私人和社会净产品之间的那种背离，不能像租赁法引起的背离那样，通过修改签约双方之间的契约关系来缓和。因为这种背离产生于向签约者以外的人提供的服务或给他们造成的损害。然而，如果国家愿意，他可以通过“特别鼓励”或“特别限制”某一领域的投资，来消除该领域内的这种背离。这种鼓励或限制可以采取的最明显形式，当然是给予奖励金或征税。很容易举出一般的实例来说明这种积极的或消极的干预政策①。

庇古税在经济活动中得到广泛的应用。在基础设施建设领域采用的“谁受益，谁投资”的政策，环境保护领域采用的“谁污染，谁治理”的政策，都是庇古理论的具体应用。目前，排污收费制度已经成为世界各国环境保护的重要经济手段，其理论基础也是庇古税。例如，冒黑烟的工厂虽能获利，但却污染环境，其社会产值小于私人产值。对于这些生产，应通过征税政策加以限制。又如，海上的灯塔，虽成本不多，却使过往船只安全航行，其社会产值大于私人产值，因此应通过补助政策，鼓励这类企业的生产。

庇古是忠实的社会主义者，对工人待遇充满同情。庇古认为，国家应通过立法来限制行业工作时间，他提到，在第一次世界大战后的最初几年里，除了某些特殊情况之外，几乎所有的行业都确定一般不超过 8 小时的工作制度，这在许多国家得到相当迅速的进展。而且，从广泛的社会层面来说，是非常合理的。他让人们拥有足够的休息时间，在适度的工作时间里劳动，以此来提高工作效率。而且可以通过增加工人的工资来

---

① ［英］庇古．福利经济学（上卷）［M］．朱泱，张胜纪，吴良健，译．北京：商务印书馆，2006：196.

提升工人的生活水平，增加工人的福利待遇，提升工人生活的满意感，使其不管在物质上还是精神上都有极大的愉悦感。庇古还提出，政府要适当干预以解决公平工资问题，提高工人收入，这样可以消除不平等、促进社会公平和增进社会福利。

庇古认为垄断是对他人利益和公共利益的侵害，若政府不加以干预，受侵害的部分就不能得到补偿，社会福利就会遭受损失。在庇古看来，可恶的垄断虽然不是完全的，但也代表着一部分人对另一部分人的欺骗，它对于国民收入及福利的增加都是有害的。因此，防止和限制垄断的政策将会增加国民收入和国民福利。

第三节　福利经济学评判

福利经济学虽是主流经济学的分支，但与主流经济学具有不同的哲学基础。自穆勒将功利主义引入经济学，主流经济学的价值论发生了改变。帕累托创立了以效率为判断标准的新福利经济学，与主流经济学相契合。与之相对照，庇古提出以公平为核心的旧福利经济学，与主流经济学具有不同的哲学基础。偏好和效用是福利经济学创立期的基础，但不是当代福利经济学的基础①。

关于福利经济学的伦理基础，新旧福利经济学基本上是一致的。福利经济学的伦理基础是功利主义思想，其代表人物为边沁和詹姆斯·穆勒。边沁和詹姆斯·穆勒都主张经济自由放任，国家不干预私人的经济活动。他们认为社会是个人的总和，人们的理性活动是寻求快乐和避免痛苦，即追求幸福是人类本性的根本动机之一。如果社会上的每个人都能自由地追求个人利益，最终就会实现公共利益，使社会的绝大多数人得到最大的幸福。庇古认为，社会福利是个人福利的加总，个人福利最大化，那么社会福利必将实现最大化。这正是边沁功利主义思想的体现。不仅如此，庇古之后的经济学家也都承袭了这一思想。尽管新福利经济学有很多不同于旧福利经济学的主张与方法，但其思想根源并未有太大的变化。这一思想在伯格森—萨缪尔森的社会福利函数表现得更为明显。

福利经济学属于规范经济学，它是在一定的社会价值判断标准条件下，研究整个经济的资源配置与个人福利的关系，以及与此有关的各种政策问题。简而言之，即研究资源的最优配置问题。新旧福利经济学总体来说，其价值取向有较大的不同，主要体现在平等与效率、增长与分配、政府干预与否等方面。旧福利经济学强调对弱势群体的关怀。庇古一直把福利经济学的对象规定为对增进世界或一个国家经济福利的研究。正是因为关注于这项研究，促使他对社会弱势群体的生活投以更多的关注，这在他的理论中展示得相当充分。庇古是忠实的社会主义者，他认为，市场机制的自由运转并不一定会

① 马旭东，史岩．福利经济学：缘起、发展与解构［J］．经济问题，2018（2）：9－16.

导致传统理论所设想的那种社会福利最大化的完美结果，因为收入分配中自由竞争模式的假设与实际情况之间总是有较大的差异。他主张以人际间可比较的基数效用假设和边际效用递减规律为基础，通过阐述一种理性的经济政策（收入均等化）来最大化社会福利。庇古认为，社会总收入不变，但社会经济福利却由于穷人收入的提高而得到改善。就是说，在国民收入既定的条件下，通过国民收入的再分配也能增加一国的福利。具体的办法就是实行累进税收政策制和采取社会福利措施。庇古的这一命题，为后来的福利国家理论提供了理论依据。旧福利经济学强调分配均等。正是基于边际效用递减的理论，旧福利经济学家们认为，国民收入应当均等分配。庇古认为影响经济福利的因素有两个：一是国民收入的总量；二是个人收入分配状况。他认为，社会经济福利等于一个国家的国民收入。以此为基础，他提出了两个命题：国民收入总量越大，社会经济福利就越大；国民收入分配越是均等化，社会经济福利就越大。因此，要增加经济福利，在生产方面必须增大国民收入总量，在分配方面必须消除国民收入分配的不均等。政府向富人征收累进所得税、遗产税，实行强制的转移支付，并将其用于改善社会福利，如失业养老、医疗补助等。而同时，他也强调，福利措施不应当损害有钱人投资的积极性，否则社会投资就会减少。要改进社会福利，必须先做大蛋糕，增加国民收入。而增加国民收入的关键，就是要人尽其才，物尽其用，使资源得到最优配置。旧福利经济学强调国家干预。政府应当通过对前一类部门的征税加以限制。而对社会有较高利益的私人又不愿投资的部门，国家要给予补贴，以引导资源的合理配置，实现社会福利最大化。

新福利经济学强调福利是一切社会成员的福利，在新福利经济学家看来，他们主张不能用基数表示效用数值的大小，只能用序数表示效用水平的高低。“帕累托改进”被他们看作是促进了社会福利，这一价值观与旧福利经济学的价值观是有较大差别的。新福利经济学强调通过提高效率增进社会福利。新福利经济学家认为，福利经济学应当研究效率，而不应当像旧福利经济学家那样只注意研究收入水平。他们认为效率可以促进社会福利的最大化，因此，他们认为只有经济效率问题才是最大福利的内容。新福利经济学强调个人自由。按照新福利经济学的理论，要取得社会福利的最大化，必须具备两个条件：一是个人能够自由选择；二是收入分配能够公正合理。因此，伯格森等一直强调，政府不仅要保证个人的自由选择，而且要进行“合理的”收入分配。新福利经济学强调效率而回避分配。新福利经济学根据帕累托最优状态和序数效用论提出的个人是他本人福利的最好判断者，以及社会福利取决于组成社会的所有个人的福利的命题，回避了效用的计算和个人间福利的比较，从而巧妙地回避了社会收入的分配问题。

针对效用是否是衡量社会福利的唯一指标，现代经济学家也有分歧。澳洲著名经济学家黄有光指出，快乐是比效用更大的范畴，并认为快乐的东西一定是有效用的，但有效用的东西不一定是快乐的。由此提出只有快乐最大化才是真正的理性。黄有光的快乐则是更接近于“福祉”。阿马蒂亚·森提出以“能力”中心观取代福利的效用观：个人的能力是他所能做的各种事情的函数。国民收入不是衡量一国福利的终极指标，只有创造这些收入的能力的集合才是这样的指标。他提出了权利假说，根据这个假说，饥荒可能不是因为食物的总体短缺造成的，而是因为获取食物的权利不平等分配造成的。说明政府应该为经济平等和社会平等做一些事情。

复习与讨论

1. 为什么说庇古的福利经济分析沿袭了马歇尔传统？帕累托的福利分析沿袭了瓦尔拉斯的传统？

2. 试分析生产可能性曲线的形状，它们的斜率有何不同？

3. 经济外部性有什么含义？试分析政府对经济负外部性如何管制？

4. 有些人说福利经济学是规范经济学，不是实证经济学。你是否认同，为什么？

5. 庇古的两个经济学基本命题是什么？根据你接触认识的经济社会对此做出解释和分析。

6. 新福利经济学和旧福利经济学的主要争议有哪些？

7. 无差异曲线是研究福利经济学的主要分析工具之一，请解释无差异曲线的几个特征，并分析无差异曲线的斜率代表的含义。

8. 什么是帕累托效率？什么是帕累托改进？

本章移动端课件

经济学简史 第十一章

扫码学习 移动端课件

CHAPTER 12

第十二章　20 世纪 20～30 年代西方经济学

20 世纪 20～30 年代传统西方经济学向现代西方经济学过渡。在这一时期经济学家有英国的皮埃罗・斯拉法、琼・罗宾逊、约翰・希克斯；美国的张伯伦、欧文・费雪；瑞典的维克塞尔等。他们在垄断竞争理论、消费者均衡理论、货币数量论等方面提出了与传统西方经济学不同的新论点，为现代西方微观经济理论及宏观经济理论奠定了一定的理论基础。

19 世纪末至 20 世纪初，资本主义国家相继完成了从自由资本主义向垄断资本主义的过渡，垄断已成为资本主义经济生活的本质特征。资本和生产的集中大大加快，垄断组织急剧增加，普及到一切主要工业部门，并和银行垄断结合起来，形成了金融资本和金融寡头，垄断成了全部经济生活的基础，垄断资本在各个主要资本主义国家确立了统治地位。第一次世界大战以后，世界资本主义经济曾经历了 20 世纪 20 年代相对稳定的发展时期，1929～1933 年，资本主义世界陷入历史上最深刻、最持久的一次经济大危机。

尽管法国经济学家、数学家古诺对垄断早有研究，马歇尔对垄断有过一些研究，但他的研究重点无疑还是完全竞争结构下的价格均衡，在他看来，完全竞争、不完全竞争、垄断之间并没有明显的严格的界限。在这种时代背景下，传统理论主要是以马歇尔为代表的新古典经济学已不能为资本主义制度辩护，西方经济学界被迫另谋对策，对传统理论进行较大的修改和补充。20 世纪 20～30 年代，西方经济理论出现了几个重大的突破和发展。

第一节　不完全竞争学说

一、斯拉法经济思想

（一）斯拉法生平及专著

皮埃罗・斯拉法（Piero Sraffa，1898～1983），英籍意大利经济学家。曾在剑桥大学马歇尔的指导下学习，并且是李嘉图全部作品和通信的最终定本的编辑者。斯拉法出生在意大利都灵，父亲是意大利商法教授。斯拉法在都灵读大学预科，并在法学院注册，但被征兵服役，参加大学考试而没有随班上课。他是意大利共产党创建者葛兰西的亲密朋友，又是凯恩斯的得意助手。斯拉法 1924 年开始他的学术生涯，在佩鲁贾大学法学院任政治经济学教授，1926 年转到撒丁岛的卡利亚里大学任教授。由于法西斯统治的日益强化，他于 1927 年夏移居英国，接受凯恩斯为他提供的剑桥大学讲师的职位。

斯拉法从 1928 年秋起约有两年时间在剑桥大学讲授“价值理论史”和“德国意大利银行制度运行”。此后，他一直任剑桥大学三一学院的研究员。从 30 年代初期起，斯拉法就着手收集、考订和编辑李嘉图的全部著作和通信，1951～1955 年完成了《李嘉图著作和通信集》，共有 10 卷，先后于 1951～1973 年由英国剑桥大学出版社出版。

斯拉法很少出现在世界学术会议上，不轻易发表论著，但是他的著作却对 20 世纪资产阶级经济理论有过两次重大突破。斯拉法于 1925 年发表了《成本与产量之间的关系》的长篇论文，在 1926 年 12 月的《经济学杂志》上发表了《竞争条件下的收益规律》。在这两篇论文中，斯拉法指出，马歇尔的价值理论是难成立的，因为其最基本的两个组成部分（完全竞争概念和利用相交的供求曲线来决定价格与产量）在逻辑上是矛盾的。他对于要在单位成本与产量之间确立一种函数关系进行了批评。他揭露了传统经济学所普遍使用的完全竞争模式的突出弱点。斯拉法的这些观点体现了不完全竞争理论的线索。经过 30 多年的准备和琢磨，斯拉法于 1960 年出版了《用商品生产商品：经济理论批判绪论》一书。斯拉法探究的问题是没有生产规模的变动或生产要素中比例变动的经济体系特征，认为国民纯产品就是超过补偿生产资料所需产品的“剩余”，把生产看作是同样的商品既表现为生产资料、又表现为最终产品的一种“循环的过程”。这种研究方法正是复兴了古典学派的思想，所以，他时常被称为“新李嘉图主义者”。

（二）斯拉法的不完全竞争思想

斯拉法认为，随着一个企业生产规模的扩大，单位生产成本会明显下降，这可能是由于企业增加其产出所产生的内部经济，也可能是由于单位产品的日常管理费用下降而引起的。单位成本的下降与完全竞争不相容（即完全竞争假定与规模收益递增不相容，一种极端情况就是这将导致自然垄断）。如果随着企业规模的扩大企业变得更加有效率，企业都想扩大规模，那么在市场上将会存在更少的企业和更少的竞争。因此，放弃完全竞争的研究转向垄断竞争研究是有必要的。

斯拉法认为，马歇尔经济理论包含的假定，即大多数企业是在纯粹竞争（完全竞争）条件下生产和销售产品。马歇尔价格均衡论基于以下几点：第一，每个企业都必须接受市场上形成的均衡价格，并在这种均衡价格之下进行生产和销售，企业不能控制价格。第二，每个企业可以生产和销售任何数量的产品都不会影响商品的价格，需求曲线是一条水平线。因此只要市场价格高于企业不断上升的边际成本，企业就会扩大产出。第三，每个企业都生产同质商品，每个企业的行为方式与该部门其他企业的行为方式完全一样。第四，这个部门的供给曲线是众多生产同质产品的各个企业供给曲线的总和。由于每个企业都在较少的规模上达到了最低平均成本，所以数量众多的企业可以同时存在。第五，这个部门的需求曲线也只是每个消费者需求曲线的加总。第六，供给曲线和需求曲线决定了商品的均衡价格。

对此斯拉法指出：这种局部均衡分析方法，并没有考虑买者对卖者所采取的态度。买者向一个特定的卖者购买商品是出于买者各种不同的原因和动机，即信赖关系、信用关系或人际关系等。因此，卖者会努力吸引买者、努力提高产品质量、利用广告等各种销售手段提高信任和偏好。由于各个企业的生产和销售行为不完全一样，因此各个企业来说，需求曲线也不是一条水平线。就是说，每个企业的需求曲线的位置和斜率不仅取决于其产品，而且在某种程度上也取决于消费者的偏好。这就意味着破坏了完全竞争的核心假定。他还指出，如果要维持完全竞争的假定，规模收益必须是不变的。如果这样经济理论与现实的经济现象不相符。

因此，斯拉法认为，解决这个问题的方法是放弃完全竞争的研究方法，而转向垄断问题的研究。斯拉法认为，完全竞争和自然垄断都是极端的情形。在只有几个企业的行业中，竞争性力量仍然可能盛行。但是斯拉法指出，有两个条件可以打破市场的纯粹性。第一，单一的生产者通过改变其销售的商品的数量能够影响市场价格，第二，每个生产者都在单个生产成本不断下降的条件下进行生产。这两个条件都比完全竞争具有更多的垄断特征。

一个完全竞争者是价格接受者，并且面临一条水平的需求曲线，因为以市场价格它可以卖出它希望卖出的全部商品，所以只要市场价格高于它的不断上升的边际成本，它就会扩大产出。由于每个企业都在相对较小的规模上达到了最低平均成本，因此有数百家企业同时存在。但是，一个拥有垄断力量的企业必须降低它所有单位产出的价格以增加它的销售量。因此，它就用一种减少产出的激励来保持其较高的价格、收入与利润。而且，由于一些企业会经历不断下降而不是上升的平均成本，因此它们会扩大生产规模，使之超出与完全竞争相适应的较小的生产规模。

传统理论认为，企业产出的扩张会受到成本上升的限制。斯拉法认为产出的扩张会由于垄断定价而受到限制。从总体上看，每个企业在整个市场自己受到保护的那一部分市场中都会享有特殊的优势。如果它提高价格不会损失所有的生意，如果它降价也不会夺走其对手的所有生意。因此，即使在看似竞争性的市场中企业也享有某些垄断因素，它所面对的需求曲线向右下方倾斜。

任何一个买者有着自己独立的特性，有购买商品的独立爱好和选择。比如某个购买者的个性、偏好、对品牌的执着、性能的了解等，都表现出他购买商品的最终偏好，并不完全取决于价格。在购买手机时，有些顾客愿意选择苹果，有些则喜欢购买华为，有些则坚持购买小米，这些都表现出某些商品的独特优势和一定垄断性。

如果生产一种产品的每个企业都处于这样一种状况，这种产品的总的市场就会被进一步细分为一系列不同的市场。任何一个企业想要通过侵入竞争者的市场而将自己的产品扩展出自己的市场之外，它必定会需要巨大的营销费用以便超越包围着它的各种障碍；但是另一方面，在它自己的市场和它自己的壁垒保护下，它拥有一种享有垄断的地位，借此它可以获得各种好处—如果不是在市场范围方面，就是在产品种类方面—与普通垄断者享有的特权是相同的①。

斯拉法认为，在一个稳定的行业中，一个企业可以降低价格从而提高销售量和利润，结果损害了竞争企业。但是，如果一个企业提高价格，也可以在不损害竞争的情况下增加利润。事实上，竞争企业还可以从价格上涨中获益，因为它们因此可以自愿提高自己的价格。所以，对于企业家来说，增加利润的第二种方式比第一种方式更能令人接受，因为如果他们没有引起竞争者报复的话，第二种方式的利润被认为是更加稳定的。

二、张伯伦的垄断竞争

爱德华·哈斯丁·张伯伦（E. H. Chamberlin，1899～1967），美国经济学家，垄断竞争理论的创立者，20世纪西方经济思想发展史上有重大影响的人物之一。张伯伦出生在美国华盛顿，1920年毕业于美国爱荷华大学，而后进入美国密执安大学任讲师，1922年获该大学硕士学位，1924年又获哈佛大学硕士学位，1927年获哈佛大学博士学位。1929年起任哈佛大学副教授，1934年以后一直任哈佛大学教授直至去世。1948～1958年兼任哈佛大学著名的《经济学季刊》主编。此外，还曾被国内外多所大学授予名誉法学博士等学位。

他的博士论文以《垄断竞争理论》为题。1933年他以这篇论文为基础，出版了他最有影响力的著作《垄断竞争理论》。本书和英国经济学家罗宾逊夫人于同年出版的《不完全竞争经济学》共同构成了“垄断竞争论”，成为现代微观经济学的重要组成部分。张伯伦还有一些著作：《对垄断问题论文集的最后评论》（1949）、《广告成本和均衡（一个答复）》（1949）、《产品异质性和公共政策》（1950）、《劳动的垄断力量》（1951）、《完全成本和垄断竞争》（1952）、《走向更一般的价值理论》（1957）等。

张伯伦首先对垄断和竞争做出解释。按照他的说法，只有那种能够控制一种商品销售数量，进而控制价格的唯一卖主才是垄断者，而完全竞争则是指没有一个企业能够控制商品的供给量和价格。这种情况的形成是由于存在大量的买者与卖者，同时出售的商品没有差别，即完全一样或标准化，因而可以相互替换。他认为，完全竞争或完全垄断在经济生活中都是罕见的，大量存在的是垄断和竞争的混合，即垄断竞争。

张伯伦认为，产品差别是造成垄断的决定因素，但现实经济生活中，厂商的产品都具有一定的差别，又存在一定程度的替代品，因此他们既能相互替代又不能完全替代。能相互替代的一面必然产生竞争，而不能替代的一面即差别性则造成垄断。可见，垄断与竞争并不矛盾，必须把它们结合起来，才能解释实际的经济现象。

---

① Piero Sraffa. The Laws of Returns under Competitive Conditions [J]. *Economic Journal*, 1926, 36 (9): 543.

张伯伦认为，产品差别可能是由于产品本身品质上的不同，如技术改进、新式样或原料较好，它可能是由于新包装或装潢，也可能是由于优质服务、经营方法独特或产地差异等。按照这种标准来区分，那么在资本主义市场上几乎不存在没有差别的产品。

张伯伦的垄断竞争价值理论继承了马歇尔的均衡价格理论的基本内容和方法，研究了在垄断竞争的市场条件下，资本主义企业如何决定产品的销售数量和价格问题，也就是均衡产量和均衡价格的形成问题。他使用了平均成本、边际成本、平均收益和边际收益等几个新的概念以及相应的几条曲线来说明其垄断竞争价值理论。

张伯伦用 *MC* 表示边际成本曲线，*AC* 表示平均成本曲线，两线相交。二者的相互关系特点为，每个厂商在扩大规模、增加生产时，它的边际成本曲线和平均成本曲线都是先降后升呈“U”形。两曲线的交点便是平均成本曲线的最低点。此外，他用 *AR* 为平均收益曲线，*MR* 为边际收益曲线。*MR* 位于 *AR* 之下，这是因为平均收益（即销售价）随销售量增加而下降的速度慢于边际收益的下降速度（见图 12－1）。

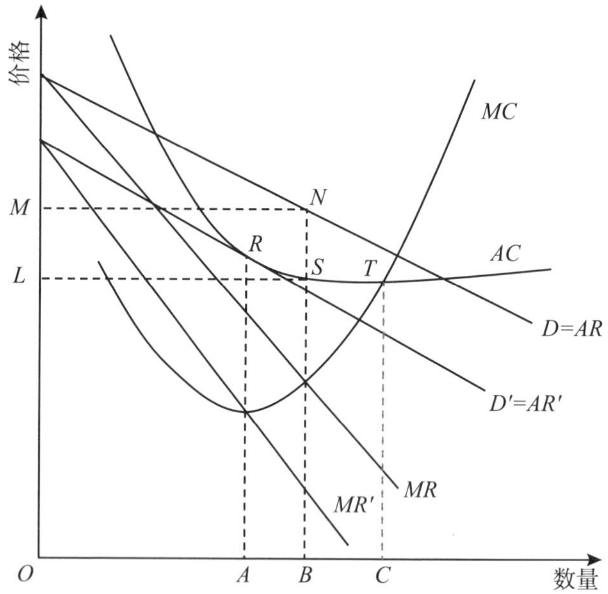

图 12－1　张伯伦的垄断竞争模型

需求曲线是向下倾斜，如果企业提高价格，销量就会下降，如果价格变得非常高，即使那些忠诚于某一特定卖者或者产品品牌的顾客也会接受略有差异的产品。边际收益曲线 *MR* 和边际成本曲线交点决定的产出水平是 *B*，从需求曲线 *D* 可以看到，在这个利润最大化的产出水平上，企业可以将价格定为 *M*，这个价格同时也是 *B* 单位产出的平均收益。我们看到它超过平均成本的部分是 *NS*，因为 *NS* 是每单位产出的利润，因此总利润就是面积 *LMNS*。

如果一个企业拥有长期垄断能力，其他企业进入这个行业受到阻碍，这种情形将表现为图 12－1 所描述的成本与需求的长期均衡。额外的利润就是垄断利润。但是如果其他企业能够自由进入这个行业，它们也会这样做以便分享超出正常利润的那部分利润。随着企业的进入，企业所面对的需求曲线将会下降最终下降到 D'。新的边际收益曲线是 MR'，它显示这个企业在 $MR'=MC$ 时，产出水平是 A，价格定为 R，在这个价格与产量上，平均收益等于平均成本，经济利润是0。

图12－1，给定需求曲线 D 和边际收益曲线 MR，垄断竞争企业将会生产 B 数量的产出，在该点，$MR=MC$ 并且获得经济利润 $LMNS$，这个经济利润会吸引新的进入者加入这个行业，导致企业的需求曲线和边际收益曲线向下移动到 D' 和 MR'。在长期均衡时，企业通过生产数量 A 的产品实现利润最大化，仅获得正常利润（$P=AC$），产量低于竞争时的产量（A 点而不是 C 点），而定价（R）高于边际成本和最低平均成本，结果导致产能过剩和资源配置无效率。

新古典经济学认为，一个完全竞争的市场结构，需求曲线和边际收益曲线是水平的并且重合。从长期看，企业将会生产 C 单位的产出，而每单位产品的价格将是 T，张伯伦认为，垄断竞争条件下价格不可避免地更高而生产规模不可避免地更小。

张伯伦的垄断竞争模型表明，提供差异性产品的企业索要超过边际成本的价格，并且在它们的平均成本高于最低点的产出水平上经营。结果，社会稀缺资源并没有得到有效利用，存在配置无效率。这些企业生产的额外单位产品的社会价值高于正在生产的产品价值。并且，如果这些额外单位的产品被生产出来，产品的平均成本将会下降。

三、罗宾逊的不完全竞争

琼·罗宾逊（Joan Robinson，1903～1983）是经济学领域的女中豪杰，是新剑桥学派最著名的代表人物和实际领袖。1903年10月31日出生在英国的坎伯利。1922年进入剑桥大学攻读经济学。1925年以优等成绩获得学士学位。1927年获剑桥大学硕士学位。1929年在剑桥大学任教，最初是经济学的助理讲师，1937年升任副教授。1965年起任教授，直至1971年。1973年退休并转任名誉教授后，仍著书立说，直到1983年去世。她30岁时就发表经典性著作《不完全竞争经济学》，一生写了约30本书、数百篇论文和数不清的评论。

罗宾逊舍弃了马歇尔理论立足完全竞争的限制性条件，把完全竞争视为不完全竞争中的特殊事例。在此基础之上，她从新的更加普遍的假设出发，分析均衡条件，表明实际局部均衡总是与不完全竞争结合，这是由市场的不完全性产生的必然结果。通过严格规定各种市场条件，她建立起一套研究一般市场状况的专门技术方法，并通过扩大马歇尔的理论框架，提供了一种新的价格和收入决定分析。罗宾逊提出不完全竞争论，也是出于对传统经济学以完全竞争为分析前提的不满。现实生活中存在的是各种不同程度的垄断或不完全竞争，也就是她所说的处于完全竞争和完全垄断之间的“中间地带”，她的《不完全竞争经济学》所研究的就是这种“中间地带”的经济学。

罗宾逊的不完全竞争理论的特点表现在以下几个方面：

第一，广泛使用“边际收入”概念。边际收入是指每一单位产量的增加所引起的收入的增加。此概念在早期及当时的不少经济学著作中已被提及，但未成为独立的概念和术语，故未得到人们的注意。她的《不完全竞争经济学》中边际收入和边际成本决定价格的原则成为被现代西方经济学广泛接受的理论。

第二，引入“价格歧视”这一概念。这个概念也不是她首创，可能是得自马歇尔和庇古，但在她手中却作了明确的理论表述。所谓价格歧视，就是指企业可以对不同的买者规定不同的价格。企业将市场划分为几个小市场，并使各市场在价格歧视下企业总产出的边际成本等于总边际收入，以达到企业利润最大化。价格歧视分析，不仅已成为现代垄断竞争理论的重要内容，甚至已成为判断是否存在垄断的标志之一。

第三，创造了“买方垄断”的概念。这个术语是罗宾逊根据马歇尔的“垄断的买者”概念炮制而成的，在当代已成为西方经济学常用的术语。所谓买方垄断，既可以是个别的人，也可以是生产者或企业。这一概念更多的是应用于劳动力市场，罗宾逊对此也做过很多的分析。

由上可知，罗宾逊是将前人尤其是马歇尔的观点加以精密化而已，但她给不完全竞争下的价格分析提供了一套新的分析方式，从而丰富了经济学“工具箱”中的分析工具，促成以不完全竞争为前提的经济分析蔚然成风①。

（一）产品市场的买方垄断

罗宾逊提出了买方垄断的概念，买方垄断是指市场上存在一个单一买主或者作为单一买者的购买者群体的情况，她分析了产品市场和资源市场上买方垄断的购买力造成的结果。

当一种产品有大量买者的时候，他们的总需求曲线向右下方倾斜，因为它是以边际效应为基础的。一个人得到一种产品数量越多，产品的边际效应越低，他愿意为额外增加一单位支付的数额越少。

如果只有单一买者或者如果所有买者达成一个协议共同行动，我们可以假设市场需求曲线保持不变。我们还可以假设供给曲线也保持不变，因为它表示在每一个价格上所有的卖者共同提供的产品数量。供给价格以生产每一数量产品的成本为基础，这种成本在买方垄断的情况下不会发生改变。

罗宾逊就此归纳出两个主要的经济思想：一是在完全竞争条件下，在任一时间买者将会连续购买产品，直到价格等于边际效应的那一点为止。二是在买方垄断条件下，买者将会调整购买行为，即对他而言的边际成本（不同于生产的边际成本）等于边际效用。

在一个向上倾斜的产品供给曲线的正常条件下，买方垄断者将要购买的数量少于竞

---

① 宿春礼．世界上最伟大的思想书［M］．哈尔滨：黑龙江科学技术出版社，2008：119－122.

争性买者购买的数量，并且将会支付低于竞争性的价格。买方垄断者可以通过调整购买数量来控制产品价格，这与一个垄断卖者可以通过调整产出水平来控制同一价格非常相似。这种情况在现实世界中也是普遍存在着，给予买方垄断者较大的消费者剩余。

罗宾逊指出，在供给曲线具有完全弹性时，即生产的边际成本与平均成本相等，供给价格将会保持不变。在买方垄断情况下购买的数量与完全竞争情况相同。如果一个行业是在供给价格不断下降的状况下运转的，买方垄断者的边际成本将会低于产品的价格，它将会购买多于完全竞争时的产品。

（二）资源市场的买方垄断

罗宾逊以劳动力市场为例分析了资源市场的买方垄断。如图12－2所示，根据马歇尔原来分析，罗宾逊进一步分析说，一个雇主的短期劳动需求曲线就是它的边际收益产品曲线*MRP*。这在买方垄断和竞争性的劳动力市场上都是正确的。边际收益产品是雇主多雇用一个工人所带来的总收益的增加量。这是增加的工人帮助生产的更多产品卖掉之后，企业所得到的额外收益。当在产品的销售中存在完全竞争时，边际收益产品随着雇用工人的增多而不断下降，这仅仅是因为收益递减规律的作用。每一个新增工人对额外产出的贡献比之前增加工人的贡献要少，因此对边际收益的贡献比之前增加工人的贡献要少。

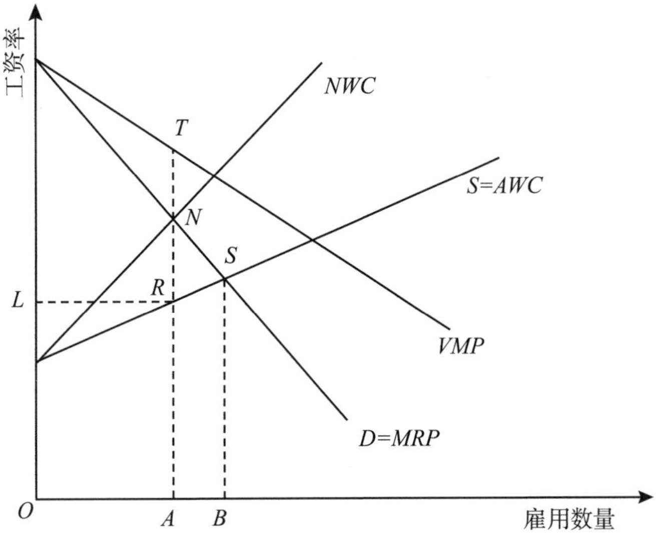

图12－2　罗宾逊的买方垄断理论

一个买方垄断者面临的劳动供给曲线向右上方倾斜。由于买方垄断者是某一特定种类劳动力的唯一雇用者，因此它面对的是市场劳动供给曲线。这条曲线同时也表示平均工资成本*AWC*，因为它表示为了吸引特定数量的工人所必须支付给每个工人的工资率。在买方垄断条件下，边际工资成本与多雇用一个工人相联系的额外成本，高于平均工资成本或者工资率。买方垄断者为了从其他可供选择的行业、家庭活动或闲暇中吸引额外的工人，必须提高工资率，并且必须给全部工人支付更高的工资率。因此，多雇用一个工人的额外成本就高于支付给那个工人的工资率。它还包括支付给那些本来可以用较低工资率吸引过来的工人的额外工资。

买方垄断的雇主面对一条边际工资成本曲线 *NWC*，它位于市场供给曲线 *S* 的上方，为了实现利润最大化，它会限制雇用数量 *A* 点而不是 *B* 点，以便支付低于竞争时的工资（*R* 点而不是 *S* 点）。因为在 *A* 点这个数量时，雇用的最后一个工人带来的边际收益产品正好等于边际工资成本点 *N*。如果 $MRP > NWC$，企业雇用更多的工人就是有利的。如果 $MRP < NWC$，其雇主可以通过减少雇用来增加利润。买方垄断者将支付一个为 *L* 的工资率。从供给曲线可以看到，在这个工资率时，他能够吸引的利润最大化的雇员数量为 *A*。按照罗宾逊的观点，买方垄断剥削为 *NR*，它是边际收益产品 *MRP* 与买方垄断工资之间的差额。当在产品市场上存在垄断或垄断竞争时，边际产品的价值 *VMP* 将会超过 *MRP*，垄断剥削将为 *TN*。

罗宾逊从以上的分析得出以下结论：第一，一个劳动力市场的买方垄断者雇用的工人数量 *A* 少于雇主之间相互竞争时所雇用的工人数量 *B*。买方垄断者减少雇用是为了避免引起必须支付给全部工人的工资上升。第二，在买方垄断条件下，工人受到剥削。罗宾逊引用了作为生产要素的劳动力受到剥削的定义：以低于其边际收益产品的工资被雇用（*R* 而不是 *N*）。如果劳动力市场是完全竞争的，这样每个雇主都能够以市场工资雇用所需的全部劳动力。对每个雇主来说，劳动力的边际工资成本等于工资率。雇主在自我利益的驱使下，将会雇用工人直到边际收益产品等于工人工资率。这种定义的劳动力剥削通常不会发生在一个竞争性的劳动力市场上。事实上，这个思想的来源则应该归功于德国区域经济学家杜能。

（三）罗宾逊的剥削理论

实际上，罗宾逊在探讨不完全竞争时，着重分析了剥削问题。罗宾逊认为，在完全竞争条件下，竞争将使劳动的供给具有完全弹性，从而工资不可能小于劳动对企业的边际纯生产力，因而剥削不存在。但在不完全竞争即垄断竞争条件下，劳动市场的不完全和商品市场的不完全，将使工资小于劳动的边际纯生产力，必然产生剥削。她的基本论断是：产生剥削的根本原因是在于劳动供给或商品需求缺乏完全弹性。

庇古认为，当工人的工资低于劳动的边际产品价值 *VMP* 时就会产生剥削。罗宾逊同意这个观点，她认为剥削可能会超过图 12－2 中的 *NR*。在出售由劳动力制造的产品时，如果存在垄断或不完全竞争，那么企业的边际收益曲线就会位于 *VMP* 曲线之下。在出售产品时如果是完全竞争，企业就能够以市场价格卖掉它全部产品。因此，边际收益产品就等于边际产品价值，后者由边际产品乘以产品价格来计算。但是，当这个企业拥有垄断力量并因此而面对一条向下倾斜的产品需求曲线时，如果企业想要增加销售量，就必须降低其产品价格。因为较低的价格适用于这个企业的全部产出，所以它的边际收益将小于价格。换言之，垄断者销售额外一单位的产出并不会把产品价格的全部数量都增加到垄断者的边际收益中去。结果，一个企业雇用额外一个工人并卖出更多产品所得到的边际收益将会小于额外产出（边际产品）乘以这些单位的价格，企业将不得不以较低的价格销售全部产品，即使本来能够以较高的价格销售产品，如果不雇用额外工人的话。根据图12-2，*TR*衡量对劳动力的总剥削程度；*NR*衡量由于买方垄断所导致的剥削；*TN*表示在产品销售过程中由垄断或垄断竞争导致的剥削。

罗宾逊认为可以消除买方垄断条件下的劳动剥削。就是行业协会设置这一行业的最低工资标准。这样这个行业的劳动供给就会变成完全有弹性的，劳动的边际工资成本就会与平均工资成本相等。如图12-2所示，如果工资率*S*是强制的，买方垄断者在增加雇用工人时就不再抬高劳动价格。新的供给曲线将会是一条从纵轴出发经过点*S*的水平直线。雇用工人的数量将从*A*增加到*B*，工资将会等于边际收益产品，由买方垄断导致的剥削将会消失。

为消除剥削，必须使销售价格等于边际成本和平均成本。罗宾逊认为，为了消除不完全垄断市场条件下的剥削，市场必须变成完全竞争结构：

> 因此消除市场的缺陷必定会降低产品的价格。它也有可能改变以前这个行业所雇佣的大量工人的边际自然生产力，因为这些工人现在被组织在一个最优企业中而不是次优企业中。在以前的位置上，他们所得到的少于当时的边际物质产品的价值，而在新的位置上，他们将得到他们边际物质产品的价值，但这并不意味着他们在新的位置上比在以前的位置上更好，因为边际物质产品的价值可能会减少，边际物质产品减少，而且产品的价格必然下降①。

在现实经济世界中，由于劳动力流动极为频繁，流动成本较低，因此劳动力买方垄断市场并不是很多。也有一些存在，比如公办教师、护士等。罗宾逊对剥削极度不满，对工人充满同情，她认为最穷而同时又最易受剥削的生产要素是没有组织的非熟练工人，她还认为，随着垄断资本主义的发展，剥削程度会进一步加深。她的剥削理论有一定科学成分，但她并没有认识到剥削的实质。她试图用生产要素都存在剥削的命题，掩盖剩余价值的真正来源，否认垄断资产阶级与工人阶级的根本对立。罗宾逊从流通领域，用市场的供求状况解释产生剥削的原因，把剥削产生的根本原因归之为劳动供给或商品需求缺乏完全弹性，并用所谓需求弹性来衡量剥削程度，她还认为剥削在一定条件下对工人有利，消除剥削反而对工人不利，这是十分错误的。马克思认为，剥削产生的根本原因是劳动者与生产资料相分离，资本家无偿占有工人的剩余劳动。资本主义生产关系的本质就是资本家对雇佣工人的剥削关系。因此，罗宾逊的剥削理论存在很大缺陷。

罗宾逊的买方垄断理论和剥削理论有较大影响力，尤其是它的政策意义。在20世

---

① Joan Robinson. *The Economics of Imperfect Competition* [M]. London: Macmillan, 1933: 284-285.

纪30年代，美国政府曾经根据她的研究成果制定实施了三项法案：《国家劳动关系法案》（又称《瓦格纳法案》）、《罗宾逊－帕特曼法案》《公平劳动标准法案》，这三个法案的出台，保护了工人的基本权益，制定了最低工资标准，体现了罗宾逊在经济学说上的影响力。

第二节　均衡理论的发展

一、埃奇沃思经济思想

（一）生平与著作

弗朗西斯·伊西德罗·埃奇沃思（Francis Ysidro Edgeworth，1845～1926）出生在爱尔兰，是英国著名的经济学家、统计学家和伦理学家。他的父亲弗朗西斯·博福特·埃奇沃思在哲学与文学方面均有深厚的造诣。他的祖父理查德·洛弗尔·埃奇沃思是一个以古怪而闻名的作家、发明家。埃奇沃思是小说家玛丽亚·埃奇沃思的外甥，又是诗人托马斯·洛弗尔·贝多斯的大侄子，与众不同的出身在某一方面解释了埃奇沃思在经济学、统计学等其他领域的杰出贡献。埃奇沃思两岁时父亲去世，因此他儿时没能进学校读书，在他上大学之前一直是在家庭教师指导下读书学习。少年时受家庭老师的影响，对数学和古典文学很有兴趣。直到17岁时前往都柏林三一学院求学。1877年他成为一名法庭辩护律师，并在伦敦生活了一段日子。1880年他成为伦敦大学国王学院的逻辑学讲师，1888年后成为牛津大学图克讲座政治经济学教授。1891年，他接替索罗尔德·罗杰斯成为牛津大学德拉蒙德讲座政治经济学教授，并被选为万灵学院的研究员，后来他就一直生活在那里。1922年，他从牛津的教授职位上退休时是埃默里特斯讲座的教授。他在1889年和1922年两次被选为英国科学促进协会经济组组长。他是皇家统计学会的前会长，皇家经济学会的副会长以及英国科学院研究员。他是《经济学杂志》的第一位编辑，是它的设计者和奠基者。1926年2月13日辞世，享年81岁，终身未婚。

埃奇沃思对统计科学的主要贡献，是他最早运用数学，特别是概率论来研究社会经济问题。正因为这样，所以在统计史上称他为描述学派或旧数理学派中经济学派的创始人。1881年，他的名著《数学心理学，试论数学对道德诸科学的应用》一书出版，时值他36岁。该书在现代经济学中仍占有十分重要的地位。

埃奇沃思是他那个时代英国两个最伟大的经济学家之一，其声望仅次于剑桥大学的马歇尔。埃奇沃思可以称得上是经济学领域的工具发明家。尤其是无差异曲线、契约曲线都是他杰出的创建。埃奇沃斯的论著很多，其中主要有：《伦理学的新旧方法》

(1877 年)、《数学心理学》(1881 年)、《机遇的哲学》(1884 年)、《统计方法》(1885 年)、《社会现象中的非对称相关》(1890 年)、《论统计描述应用数学公式》(1900 年)、《误差规则》(1904 年)、《概率论在社会统计中的应用》(1913 年)。

埃奇沃思继承了瓦尔拉斯的一般均衡理论，并把数学运用于这一理论的研究，对古典经济理论做出了许多重要的发展。他最早提出“一般效用函数”概念，认为一个商品的效用不仅依赖于所消费的该商品数量，而且依赖于个人消费的所有其他商品的数量，从而把替代性和互补性问题引进效用理论中。同时他第一次提出“无差异曲线”的概念，他用无差异曲线来解释边际效用、边际效用递减规律和实现消费者效用最大化的消费者均衡，这样就克服了效用如何计量的困难问题。埃奇沃思在经济学方面的另一重要贡献，是他第一个提出“契约曲线”的概念，并将其引入经济分析，用以分析市场上的交易与生产达到境界的条件。契约曲线对帕累托提出的福利最大化的最优境界条件作了理论分析，对福利经济学的发展有着相当大的影响。

(二) 无差异曲线

埃奇沃思也是边沁功利主义者的坚定支持者，他主要是围绕快乐和痛苦的测量问题进行经济学分析。他认为，分析这些经济行为的最有效工具就是微积分。埃奇沃思强调用数学方法对经济生活进行功利主义伦理学的应用分析，影响了当时和以后的经济学家，甚至对马歇尔也产生过较大影响。

在《数学心理学》中，艾奇沃思提出了无差异曲线的概念。他说，无差异曲线表示能够给一个人带来同等效用水平的两种商品的各种组合。他用一个鲁滨逊和仆人星期五的交换来说明这个问题。鲁滨逊拥有 X_1 货币，而星期五拥有 X_2 劳动，两者可以进行交换，鲁滨逊希望得到星期五的部分劳动，而星期五则希望获得鲁滨逊的部分货币（见图 12－3）。

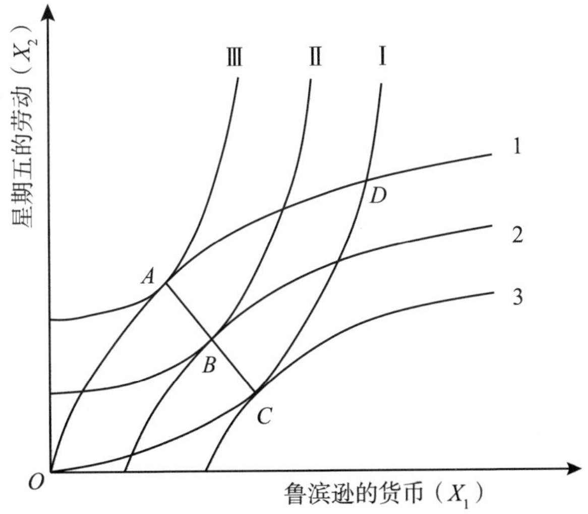

图 12－3 埃奇沃思的契约曲线

图12－3中，横坐标表示的是鲁滨逊的货币数量，纵坐标表示的是星期五的劳动数量。曲线1、2、3是星期五的无差异曲线，每一条曲线都有同等效用水平，但不同的无差异曲线，效用水平不一样，无差异曲线3效用水平高于无差异曲线2和无差异曲线1的水平。同理，曲线Ⅰ、Ⅱ、Ⅲ是鲁滨逊的无差异曲线，每一条曲线都有同等效用水平，但不同的无差异曲线，效用水平不一样，无差异曲线Ⅲ效用水平高于Ⅱ和Ⅰ的水平。这里我们看到，埃奇沃思的无差异曲线和现代经济学的无差异曲线还是有一些差异。这里我们画出了鲁滨逊和星期五的各自三条无差异曲线，实际上两者的无差异曲线有无数条，都有各自的无差异曲线集。

埃奇沃思将鲁滨逊的无差异曲线集（Ⅰ、Ⅱ、Ⅲ）置于星期五的无差异曲线集（1、2、3）之上，并且它们都有切点，这些切点轨迹的连线形成了契约曲线，两人之间的最终交换条件必然位于契约曲线的某一点。埃奇沃思认为，用鲁滨逊的货币来表示星期五劳动的价格是不确定的，它取决于讨价还价，但它将位于直线*ABC*上的某一点。在直线*ABC*之外的所有的点，星期五或鲁滨逊都可以增加效应，而不会减少另一方所获得的效用。例如，点*D*位于鲁滨逊无差异曲线Ⅰ和星期五无差异曲线1上，就是这种情况。鲁滨逊可以达到无差异曲线Ⅲ上的*A*点，而不是无差异曲线Ⅰ上，而星期五仍然处于无差异曲线1上。可以说，*A*点效用高于*D*点，同理，*C*点效用也高于*D*点。两个交易者的自身利益将会把他们推到契约曲线上。事实上，鲁滨逊更喜欢*A*点，因为*A*点比*B*点和*C*点能给他带来更多的效用。同样道理，星期五更喜欢*C*点。因此，埃奇沃思得出结论：两个交易者的最终契约是不确定的，契约曲线上任意一点都可能是均衡点，最终的结果将通过讨价还价产生。

埃奇沃思指出，在完全竞争条件下，则会有不同的结果，所有的交易参与者都必须接受由市场决定的产品价格与劳动价格。但是在双边垄断情形中，交易的两边都只有一个卖者的情形，价格是不确定的。后来帕累托发展了埃奇沃思无差异曲线理论，认为无差异曲线是凸向原点的曲线，远离原点的无差异曲线效用更高。

（三）双寡头垄断思想

法国经济学家、数学家古诺最初研究了双寡头垄断模型。他认为，双寡头矿泉水销售商最终会索要相同价格并获得总销售量的一半。双方的最大利润或反应曲线会产生一个确定的均衡价格。埃奇沃思主要从两个方面改变了古诺的假设。首先，他假设每一个矿泉水的卖者满足消费者需求的能力都是有限的，如果价格为零，需求数量大于任何一个卖者单独所能生产的数量。其次，艾奇沃思假设在短期中两个卖者可以对矿泉水索要不同的价格（见图12－4）。

图12－4中横轴表示垄断者1和垄断者2的产出水平，左侧是垄断者1的产出水平，右侧是垄断者2的产出水平。纵轴表示矿泉水的单位价格。曲线D_1、D_2分别是垄断者1、2面临的需求曲线。在长期这两个企业将会平分市场份额。边际收益曲线表示为MR_1和

MR_2，假设边际成本为0，即它们与横轴相一致。埃奇沃思认为，每一个卖者都企图改变自己的价格产量，而假设另一方的价格产量保持现有水平不变，来寻求利润最大化。

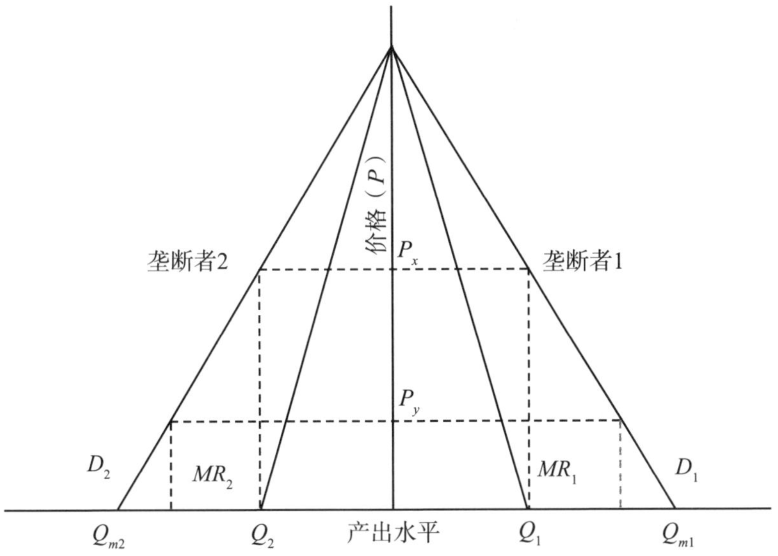

图12－4　埃奇沃思的双寡头垄断模型

假设在初始时垄断者1作为完全垄断者进入市场，将其价格设定为P_x。从边际收益曲线MR_1和横轴的交点，在这个价格与产出Q_1的组合上利润最大化，边际收益等于边际成本（0＝0）。现在假设垄断者2进入市场，他将采取与垄断者1相同的价格，得到相同的销售量Q_2。但是他看到垄断者1定价为P_x，并且假设他会保持这一价格，垄断者2就有动机索要一个略低于P_x价格。从而可以从垄断者1那里夺走部分生意。垄断者2看到他额外一个单位产出的边际收益不是MR_2而是等于他的要价。这个价格显然高于这些单位产出的零边际成本。但是，一旦这个较低的价格被确定下来，垄断者1相信垄断者2将会保持这个价格。他发现通过把价格降低到垄断者2设定的价格之下能够增加他的利润。为了获得额外的销售量和利润优势，降价行为将会继续下去，直到两个垄断者都在他们最大的产出水平，Q_{m1}和Q_{m2}上进行生产。因此，他们没有动机进一步降低他们的价格。在这些产出水平上，价格为P_y，并且每个企业仍然能够获得利润。对于每一个卖者来说，价格都超过了边际成本，并且每个卖者的总收益（$P \times Q$）都超过了他的总成本（0）。

垄断者1会假设垄断者2将保持P_y和Q_{m2}的价格产出组合。垄断者1因此看到了一种提高其利润的方式：将产出减少到Q_{m1}以下，并且对垄断者2不能提供产品的顾客索要相应的高价。垄断者1按照它自己的利益，在剩余的那部分市场份额中以一个完全垄断者的方式行动。单位产出价格的上升抵消因销售量减少造成的收益损失还有余，但是垄断者2将会注意到垄断者1的高价并且效仿他，很乐意放弃一部分销售量以获取更大的总利润，这个价格将持续直至价格P_x，在那一点上，其中一方将会重新开始一场价格战。埃奇沃思认为，在两个垄断者没有采取共谋的条件下，均衡价格与均衡产出不存在。在图 12 - 4 中，P_x 与 P_y 之间的任意价格都是可能的，并且价格会上下浮动。

（四）边际产品和平均产品

埃奇沃思一个重要思想是他对边际产量与平均产量的区分。李嘉图在地租理论中暗含了生产函数的概念：各种投入的数量与它们相应的产出之间的关系。李嘉图假设土地的数量是固定的，随着资本和劳动投入的增加，可以观察到收益的递减。德国农业区位论创始人、经济学家杜能也曾谈到与农业相关的劳动的边际生产力，但生产函数的清晰表述一直等到瓦尔拉斯和埃奇沃思才完成。埃奇沃思清晰地区分了以可变投入比例为特征的生产函数的平均产量与边际产量。

埃奇沃思假设土地是固定资源而劳动与工具是可变资源，他将劳动/工具的投入水平和相应的总的农作物的产量水平联系起来，他通过计算推导出边际产量：由于额外增加的每单位劳动/工具投入而引起的总产量变化。他用总产量除以劳动/工具投入得出了平均产量。当总产量以递增速度上升时，边际产量也上升并且大于平均产量，并且平均产量也上升。某一时刻，总产量以递减速度上升，边际产量开始下降，最终边际产量下降到平均产量，从而引起平均产量也下降。这一理论是现代微观经济学基础，可以解释企业生产规律。

二、希克斯经济理论

约翰·希克斯（John R. Hicks，1904 ~ 1989），英国著名经济学家，1972 年诺贝尔经济学奖获奖者，一般均衡理论模式的主要创建者。希克斯于 1904 年出生在英国的瓦尔维克郡。早年在牛津大学求学，主修哲学、政治和经济学。1926 年牛津大学硕士毕业后，希克斯前往伦敦经济学院担任讲师。1932 年他获得伦敦大学博士学位。当凯恩斯的《就业、利息和货币通论》在 1936 年出版后，希克斯应约分别在 1936 年和 1937 年为其写了两篇颇具影响的书评，一篇名为《凯恩斯先生的就业理论》，另一篇名为《凯恩斯先生与古典学派》。这两篇书评奠定了希克斯的学术地位。

1938 年希克斯至剑桥大学担任研究员，1938 ~ 1945 年在曼彻斯特大学任教。1946 ~ 1952 年作为创始人之一，在牛津大学纳菲尔德学院担任研究员。1952 ~ 1965 年，在牛津大学万灵学院任德拉蒙德政治经济学首席教授。1961 ~ 1962 年，希克斯出任英国皇家经济学会会长。1964 年他因其学术贡献而被授予勋爵称号。1965 年退休后，担任万灵学院荣誉退休教授。

希克斯的经济学贡献主要集中在一般均衡理论、福利经济学和经济周期方面。他的主要著作包括：《工资理论》（1932）、《价值与资本：经济理论的若干基本原则之探究》（1939）、《福利经济学基础》（1939）、《贸易周期理论》（1950）、《需求理论之修正》

（1956）、《资本与增长》（1965）、《经济史理论》（1969）、《资本与时间：新奥地利学派理论》（1973）、《凯恩斯主义经济学的危机》（1974）、《货币的市场理论》（1989）、《经济学的状况》（1991）等。

萨缪尔森将希克斯和共同获诺奖的肯尼斯·阿罗称为“经济学家的经济学家，既不为大众出版社也不为政府办公室写作”[①]。希克斯有很多贡献，不断改进马歇尔的经济学说，详细说明了劳动和资本需求弹性的决定因素；对马歇尔的消费者剩余的概念进行提炼；对瓦尔拉斯的一般均衡分析进行了改进；帮助设计了在宏观经济学中的 *IS－LM* 模型；并就经济增长与经济发展提出了自己的理论。

（1）无差异曲线分析。埃奇沃思和帕累托都先后分析过无差异曲线，但理论影响并不大。1939年希克斯名著《价值与资本》出版，序数效用论和无差异曲线方法才在西方经济学界产生巨大影响，成为微观经济学需求理论中最重要分析工具。希克斯的无差异曲线方法避免了边际效用可以进行基数度量这一假设。所需的一切只是消费者能够对偏好进行序数排列。

如图12－5所示，假设消费者可以消费苹果和香蕉，那么希克斯认为，消费苹果、香蕉的组合 *A* 点和消费苹果、香蕉的组合 *B* 点具有相等的消费效用，二者消费效用无差异。因此，不需要对效用进行度量，从理论上消费者就能够决定产生相同的这种满足程度的各种香蕉和苹果的组合。所有的这种组合就构成了一条无差异曲线或等效用曲线。每一条无差异曲线连接的是对这个消费者来说具有同等满足程度的所有的点。无差异曲线通常是凸向原点的，因为在正常情况下，各种产品都是其他产品的部分替代品。*A* 点是消费较多的苹果，而消费较少的香蕉，因为香蕉更为稀缺。*B* 点则是消费较少的苹果，而消费较多的香蕉，因为苹果更为稀缺。图12－5中画了三条无差异无线，分别是无差异曲线Ⅰ、Ⅱ、Ⅲ。实际上无差异曲线有多条，根据两种货物的不同组合给消费者带来不同的满足，就可以画出无数条无差异曲线，距离原点越远的无差曲线代表的效用组合水平越高[②]。因此，无差异曲线Ⅲ组合水平高于Ⅱ和Ⅰ的效用组合。

图12－5中，无差异曲线的效率表示香蕉（x）对苹果（y）的边际替代率，一般表示为 MRS_{xy}，希克斯认为无差异曲线的斜率就是边际替代率，可以表示为 dy/dx。当沿着无差异曲线向下移动，其斜率的绝对值将会下降，即无差曲线是凸向原点的。随着香蕉数量的增多，斜率越来越小。这是因为，随着香蕉的数量越来越多，每单位带给消费者的满足程度就越小，因而只需要更少数量的苹果来补偿，希克斯将这种想象称为边际替代率递减规律。[③]

---

① Paul Samuelson. *Pioneers of Economics Thought*; *Past Winner Says Their Theory Will Shape Legislation* [J]. The New York Times, 1972 (10): 71.

② 希克斯．价值与资本［M］．北京：商务印书馆，1972：12.

③ 希克斯．价值与资本［M］．北京：商务印书馆，1972：17.

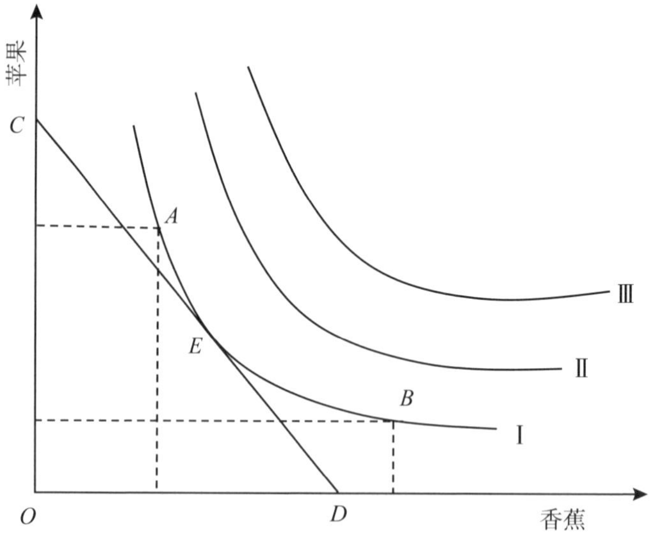

图 12－5　希克斯的无差异曲线

图 12－5 中，*CD* 是预算线，就是在一定收入水平条件下，消费者消费苹果最大数量是 *C*，如果只消费香蕉可以消费数量 *D*，则 *CD* 就是消费的预算线。消费者预算线和无差异曲线Ⅰ的切点组合是最高的总效用水平。在这个组合点上，香蕉和苹果的相对价格恰好等于边际替代率。

希克斯认为，利用无差曲线工具，比较各种商品的效用的大小，就可以按照消费者的“偏好尺度”来确定，从而可避免直接计算商品效用的错误做法。“偏好尺度”指的是当一个消费者对各种不同的商品组合进行选择时，他最偏好及最想要的一种组合对他来说效用最大。顺着偏好的次序，他最后想要的一种组合表明效用最小。这样通过消费者偏好次序的先后就可以比较出各种组合效用的大小。同样地，由于边际效用是一个需要具体计量的东西，希克斯便用边际替代率取代边际效用来进行理论的分析。

（2）收入—消费曲线和价格—消费曲线。当消费者收入增加时，消费者可以购买更多的商品组合消费。消费者预算线与无差异曲线的切点是最高消费效用，但消费者收入增加后，预算线会向右上方移动，同时无差异曲线也会远离原点，有更高效用的无差异曲线，有新的切点或者说均衡点。这样可以把各种不同收入情况下产生的均衡点或切点连接起来，形成一条曲线。这条曲线可以用来说明在商品价格不变时，消费者的收入变化是怎样影响其消费的。因此，希克斯称它为收入—消费曲线。

希克斯也分析了商品价格变动对消费的影响。他在分析中假定，消费者收入和 *Y* 商品的价格都固定不变，变动的只是 *X* 商品价格。*X* 价格变动后，消费数量就会变化，预算线的斜度会改变。将不同相对价格之下的消费组合，用线连起来，那就是价格—消费曲线。价格—消费曲线是在消费者的偏好、收入以及其他商品价格不变的条件下，与某一种商品的不同价格水平相联系的消费者效用最大化的均衡点的轨迹。物品价格变动所对应的两种商品最佳购买组合点组成的轨迹。也就是当某一种物品的价格改变时的消费组合。这里要补充一点，就是只有价格在变，其他东西是不变的，如收入。这个价格—消费曲线表明了某种商品价格发生变动时消费跟着变动的状况。显然，从这条价格—消费曲线可以推导出马歇尔需求理论中的需求曲线。因为马歇尔的需求曲线就是在假定消费者收入不变、其他商品价格不变的前提下，分析某种商品的需求量（消费量）如何随这种商品价格的变化而变化。不同的只是希克斯运用无差异曲线的分析工具来证明马歇尔所概括的所谓需求规律。

（3）收入效应与替代效应。希克斯指出，伴随价格变化而发生的数量的变化是两种效应的结果。第一，存在一种替代效应或者相对价格效应，即当香蕉的价格下降时，消费者将支出从苹果上转到现在价格相对较低的香蕉上。香蕉数量的上升是因为替代。替代效应是指使效用保持不变，需求量总变化中仅仅属于由价格变化而引起的那一部分变化。第二，存在收入效应，即价格变化导致实际收入的变化，由此引起的需求量的变化部分。当香蕉的价格下降时，消费者的实际收入提高了。他现在从他不变的货币收入获得了比以前更大的购买力，并且用增加的这部分实际收入来购买更多的香蕉。

希克斯指出了如何将需求量总变化分解为两个部分，由替代效应引起的部分和由收入效应引起的部分。除了其他情况，区分收入效应与替代效应，在比较正常商品、劣等商品和吉芬商品时是很有用的。罗伯特·吉芬（Robert Giffen）早些时候就采用数据指出，低收入的消费者对于某些产品具有向上倾斜的需求曲线，这就是著名的“吉芬悖论”。希克斯的无差异曲线分析工具帮助解决了这个悖论。对于正常商品而言，替代效应与收入效应作用的方向是相同的。当价格下降（上升）时，需求量上升（下降），但对于某些被称为劣等商品的特殊商品而言，单独来看，当产品价格下降（上升）时购买量会减少（增加）。吉芬商品是这样一种商品，它特殊的收入效应如此巨大以至于超过了正常的替代效应，引起这种产品的购买量与价格同方向变化。例如，在一个贫穷的国家，面包价格的下降使低收入的消费者利用他们增加了实际收入来购买更少的面包。面包可能是他们以前所能支付的全部商品，而去购买更多的其他商品，比如肉类和牛奶。

希克斯对福利经济学也有新的贡献。经济学家帕累托认为，社会福利最大化的时候，任何微小的改变都不可能使所有人偏好的全部增加或减少。但是，如果有人福利增加，也有人福利减少，就比较难判断社会福利是否也达到最大化。对此观点，希克斯认为，如果经济政策的改变使一些人受益，另一些人受损，但可以通过税收或价格政策，使受益者补偿受损者而有福利剩余。那么，社会福利就增进了，这种政策的改变就是适当的。

在宏观经济学微观化的理论研究中，约翰·希克斯是这一领域的先驱。特别是他在 1939 年出版的专著《价值与资本》，开创了宏观经济学微观化研究的先河。在他的著作中，他提出了无差异曲线的新方法和替代效应的概念，使一般均衡论获得了重要的发展。可以说，希克斯是微观经济学走向成熟的划时代人物。对于宏观经济学微观化，至此才有一个较好的基础和较高的起点。

《经济史理论》是希克斯1969年撰写的一部专著，他清楚地知道历史认识的这一局限性，经济史的一个主要功能是作为经济学家与政治学家、法学家、社会学家和历史学家关于世界大事、思想和技术等历史可以互相对话的一个论坛。在他的经济史学范式中，以“经济人”为经济假设前提，采用经济学的某些范畴和体系，更多是经济理论模型，特别是动态的分析思想，并用“统计一致性”规范运用理论的史料范围，以商业专门化为线索，试图呈现关于商品经济和市场发展的动态化市场的历史模型。希克斯认为“统计一致性”能使“理论”和“经济史”的结合成为可能。

第三节 新古典学派的货币经济学

马歇尔创立了新古典经济学，许多经济学家不断完善和修正。货币数量论早已出现，但并没有作为一个独立派别存在。古典学派、马克思经济学及边际主义者都曾经探讨过货币理论，但他们都认为货币和价格只是经济要素的组成部分。而银行业、信用及经济波动的增长，以及中央银行、货币政策的重要性不断增强，货币理论在经济学中的重要性也体现出来。

新古典学派中的货币经济学家明显不同于非货币主义者，因为货币主义经济学家进行总量的分析，如总需求、货币总供给、总储蓄和总投资。非货币主义经济学家主要关注单个人或单个企业的实际收入、消费、储蓄和投资。货币主义分支关注整个经济发展，强调实际因素的同时也强调货币因素。新古典学派的货币经济学家代表主要有维克塞尔和费雪，也许他们在强调货币重要性的同时，也夸大了货币作用。但不可否认的是，他们对于货币的研究确实为后来的货币学派指明了方向。

一、维克塞尔的货币理论

约翰·古斯塔夫·克努特·维克塞尔（John Gustav Knut Wicksell，1851~1926）是瑞典学派的主要创始人。维克塞尔生于瑞典斯德哥尔摩中产阶级家庭，早年在乌普萨拉大学学习数学，后改攻经济学。在学校极为活跃，曾是大学学生会主席，参加学校各种辩论和活动，思考一系列社会问题。1872年毕业于乌普萨拉大学，其后一度辍学，1885年获得数学硕士学位。1887年从事经济学研究，其后5年在英、法、德、奥地利和瑞士等国留学，研读著名经济学家的主要著作，其中庞巴维克和瓦尔拉斯的著作对其影响最大。1895年获经济学博士学位，1899年担任乌普萨拉大学助理教授，1900年担任隆德大学副教授，1903~1917年担任隆德大学教授。1917年任斯德哥尔摩经济学家俱乐部主席，退休后继续从事经济学研究工作，1926年5月3日去世。主要著作有：《价值、资本和地租》（1893年）、《利息和价格》（1898年）、《国民经济学讲义》（两卷，1901 年、1906 年）。

维克塞尔在经济思想史中占有特殊地位。一方面，他发展了庞巴维克的资本利息论和瓦尔拉斯的一般均衡理论，是传统经济学的维护者；另一方面，他首创了累积过程学说，是现代宏观经济学的开创者。熊彼特曾把他称为“斯堪的纳维亚的马歇尔”。

任何一种新学说的产生都有其历史背景，维克塞尔累积过程学说的产生也不例外。在 19 世纪，资本主义世界的价格水平经常发生大幅度的变动。在这一段时期里，价格水平猛烈上涨；在另一个阶段中又急剧下降。价格水平的大起大落，给资本主义经济带来很大的危害。维克塞尔指出，价格水平上涨过快对那些固定收入者和劳动者不利，因为他们实际生活水平下降了，造成收入分配不均的加剧。同时，价格水平上涨过猛会引起信用混乱和危机。另一方面，价格水平持续下跌带来的危害也很大，它必然导致企业生产缩减，失业增加，工人生活状况恶化。因此，维克塞尔主张把稳定物价作为主要经济目标。然而，要使价格水平保持稳定，就必须要弄清楚价格水平变动的原因。这就是维克塞尔创立自己累积过程学说的主要时代背景。

（一）自然利率与货币利率

传统货币数量论的特征是以货币变动与经济变动无关的假定为前提的货币中性论。这种理论把价值理论和货币理论当作彼此分离的两个部分。价值理论考察各种商品的价格以及价格如何由他们的边际效用和生产成本决定，而非货币因素决定。货币理论则是一种探讨一般物价水平变化的理论。一般物价水平由货币数量决定，而与商品价值或价格的形成和变化没有任何关系。按照这种分析方法，货币只是一种流通手段和交换媒介，货币与商品交换实质上是商品与商品交换，货币交易只是覆盖在实际经济活动上面的一层面纱，因此这种理论也称之为“货币面纱论”。由于这种理论只用货币数量论来说明，一般物价水平、货币数量的增减，只不过是一切商品价格同比例上升或下跌，而各种商品之间的相对价格则不变，因此不涉及社会经济结构和物价结构，货币对实际经济处于中立或中性地位，这种理论又称为“货币中性说”。维克塞尔认为在实际经济情况中，一切交换、投资或资本转移事实上都是通过货币实现的。货币的正当使用或滥用会积极影响实物资本能否积累和生产能否增加。他认为，经济分析中必须考虑货币因素①。

维克塞尔反对货币中性说，他区分了货币利率与自然利率并加以解释与说明。货币利率是指银行借贷活动中用货币支付的利息率；而自然利率是指假定一切借贷都不使用货币而以实物资本形态进行，由这种资本的供给和需求关系所决定的利息率，它实际上是指投资的“预期利润率”。他写道：

贷款中有某种利率，它对商品价格的影响是中立的，既不会使之上涨，也

① ［瑞典］维克塞尔. 国民经济学讲义［M］. 刘絜敖，译. 上海：上海译文出版社，1983：214 – 215.

> 不会使之下跌。这与不使用货币、一切借贷以实物资本形态进行的情况下的供求关系所决定的利率，必然相同。我们称之为资本自然利率（natural rate of interest on capital）的现实价值，其含义也是一样的①。

自然利息率不是一个固定不变的量。由于生产力的变化、固定资本和流动资本现有数量变化，以及土地供给量的变化等，自然利息率在大多数情况下是连续性的、渐进的、不断发生变动的。尽管货币利息率也是变动的，但它与自然利息率的变动不同，它的变动要受到大金融机构的支配。所以，货币利息率的变动是非连续性的，是突发式的升降。当市场上货币利率与自然利率相等时，企业家能取得正常利润，因此既不会增加资本需求以扩大生产，也不会减少资本需求以缩小生产，资本供给（储蓄）和资本需求（投资）就处于均衡状态，从而物价也就稳定，这时货币是中性的。但货币利率与自然利率不一致时，货币将通过利率的作用，对生产和价格发生影响。维克赛尔提出，货币利率和自然利率不一致，或者是由于货币利息率变动而自然利息率不变，或者是由于自然利息率变动而货币利息率不变造成的，较多的是后一种情况。

（二）经济变动的累积过程

自然利率仅适用于个人之间的信用。但是，银行使事情变得复杂。因为与私人不同，在银行贷出资金时不受自有资金的限制，甚至不受储蓄者放在银行、任银行处置的存款的限制。因为银行创造信用，即使在利率非常低的情况下，他们仍然能够扩大贷款规模。另外，他们不必将储蓄者存放的、任由银行处置的资金全部贷出。因此，银行利率可能低于或者高于自然利率。当这两种情形中的任意一种发生时，价格水平最终会发生变化。

假定货币利率低于自然利率，于是企业家可以获得超额利润，在这种情形下，原有的企业家将被引诱扩大生产、增加投资，原来不是企业家的人也会被引诱创办企业，购买资本品，雇佣劳动、租用土地。结果生产要素需求将增加，生产要素价格和收入将上升。收入的增加将引起消费品需求的增加，这样消费品价格将会上涨。此外，由于社会资源被假定充分就业，所以以前为生产消费品所用的一部分生产要素，现在已被引诱到生产资本品，于是消费品生产将缩减，从而消费品价格就会上涨得更高。最后，货币利率低下抑制了储蓄，刺激了消费，结果消费品价格又增加了一个上涨的因素②。综上我们看到，在消费品市场上，来自两个方面的需求上升的压力面对着供给缩减的倾向，消费品价格必然上涨。当这种上涨过程蔓延到所有或绝大多数消费品时，整个经济的一般物价水平上涨就成为不可避免。

那么，价格上升的变动趋势如何呢？这要分两种情况来讨论。第一，如果这时货币利率提高到等于自然利率，超额利润就没有了，这就意味着扩张生产的动机和欲望消失

---

① ［瑞典］维克塞尔．利息与价格［M］．蔡受百，等译．北京：商务印书馆，1982：83.

② 郭熙保．维克塞尔累积过程学说及其发展［J］．财经科学，1988（3）：32－37.

了，企业家不再增加投资、扩大生产。于是投资将下降到等于储蓄的水平，价格水平将不再上升。但是，这时的价格不再回到原有的基础上，而是保持在较高的水平上。第二，如果这时货币利率仍保持在低于自然利率的水平上，那么，货币利率一次性的下降不只使价格水平上涨一次，而会使价格水平不断地、累积性地上涨。因为，企业家的获利动机将驱使他们不断地扩张生产、增加投资，从而生产要素以及消费品需求将经常保持在旺盛的水平上。而与此同时，消费品的生产和供给将日益缩减，从而总需求与总供给的缺口越来越大，结果价格水平将涨了又涨。不仅如此，乐观的预期对价格的上涨也起着推波助澜的作用。这样，企业家扩张生产的欲望将更加强烈，总需求与总供给的缺口将更大，价格水平将以更快速度上升。

相反，如果银行利率高于自然利率，价格将会下降。因为储蓄将增加，而投资支出将会减少。投资支出的减少会降低国民收入，国民收入降低将会引起消费品价格的下跌。随着资本品和消费品价格的下跌，总体价格水平将会明显下降，通货紧缩将要发生。预期价格会进一步下降，买者将会进一步减少他们的当期支出，由此加剧了通货紧缩。

（三）维克塞尔的政策主张

维克塞尔对利率的分析和他对改革的偏爱，致使他看中政府和中央银行对促进经济发挥稳定的作用。在他的名著《利息与价格》中，他成为提倡用控制贴现率和利息率来稳定总体价格水平的首位经济学家。

维克塞尔认为价格水平的急剧波动，无论是上升还是下降，都对社会造成极大的危害，使社会经济动荡。因此，他主张政府的主要经济目标应该是稳定价格水平。

根据维克塞尔累积过程学说，导致价格水平波动的原因是货币利率与自然利率的偏离。因此，要稳定物价，其关键就在于采取有效措施，使两种利率趋于一致。但是，维克塞尔认为，自然利率的变动是无法人为加以控制的。因此，使两种利率一致的唯一办法就只有调节货币利率，这种利率是在中央银行的控制范围内。中央银行可以通过降低或提高利率来适应自然利率的变动，以此来稳定一般价格水平。当然，这并不是说要银行先确定自然利率，然后规定它的利率。维克塞尔认为这是不可能的，也是不必要的，因为两种利率是否一致，当前的商品价格水平就提供了可靠的测量标准。如果价格水平持续上升，则表明货币利率低于自然利率；反之，如果价格水平持续下跌，则表明货币利率高于自然利率。因此，中央银行采取的具体措施是：当价格水平上升时，提高利率；当价格水平下降时，降低利率；如果价格水平稳定不变，就保持利率不变。维克塞尔认为：

> 这并不是说要银行在实际上确定了自然利率，然后规定它们自己的利率。这当然是事实上办不到的，也是完全不必要的。因为两个利率终究是相一致还是相背离，当前的商品价格水平就提供了可靠的测验标准。处置的程序简单地

说应该是这样：只要价格没有变动，银行的利率也不变动。如果价格上涨，利率即应提高，如果价格下跌，利率即应降低；以后利率即保持在新的水平上，除非价格发生了进一步变动，要求利率向这一方或那一方做进一步的变动①。

维克塞尔担心生产和黄金储备的增加会引起通货膨胀，因而导致利率下降和价格上升。因此应该终止自由铸造金币，世界应该逐步过渡到一种国际纸币本位制。这种本位制通常被认为是解决日益严重的黄金稀缺的一种手段，但它也可能用来矫正黄金过剩。

二、费雪的货币数量论

欧文·费雪（Irving Fisher，1867～1947），美国经济学家、数学家，经济计量学的先驱者，是美国第一位数理经济学家，耶鲁大学教授。1867年出生在美国纽约市的少格拉斯。他的父亲是一名教师和公理会牧师，他的父亲教育他“必须成为对社会有用的一员”这一理念。孩提时，费雪便显现出非凡的数学能力和发明的天赋。在他考上耶鲁大学的一周后，父亲去世，从此他母亲便负责费雪和他弟弟的家庭教育。

1888年，欧文·费雪以文学学士学位和骷髅会成员的身份在耶鲁大学毕业②。费雪最擅长的专业是数学，但经济学能更好地满足他的兴趣以及社会需求。他写的博士论文就是结合数理经济学来论述。1890年，费雪开始在耶鲁大学任数学教师。1891年，费雪成为耶鲁大学授予经济学博士第一人，经济学家萨姆纳充当顾问。他的论文毫无疑问为数理经济学做出了贡献，虽然他的书籍和文章中经济议题的数学复杂化，费雪却总是希望用一种非常清晰且生活化的方式来说明他的理论。1898年费雪获哲学博士学位，同年转任经济学教授直到1935年。1926年开始在雷明顿、兰德公司任董事等职。1929年，与熊彼特、丁伯根等发起并成立计量经济学会，1931～1933年任该学会会长。

（一）利息理论

费雪认为利率是现在财货与将来财货交换时的一种贴水的百分率。假设今年我借给你1000元现在财货，明年你还我1050元未来财货，差值50元就是贴水，5%就是利率。费雪指出，利率作为现代财货与未来财货互相交换的价格，由两大因素决定，一是时间偏好，有时他称之为不耐心程度；二是投资机会率，这两大因素中，时间偏好或不耐心率更起核心作用。

时间偏好或者说不耐心程度是指放弃未来消费（收入）以获得现在消费（收入）的社会意愿程度。社会既重视将来消费也重视现在消费，尽管希望两者都多一些。但是

① ［瑞典］维克塞尔．利息与价格［M］．蔡受百，等译．北京：商务印书馆，1982：152.

② 骷髅会是美国一个秘密精英社团，1832年成立于美国耶鲁大学。每年吸收15名耶鲁大学三年级学生入会，成员包括许多美国政界、商界、教育界的重要人物。骷髅会的会标是一个骷髅头标志，上面撰写着阿拉伯数字322。据说这个组织信奉着一个传说：公元前322年，当希腊雄辩家德摩斯梯尼逝世时，雄辩女神也随之升天。这个社团因此自称为雄辩俱乐部，并且相信，1832年雄辩女神已经返回人间。322因此成为这个组织的代码。

由于受到任意时点上稀缺性的约束，如果想要得到现在消费就将被迫放弃未来消费。为了现在消费而愿意放弃未来消费的数量取决于不耐心程度。越是拥有耐心，愿意储蓄和投资的部分也就越多，因此得到的未来消费也越多。越是缺乏耐心，为了获得未来的产品他所愿意放弃的现在消费（储蓄）的部分就越少。当然如果相对于未来消费社会上现在消费越多，在边际上现在消费的相对价值越低。把市场上所有借者和贷者的供求综合起来，得到了资金的总供求，利率就是在供求均衡点上被决定的。

利率决定的第二个因素是投资机会率。投资机会率是由一些实际因素决定的。比如资源的数量和质量及技术情况。一种极端的情况下，将这些资源仅投入供现在消费产品的生产是可行的。在另一种极端情况下，社会把所有的资源都用来生产资本品，这样现在消费就是零而未来消费将巨大。当人们削减现在消费以增加投资而获得更多未来消费时，投资的收益率或投资机会率将下降。

随着社会的储蓄与投资，会发生两种事情，其一，它从所放弃的每一额外单位的现在消费中所得到的未来消费将会越来越少，资本收益的递减导致投资回报率不断下降。其二，随着现在消费的减少和将来消费的增加，边际上的现在消费的相对价值将上升。一个社会储蓄和投资越少，现在消费的相对价值（不耐心程度）就越低，而投资的边际回报率就越高。

当投资回报率与社会为了未来消费而愿意放弃现在消费的利率相等时，均衡利率就会出现。利率既取决于社会放弃现代消费以获取更多未来消费的技术能力，也取决于社会用现在消费换取未来消费的意愿。有些人决定在这个均衡利率推迟消费，另外一些人则决定借入货币。在均衡利率上，人们希望借入的数额与人们希望贷出的数额将正好相等，而且储蓄将正好等于投资。

费雪认为，这个实际利率与观察到的货币利率或名义利率可能相等，也可能不等。后者取决于预期的通货膨胀率。如果预期的通货膨胀率是3%，而实际利率是2%，那么名义利率将是5%左右。贷出者将要求5%的利率，以保证借入者归还本金的全部购买力，加上实际利率。通货膨胀对名义利率的影响，现在被称为费雪效应。货币存量的快速增加最初可以减低利率，但是根据费雪的观点，它还将引起价格的上涨。这些更高价格带来的结果，贷出者将会提高名义利率，提高的数量等于他们整个贷款期预期的通货膨胀率。从这方面来看，较高的名义利率可能是由较高的预期通货膨胀率引起的，而不是相对应的实际因素，比如时间偏好和投资的实际回报率。

（二）货币数量论

在费雪之前，马歇尔曾经就货币有自己的研究与看法，他构建了一个剑桥方程式：$M=kPT$，其中，M 是货币存量，k 是人们希望以现金余额持有的部分收入，P 是总的价格水平，T 是交易量或者真实收入。马歇尔的 k 是货币流通速度 V 的倒数。

费雪发现了货币购买力或者说物价水平的五个因素：流通中的货币数量，货币流通速度，可以开具支票的银行存款的数量，也可以开具支票的银行存款的流通速度，交易数量。因此在研究五个因素基础上，费雪给出了交易方程式：

$$MV + M'V' = PT$$

其中，M 是货币数量，V 是货币流通速度，M'是活期存款数量，V'是活期存款的流通速度，P 是平均价格水平，T 是交易中或者已卖出的产品与服务的数量，每单位在每次被卖出或再卖出时都会被计算在内。

费雪的交易方程式不同于剑桥方程式，他强调货币存量的周转速度 V，而对人们愿意以现金余额持有的部分收入 k 不予重视，剑桥方程的 k 就是 $1/V$。

费雪认为，价格与货币数量（M 和 M'）和流通速度（V 和 V'）呈同方向变动，而与交易数量（T）呈反方向变动。费雪说，在这三个关系中，第一个是最重要的，因为它构成了货币数量论。费雪假设活期存款数量 M'，与流通中的货币数量 M 倾向于保持一种相对固定的关系，即存款通常是货币的一个相对固定、确定的倍数。其中有两个原因：第一，银行储备与银行存款保持不变的、确定的比率。第二，个人、企业与公司与在他们的现金与存款余额之间保持相当稳定的比率。如果 M 和 M'之间的比率暂时被打破，那么那些因素会自动发生作用来恢复它。个人会储蓄多余的现金，或者他们将过多的存款兑换成现金。价格上升或下降的过渡时期也会打破 M 与 M'之间的关系，但仅仅是暂时的。只要这种正常的关系在长期中能够保持，银行存款的存在会放大流通中的货币数量对价格水平的影响，但不会扭曲这种影响。

为了提出货币数量与价格水平之间的因果关系，费雪假设流通速度和交易数量都是常量。他认识到这两者都会随着经济周期而波动，但它们往往趋向于恢复到均衡水平上。交易数量趋于稳定的趋势已由充分就业的均衡决定，因为如果存在相当大量的失业，M 的增长可能只会提高 T 而不会提高 P 的数量。交易数量在长期中也会随着人口变化、生产力变动等而有所增长。然而在短期，在充分就业的经济中，流通中的货币数量通常决定价格水平。

（三）费雪的货币幻觉

费雪最先提出了“货币幻觉”一词，是货币政策的通货膨胀效应。“货币幻觉”的来源可以追溯到萨伊、穆勒等提出的“货币面纱论”。但和货币面纱论有着较大区别。在经济世界中，人们往往更加关注货币名义价值的变动，而忽视了实际购买力变化，这种心理上的错觉就是“货币幻觉”。举个简单例子，张三去年工资是月薪 8000 元，今年月薪上涨到 8800 元，实际通货膨胀率 10%。在他看来，他认为自己工资有较大幅度增加，但他完全忽略了通货膨胀，实际上他的工资并没有增长，这就是费雪提出的“货币幻觉”。

后来的一些经济学家继续发展了费雪的货币幻觉思想，把它视作与经典经济学中商品需求函数的零阶齐次性同义。他们认为，货币数量只影响商品的绝对价格，而商品相对价格主要与商品的需求相关。随后得出结论：货币是实物经济部分的"面纱"，而不是一种资产。

复习与讨论

1. 欧文·费雪的货币数量论与马歇尔的剑桥方程式有何差别？

2. 欧文·费雪怎样说明时间偏好、投资机会和风险在利率决定中的作用？

3. 假设自然利率正好等于银行利率，按照维克塞尔观点，会发生通货膨胀或通货紧缩吗？联系投资与储蓄来解释自己的看法。

4. 欧文·费雪在利息理论中曾经谈到实际利率与名义利率，请解释两者之间的区别。

5. 在不完全竞争理论形成过程中，斯拉法的主要贡献有哪些？

6. 张伯伦与罗宾逊的垄断竞争论和不完全竞争理论有哪些不同？

7. 埃奇沃思在经济学思想史上有重要地位，阐述他的重要贡献。

8. 希克斯延续了新古典经济学家对无差异曲线的分析，并深化了这一理论，分析下无差异曲线的主要特征。

本章移动端课件

经济学简史 第十二章

扫码学习 移动端课件

第四篇
现代经济学

经济学思想自古希腊学者色诺芬以来已经有了很大的发展。18 世纪亚当·斯密创立了古典经济学，第一次完整地系统化提出了经济学思想与主张。随后李嘉图、穆勒将其发扬光大。19 世纪 70 年代又出现了边际效用学派，对古典经济学的思想基础和研究工具进行了变革。20 世纪末马歇尔将古典学派和边际效用学派融合形成了新古典经济学，进一步完善了经济学思想。

进入 20 世纪以后，经济格局与世界格局都产生了前所未有大变化，尤其是 1929 年爆发了世界范围内的经济大危机，破产、倒闭、失业、经济大崩溃让经济学家对世界经济理论与现实进行新的思考，由此凯恩斯创立了宏观经济学。

凯恩斯经济学革命后，继承者分化为新古典综合派和后凯恩斯主义。在 20 世纪 60 年代出现“滞胀”后，经济思想史上更是百花齐放。凯恩斯主义批评者的经济学思潮逐渐抬头，表现为先后出现的现代货币主义、供给学派、理性预期学派的理论。在此时期，以新古典分析方法与理论原则为基础的新制度经济学也产生并发展起来。到了 20 世纪 90 年代，继承凯恩斯传统的新凯恩斯主义和继承自由主义传统的新古典主义获得发展。

公共选择理论将经济理论延伸到政治学，试图用经济学的逻辑与方法研究公共产品、选票、政党、利益集团的行为。博弈论的创立是现代西方经济学发展的重要成果，诺伊曼和纳什将数学知识体系应用到经济学领域，拓展了经济学的研究范围。西方经济学的未来发展主要集中于新兴古典经济学、行为经济学、演化经济学、新经济地理学以及法律经济学，这是经济学帝国主义扩张的必然结果。

第四篇是经济学思想史的精华，介绍的经济学理论、观点、政策深刻影响着世界各国经济发展。

CHAPTER 13

第十三章　凯恩斯的宏观经济学

凯恩斯经济学是经济学思想史上的第三次革命，开创了经济学上的一个崭新时代。原有的经济学主要研究企业、生产要素、消费、供求均衡、价格等微观经济现象，而凯恩斯开辟了一个新领域，创立了以研究国民经济体系、通货膨胀、失业为核心的宏观经济学。凯恩斯经济学更是世界各国政府实施政策的良医妙药。它为政府提供了许多种政策选择。凯恩斯去世后，他的经济学经过发展变迁，受到了一些经济学家批评，但至今，凯恩斯经济学演化成的新凯恩斯主义仍是西方经济学两大主流学派之一。

第一节　历史背景与凯恩斯生平

一、历史背景

在凯恩斯经济学产生和传播之前，在经济学界占统治地位的是以马歇尔、庇古等为代表的新古典经济学。而凡勃仑在 1900 年第一次用“新古典”一词来描述马歇尔经济学。后来经济学普遍接受“新古典学派”“新古典经济学”这些固定含义的用语来称呼马歇尔、庇古等和他们的经济学。新古典经济学无论在理论方面或政策方面，都支配着主流学术界。马歇尔经济学认为，价格机制可以自动调节商品的供求关系，不会有普遍性的生产过剩。而工资涨落机制可以调节劳动力的供求关系，不会产生持久的大规模失业。资本主义经济通过市场机制的自动调节可以达到充分就业均衡。所有的人都是有理性的经济人，可以达到个人利益与社会利益的统一、和谐。资本主义经济是一部可以自由调节的“美妙”机器，自由竞争的市场机制完全能够保证全社会资源得以充分利用和合理配置，政府最好的政策是自由放任和不干预政策。

1920 年，资本主义尤其是美国经历了所谓的发展黄金期，但事实上繁荣本身却潜伏着深刻的矛盾和危机。美国农业长期处于不景气状态，农村购买力不足，美国工业增长和社会财富的再分配极端不均衡。1929～1933 年，首先由美国股票市场开始，继而在各个生产领域和消费市场，资本主义世界爆发了一场规模空前的经济大危机。工业生产大幅度下降，资本主义世界工业生产下降 37.2%，其中美国下降 40.6%、法国下降

28.4%、英国下降16%、日本下降8.4%。主要国家的生产退回到20世纪初或19世纪末的水平。企业大批破产，工人大量失业，经济损失严重。世界商品市场急剧萎缩，关税战、贸易战加剧。世界货币秩序遭到破坏，金本位制崩溃。到30年代中期，几乎所有国家都放弃了金本位制，逐渐形成英镑区、美元区和法郎区，统一的资本主义世界货币体系瓦解了。许多人开始怀疑资本主义的价值体系，不少自由主义者被同期苏联的经济繁荣吸引，而保守主义者则憎恶和惧怕社会主义，日益转向法西斯主义。

这次大危机打破了新古典经济学的神话，市场经济体制完全失灵了，新古典经济学无法接受大危机现象，在经济危机面前毫无办法，拿不出解决问题的办法。就这样，在对新古典经济学的怀疑、责难和批判中凯恩斯经济学产生了。凯恩斯经济学在政策上抛弃了自由放任的主张，提出了国家干预经济的必要性及其政策措施。在经济学思想史上，凯恩斯经济学说被称为“凯恩斯革命”。

二、凯恩斯生平与著作

约翰·梅纳德·凯恩斯（John Maynard Keynes，1883～1946），英国经济学家，现代经济学最有影响的经济学家之一。出生于英格兰的剑桥，14岁以奖学金入伊顿公学主修数学，曾获托姆林奖金。毕业后，以数学及古典文学奖学金入学剑桥大学国王学院。1905年毕业，获剑桥文学硕士学位。之后又滞留剑桥一年，师从马歇尔和庇古攻读经济学，以准备英国文官考试。1906年以第二名成绩通过文官考试，入选印度事务部。任职期间，为其第一部经济著作《印度通货与金融》作了大量研究准备工作。1908年辞去印度事务部职务，回剑桥任经济学讲师至1915年。其间1909年以一篇概率论论文入选剑桥大学国王学院院士，另以一篇关于指数的论文获亚当·斯密奖。概率论论文后稍经补充，于1921年以《概率论》为书名出版。

第一次世界大战爆发不久，凯恩斯即应征入英国财政部，主管外汇管制、美国贷款等对外财务工作。1919年初作为英国财政部首席代表，凯恩斯出席巴黎和会。同年6月，因对赔偿委员会有关德国战败赔偿及其疆界方面的建议愤然不平，他辞去和会代表职务，复归剑桥大学任教。不久表明其对德国赔偿问题所持看法的《和平的经济后果》一书出版，引起欧洲、英国及美国各界人士的大争论，使其一时成为欧洲经济复兴问题的核心人物。在任教同时，他撰写了大量经济学文章。

1921～1938年，凯恩斯任全国互助人寿保险公司董事长期间，其对股东的年度报告一直为金融界人士所必读而且是抢先收听的新闻。1929年他被选为英国科学院院士，1930年任内阁经济顾问委员会主席，1940年出任财政部顾问，参与战时各项财政金融问题的决策，并在他倡议下，英国政府开始编制国民收入统计，使国家经济政策拟订有了必要的工具。因其深厚的学术造诣，他曾长期担任《经济学杂志》主编和英国皇家经济学会会长，1941年任英格兰银行总裁，1942年晋封为勋爵。

1944年7月，凯恩斯率英国政府代表团出席布雷顿森林会议，并成为国际货币基金组织和国际复兴与开发银行（世界银行）的英国理事。1945 年，他作为英国首席代表参加向美国借款的谈判。1946 年，他在国际货币基金组织和国际复兴开发银行的会议上，当选为世界银行第一任总裁，与美国财政部长发生尖锐的意见冲突，并对会议的决议倍感失望。回国不久其猝死于突发心脏病。

凯恩斯一生著作颇丰，主要包括：《印度的通货和财政》（1913 年）、《凡尔塞和约的经济后果》（1919 年）、《货币改革论》（1923 年）、《和平的经济后果》（1922 年）、《英国工业前景》（1928 年）、《货币论》（1930 年）、《劝说集》（1932 年）、《就业、利息和货币通论》（1936 年）等。

第二节 理论体系

凯恩斯经济学说涉及范围较广，内容丰富。主要研究有效需求、投资理论、流动性偏好，还研究国家经济增长的乘数效应，探讨货币工资与价格，解释商业周期理论。为资本主义经济危机给出具体措施。凯恩斯在《就业、利息和货币通论》（以下简称《通论》）中明确指出，危机和失业主要由于私人投资和消费不足引发的有效需求不足所致。

一、有效需求理论

有效需求理论既是凯恩斯就业理论的基础，也是凯恩斯就业理论的核心和出发点以及主旨所在。他用此分析资本主义社会存在失业的原因，并贯穿于包括就业理论的整个凯恩斯经济学说之中。在理论上，集中探索有效需求不足的各种因素和原因，构成其就业的一般理论体系；在政策上，制定弥补需求不足的各种措施，构成其需求管理的救治方略。所谓有效需求，是指总供给价格和总需求价格相等时的社会总需求，也就是企业家的生产能够获得最大利润时的社会总需求。凯恩斯认为，资本家为了追求最大利润，就必须考虑供给和需求两方面的情况。在供给方面，需要考虑供给价格，即资本家从事经济活动时所付出的生产要素的成本加上他所预期的利润，全部资本家的供给价格的加总就是总供给价格。同样地，在需求方面，需要考虑需求价格，即资本家预期社会上用来购买商品的价格，整个社会所有资本家预期的加总就是总需求价格。当总需求价格大于总供给价格时，资本家就会扩大生产增雇工人；反之，则会减少产量解雇工人。如此反复变动调整，直至达到总供给价格与总需求价格的均衡，生产既不扩大也不压缩，资本家预期的利润达到最大化。这种均衡状态下的总需求即是有效需求。见图 13－1。

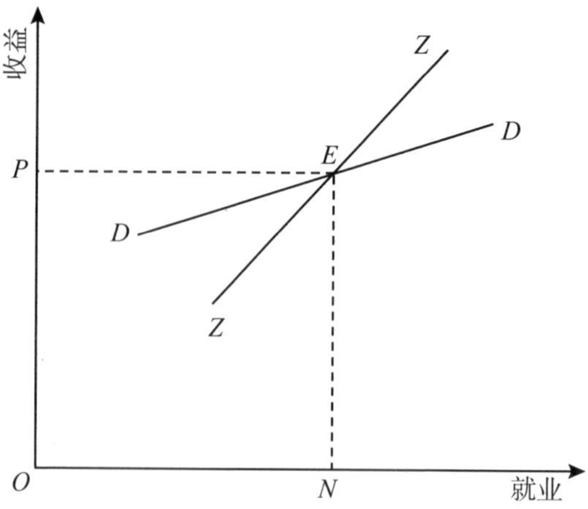

图 13－1 总需求与总供给

图 13－1 中，总需求曲线是 DD，总供给曲线是 ZZ。凯恩斯认为，一个特定的总供给价格总是相对于一定的就业量而言的，随着就业量的增加，总供给价格相应提高，二者之间存在函数关系。若以 Z 代表总供给价格，N 代表总就业量，则总供给函数可表示为 $Z=\Phi(N)$（ZZ 曲线）。所谓总需求价格，是指全体企业主预期社会上人们愿意用来购买全部商品的价格的总和。总需求价格 D 和总就业量 N 之间也存在一种函数关系，总需求函数可表示为 $D=f(N)$（DD 曲线）。DD 向右上方倾斜，表示需求随就业量增加而增加。有效需求决定于总供给曲线和总需求曲线相交之点 E。有效需求是指市场上有支付能力或有购买力的社会总需求，其他各点对决定总就业量并不是有效的。

凯恩斯假定总供给函数为已知，因此其理论的精髓是对总需求函数的分析。由于就业决定于总需求，总需求决定于总收入，凯恩斯的一般就业理论也就是总需求或总收入理论。《通论》的主题是就业量决定于总需求，总需求又决定于消费倾向和一定时期的投资量。在资本主义社会，失业源于有效需求不足，有效需求不足则是消费不足和投资不足的缘故，而消费不足和投资不足，凯恩斯认为是由于“三个基本心理规律”所致①。

二、消费倾向

凯恩斯认为，随着国民收入的增加，当人们较为富有的时候，他们的消费量也会增加，但是，消费量的增加不像国民收入增加得那样快。

国民收入的数量与消费量的这种增加的关系被称为消费函数。正如上面已经说过的那样，消费函数所表明的关系是：随着国民收入的增加，消费量也将增加，但后者的增加量小于前者的增加量。消费倾向表示消费如何随着收入而变化的一种函数关系，这种

① 吴宇晖，张嘉昕．外国经济思想史［M］．第 2 版．北京：高等教育出版社，2014：287.

关系可以就个人或家庭而言。但在凯恩斯理论中，重要的是社会总消费与社会总收入之间的关系，凯恩斯认为：

> 根据现有的资料，无论从我们所知道的人类本性来看，还是从经验中的具体事实来看，我们可以具有很大的信心来使用一条基本心理规律。该规律为，在一般情况下，当人们收入增加时，他们的消费也会增加，但消费的增加不像收入增加得那样多①。

消费 C 与国民收入 Y 之间存在一种正的函数关系，即 $C=f(Y)$。消费倾向分为平均消费倾向 APC 与边际消费倾向 MPC。平均消费倾向 APC 是指平均每单位收入中消费所占比例，即 $APC=C/Y$。如果用 ΔC 表示消费的增加，ΔY 表示收入的增加，则边际消费倾向可以表示为 $MPC=\Delta C/\Delta Y$。比如某人收入由 100 元增加到 120 元，消费由 80 元增加到 94 元，则边际消费倾向为 0.7。如果 S 表示为储蓄，ΔS 表示为储蓄增加额，那么储蓄 S 也会随着收入 Y 增加而增加。储蓄 S 也是收入 Y 的正函数，可以表示为 $S=f(Y)$。边际储蓄倾向可以表示为 $MPS=\Delta S/\Delta Y$。

凯恩斯认为，在长期中当一个社会变得比较富裕起来，真实收入绝对量越大，收入与消费之间的差距会越来越大。因为各个家庭一般是首先满足基本生活需要，然后当收入继续增加时，就开始增加储蓄。因此，真实收入增加时，社会愿意从中用来消费的比重逐渐减少。这就是说，当一个社会变得比较富裕起来时，边际消费倾向是下降的，从而平均消费倾向也是下降的。

三、投资理论

凯恩斯将经济投资定义为对资本品的购买，另外当销量下降、存货增加时，会产生非意愿投资。凯恩斯的投资不包含金融投资。因为它并不直接代表对资本品的购买。企业投资是希望获得新的利润，是可以得到预期收入。预期收入的大小取决于这件资本品的生产力，企业能够售出的由此增加的产出的价格，以及由于使用这件资本品所增加的工资和材料费用。

凯恩斯认为，投资所要考虑的第二个因素就是资产的供给价格或重置资本。由此，凯恩斯提出了资本边际效率的定义：一系列预期收益的现值正好等于资本品供给价格的折现率。可以用下式表达：

$$K_s=\frac{R_1}{1+r}+\frac{R_2}{(1+r)^2}+\cdots+\frac{R_n}{(1+r)^n}$$

式中，K_s 是资本品供给价格，R 是某一特定年份的预期收益，r 是资本边际效率。假设一件资本品现在的成本是 5500 元，并预期能够连续 6 年每年生产 1000 元收益，6 年后该资产的残值为 0，那么资本边际效率将是 2.5%。或者说，以 2.5% 的回报率投资

---

① ［英］凯恩斯．就业、利息和货币通论［M］．高鸿业，译．北京：商务印书馆，1999：103.

5500 元，将连续 6 年每年生产 1000 元的收益。资本边际效率是其边际生产力与资本品原始成本的百分比，是在资本投资的寿命内计算收益，由于其具有不确定性要进行贴现。它是一项新投资的预期利润率，没有扣除折旧或显性的和隐性的利息成本。凯恩斯认为，投资会一直持续进行直到资本边际效率等于利率为止，而利率是用于投资的借入资金的成本。假如资本边际效率为 2.5%，那么利率为 3% 时投资就不会发生，但很明显利率为 2% 投资就会发生。凯恩斯写道：

> 更确切地说，我把资本边际效率定义为一种贴现率，而根据这种贴现率，在资本资产寿命期间所提供的预期收益的现在值能等于该资本资产的供给价格。这是某一具体种类的资本资产的边际效率。各种不同的资本资产的边际效率的最大值即可被当作一般的资本边际效率①。

凯恩斯认为，资本边际效率是可以变化的，人们对预期投资的未来利润预期的变化而变化。关于投资边际效率的思想可以构建一条投资需求曲线。图 13－2 中标为 $I=f(i)$ 的曲线，这些曲线表示一个经济体中所有的相关投资项目都已按它们的资本边际效率不断下降的顺序排列起来的情况下，利率 i 和投资数量 I 之间的负相关关系。假设市场利率是 i_1，那么投资数量就是 I_1，对于小于 I_1 的所有投资，资本边际效率大于借入成本，而对于大于 I_1 的所有投资，借入成本大于资本边际效率。

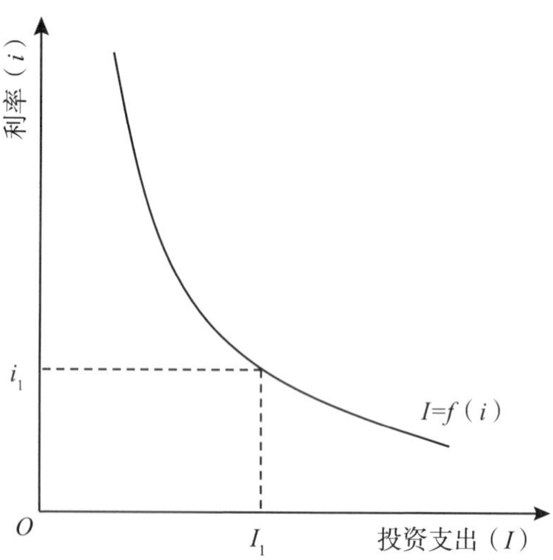

图 13－2　投资需求曲线

凯恩斯反对古典和新古典有关利息观点，既不同意西尼尔有关利息是节欲的牺牲，也不同意马歇尔的利息是等待报酬观点。凯恩斯认为，一个人以现金形式保存其储蓄，他将无法获得任何利息。储蓄更主要取决于收入水平，利息是放弃货币流动性的报酬，利息率测度是人们放弃货币流动性的意愿程度。

① ［英］凯恩斯．就业、利息和货币通论［M］．高鸿业，译．北京：商务印书馆，1999：139.

四、流动性偏好

凯恩斯认为，流动性偏好也是一种心理因素，意思是人们总喜欢手头上保留一部分现金，以便灵活地应付各种需要。要人们放弃这种流动性偏好，必须给予一定的报酬。利息就是这种报酬流动性是指财富从一种形式转移到另一种形式的难易程度。货币是流动性最大的财富形式。人们愿意持有现款称为人们具有流动性偏好。这根源于三个心理上的原因或动机：交易动机、谨慎动机、投机动机。

交易动机是指人们为了应付日常交易的需要而持有一部分货币的动机。在任何收入水平上，无论是家庭还是厂商都需要作为交易媒介的货币。因为就个人或家庭而言，一般是定期取得收入，但经常需要支出。例如家庭需要用货币购买食品、服装，支付电费和燃料费用等，所以为了购买日常需要的生活资料，他们经常要在手边保留一定数量的货币。就厂商而言，他们取得收入（货款）也是一次性的，但是为了应付日常零星的开支，如购买原材料，支付工人工资，他们也需要经常保持一定量的货币。例如，一个家庭每月月初收入为900元人民币，假定该家庭每日平均日常支付为30元，那么将在月末全部用完这笔收入。该家庭平均每天持有的货币量是30元。也就是说，为了应付日常交易需要，该家庭需要每天平均持有30元人民币，否则就会出现支付困难。可见，为了日常交易而持有货币，是因为人们的收入和支出并不是同时进行的。个人或者家庭的收入和支出的时间越是接近，为了交易的目的而平均留在身边的货币就越少。

预防动机是人们为了预防意外的支付而持有一部分货币的动机。即人们需要货币是为了应付不测之需，如为了支付医疗费用、应付失业和各种意外事件等虽然个人对意外事件的看法不同，从而对满足预防动机需要的货币数量有所不同。但从整个社会来说，货币的预防需求与收入密切相关。因而由预防动机引发的货币需求量也被认为是收入的函数，与收入呈同方向变动。

投机动机是凯恩斯的三大动机中最重要和最复杂的一个。凯恩斯认为，人们之所以要选择以货币的形式持有财富，不去购买债券牺牲利息收入，是因为人们对利息率的前途捉摸不定，无法知道将来能以怎样的条件把债券换成货币。为了避免市价跌落时持有债券可能蒙受损失，因此保有货币。

持有货币的这些动机转化为一条货币需求曲线。图13－3中的L就是货币需求曲线。货币需求曲线向下倾斜，表示在较低的利率水平上人们愿意持有更多的现金。当利率相对于某一正常利率水平较低时，人们预期它将会上升。当利率上升时，债券价格会下降，而那些持有债券的人将会遭受损失。因此，当利率较低时，人们会持有较大数量的现金和较少数量的债券。由于相反的原因，当利率较高时，人们会持有较多数量债券和较少数量的现金。

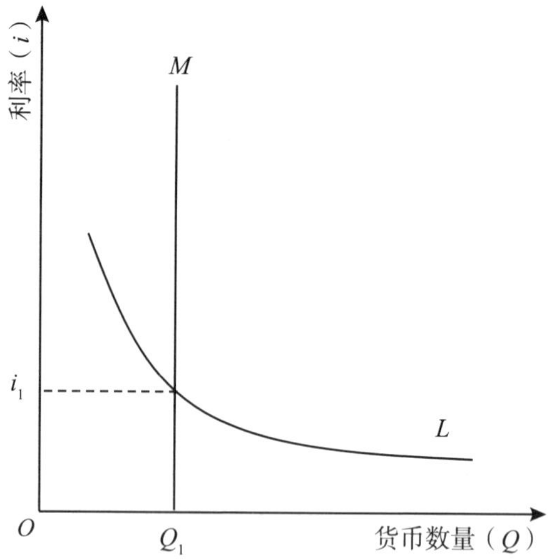

图 13－3　流动性偏好、货币供给和利率

货币的供给数量取决于中央银行的货币政策。它可以通过公开市场操作、法定准备金率和再贴现率的改变来增加或者减少货币供给。货币的供给数量被假定为不受利率的影响，因此图 13－3 中的货币供给曲线 M 是垂直的或完全无弹性的。而均衡利率 i_1 是由流动性偏好曲线（货币需求曲线）和货币供给曲线的交点决定的。经济中的投资水平取决于两者的相互作用，资本边际利率和市场利率，资本边际利率确定了投资需求曲线，市场利率决定于货币需求（流动性偏好）和货币供给。

五、经济周期理论

凯恩斯的经济周期理论是就业通论在经济周期方面的应用。他认为经济周期形成的主要原因是资本边际效率递减规律产生的投资波动。

在经济繁荣的后期，由于人们乐观的预期，资本品不断增多，成本利率也有所提高，但易被忽略。当市场幻想破灭时，资本边际效率下降，流动偏好急剧增强，从而利润率上升，最终使投资的下降更为严重。他主张用资本边际效率的崩溃来解释危机，并以此作为从扩张进入紧缩的转折点。

经济周期的第一个时间因素，即决定萧条的持久期的第一个因素：由于使用，消耗和废弃，出现资本膨胀短缺，使资本边际效率提高。经济周期的第二个时间因素，即决定萧条的持久期的第二个因素：在于剩余存货的存储成本，须降价处理剩余存货，压缩产量，直至剩余存货被完全吸收，这相当于负投资。

在衰退期间，存货和流动资本两者的变化趋势在不同阶段有不同的表现形式。衰退初期阶段，存货投资可能增加，并抵消负投资；下一阶段，两者短期内都可能出现负投资；通过最低点，存货可能仍是负投资，部分抵消再投资；最后，复苏时，两者对投资同时起促进作用。

一段时间后，资本、剩余存货和流动资本的减少，导致它们的稀缺性明显恢复，因而资本边际效率提高。萧条期间，出于交易动机使货币数量减少，利率下降，从而导致成本下降，促进投资增加。由于收入下降的边际消费倾向高，就业乘数大，产量、就业和收入增长快。此后又进入繁荣阶段，到繁荣后期，当资本边际效率的崩溃，危机又突然发生，这就是资本主义经济的周期性。凯恩斯写道：

> 在自由放任的经济体制的条件下，除非投资市场的心理状态能使自己做出毫无理由这样做的巨大逆转，要想避免就业量的巨大波动是不可能的。我的结论是：安排现行的投资的责任绝不能被置于私人手中①。

第三节　凯恩斯的经济政策

凯恩斯的经济学说概括起来包括两部分：一部分是以有效需求原理为核心的经济理论；另一部分是以国家干预经济为核心的经济政策。根据凯恩斯的经济理论，资本主义产生经济危机和失业的主要原因是“有效需求不足”。要解决这一问题，必须扩大消费需求和投资需求，以提高有效需求，为此政府必须放弃对经济一味采取自由放任的不干预政策，实行国家对经济的干预和调节。这种干预和调节的形式主要有财政政策和货币政策：即在经济萧条时期，总需求小于总供给，需求不足应采取扩张性的政策以提高总需求；在经济高涨时期总需求大于总供给，需求过度应采取紧缩性的政策以降低总需求，以此来实现充分就业的目标。凯恩斯认为，有效需求不足，总需求小于总供给是资本主义经济的一般状况，因此他提出的具体财政政策和货币政策是扩张性的政策，并且认为医治危机和失业的最有效和最重要的政策是财政政策。

一、扩大有效需求

凯恩斯不仅在经济理论上对传统经济学进行了革命，而且在经济政策上也进行了革命。传统经济学的理财思想是节俭、美德，要精打细算。因此，量入为出，收支平衡是传统经济学的政策原则，政府的经济政策主要是货币金融政策，其主要任务是防止通货膨胀、稳定物价为目标。凯恩斯与传统经济学反其道而行之。他认为在萧条时期“不论什么时候你节约了 5 先令，你就要使一个人失去了一天的工作”②。因此，凯恩斯主张国家应该影响消费倾向，鼓励和支持全社会成员尽量多消费。他认为，由于现代资本主义社会存在收入分配不均的趋向，造成了消费支出不足，结果就造成商品的滞销和失业

① ［英］凯恩斯．就业、利息和货币通论［M］．高鸿业，译．北京：商务印书馆，1999：387.

② ［英］凯恩斯．劝说集［M］．藤茂桐，译．北京：商务印书馆，1962：117.

的增长。所以，只有把国民收入的大部分交给低收入家庭，他们就会把收入大量花掉。这样就会扩大消费支出，增加社会有效需求。于是他提出了用征收累进税的办法来调节资本主义过分悬殊的收入分配，以提高整个社会的消费倾向。

但是，凯恩斯认为，由于人们的消费倾向是比较稳定的，刺激消费的政策很难取得明显的效果，因而应把重点放在投资上，提倡实行“投资社会化”。投资社会化包括管理私人投资和实行公共投资两方面内容。一方面，他主张国家应对私人投资进行管理。例如，国家可通过减税的方法提高资本边际效率，帮助雇主建立乐观情绪；增加发行货币量使利率降低，以刺激私人投资的积极性，等等。另一方面，他认为政府管理私人投资是极其困难的，特别是萧条和危机时期很难使私人大量增加投资。因此，其投资社会化的重点不在于管理私人投资，而是实行公共投资。在他看来，国家直接投资生产部门可以增加有效需求，但这样会与私人投资竞争有限的市场，因此他主张国家最好投资于非生产性的行业，诸如兴建公共工程、医院、学校、桥梁、道路等。这样，既能直接扩大投资和消费，以补偿私人投资和消费的不足，又能间接刺激私人投资和消费的扩大。

二、实施赤字财政政策

凯恩斯认为必须通过举债的办法，也即实行“赤字财政政策”，来筹集公共投资所需要的资金。他认为如果政府一方面扩大支出，另一方面又想靠增加税收来保持预算平衡，那将是不可能的。因为，增加政府支出虽然带来投资和消费的扩大，但增加政府收入却又会减少可供运用的资金，致使私人投资或私人消费下降，结果增减相抵，从而不会使用有效需求不足的局面有所转变。所以，挽救危机和失业的有效财政政策只能用举债方法扩大政府支出，这就是赤字财政政策。实行这个政策时，政府的货币支出要大于货币收入，国库向市场投资的货币数量要大于市场上回收的货币数量。这样，国家的预算就不可能维持平衡，货币流通量的这种增加就使通货膨胀不可避免。加之政府入不敷出，而通过银行发行大量的公债，使通货膨胀更为严重。凯恩斯不仅认为通货膨胀是赤字财政政策的后果，而且认为正是这种通货膨胀成为解救经济危机和失业的有效措施，因为它既可以降低利率，刺激投资和消费，导致有效需求的扩张，又可以使实际工资降低，资本边际效率提高，有助于增加就业。因此，凯恩斯变传统的预算平衡政策为赤字财政政策，变物价平衡政策为通货膨胀政策，宣称赤字财政政策和通货膨胀政策是克服危机、解决失业、实现充分就业的好办法。

三、扩张性货币政策

在货币政策方面，凯恩斯主张加强货币管理，增加货币供给量以扩大投资。他认为，有效需求不足必然表现为流通中没有足够的货币去购买商品。这一方面是由于整个经济体系中货币供给量不足，另一方面是由于投资需求造成公众手中持有过多的货币量而使货币流通速度变慢。为此，凯恩斯主张废除金本位制，由国家控制中央银行系统，进而控制货币发行量。只有要公众相信纸币也是货币，而由政府来统制纸币工厂，换句话说是由政府来统制中央银行，可运用调整贴现率政策，调整法定准备金率政策和公开市场业务政策来调节货币供给量，以影响利率的变动，从而间接影响社会总需求。例如在萧条时期，国家可以通过上述货币政策降低利率，以刺激消费和投资需求。凯恩斯看来，货币政策固然有效，但由于货币政策是通过利率而间接地起作用的，因而不如财政政策有效。因此，他的经济政策主张是以财政政策为主，货币政策为辅。

四、对外经济政策

在对外贸易方面，凯恩斯主张贸易顺差的政策。他对重商主义关于通过外贸顺差获取货币金银的主张，给出了与古典经济学完全不同的评价。他认为重商主义学说里面含有科学真理成分。凯恩斯指出，一方面贸易顺差可以促进对外投资，因而能增加有效需求，有利于就业和克服经济危机；另一方面贸易顺差所造成的货币，金银的输入，使国内货币数量增加，可以降低国内利率，有利于刺激国内投资。然而，贸易顺差政策的作用受到两种限制：一是若国内利率下降所导致的总需求扩大引起工资上涨，国内成本增加，将对国际贸易顺差产生不利影响，因而增加顺差的努力归于失败；二是若国内利率下降至低于别国利率水平，以致刺激对外贷款，超过顺差额，则引起金银货币外流前功尽弃。凯恩斯认为，政府当局为维持繁荣起见，必须密切注意贸易差额。若贸易为顺差，又不太大，则有鼓励作用；若为逆差，则可能很快就会产生顽固的经济衰退。凯恩斯进一步指出，贸易顺差虽然对增加就业和克服经济危机有积极作用，但不应该过分依赖贸易顺差。贸易顺差会引起毫无意义的国际竞争，大家争取顺差，结果大家受损。另外，各国竞相追逐贸易顺差的结果，势必引起贸易报复。

凯恩斯主张国家干预经济生活政策，但凯恩斯又认为，虽然政府干预具有重大意义，但是自由市场活动的领域仍然是广泛的。某种程度的全面的投资社会化将要成为大致取得充分就业的唯一手段，而这并不排除折中的手段，国家当局可以和私人的主动性结合起来。凯恩斯政府干预论最实质的思想，是通过政府干预使因萧条而陷入困境的经济不致发生断裂和毁灭性的破坏，并且尽快走出困境，恢复市场经济的活力，使市场机制能够继续推动经济的均衡与增长。

凯恩斯革命改写了西方经济学的研究方法、研究主题和内容体系。他用总量分析方法取代个体分析方法，用产出和就业理论取代了新古典经济学的价格理论，用非充分就业假设取代了新古典的充分就业假说，用国家干预主义取代了自由放任主义，创立了崭新的宏观经济学理论，与微观经济学一起成为西方经济学的理论支柱。凯恩斯经济学思想还有一些缺陷，特别是20世纪60年代后资本主义世界普遍出现的“滞胀”现象，凯恩斯经济学的解释显得苍白无力，受到了其他经济学派的攻击和嘲讽。但无论如何，凯恩斯以他的智慧和创新精神给经济学理论开辟了一个新领域，为国家干预经济发展提供了理论基础。

第四节 宏观经济学的发展

凯恩斯理论形成后，在资本主义国家得到了广泛的应用。许多国家政府开始用凯恩斯经济政策发展本国经济。但是，随着社会的经济发展条件的不断进步，需要对宏观经济学的理论进行相应的创新。

因此，相当一部分经济学家以凯恩斯理论为基础，对宏观经济学进行修正和完善。其中比较突出的如萨缪尔森、汉森等的新古典综合派和以罗宾逊夫人、希克斯等为代表的新剑桥学派。特别是美国经济学家萨缪尔森经济学思想，可以说集中体现了这一时期的凯恩斯主义宏观经济学的发展和完善，已经成为现代西方经济学的主流理论。

一、新古典综合派

新古典综合派也被称为“后凯恩斯主流派经济学”“美国剑桥学派”。当代西方经济学界中主要的居于正统地位的流派，现代凯恩斯主义在美国的一个主要分支。在维护凯恩斯学说的前提下，使其同以马歇尔为代表的新古典学派的某些学说综合起来，形成了一套新的理论体系。新古典综合派试图在凯恩斯的总量经济范畴基础上，用新古典的个量分析的理论和方法去构造一个所谓和谐统一的新经济学殿堂。其先驱者为美国经济学家汉森，代表人物为萨缪尔森、托宾、索洛、海勒以及英国人米德等。

萨缪尔森将整个凯恩斯主义和新古典理论结合在一起，首创“新古典综合”一词来概括这种结合。他把自己的理论体系正式命名为“新古典综合”，以说明该理论体系的特色。所谓新古典综合，实际上是将马歇尔为代表的新古典经济学与凯恩斯主义经济理论综合在一起。这一综合的核心思想是：只要采取凯恩斯主义的宏观财政政策和货币政策来调节市场经济活动，使经济避免过度的繁荣或萧条而趋于稳定的增长，实现充分就业，则在这种经济环境中，新古典经济学的主要理论（价格均衡理论，边际生产力分配论）将再度适用。简单地说，新古典综合的特色就在于将凯恩斯的就业理论（国民收入决定理论）同马歇尔为代表的新古典经济学的价值论和分配论结合为一体，组成一个集凯恩斯宏观经济学和马歇尔微观经济学之大成的经济理论体系。

（一）主要代表人物

阿尔文·汉森（Alvin Hansen，1887～1975），新古典综合派的先驱者，美国著名的凯恩斯主义者，被誉为美国凯恩斯主义的建筑设计师。在理论上，汉森研究经济周期和危机理论，是新古典经济理论的信奉者，对凯恩斯理论曾持有异议。1937 年起，他到哈佛大学任教后转向信奉凯恩斯理论，并在美国积极鼓吹和传播凯恩斯主义。他宣传凯恩斯著作，使凯恩斯理论通俗化、美国化。代表著作有《充分复苏，还是停滞》《财政政策与经济周期》《经济政策和充分就业》《货币理论与财政政策》《凯恩斯学说指南》《美国的经济》《20 世纪 60 年代的经济学》。

保罗·萨缪尔森（Paul Samuelson，1915～2009），美国著名经济学家，新古典综合派最主要的代表人物。出生在美国印第安纳州的加里城的一个波兰犹太移民家庭，其父亲法兰克·萨缪尔森是一名药剂师，1923 年其家搬到芝加哥居住。1935 年毕业于芝加哥大学，随后获得哈佛大学的硕士学位和博士学位，并一直在麻省理工学院任经济学教授，是麻省理工学院研究生部的创始人。他于 1947 年成为约翰·贝茨·克拉克奖的首位获得者，1970 年因发展了静态和动态经济理论，提高了经济科学的定量分析水平而获得诺贝尔经济学奖。萨缪尔森几乎在西方经济学的各个方面均有自己的改正、补充、精练或发展。他的主要著作有：《经济分析的基础》《经济学》。主要论文有《乘数分析和加速原理的联合作用》《国际贸易和生产价格的均衡》《资本理论的寓言和现实性：代用的生产函数》《处于困境的自由主义者》等。

詹姆斯·托宾（James Tobin，1918～2002）是美国著名经济学家、计量经济学家，新古典综合派的主要代表人物之一。1981 年获得诺贝尔经济学奖。托宾的研究比较侧重在货币方面，究其根源是金融市场及有关问题。较突出的成就是资产选择理论和货币经济成长理论。资产选择理论是他获得诺贝尔奖的代表理论。他的主要著作有《国民经济政策》《经济学论文集：宏观经济学》《十年来的新经济学》《经济学论文集：消费和经济计量学》等。

罗伯特·索洛（Robert Solow，1924～），于 1987 年获得诺贝尔经济学奖，是直接在萨缪尔森指导下培养起来的经济学家，是新古典综合派的主要代表之一。他的研究成果主要表现在资本理论和经济成长理论方面。他与多尔夫曼等合著的线性规划一书是有名的著作。他的代表著作有：《线性规划与经济分析》《资本理论与报酬率》《美国的失败性质与原因》《增长理论：说明》；论文《经济增长理论》等。

弗兰科·莫迪利安尼（Franco Modigliani，1918～2003）于 1985 年获诺贝尔经济学奖。他在理论上的重要贡献是提出了储蓄的生命周期假说和公司财务定理。他的代表性著作有：《国民收入和国际贸易》；1980 年出版三卷集的论文集：《宏观经济学论》（第一卷）、《储蓄的生命周期假说》（第二卷）和《财政理论和其他论文集》（第三卷）。

阿瑟·奥肯（Arthur Okun，1928～1980），于 1956 年获哥伦比亚大学经济学博士学位，曾经是肯尼迪与约翰逊总统两任总统的经济顾问。他在理论上的主要贡献是分析了平等与效率的替换关系，提出了估算“可能产出额”的“奥肯定理”。其代表著作为：《繁荣政治经济学》《平等与效率》。

（二）混合经济模型

新古典综合学派继承了凯恩斯和汉森关于资本主义经济是一种混合经济的理论观点，以“混合经济”作为新古典综合理论分析的制度前提。汉森认为，从19世纪末期以后，世界大多数资本主义国家的经济，已经不再是单一的纯粹的私人资本主义经济，而是同时存在着“社会化”的公共经济，因而成了“公私混合经济”。萨缪尔森认为，“混合经济”就是国家机构和私人机构共同对经济实施控制，也就是政府和私人企业并作，垄断与竞争并存的混合经济制度①。“混合经济”的特点就是以市场经济为主，通过价格机制来调节社会的生产、交换、分配和消费；同时政府必须根据市场情况，通过财政政策和货币政策来调节和干预经济生活，保证宏观经济的均衡增长。

凯恩斯曾提出一个“收入—支出模型”，从供给角度分析，国民收入 Y 等于消费 C 和储蓄 S 之和，从需求角度进行分析，国民收入等于消费的支出 C 和投资的支出 I 之和。社会经济总收入等于总支出，即有公式 $C+S=Y=C+I$，即社会经济中总需求与总供给达到均衡。为了避免经济生活中常常出现的过度需求和有效需求不足，新古典综合派依据凯恩斯主义国家干预经济生活的思想，在“收入—支出模型”中引进了政府税收 T 和政府支出 G 两个因素，建立了一个所谓“三部门经济”模型。这样，国民收入从收入（或供给）角度看，$Y=C+S+T$；从支出（或需求）角度看，$Y=C+I+G$。因而，在总需求等于总供给的均衡条件下，“三部门经济”的“收入—支出模型”可以表示为：$C+I+G=C+S+T$。

由于在模型中引进了政府财政收入和支出的因素，就可以通过政府的活动来调节社会经济中总需求与总供给之间的关系。如果 $C+I+G>C+S+T$，出现总需求大于总供给的通货膨胀局面。这时，政府可以采取减少财政开支，或者增加税收，或者双管齐下的经济政策，来抑制总需求，使总需求与总供给在没有通货膨胀的条件下达到充分就业均衡。

如果 $C+I+G<C+S+T$，出现总需求小于总供给，即有效需求不足的局面。这时，政府可以采取增加财政开支，或者减少税收，或者双管齐下的经济政策，刺激有效需求，使总需求等于总供给，实现充分就业均衡。

上述“收入—支出模型”的分析表明，只要通过政府运用财政政策，适当地扩大或减少政府的开支和收入，就能够通过需求管理政策，使资本主义经济达到充分就业。但是，上述分析并没有完全包括凯恩斯的有效需求理论，如果要在国民收入决定的分析中包括凯恩斯以流动偏好为核心建立起来的货币利息理论，就必须采用“希克斯—汉森模型”。

① ［美］萨缪尔森，诺德豪斯．经济学［M］．第18版．萧琛，等译．北京：人民邮电出版社，2008：36.

（三）*IS*－*LM* 模型

IS－*LM* 模型（见图 13－4）最先由英国经济学家希克斯提出，后又由美国经济学家汉森完善补充，成为宏观经济学重要的分析工具，是新古典综合派的主要代表模型之一，被称为“希克斯—汉森模型”。

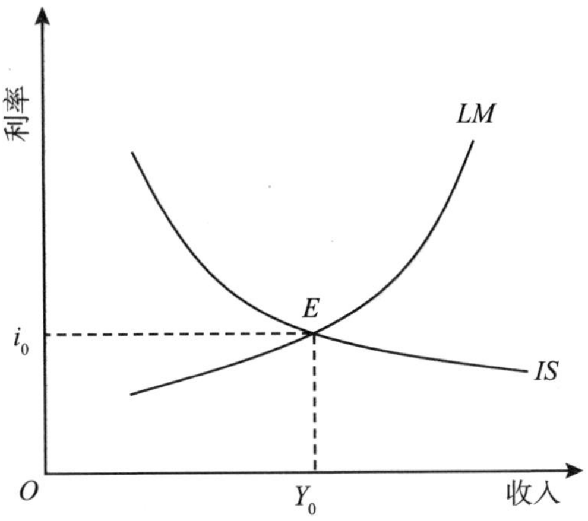

图 13－4　*IS*－*LM* 模型

希克斯根据凯恩斯的理论体系推导出了 *IS* 和 *LM* 曲线，*IS* 曲线上的每一点代表某一给定的利息率相应的投资和储蓄相等的国民收入水平。它反映了商品市场上总需求与总供给一致时，国民收入水平与利息率之间的反方向变化关系。*LM* 曲线表示的是在货币供给量给定的条件下，国民收入与利息率之间的同方向变化关系。*IS* 曲线与 *LM* 曲线的交点表示社会经济活动中商品市场和货币市场同时达到均衡状态时的国民收入和利息率的均衡值。*IS*－*LM* 模型分析所采用的是新古典经济学的均衡分析方法，所说明的却是凯恩斯的国民收入决定理论。它是凯恩斯的有效需求理论和新古典的一般均衡理论综合的产物。新古典综合派通过 *IS*－*LM* 模型分析说明了宏观货币政策作为财政政策补充手段的重要性，强调政府应同时采取刺激投资需求的财政政策和增加货币供给的货币政策，以便能够通过利息率的中介作用刺激国民收入的增长，实现充分就业。

图 13－4 将 *IS* 曲线和 *LM* 曲线结合在一起。这个模型表明在凯恩斯理论体系中，利息率和收入水平之间是相互同时确定的，表明经济中的商品领域和货币领域是通过利息率联系在一起的。图 13－4 中，*IS* 和 *LM* 的交点是 *E*，表示经济体系的一般均衡状态，均衡利率和均衡收入是 i_0 和 Y_0。这是产品市场和货币市场同时实现均衡时的唯一的利率和收入水平。汉森和其他经济学家证明，很容易将政府支出和税收加入 *IS*－*LM* 模型中，并且用它来分析可供选择的财政政策和货币政策的利率效应和收入效应，将政府支出增加到投资支出水平上，将税收增加到储蓄水平上。

财政政策使 *IS* 曲线发生移动。这种情况是由于支出的变化会使每一利率水平下的收入水平发生改变。例如，政府支出的增加将会使 *IS* 曲线向右移动，导致利率和收入水平的上升。财政政策的有效性取决于 *LM* 曲线的弹性，如果它是高度有弹性的，那么 *IS* 曲线的向右移动将会增加收入而不会导致利率较大幅度的提高。货币政策使 *LM* 曲线发生移动，货币供给增加，将使 *LM* 曲线向右移动。货币供给的增加在提高收入方面的有效性取决于利率下降的程度和投资需求的弹性。如果投资需求是非常缺乏弹性的，*IS* 曲线也倾向于缺乏弹性，那么利率的下降对投资和收入几乎没有影响。

（四）菲利普斯曲线

1958 年，新西兰经济学家菲利普斯在《经济学刊》发表了著名的《1861～1957 年英国失业率和货币工资变化率之间的关系》文章，根据英国近 100 年的失业率和货币工资变动率的经验统计资料，提出了一条用以表示失业率和货币工资变动率之间交替关系的曲线。这条曲线表明：当失业率较低时，货币工资增长率较高；反之，当失业率较高时，货币工资增长率较低，甚至是负数。菲利普斯研究结果认为，在英国要是能保持 5% 失业率，货币工资水平就会稳定；而如果保持 2.5% 的失业率，货币工资增长率就会超过劳动生产率的增长率。这条曲线解释了货币工资变动率与失业水平之间存在此消彼长、互为替代的逆向变化关系。新古典综合派将菲利普斯曲线引入了自己的理论框架中，并对其进行了修改和发展。萨缪尔森和索洛 1960 年发表《达到并维持稳定的价格水平问题：反通货膨胀政策的分析》论文。萨缪尔森与索洛分析了美国的数据，并用通胀取代了名义工资增长率，发现通货膨胀与失业率之间也存在明显的负向关系。他们将这一关系正式命名为“菲利普斯曲线”。

图 13－5 中，两个纵坐标分别代表通货膨胀率和工资变化率，横坐标代表失业率，自左上方向右下方倾斜的菲利普曲线斜率为负，表明失业率较高时工资率和通货膨胀率都较低，失业率较低时，工资增长率和通货膨胀率都较高。在失业率和通货膨胀率两者之间，也存在着此涨彼消的反方向变动关系。只要货币工资增长率超过劳动生产率增长率，就会导致通货膨胀或物价水平上涨。萨缪尔森和索洛得出：通货膨胀率＝工资增长率－生产率增长率。比如，假定平均劳动生产率稳定地每年增长 2%，如果工资每年增长 8%，价格将会每年增长 6%。他们利用菲利普曲线提出了“通货膨胀对换论”。根据这一观点进行决策时，如果一个国家愿意支付较高的通货膨胀的代价，那么他就可以得到较低水平的失业率；或者反之，以高失业换取低通货膨胀率。决策者可以利用菲利普曲线进行某种抉择。但随着 1960 年代普遍出现的“滞胀”，随着通货膨胀率的上升，失业率不降反升，菲利普斯曲线从斜率为负变成了斜率为正，菲利普斯曲线受到了很多人的批评，货币学派代表人物弗里德曼认为菲利普斯曲线只在短期内是有效的。用通货膨胀率换取失业率是不可取的。

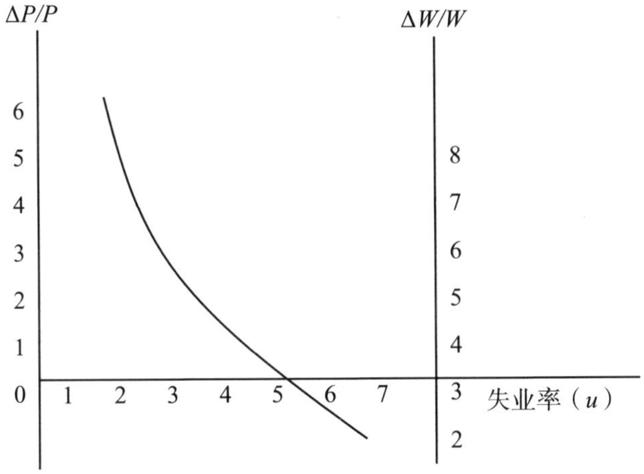

图 13－5 菲利普斯曲线

（五）经济增长理论

经济增长一直受到主流经济学忽视，哈罗德—多马给出了新古典经济学增长分析模型：$G=S/V$，G 是经济增长率，S 是资本积累率（储蓄率），V 是资本/产出比。索洛在构建他的经济增长模型时，既汲取了哈罗德—多马经济增长模型的优点，又摒弃了那些令人疑惑的假设条件。

索洛认为，哈罗德—多马模型只不过是一种长期经济体系中的“刀刃平衡”。其中，储蓄率、资本—产出比和劳动力增长率是主要参数。这些参数值若稍有偏离，其结果不是增加失业，就是导致长期通货膨胀。新古典经济增长模型有几个假设前提：（1）全社会只有一种产品；（2）资本—产量比例是可以改变的，从而资本—劳动比例也是可以变动的；（3）规模收益不变，但资本或劳动的边际生产力递减；（4）完全竞争，即工资率和利润率分别等于劳动与资本的边际生产力；（5）不考虑技术进步。索洛给出了新古典综合派的经济增长模型：

$$G=\alpha\cdot\frac{\Delta K}{K}+(1-\alpha)\cdot\frac{\Delta L}{L}$$

其中，G 是经济增长率，$\Delta K/K$ 表示资本增长率，$\Delta L/L$ 表示劳动增长率，α 表示资本所占的份额，$1-\alpha$ 则表示劳动所占的份额比重。基本含义是在技术水平不变前提下，经济增长率取决于劳动增长率与其份额乘积与资本增长率与资本份额乘积之和。

索洛模型将新古典的市场机制与储蓄等于投资的宏观经济均衡综合在一起，否定了哈罗德—多马模型中的资本—劳动比率固定不变的假设，要想保持经济的长期增长，就必须不断提高储蓄倾向和降低人口出生率。如果两个国家的初始人均资本相同，但是投资率不同，那么，投资率高的那个国家将具有较高的经济增长。如果一个国家提高投资水平，那么它的收入增长率也将提高。

后来，索洛运用生产函数，把经济增长按照劳动投入、资本投入和全要素生产率等三个因素进行分解，计算这三项因素对经济增长的贡献份额。他认为，经济增长率＝技

术进步率+(劳动份额×劳动增加率)+(资本份额×资本增长率)。可以表示为:

$$G=\alpha\cdot\frac{\Delta K}{K}+(1-\alpha)\cdot\frac{\Delta L}{L}+\frac{\Delta A}{A}$$

这里,技术进步率 $\Delta A/A$ 就是全要素生产率,也被称为索洛余值,即将劳动、资本等要素投入数量等因素对经济增长率的贡献扣除之后,技术进步因素对经济增长的贡献份额。比如,已知资本增长率为2%,劳动增长率为0.8%,产出增长率为3.1%,资本的国民收入份额是0.25,在这些条件下,技术进步对经济增长的贡献 =3.1% -2% ×0.25 -0.8% ×0.75 =2%。索洛认为,技术进步不仅包括生产技术水平提高,还包括劳动力与资本质量的改进。劳动增长率与资本增长率为零,经济由于技术改进仍然可以稳定增长。

(六)主要政策主张

在凯恩斯的“需求管理”理论和扩张性财政政策思想的基础上,新古典综合派进行了两个方面的创新。一是主张采取“逆经济风向行事”的财政货币政策,以减少经济周期对经济发展的不利影响。20 世纪 50 年代,汉森提出了以“反经济周期”为目的的“补偿性财政政策”和“补偿性货币政策”。“补偿性财政政策”不追求每一财政年度的收支平衡,只求在经济周期的整个期间实现收支平衡。在经济萧条时,主张采用膨胀性财政政策,同时中央银行放宽信贷,增加货币供给量,降低利息率,可以变萧条为繁荣;在达到充分就业、出现通货膨胀时,实施相反的紧缩性财政政策,同时紧缩信贷,减少货币供给量,提高利息率,以求得萧条与繁荣时期的相互补偿,防止经济危机的爆发。二是主张在经济上升期实施赤字预算、发行国债,刺激经济快速增长。

在财政政策与货币政策的关系方面,新古典综合派有两个基本主张:一是财政政策比货币政策更为重要。萨缪尔森认为由于现代政府的巨大规模,没有财政政策就等于宣告死亡。汉森认为货币政策具有非对称性,主张以财政政策为主刺激经济的增长。新古典综合派的又一重要代表人物托宾也指出,财政政策和货币政策的作用不同,可相互补充,应配合使用,但运用扩大预算支出和赤字理财的财政政策比起实施操纵利息率的货币政策更能迅速直接地刺激经济扩张。二是财政政策与货币政策的使用应相机选择。由于财政政策和货币政策各有特点,作用的范围和程度不同,因此在使用哪一项政策时,或者对不同的政策手段搭配使用时,没有一个固定的模式,政府应根据不同情况,灵活地决定。

新古典综合派的宏观经济目标是:充分就业、物价稳定、经济增长和国际收支平衡。经济政策就是为了同时达到这些目标而制定的手段和措施。政府通常将财政政策和货币政策相互配合起来使用,以求同时实现上述几项宏观调控目标。财政政策是政府既定目标,通过财政收入和支出的变动以影响宏观经济活动水平的经济政策。政府调整总收入和支出的财政政策的主要手段为:改变政府购买水平、政府转移支付水平和税率。中央银行在执行货币政策时主要工具有三项:公开市场业务、调整中央银行对商业银行的贴现率和调整法定准备率。这种货币政策也深深影响着世界各国政府。

新古典综合派特别强调就业的作用。托宾认为经济政策应该盯住充分就业目标，实行所谓的“充分就业预算”：只要实际产出量低于潜在产出量，即使经济在上升，也要采取扩张性经济政策，消除二者的差距，实现充分就业。充分就业政策改变了原来凯恩斯主义只是主张在经济萧条时实施扩张性经济政策的主张，也改变了原来“逆经济风向行事”的实施原则。他们提出如果没有实现充分就业，经济生活中存在潜在的产出量，即使经济在增长，也应该采取“顺经济风向行事”的原则来制定经济政策。

二、新剑桥学派

在凯恩斯主义形成之前，新古典学派的主要代表人物曾先后在英国剑桥大学长期任教，因此新古典学派又称“剑桥学派”。后来，剑桥学派的凯恩斯独树一帜，创立了宏观经济学。第二次大战后，在凯恩斯主义内部，也可以说在西方经济学界发生了一场规模宏大、旷日持久的关于如何看待经济学特别是凯恩斯主义的大论战。因为论战的双方，一方是来自英格兰剑桥大学的新剑桥学派，另一方是以美国马萨诸塞州剑桥地区麻省理工学院为代表的新古典综合派。所以西方经济学界称之为“两个剑桥之争”。为了争夺凯恩斯主义的正宗地位，两派就增长理论、资本理论、分配理论等展开了多次论战。在与新古典综合派的论战之中，剑桥大学的琼·罗宾逊、斯拉法、卡尔多、帕西内蒂等学者提出了与新古典综合派相对立的主张，由于他们的理论观点完全背离了以马歇尔为首的老一代剑桥学派的传统理论，因而被称为“新剑桥学派”。

（一）收入分配理论

新剑桥学派在经济理论上有两个突出的特点：一是在分析方法上采用历史观，抛弃新古典综合派主张的均衡观；二是特别注重收入分配问题。在收入分配方面，新剑桥学派认为关键在于收入分配的相对份额是如何变动的，其变动应随着经济增长率的变动而变动。

新剑桥学派的收入分配理论是建立在其价值理论的基础上的，是价值理论的引申和发展。它的价值理论的要点是：商品的价值应当具有客观的和物质的基础。而不能像边际生产力理论那样把价值看成是主观的东西。由此出发，它认为国民收入划分为工资和利润两大部分。利润包括利息、租金等资本收益。而且认为这两部分的相对份额与利润率的高低有直接关系。利润率越低，工资总额在国民收入中的比重就越大；反之利润率越高，利润总额在国民收入水平上，工资和利润总是呈反方向运动的。因此，重要的问题是要确定利润率。新剑桥学派的收入分配观点主要集中在以下几点：

第一，反对新古典经济学中的边际生产力分配理论，认为它不能反映资本主义经济中收入分配的实际情况。新古典综合派认为，工资由劳动的边际生产力决定，利息由资本的边际生产力决定。新剑桥学派认为，这种理论是错误的。因为工资等于劳动的边际产品，而劳动的边际产品又等于工资，这显然是一种毫无意义的循环推理，说明不了任何问题。

第二，收入分配形成的结局具有客观的、物质的基础。它不仅和历史上形成的财产占有制度有关，而且和劳工市场的历史条件有关。工资收入者的货币工资率取决于外部条件，如一国历史上形成的工资水平、国内劳资双方议价力量的对比等。利润收入者的利润是资本占有者凭借财产占有权而取得的非劳动收入。因此，工资和利润之间的分配绝不是公平的、合理的，而是取决于劳工集团和资本集团各自的谈判权力。这些充分体现出新剑桥学派强调的是所有权和历史因素。

第三，收入分配格局的形成具有客观的基础。它与历史上形成的财产占有制度和劳动市场条件有关。工资可分为货币工资和实际工资。它们是受不同因素制约的。货币取决于许多外在条件，如一国历史上形成的工资水平，国内劳资双方议价力量的对比等。而实际工资则同利润率、商品与货币流量、价格水平等因素有关。货币工资可以不依赖实际工资而自行变动。而利润是资本占有者对其财产的占有权而取得的非劳动收入，它取决于历史上所形成的财产占有制度。因此，工资和利润之间的分配绝不是公平合理的，而是取决于劳工集团资本各自的谈判权力。新剑桥学派的这种提法是相当大胆和激进的。

第四，工资和利润在国民收入中所占份额的大小，在一定的收入水平条件下取决于利润率水平，而利润率水平是与一定生产的物质技术条件联系在一起的。这个问题是通过斯拉法所提供的一个公式来说明的。设 r 为利润率，R 为纯产品对生产资料的比率，w 为纯产品中支付工资的比率，那么利润率为：$r=R(1-w)$。根据这一公式，斯拉法认为在工资从一减到零时，利润率的增加和工资的全部扣除成正比。这就说明在一定的利润率水平上，工资和利润总是呈反方向运动的，而且意味着利润率（r）与生产技术的物质条件有着直接的关系，因为纯产品中支付工资的部分和纯产品对生产资料的比率，二者都代表着一定的生产技术物质装备所达到的水平①。

（二）经济增长理论

新剑桥学派的经济增长模型的特点是把经济增长同收入分配结合在一起，着重考察随着经济的增长，分配结构将有怎样的变动趋势以及决定这种变动的基本因素是什么，论述如何通过收入分配的改变来实现稳定的经济增长，在经济增长中收入又是如何变化的②。其中罗宾逊、卡尔多、帕西内蒂的经济增长模型各自做了系统的分析。

罗宾逊在《资本积累》（1956）一书中提出了“黄金时代”的概念和经济增长模型。她的“黄金时代”是指劳动充分就业和资本充分利用的均衡状态。假定技术系数不

---

① 田志忠．新剑桥学派［J］．中共山西省委党校学报，1987（3）：40－44.

② 李波．新剑桥学派的经济增长模型［J］．北京理工大学学报，2001，3（1）：81－83.

变，即资本与劳动比例不变，当劳动量增长率与资本量增长率相等时，就实现了“黄金时代”。经过推导，罗宾逊最终给出她的经济增长模型：

$$\pi = \frac{Y}{S_P}$$

其中，π 是利润率，Y 是经济增长率，S_p 是资本家的储备倾向。模型表明，利润率与资本家的储蓄倾向成反比，资本家消费越多，从而储蓄倾向越低，利润率就越高；在资本家储蓄倾向不变的条件下，资本积累与利润率存在相互制约的关系。即一定利润率产生一定积累率，在技术系数不变的条件下，随着积累率以及经济增长率的提高，利润率就会提高。

卡尔多在其 1956 年《可选择的分配理论》一文中提出了他的典型的增长模型。假定社会只有工人和资本家，因此全部国民收入 Y 分为工资 W 和利润 P 两部分：$Y = W + P$。工人和资本家都各有不同的储蓄倾向 S_W、S_P，设 S 为储蓄总额，最终卡尔多推导出他的经济增长模型：

$$\frac{P}{Y} = \frac{1}{S_P - S_W} \times \frac{1}{Y} - \frac{S_W}{S_P - S_W}$$

由于卡尔多假定 S_W、S_P 的值不变，而且 $S_P > S_W$，因此 P/Y 乃是 $1/Y$ 的函数，互成正比。其变动机制如下：在充分就业情况下，价格水平取决于需求，如果投资增加，从而总需求增加，社会拉动价格上升。这一方面使利润提高，增加利润在国民收入中的比重。另一方面降低实际工资，减少工资在国民收入中的比重。反之如果投资减少，则会发生相反的变化。可见 P/Y 与 $1/Y$ 的函数变化的关系是通过价格伸缩机制来实现的。

帕西内蒂扩充了卡尔多模型。他认为在稳定状态的经济增长中资本收益率成正比例地取决于劳动增长率，成反比例地取决于利润获得者的储蓄倾向。

根据哈罗德的经济增长模型，保持充分就业的均衡增长条件是：$G_n = S/C_r$。式中 G_n 表示经济增长率，S 表示社会储蓄率，Cr 表示资本产出比。

假定全社会只有工人和资本家两个阶级，所以国民收入只分解为工资、利润两部分，社会储蓄总额也就只能来源于工人和资本家的收入不用于消费而用于储蓄的总和。设 X 为社会储蓄总额，S_W、S_P 分别表示工人、资本家的储蓄倾向，W、P 分别表示工资、利润。则有 $X = S_W \times W + S_P \times P$。又设 Y 为国民收入，并因 $S = X/Y$，所有最终可以推导为：

$$G_n = P(S_P - S_W) + \frac{S_W}{C_r}$$

新剑桥学派认为，在其他条件不变的情况下，经济增长率越高利润率越大，国民收入中利润的比例就越大，作为工资收入者所得的工资的比例就越小。因此经济增长不利于占人口多数的工资收入者，必然加剧收入分配的不平等。这是新剑桥经济增长模型的重要结论。资本主义社会最大的病症在于这种收入分配的不平等。因此解决收入分配问题，改进收入分配制度就应该消除资本主义的种种弊病。解决资本主义社会问题的途径不是实现经济增长，而是实现收入均等化。新古典综合派认为，解决资本主义社会问题的途径是实现经济增长。新剑桥学派不同意这一看法，认为经济增长不仅造成了污染、通货膨胀等问题，使工人的收入在国民收入中所占的比例相对减少，而且还造成了绝对贫困。经济增长和收入分配差距扩大是同时产生的，或是互为条件的。

（三）滞胀理论

“滞胀”是20世纪70年代以来资本主义世界出现的新现象。对于“滞胀”发生的原因，资产阶级经济学家有各种各样的解释。新剑桥学派也提出了自己的理论。他们认为应当从区分不同的商品市场类型或不同类别的经济部门入手来解释通货膨胀发生的原因，进而说明为什么会出现“滞胀”。首先，新剑桥学派卡尔多把社会经济分为三个部门：（1）初级产品部门，即为工业活动提供必需的食物、燃料和基本原料的部门；（2）制造业部门，即将原料加工为成品以供投资或消费之用的部门；（3）服务部门，即为其他部门提供各种辅助性服务的部门。他进一步写到：

> 持续和稳定的经济发展要求这两个部门产量的增加应符合必要的相关关系。这就是说，可出售的农矿产品产量的增加，应和需求的增加相一致。这种需求的增加又是反映第二级（第三级）部门的增加的①。

新剑桥学派认为，世界经济中出现的“滞胀”现象，是由于初级产品部门的生产增长和制造品部门的生产增长这两者之间存在着比例失调造成的。这两个部门比例失调的出现是由它们价格决定的不同造成的。在初级产品市场上，产品价格是由供求关系决定的，价格的变动是调节未来生产和消费的信号。而在制造品市场上，特别是在大部分生产集中于大公司手中的现代工业社会中，价格是被操纵的。即由生产者根据成本决定的，而不由市场决定。其生产不是根据市场机制而是根据库存机制决定的。这就不可避免地造成两个部门生产增长的比例失调。

从世界经济角度看，两个部门生产增长比例的失调，必然引起初级产品价格的巨大变动；而初级产品价格的任何巨大变动，无论是提价还是降价，都会对工业活动起抑制作用。在价格上升时，还会同时带来通货膨胀。这就是生产停滞和通货膨胀同时并发“滞胀”的根本原因。所以，新剑桥学派的“滞胀”理论，以制造品与初级产品比例失调引起产品价格的巨大变动为根本原因。20世纪70年代初级产品（特别是石油）价格上涨所引起的严重“滞胀”，被认为是这种“滞胀”理论的一个例证。

（四）政策主张

新剑桥学派强调政府在分配领域内进行干预的必要性，反对货币学派关于听任市场

---

① ［英］卡尔多．世界经济中的通货膨胀和衰退［C］//现代国外经济学论文选（第一辑）．北京：商务印书馆，1979：322.

机制充分发挥作用的观点，也反对新古典综合派关于调节总需求和实行工资、物价管制的办法。

琼·罗宾逊认为，货币量与生产量之间有牢固的联系，而物价与货币量之间则有微弱的、间接的联系。因此，信贷限制能减少实际经济活动，但货币收入的垂直的膨胀性增加则只是局部地被减缓。征税能减少支出，但货物税和销售税却直接进入价格。而企业利润税是被当作成本的，所以为了弥补这些税款，价格幅度就提高了。对于国际贸易逆差采用外汇贬值的补救办法实际上是无效的。它对降低出口品在国外的价格是缓慢地起作用的。同时进口品在国内的价格的上升对工资提高的要求起火上加油的作用。罗宾逊也反对以管制工资为主要内容的收入政策。在她看来，这种收入政策不可能取得良好的结果，因为当前各个集团的收入在收入总额中所占的相对份额是依存于它那个集团的谈判权力①。实行收入政策就把劳资之间的收入分配不平等加以合法化，固定化了。罗宾逊举英国为例，证实在收入政策发生作用之前，限制工资的办法就破灭了，而且在英国甚至还试行过温特劳布教授倡导的以税收为基础的收入政策，即对那些同意支付超过定额标准的工资的厂商给予惩罚的办法，但这个办法只维持了一周时间。她认为在美国，如果收入更平等的话，那么就会有持久的稳定的大量消费需求，而需要维持就业的各种推动器则会大大减少，但这一切现在看来都是幻想。

既然新剑桥学派认定资本主义主要弊病的根源在于收入分配的失调，所以罗宾逊等便竭力主张对资本主义经济的调节措施应放在收入分配领域和其他可能影响现有收入分配格局方面。他们认为的调节措施主要包括：通过合理的税收制度（如累进制所得税）来改进收入分配不均的状态；给予低收入家庭以适当的补助；减少用于军事等方面的支出，用以发展民用服务、环境保护和原料、材料生产等部门；提高失业者的文化技术水平，以便他们能有更多的就业机会；制定适应经济增长的、逐渐达到消灭赤字的财政政策和预定的实际工资增长率政策；实施进口管制，发展出口品的生产，增加出超，从而为国内提供更多的工作职位。

罗宾逊特别主张实行没收性的遗产税以便消灭私有财产的集中，抑制食利者阶层的收入的增长，并把政府由此得到的财产及其收入专用于公共目标。同时，她主张可用政府预算中的盈余去购买公司股份，把公司股份所有制从个人转移到国家手中。

由于新剑桥学派的经济政策比较激进，实际上从来没有被西方所接受和采纳，更没有被付诸实施。其主张并不是从根本上改变资本主义生产关系，消灭雇佣劳动制度，而只是局限在收入分配范围内的某些改良。

复习与讨论

1. 为什么说新古典综合派是经济学思想史上的第三次综合？

2. 20 世纪 70 年代，西方许多经济体出现了经济的停滞、失业与通货膨胀并存的滞

---

① 胡代光．新剑桥学派述评［J］．经济研究，1983（1）：61－66.

胀局面。请运用新古典综合派理论和新剑桥学派理论分别解释滞胀现象。

3. 新古典综合派的混合经济与我国的多种所有制经济有何异同?

4. 有人将凯恩斯经济学称为萧条经济学，有人认为凯恩斯经济政策只适用经济危机和经济萧条时刻，你的看法如何?

5. 凯恩斯经济学产生的时代背景是什么?为什么说凯恩斯经济学是一次经济学革命?

6. 新剑桥学派和新古典综合派的论战主要集中在哪些方面?

7. 解释凯恩斯的边际消费倾向对有效需求的影响与作用。

8. 凯恩斯是怎样用人们的基本心理倾向解释资本主义失业现象的?

本章移动端课件

经济学简史 第十三章

扫码学习 移动端课件

CHAPTER 14

第十四章　新制度经济学

英国经济学家科斯在 1937 年的论文《企业的性质》和 1960 年的论文《社会成本问题》中指出了产权和交易成本对经济制度运行的重要性。后续的经济学家将他的思想严格表述，使新制度经济学成为主流经济学的一部分。自科斯开创性研究以来，新制度经济学已经取得了长足的发展，特别是 20 世纪 90 年代以后，科斯于 1991 年、诺斯于 1993 年，威廉姆森和奥斯特罗姆于 2009 年先后获得诺贝尔经济学奖，新制度经济学获得广泛声誉。

科斯是新制度经济学的开创者和奠基者，在科斯理论的基础上，阿尔奇安、德姆塞茨等发展了产权理论；张五常、杰森、麦克林、哈特等发展了契约经济学；威廉姆森等发展了交易成本经济学；诺思等人发展了经济史的制度理论或新经济史学。新制度经济学在理论和实践两个方面均对人们产生了巨大而深远的影响。

第一节　新制度经济学兴起及假设

新制度经济学是近年来发展较快的一门经济学分支，它的基本内容是用经济研究制度现象。现在已有人把它与微观经济学和宏观经济学并列为经济学的三大基础。新制度经济学研究领域广泛，内容涉及经济学、政治学、法学、社会学。旧制度学派是凡勃伦等人创建的。20 世纪 60 年代，制度主义重新兴起。这一时期出现了两个“新”制度经济学，分别是以加尔布雷思等经济学家为代表的“Neo-institutional Economics”，及以科斯、诺思等为代表的“New-institutional Economics”。为区分这两支制度学派，国内一般将以加尔布雷思等为代表的制度学派称为现代制度经济学，而将以科斯等为代表的制度学派称为新制度经济学。新制度经济学从 20 世纪 70 年代起步发展，到现在逐步成长为当代经济学研究的前沿领域和重要学派。迄今为止，新制度经济学虽然还没有形成一个独立、完整而严密的科学理论体系，但在产权理论、交易费用理论、契约理论、委托—代理理论、制度变迁理论等方面取得重大成果，对新古典经济学提出了全面的挑战，并造成了巨大的冲击。本章介绍的是科斯、诺斯代表的新制度经济学。

一、新制度经济学起源

新制度经济学强调制度的作用，并不是说经济学从来不重视制度的研究。自亚当·斯密创立近代经济学以来，古典经济学也曾分析阶级和经济制度。而后来的边际学派以及马歇尔的新古典经济学则摒弃了这方面的分析。后来，以凡勃伦、康芒斯为首的一些经济学者创立了制度经济学，这是经济学思想史上的旧制度经济学。他们认为经济学研究的对象应该是人类经济生活中借以实现的各种制度。凡勃伦着重于制度的心理和文化分析，把制度的发展看作思想意识演进的结果，因而其学说也被称为制度的“社会心理学派”。凡勃伦还认为，由于生物的进化是逐渐演变的，因此，制度的进化也是逐渐演变的，而不是突变的。制度的演变是一个永不结束的过程，而且变化的趋向和进化的将来形态都是不能预期的。而康芒斯着重论证法律在决定社会经济发展中的作用，特别强调法院的调解和管理经济的重要性，因此也被称为制度的“社会法律学派”。康芒斯强调经济制度是人类利用天然环境以满足自己物质需要而形成的社会习惯，而一切社会习惯又来源于人类的本能。在制度学派来看，社会经济根源在于经济生活有关的制度，并受制度的发展所制约。因此，社会经济的发展过程，实际上就是制度的发展过程，制度是相对的和不断进化的，由此导致了社会经济的发展变化。因此，他们认为经济学应从制度进化的趋势来考察社会经济的发展，探讨每一历史时期，每一经济体系的各种经济问题。

20 世纪初广泛发展起来的旧制度经济学，到了 30 年代以后影响趋于衰落，这是由于凯恩斯主义对经济发展的影响日益增大；同时，制度学派没有花大的力气去分析现存的经济政治制度的性质和功能。这就大大降低了制度经济理论在这一时期经济发展实践中的影响。在此期间，艾尔斯、贝利和米恩斯等为制度学派的发展起到了承前启后的作用。艾尔斯根据技术进步和社会评价标准的变化分析了工业社会的演进趋势。贝利和米恩斯则从社会和企业结构的角度分析了资本主义社会的经济问题，着重分析了所有权和管理权的分离及其对资本主义权力结构的影响。20 世纪 50 年代起，美国制度学派在加尔布雷斯的倡导下重振旗鼓，并命名为“新制度主义”。强烈批评社会现实和新古典方法，是凡勃伦传统的新发展。加尔布雷斯沿着凡勃伦—艾尔斯传统，分析了市场与社会组织制度和权力结构的整合，社会经济组织中抗衡力量的存在和种种表现及国家对协调双方力量的作用，反映了应用政治模式处理解决问题的尝试。

无论是凡勃伦的旧制度经济学，还是加尔布雷斯的新制度主义，都和科斯创立的新制度经济学有很大区别。科斯曾经这样评价制度主义：“他们没有一个理论：除了一堆需要理论来整理，不然就只能一把火烧掉的描述性材料外，没有任何东西流传下来。”①传统的微观古典经济学或新古典经济学，都研究理想化的规范交易市场规律，经济社会

① ［美］罗纳德·哈里·科斯．论生产的制度结构［M］．盛洪，等译．上海：上海三联书店，1994：269.

全是追逐利益最大化的经济人，所有经济活动在完全竞争环境中取得帕累托最优解。市场是完全的，交易费用为零，供给和需求在价格机制作用下达到均衡。但这种严格假设并不符合现实经济世界。20 世纪 60 年代以来，一大批新古典经济学家尝试修正与扩展新古典经济学，在保留传统价格理论的基本要素——稳定性偏好、理性选择模型和均衡分析方法基础上，修改基本假设更符合现实经济世界，将微观经济学研究更趋一般化。他们的研究主要集中于交易成本、产权界定、制度变迁。他们强调制度对社会经济生活的决定作用以及技术变革在制度进化过程中的作用。而且运用新古典经济学的逻辑与方法，从人们行为假定的方向拓展新古典经济学的应用领域，使新古典经济学获得了对现实经济问题新的解释力。正是在上述背景下，以科斯、诺斯为代表的新制度经济学应运而生，掀起了对新古典经济学的范式革命，并取得了重大理论突破。

二、新制度经济学代表人物

新制度经济学有时也被称为产权学派、交易成本经济学、新产业组织理论、新经济史等。但最被广泛接受的还是威廉姆森给出的“新制度经济学”称呼。新制度经济学家有许多，主要代表人物有科斯、诺斯与威廉姆森。

（一）科斯生平与著作

罗纳德·哈里·科斯（Ronald H. Coase，1910～2013），新制度经济学的鼻祖，美国芝加哥大学教授、芝加哥经济学派代表人物之一，法律经济学的创始人之一，曾提出“科斯定理”，1991 年诺贝尔经济学奖的获得者。

1910 年 12 月 29 日，科斯出生在伦敦的威尔斯登，腿有残疾。1929 年 10 月，在契尔伯文法学校学习两年后，进入伦敦经济学院，在那里遇到了对他有很大影响的老师——阿诺德·普兰特。1932 年获伦敦政治经济学院经济学学士学位。1934～1935 年在利物浦大学作为助理讲师任教。1935 年以后在伦敦经济学院教书。在伦敦经济学院，他被指定讲授公用事业经济学，为此他开始对英国公用事业作了一系列历史研究。1937 年科斯自己的代表性论文《企业的性质》在《经济学季刊》第 4 期上发表，但当时反应平平。1938～1946 年任伦敦经济学院讲师。第二次世界大战爆发后，他进政府做统计工作，先后在森林委员会、中央统计局、战时内阁办公室等部门任职。1946 年他回到伦敦经济学院，负责教授主要经济学课程——经济学原理，并进一步展开对公用事业特别是邮局和广播事业的研究。1947～1951 年任伦敦经济学院高等讲师。1951 年获得伦敦大学理学博士学位，同年移居美国。1958～1964 年任弗吉尼亚大学经济学教授。1959 年加入弗吉尼亚大学经济学系，期间他对联邦通信委员会作了研究。1964 年后任教于芝加哥大学。1964～1982 年，任《法律与经济学》杂志主编。2013 年 9 月 2 日，在美国去世。

科斯对经济学的贡献主要体现在他的《企业的性质》（1937 年）和《社会成本问题》（1960 年）之中。《企业的性质》以交易成本概念解释企业规模；《社会成本问题》主张完善产权界定可解决外部性问题。科斯不但启发了大批后续论著诞生，而且促成了经济学中新制度经济学、法学中经济分析法学两大学派的创立和发展。此外，1974 年发表的《经济学中的灯塔问题》也享有盛誉。

（二）诺斯生平与著作

道格拉斯·诺斯（Douglass C. North，1920～2015）是美国经济学家、历史学家，1920 年出生在美国马萨诸萨州坎布里奇市。1929～1930 年在瑞士游学，1942 年获得伯克利加利福尼亚大学学士学位，1946 年开始在伯克利任教，1950 年成为华盛顿大学的教授，1952 年获得哲学博士学位，1960～1966 年任《经济史杂志》副主编，1961 年担任华盛顿大学研究所的所长，1966～1986 年任国民经济研究局董事会董事，1972 年担任美国经济史学协会会长，1972～1973 年任东方经济协会会长，1973 年任巴黎高级研究实验学院历史研究中心客座副主任，1975～1976 年担任西方经济协会会长，1979 年任教于赖斯大学，1981～1982 年任教于剑桥大学，1982 年重新回到华盛顿大学，1987～1988 年任斯坦福大学行为科学高级研究中心客座研究员。2015 年 11 月 23 日在密歇根州本西县本佐尼亚村家中去世。

作为一名经济历史学家，诺斯对经济和经济制度，以及制度对长期经济表现的影响作了深入研究。因为重新发现了制度因素的重要作用，诺斯的新经济史论和制度变迁理论使其在经济学界声誉鹊起，成为新制度经济学的代表人物之一，并因此获得了 1993 年度诺贝尔经济学奖。主要著作有：《1790～1860 年的美国经济增长》《美国过去的增长与福利：新经济史》《制度变化与美国的经济增长》《制度、制度变迁及经济绩效》《西方世界的兴起：新经济史》《经济史中的结构与变迁》等。

（三）威廉姆森生平与著作

奥利弗·伊顿·威廉姆森（Oliver Eaton Williamson，1932～2020），出生在美国威斯康星州的苏必利尔镇，1960 年他获得斯坦福大学的工商管理硕士学位，1963 年获得卡内基—德梅隆大学经济学哲学博士。威廉姆森是“新制度经济学”的命名者，先后在宾夕法尼亚大学、耶鲁大学任教，自 1998 年起在美国加州大学伯克利分校和商学院担任企业管理学教授、经济学教授和法学教授。他曾任计量经济学学会会员（1977 年），美国艺术与科学院院士（1983 年），美国国家科学院院士（1994 年），美国政治学与社会学学院院士（1997 年）。2020 年 5 月 21 日逝世。

威廉姆森继承了芝加哥经济学派代表人物科斯的理论，被誉为“科斯定理”的再发现者。正是因为威廉姆森的工作，才使得科斯的交易成本理论成为现代经济学中异军突起的一派，并逐步发展成当代经济学的一个新的分支。威廉姆森于 2009 年获得诺贝尔经济学奖。瑞典皇家科学院发表声明时介绍道，威廉姆森因为“在经济治理方面的分析，特别是对公司边界问题的分析”而获奖。威廉姆森主要著作有：《自由裁量行为的经济学》（1964 年），《公司控制与企业行为》（1970 年），《市场与等级制》（1975 年），《资本主义经济制度》（1985 年），《治理机制》（1996 年）等。

三、新制度经济学基本假设

新制度经济学是在新古典主义的分析框架内展开的，它的基本假设是对新古典假设的修正。新制度经济学有三个基本假定：有限理性、机会主义、交易成本。

新古典的三个基本假设：完全理性假定、完全信息假定、最大化假定。这三种假设均存在着不现实性：完全理性不现实—现实中总存在“有限理性”；完全信息不存在—现实中往往“信息不对称”；最大化不现实—现实中很难做到利润最大化。

科斯指出：“当代制度经济学应该从人的实际出发来研究人，实际的人在现实制度所赋予的制约条件中活动。”而诺斯认为：“制度经济学的目标是研究制度演进背景下人如何在现实世界中做出决定和这些决定又如何改变世界。”他们都强调制度经济学应该研究实际的人、制度与经济活动以及它们之间的关系。制度经济学研究的不是抽象的经济人，而是现实中的具体的经济人；经济人在理论体系中不能只是一个隐含的前提，而应该对其展开具体的分析。所以说，制度经济学的第一个基本假定就是有限理性假定。

经济人的有限理性行为假设引发了新制度经济学关于经济人的第二个假定，经济人的机会主义。机会主义是威廉姆森提出来的。他认为，“人在追求自身利益时会采用非常微妙和隐蔽的手段，会耍弄狡黠的伎俩”。这主要包括两层含义：（1）由于现实世界中存在信息不对称，经济人就会根据个人目的筛选对己有利的信息，扭曲对己不利的信息，如撒谎等；（2）由于契约的不完备性，一旦经济人发现有机可乘，就会不遵守或违背契约。如果经济人是完全理性的，他可以洞察一切可能发生的他人的机会主义行为。但修正的经济人假设认为人是有限理性的，他不可能获得所有必要的信息，即使获得了这些信息也不可能做出正确的判断，所以机会主义行为在现实生活中时有发生。机会主义这个概念其实是对经济人假设的第二个原则自利原则的拓展。

第三个假定是交易成本。在新古典中经济人获取信息不需要付出任何费用，它的交易成本任何时候都是零。诺斯对零交易成本的现象曾讥讽：“从经济史学家的观点来看，这种新古典公式似乎可以解释一切有趣的问题，其中包括：世界是和谐的，制度不存在，所有变化都可以通过市场的完全运行来实现。简言之，信息费用、不确定性、交易费用都不存在。”

交易成本是科斯在《企业的性质》里提出来的。科斯认为：新古典经济学范式假设交易费用不存在是不符合现实的。在他看来，交易活动是稀缺的，发生交易活动需要成本。这就是交易费用的最初含义。这个概念修正了新古典经济学范式的零交易成本的假设，使经济学的假设更贴近现实了。这也是制度经济学对新古典经济学范式的最重要修正之一。

在三个假定基础上，制度学派进行了一系列的理论创新。其中，最突出的是提出和确立了新的基本理论命题，即全方位地论证了制度是经济中的内生变量，探讨了制度变迁规律及其对经济发展和运行效率的影响，提出了许多富有启发性的观点。尽管人们对科斯定理的理解及其表述多种多样，但在制度经济学基本命题的看法上却完全一致，即制度能够降低交易费用、制度的功能就在于降低交易费用、制度能够提供激励机制，制度还能减少机会主义和“搭便车”行为等。制度是一个非常重要的经济变量，是经济增长的关键性因素。而人类社会之所以难以达到“帕累托最优”境界，根本原因在于制度稀缺。如果说新古典经济学解决的是资本、劳动力等生产要素的稀缺及其配置问题，那么制度经济学就是要解决制度稀缺及其创新等问题。

第二节　交易费用理论

一、交易费用内涵

在科斯之前，传统经济学论述的主要是交易，而对交易费用从未提及。古典和新古典经济学都假定交易费用是零，但这并不符合现实经济世界。科斯在 1937 年发表的《企业的性质》一文中指出，交易费用是使用价格机制（市场）所产生的成本或代价。该文有效论证了企业产生的原因。他在 1960 年《社会成本问题》一文中，他以契约流程为立足点，指出在契约的签订和实施过程中“寻找交易对象”，在交易过程中，存在大量的不确定性支付且不能避免，将交易费用的思想具体化，同时也将交易费用理论引入社会成本的问题中，深化了交易费用的内涵。科斯定理的形成，奠定了交易费用理论的基本分析框架。

科斯虽然最先提出了交易费用的思想，却并没有使用交易费用一词，正式提出并使用交易费用一词的人是另一个诺贝尔经济学奖得主阿罗，阿罗将交易费用定义为市场机制运行的费用，认为是市场机制的不完全使交易运行产生了费用。总的来说，科斯所言的交易费用是从企业微观个体角度出发，关注的重心在于企业制度。而阿罗提出交易费用的观点是从市场整体宏观角度出发，关注的重心也转移到市场制度。而威廉姆森将交易形象比喻为物理摩擦，而交易费用则是经济活动过程中的摩擦成本。巴泽尔认为，交易费用是指在转移、获取和保护产权过程中产生的费用①。张五常指出，交易费用是一

① 王耀光．交易费用的定义、分类和测量研究综述［J］．首都经贸大学学报，2013（5）：105－113.

切不发生在生产过程中的损耗①。

科斯关于交易费用的含义有一些模糊不清，因此许多学者多有质疑。霍奇逊认为，科斯的交易成本隐含三层意思：一是获取相关信息的成本；二是讨价还价的成本；三是做出决策、控制与执行合同的成本。他认为，这些成本并不是什么交易成本，而恰恰是市场交易中减少了的成本。例如，市场的作用就在于允许买卖双方公开他们的买卖价格和产品信息，所以市场作用恰恰减少了获取信息、讨价还价的成本，而不是增加这些成本。正是在经济学家对交易成本问题的质疑和讨论中，交易成本概念多次扩充细化，认识也不断深化。在信息不完全情况下，经济活动当事人之间权利交换的许多活动都将存在交易成本。如搜集有关价格、产品质量与劳动投入信息，寻找潜在买卖者，了解他们的诚信与买卖活动，价格变动时的讨价还价，签订契约，监督与执行契约，保护产权以防第三者侵犯，等等。

二、交易费用成因

交易费用成因的研究主要集中于威廉姆森。威廉姆森从资产专用性、不确定性和交易频率三个方面分析不同交易存在的原因②。资产专用性是指在不牺牲生产价值的条件下，资产可用于不同用途和由不同使用者利用的程度。它与沉没成本有关。特定的交易意味着不同的生产要素投入、组织机制等，如果生产要素投入是独立于交易存在的，那么当交易不存在时，生产要素可以转投其他的交易中。如果生产要素是依赖于交易存在时，那么交易的改变就可能使投入的生产要素失去使用价值，投入的成本得不到收益，即是资产的专用性。由于未来情况的不确定性，资产的专用性使投资风险性更大，投入的资产在会计上相当于是沉没成本，这种情况下，契约的连续性和稳定性就显得尤为重要，也就是说在涉及专用性资产的交易中，交易双方都需要长期的合约或者治理机制来维持合作的持久性。

不确定性则是行为的不确定性，正是由于人有限理性和机会主义等导致行为的不确定性。在不同的交易协调方式中，确定性对交易的约束程度和在交易协调中起的作用是不同的。因此，这也给交易的合约安排与协调方式的选择留下广阔的空间。

此外，威廉姆森还提出了市场环境因素对交易的影响。市场环境强调的是交易对手的数量，由于专用资产的存在，竞争条件发生改变，有可能会使持有特别的专用资产的企业成为垄断者。垄断者可能会有更完全的信息，而机会主义则使非垄断者竞争成本加大。

---

① 张五常．交易费用的范式［J］．社会科学战线，1999（1）：1－9.

② Williamson O. E. *The Economic Institution of Capitalism*：*Firms*，*Markets*，*Relational Contracting*［M］. New York：Free Press，1985：235－239.

三、交易费用与效率

交易费用与交易效率是一对相反概念。交易费用越高，交易效率就越低。新制度经济学对交易效率越发重视。在新古典经济学家眼中，人人信息完备理性的计算与决策，并且由于假定不存在交易费用，所以整个社会最终均衡位于最高的无差异曲线与预算线的切点上，对个人是最优的决策，对社会而言也是最有效率的。

然而经济学交易费用总是正数。哈恩早就指出，只有通过交易费用分析，才能使货币进入经济体系之中。也就是说，货币之所以能存在，原因就在于能节约交易费用。货币的出现大大提高了人类从事交易活动的效率。一些学者认为，交易费用的存在有一定积极意义，因为在零交易成本下，商品从生产者到消费者手中可以经过无数个中间环节，但在正交易成本下，一些拥有交易效率优势的人将有可能成为降低交易费用的专门中间商。比如在资本市场上，商品具有同质性，出现了大量中间商网络，因而现代金融中介普遍存在，交易成本也较低，所以他们认为交易成本的存在，客观地改善了均衡解而不是降低了效率。

威廉姆森则从机会主义动机来定义交易成本。他认为，交易成本的核心是人们的机会主义倾向，也就是人们总是千方百计地谋求自身利益。尽管并不是所有人均是机会主义者，但是市场上的确有很多人这样做，把两者区分开也十分困难。于是个别人的机会主义本性便增加了人们了解别人和保护自己的成本，从而在客观上降低了市场效率。

第三节　产权理论

新制度经济学的产权理论更重视市场的经济效率、企业的产权配置效率以及产权结构配置、激励与约束机制健全、权利信息对称、权益剩余分割、权责关系制衡等方面的研究，并且希望通过产权的优化配置，尽可能制止“搭便车”“偷懒”现象的发生，从而实现资源的整体最优配置。

一、产权的内涵与性质

科斯在《社会成本问题》一文中讨论的产权问题，主要是围绕产权的法律界定及其产生的成本和收益问题而展开的。他认为，“个人拥有的包括义务和特权在内的权力将在很大程度上由法律决定。结果，法律制度就对经济体系的运行产生深远的影响，在某些方面可以说起着控制作用。”①

新制度经济学产权理论的研究思路是：市场机制存在外部性的缺陷，它使私人成本与社会成本、私人收益与社会收益偏离，从而无法使资源配置达到最优，产生效率损失，而外部性又主要是由产权界定不清晰造成的，所以有必要把产权引入经济分析。在此基础上，重新对帕累托准则进行反思，以交易费用为基本分析工具，将交易费用、产权关系、市场运行和资源配置效率四者联系起来构成理论框架，研究产权及其结构和安排对资源配置及其效率的影响。科斯实际上并没有在《社会成本问题》中明确产权的内涵，但他认为，如果市场机制的运行是无成本的，即不存在交易费用，那么无论初始产权如何界定，市场机制都会自动使资源配置达到最优。反之，如果市场机制的运行是有成本的，即交易费用大于零，则不同的产权界定将会导致不同的资源配置效率。此后，一些学者如德姆塞茨、阿尔钦、戈登、张五常等进一步深化对产权的认识。

德姆塞茨认为，产权规定了人们获益或受损的权利，产权界定了人们如何受益或者受损的方式。他尝试用加拿大土著人海狸贸易说明这个问题。18 世纪以前，当地人捕猎海狸主要是为了自身需要，那时不需要也没有建立排他性产权。后来，随着海狸皮毛商业性贸易的发展，皮毛价值提高，狩猎规模扩大，结果当地人自愿建立了私有狩猎区并蓄养海狸。这说明正是皮毛贸易发展提高了蓄养经济性，从而蓄养促使了排他性海狸产权的出现。

阿尔钦则认为，“产权是一个社会所强制实施的选择一种经济品的使用的权利。”②他认为，经济学是关于稀缺资源产权的研究，一个人拥有产权不仅可以表明他能采取什么样的行动，而且也表明他的权利得到了政府、非正规社会行动或道德伦理规范的首肯。他继而得出结论，在一个知识分散社会里，人们必须对生产资源拥有可靠的、可让渡的产权。生产越专业化，信息在地理上和人际间分布就越分散，因而就越需要有更加明确的产权来保障生产和交换。

产权不仅是一种权力束，而且确定了人们的行为规范，是一些社会制度。作为一种规范和制度，产权具有激励和约束、外部性内在化、资源配置等功能。作为一种权力束，产权主要由四种权利组成：所有权、使用权、收益权和让渡权。根据财产关系的变化，每一种权力还可以进行更细致的分解，产权分解的过程也就是权利界定的过程。产权具有相对意义，即产权只有在多个权利主体之间进行权利界定时才存在意义。产权具有排他性、可分割性、可转让性和永久性等特点。一般而言，可以将产权分为三种类型：私有产权、国有产权、共（公）有产权。德姆塞茨曾指出：

> 共有产权是指共同体所有成员共同行使的权利。共有产权意味着共同体否认国家或私人去干涉共同体内的任何人行使其权利。私有产权则意味着社会承

---

① ［美］罗纳德·哈里·科斯．企业、市场与法律［M］．盛洪，陈郁，译．上海：上海人民出版社，2009：117－118.

② ［美］阿尔钦．产权：一个经典性的注释［M］．刘守英，等译．上海：上海三联书店，1994：166.

认所有者的权利，并拒绝其他人行使该权利。国有产权意味着国家可以在权利的使用中排除个人因素，而按政治程序来使用国有财产①。

通常我们所说的某一产权关系是明晰的、完善的，或者说其产权边界是清楚的，是指这种产权关系具有以下特征：这种产权具有排他性。产权的排他性意味着两个人不能同时拥有控制同一事物某种相同的权利，特定的权利只能是一个主体。也就是，对特定财产的特定权利只能有一个主体，是甲的就不是乙的。正如诺斯所言："产权的本质是一种排他性的权利，在暴力方面具有比较优势的组织处于界定和行使产权的地位，产权的排他对象是多元的，除了一个主体外，其他一切个人和团体都在排斥对象之列。"一个主体要阻止别的主体进入特定财产权利的领域，保护特定的财产，这就是产权的排他性。

二、产权与经济发展

新制度经济学认为，产权制度是一个经济体运行的基础，也是经济体持续增长的有效组织。从某种意义上，一定的产权制度就决定了一定经济组织的技术水平与效率高低。张五常在谈到产权制度对经济发展时认为，秦始皇正是统一了度量衡，协助了产权的界定与市场交易，确保了秦国的强盛，并最终统一了六国②。他还举例说，一棵杏树不能归大家共有，否则杏树还没有成熟，已经被大家摘光了③。如果将杏树明确划归个人所有，产权界定非常清晰，拥有杏树的人便有激励动力去管理好它。因此，产权明晰可以提升资源的配置效率。

产权的界定与运用市场机制配置资源的代价大小有密切的因果关系：产权界定清晰，运用市场机制配置资源的代价就小，反之代价就高。市场交换是权利的交换，市场交易的基本前提是产权界定，只有产权界定，即明确双方的责权利关系，所有权的功能才能发挥，交易才能进行。有效的产权制度能促进经济的增长，是因为该产权制度为经济增长发展提供了激励或动力。新制度经济学认为，如果社会上没有促使经济增长的刺激或动力，该社会必然没有经济增长，因为已有经济组织缺乏能刺激个人动机的有效的产权制度安排。

三、科斯定理

科斯定理的基本内容在科斯1959年发表的《联邦通讯委员会》一文中提出。这篇论文中，科斯分析了美国从20世纪初以来广播业的立法和政府管制的历史变迁。并针

① Harold Demsets. Toward a theory rights [J]. *American Economic Review*, 1967 (57): 347-359.

② 张五常. 制度的选择 [M]. 北京：中信出版社，2015：128.

③ Cheung S. The structure of a contract and the theory of a nonexclusive resource [J]. *Journal of Law and Economics*, 1970, 13 (1): 49-70.

对人们争相广播而引起混乱和干扰的问题，提出了与美国联邦通讯委员会所实施的管制办法不同的解决方案。美国当时的制度安排是：任何人都必须首先获得联邦通讯委员会颁发的执照方可经营广播电台，并遵守其制定的经营细则。显然，这一做法限制了市场力量决定资源配置。对此科斯提出了“划分频率的产权然后让市场来解决”的思路。具体而言，即划定频率的产权，并允许其所有者自行决定该频率的使用与转让，来解决相互的干扰问题。也就是在产权界定清楚的情况下，通过市场交易让资源最优配置，从而奠定了科斯定理的基本内容。

但一般认为，科斯定理是科斯在其《社会成本问题》一文中提出的，乔治·斯蒂格勒将《社会成本问题》中科斯的观点格式化，并命名为“科斯定理”。科斯定理有三条：

科斯第一定理：被学术界公认的，用科斯自己的语言表述的“科斯第一定理”是这样的：如果定价制度的运行毫无成本，最终的结果（产值最大化）是不受法律状况影响的。威廉姆森等将这一定理概述为：只要交易成本为零，那么初始的合法权利配置对于资源配置的有效性是无关的。换句话说，只要交易成本为零，财产的法定所有权的分配不影响经济运行的效率。

假定一个工厂周围有 5 户居民户，工厂的烟囱排放的烟尘使居民晒在户外的衣物受到污染而使每户损失 75 美元，5 户居民共损失 375 美元。解决此问题的办法有三种：一是在工厂的烟囱上安装一个防尘罩，费用为 150 美元；二是每户有一台除尘机，除尘机价格为 50 美元，总费用是 250 美元；三是每户居民户有 75 美元的损失补偿。补偿方是工厂或者是居民户自身。假定 5 户居民户之间，以及居民户与工厂之间达到某种约定的成本为零，即交易成本为零，在这种情况下：如果法律规定工厂享有排污权（这就是一种产权规定），那么，居民户会选择每户出资 30 美元去共同购买一个防尘罩安装在工厂的烟囱上，因为相对于每户拿出 50 美元钱买除尘机，或者自认了 75 美元的损失来说，这是一种最经济的办法。如果法律规定居民户享有清洁权（这也是一种产权规定），那么工厂也会选择出资 150 美元购买一个防尘罩安装在工厂的烟囱上，因为相对于出资 250 美元给每户居民户配备一个除尘机，或者拿出 375 美元给每户居民赔偿 75 美元的损失，购买防尘罩也是最经济的办法。因此，在交易成本为零时，无论法律是规定工厂享有排污权，还是规定居民户享有清洁权，最后解决烟尘污染衣物导致 375 美元损失的成本都是最低的，即 150 美元，这样的解决办法效率最高。通过以上例子就说明，在交易成本为零时，无论产权如何规定，资源配置的效率总能达到最优。

科斯第一定理有一个重要推论：通过清晰完整地把产权界定给一方或另一方，并允许把这些权利用于交易，政府能有效率地解决外部性问题。

科斯第二定理：当交易费用为正时，产权的初始界定和分配都将影响最终资源。当存在交易成本时，可交易权利的初始配置将影响权利的最终配置，也可能影响社会总体福利。既然权利的初始配置将影响到社会福利，因此提供较大社会福利的权利初始配置较优。例如，还是上面的例子，现在假定 5 户居民户要达到集体购买防尘罩的契约，需要125美元的交易成本，暂不考虑其他交易成本。在这种情况下，如果法律规定工厂享有排污权，那么居民户会选择每户自掏50美元为自己的家庭购买除尘机，不再会选择共同出资150美元购买防尘罩了。因为集体购买防尘罩还需要125美元的交易成本，意味着每户要分担55美元（买防尘罩30美元加交易成本25美元），高于50美元。如果法律规定居民户享有清洁权，那么工厂仍会选择出资150美元给烟囱安排一个防尘罩。

由此可以看出，在存在125美元的居民户之间交易成本的前提下，权利如何界定直接决定了资源配置的效率：如果界定工厂享有排污权，消除外部性的总成本为250美元（即每户居民选择自己购买除尘机）；而如果界定居民户享有清洁权，消除外部性的总成本仅为150美元。在这个例子中，法律规定居民户享有清洁权，资源配置的效率高于法律规定工厂享有排污权。

科斯第二定理也有以下两个推论：第一，在选择把全部可交易权利界定给一方或另一方时，政府应该把权力界定给最终导致社会福利最大化或社会福利损失最小化的一方；第二，一旦初始权利得到界定，仍有可能通过交易来提高社会福利。

科斯第三定理：当交易费用大于零时，产权的清晰界定将有助于降低人们在交易过程中的成本，改进效率。并且，在交易费用为正的前提下，如果政府能够低成本且公平公正地界定产权，那么由政府选择某个最优的初始产权安排比其他初始产权安排下通过交易可能会带来更大的社会福利①。

第四节　企业理论

1937年科斯在他发表的论文《企业的性质》中，指出当市场不能发挥作用时，企业一定能取而代之。科斯曾经提出一个问题，为什么经济运行中会有不同的组织形式，如果价格机制能协调生产，企业为什么还要存在？科斯认识到市场的价格机制配置资源是有局限性的，他发现事实上从配置资源的角度看，除了市场利用价格机制外，还存在企业组织这种非价格机制。企业为什么存在，它与市场是什么关系？科斯的答案是："运用价格机制是有成本的，企业就是为了降低市场运行成本的产物"②。科斯认为：

> 建立企业有利可图的主要原因似乎是，利用价格机制是有成本的。通过价格机制组织生产的最明显的成本就是所有发现相关价格的工作。随着出卖这类信息的专门人员的出现，这种成本有可能减少，但不可能消除。市场上发生的每一笔交易的谈判和签约的费用也必须考虑在内。再者，在某些市场中（如农产品交易）可以设计出一种技术使企业的成本最小化，但不可能消除这种成

① 约瑟夫·费尔德. 科斯定理1-2-3［J］. 经济社会体制比较，2002（5）：72-79.

② R. H. Coase. *Essays on Economics and Economists*［M］. London：The University of Chicago Press，1994：7-8.

本。确实，当存在企业时，契约不会被取消，但却大大减少了。某一生产要素（或它的所有者）不必与企业内部同它协作的一些生产要素签订一系列的契约。当然，如果这种协作是价格机制起作用的一个直接结果，一系列的契约就是必需的，一系列的契约被一个契约替代了①。

科斯认为企业运作也有成本，随着规模的扩张，企业监管、管理及其他费用也上升，当企业内部组织一笔交易费用等于它在公开市场上完成交易所需的成本时，企业就达到最佳规模。在图 14－1 中，C 代表企业的总成本，C_m 代表企业在市场上的交易成本，交易量的增加，交易成本也会增加，许多在市场上的交易就会改为企业内协调，这样 C_m 会逐步递减。C_0 代表企业内部协调成本，企业规模的扩张，促使收益出现递减，C_0 会随着企业规模扩张而递增。

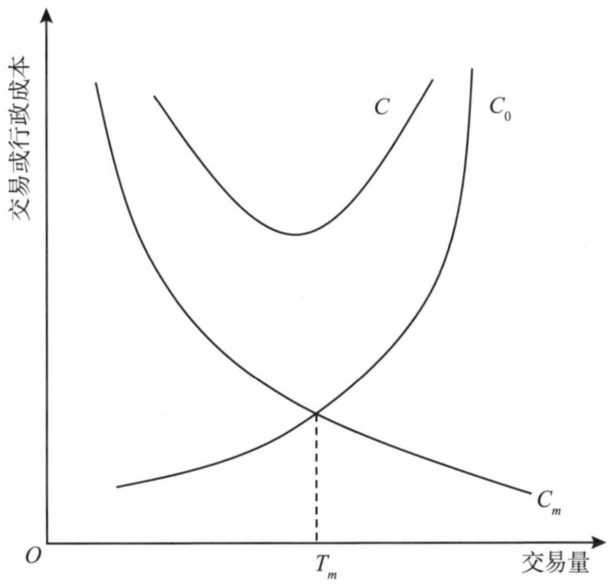

图 14－1 市场、企业与交易成本

图 14－1 显示，企业总成本取决于 C_0 和 C_m 之和，当企业内部组织一笔交易的成本等于它在市场上完成交易所需总成本时，企业将达到最佳规模 T_m，企业总成本也最低。科斯就企业性质的研究否定了新古典经济学交易成本为零的假定，同时表明，企业和市场是可以替代的。而交易成本大于零，是现实经济世界无法回避的一个问题。实际上，企业最佳规模就是企业边界问题。科斯认为，企业规模的扩大是企业内部交易取代了市场交易，企业的边界决定于在企业内部组织一项交易的成本和在公开市场组织同一交易的成本相等的一点上②。

① ［英］科斯．企业的性质［M］//现代制度经济学（上卷），陈郁，译．北京：北京大学出版社，2003：106.

② Coase R. H. The Nature of the Firm: Origin, Meaning, Influence [J]. *Journal of Law, Economics, and Organization*, 1988, 4 (1): 3－47.

阿尔钦把科斯的理论向前推进了，他认为企业内部本身也是一个契约组织，企业也是一种市场制度，是一种高度专业化的市场，可以替代原来意义上的市场。阿尔钦在《产权：一个经典注释》中强调了企业团队协作的功能，“企业常被看作是一个产出形成的黑箱来对待，它是各个合作性所有者的资源通过合约所形成的相关集合。它提高生产率的一个独特来源是它的团队生产率”①。阿尔钦认为，古典企业的所有者或雇主是这个组织的当事人，他有着与其他投入所有者签订契约的权利，拥有剩余索取权，这样的制度安排增强了对团队生产中联合投入所有者偷懒行为的监测能力，从而降低监督成本。

威廉姆森在科斯理论的基础上，引进了新的概念来解释企业的边界。他认为在进行了专用性资产投资的情况下，由于机会主义和有限理性的作用，采用市场交易就会产生较高的交易费用。所以当资产专用性程度达到一定限度时，实行一体化就可以节约交易费用。然而，企业内部也有一定的交易费用，企业的边界就取决于企业内部交易费用和市场交易费用在边际上相等的那一点上。张五常更是提出了市场和企业只是不同的契约形式，因此企业并没有明确的界限。尽管新制度经济学家们对于企业的边界并没有统一的观点，但是他们都认为企业的规模和交易费用有关。

威廉姆森提出了交易费用经济学。他认为交易费用经济学其实就是在不同的交易方式和可以替代的治理结构之间的成本比较。在其行为假定中，因为有限理性和机会主义的存在，经济契约和制度问题变得无关紧要，不完全契约是所能达到的最好结果。这样在反对机会主义，有限理性的条件下对可替代市场的治理结构的节约能力的评价就是个重要的问题，和利润最大化问题相一致，只不过关注点不同。威廉姆森是从资产专用性的角度发展了科斯的交易成本理论。他将企业看成是连续生产过程之间不完全合约所导致的纵向一体化实体，认为企业之所以会出现，是因为当合约不可能完全时，纵向一体化能够消除或至少减少资产专用性所产生的机会主义问题②。

第五节　制度变迁理论

一、制度的含义

诺斯认为，制度是一种社会博弈规则，是人们创造的、用以限制人们互相交往的行为框架。新制度经济学普遍认为，制度通过一系列规则界定人们的选择空间，约束人们

① ［美］阿尔钦．产权：一个经典性的注释［M］．刘守英，等译．上海：上海三联书店，1994：169.

② Williamson O. E. The Modern Corporation：Origins，Evolution，Attributes［J］．*Journal of Economic Literature*，1981，19（4）：1537－1568.

之间的相互关系，从而减少了环境中不确定性，减少交易成本，保护产权以促进生产性活动的正式或者非正式的安排。它是社会生活中的重要规范和规则。

诺斯认为，一项制度通常由三部分组成，第一是非正式规则，主要是人们在长期交往中无意识形成的，具有持久生命力并能代代相传的文化的一部分。非正式规则主要包括价值理念、伦理规范、道德观念、风俗习惯、意识形态等。其中意识形态起决定作用，可以节约信息费用，减少强制执行以及实施其他制度的费用。第二是正式规则，主要是人们有意识创造的一系列政策规则，包括政治规则、经济规则、契约以及由这些规则构成的等级结构等。正式规则可以清晰界定人们的行为规范，哪些是可以做的，哪些是禁止做的，如果违法这些规则会有什么惩罚等。第三是实施机制。如果仅有规则没有实施机制，经济绩效和政治效率没有保障。实施机制是为了确保上述规则得以执行的相关制度安排，它是制度安排中的关键一环。诺斯曾认为，制度确定和限制了人们的选择机会，制度包括人类用来决定人们相互关系的任何形式的制约，由非正式的约束（奖惩、禁忌、习俗、传统及行为规则）和正式规则（宪法、法律产权）组成。这三部分构成完整的制度内涵，是一个不可分割的整体。

诺斯曾指出，博弈论是解释制度本质的最简洁概述。“囚徒困境”案例告诉我们，两个囚徒从自身利益出发达到的均衡实际对双方都是有害的。但是，试想该博弈连续重复进行的话，该博弈的性质就会发生急剧转变，因为双方均会在博弈过程中学会以合作方式行事从而实现双方共同利益最大化。这说明在重复性交易或者交换过程中，制度自然产生并得到人们行为习惯和理性的支持。但是，人们最终是否会选择合作，还取决于博弈人数、博弈次数以及不合作的收益，等等。随着经济发展，要促使生产和交易以较低成本进行，还必须借助一些正式规则、制度来解决问题。随着经济不断发展，专业化水平不断提高，制度还必须随着时代变迁而不断发展。

二、制度的功能

制度至关重要，这是新制度经济学家普遍的观点。一般而言，新制度经济学认为制度有如下几个功能：

一是信息传递。一方面，制度的形成本身就是建立在一定行为规范和管理基础之上，这些规则大多为人们熟悉，因而信息传递本身就是一个信息节约机制；另一方面，制度形成以后，对新加入者或者不熟悉信息传递的人来说，就具备了发送信息的功能。如交通路口的红绿灯就是这样一项制度，信息传递是交通信息传递的一个规则，形成于交通实践中，并不断向那些通行的行人和车辆传递“红灯停、绿灯行”的信息。

二是降低交易费用。制度是生活或生产长期形成的规则。科斯认为，企业形成的原因在于能将本身需要很多谈判才能确定的业务单位巧妙地组织在一起，因而企业相对于市场而言具有自身的优势。张五常认为，企业是用一种长期雇佣契约代替短期要素市场契约，市场的短期契约不断缔结成本过高，而企业的长期雇佣契约则可以大大降低频繁的谈判和缔约成本。制度可以降低交易成本，否则就是徒有虚名的“影子制度”。

三是激励功能。为什么有些国家人们的工作积极性很高，而有些国家人们的工作积极性不高？一个国家内部有些企业员工积极性高，另一些企业员工积极性差？原因在于这些不同国家制度或者企业规则不同。如果一项制度比较合理，那么它就能有效地规范人的利己性，从而在人们追求自身利益的同时，不会对他人造成很大负的外部性。人人自利的行为就与对社会有效的结局比较接近。反之，如果一项制度缺乏相应的激励功能，那么该制度很可能起不到它应有的作用。诺斯强调制度的激励功能，他认为：“有效率的经济组织是增长的关键；西方世界兴起的原因就在于发展了一种有效率的经济组织。有效率的经济组织需要建立制度化的设施，并确立财产所有权，把人的经济能力不断引向一种社会性的活动，是个人的收益率不断接近社会收益率。”①

三、制度变迁

制度变迁是一种更高效率制度对另一种制度的替代过程。诺斯认为，“创新、规模经济、教育、资本积累等并不是经济增长的原因”②。有效率的经济组织才是制度变迁的关键。诺斯在比较分析近代西方发达国家之间的发展时指出，各个社会的资源丰富与否虽然会影响经济增长，但有效率的组织才是长期经济增长的关键。和荷兰、英国的成功相比，法国与西班牙的失败显示出健全的制度并不容易获得，他写道：

> 法国经济未显示长期稳定的经济增长，是由于法国没有发展有效的所有权的缘故。除资本市场外，要素市场运行超前了，土地所有权已经确立并受到了保护，土地已经变成可转移的，而劳动还有待免除其奴役义务。另一方面，产品市场由于国家政策所致，一直跟中古后期那样不完善。行会、垄断和地方市场的保护一直延续不衰，因此法国经济丧失了可以从交易部门得到的增益③。

诺斯认为，制度创新是经济增长的主要因素。在现有制度之下，当获利机会不能被充分利用时，即不能获得更多的外部利润时，就迎来了制度变迁的机会。而成功的制度变迁，可以通过财产权的重新安排得以降低交易成本。

制度变迁一般有两种模型，这是林毅夫的一个重要贡献。他将制度变迁分为诱致性变迁和强制性变迁。所谓诱致性制度变迁，就是现行制度安排的变更和替代，或者是新制度安排的创造，它由个人或者一群人在相应获利机会时自发倡导、组织和实行的④。

---

① ［美］道格拉斯·诺斯，罗伯斯·托马斯．西方世界的兴起［M］．厉以平，等，译．北京：华夏出版社，2009：1.

② ［美］道格拉斯·诺斯，罗伯斯·托马斯．西方世界的兴起［M］．厉以平，等，译．北京：华夏出版社，2009：4.

③ ［美］道格拉斯·诺斯，罗伯斯·托马斯．西方世界的兴起［M］．厉以平，等，译．北京：华夏出版社，2009：78.

④ 林毅夫．关于制度变迁的经济学理论：诱致性变迁与强制性变迁［J］．载《财产权利与制度变迁》［M］．上海：上海三联书店，1994：384.

只有当制度变迁的预期收益大于预期成本时，有关群体才会推动制度的变迁。这种变迁模式一是自发性，二是渐进性，往往是一种自上而下、局部到整体的制度变迁过程。强制性制度变迁完全不同，它是由政府命令或法律引入并实现，主体是国家。诺斯认为，国家是一种在暴力方面拥有比较优势的组织，也就是说国家可以利用它的强制性来实现制度变迁，而不顾及民众的反映。国家实施强制性制度变迁的原因有很多，比如制度供给本身就是国家的一项功能，制度安排往往带有公共产品性质，而政府提供要比私人提供更加有效，弥补诱致性制度变迁的不足，原因是诱致性制度变迁经历时间长、变迁速度慢，有时难以满足人民对新制度安排的需求。

诺斯还阐述了制度变迁的“路径依赖”问题。当收益递增普遍发生时，制度变迁不仅能得到巩固和支持，而且还能在此基础上沿着良性轨道发展。当收益递增不能普遍发生时，制度变迁很可能朝着一个无效或者不利于产出最大化的方向发展，从而在痛苦的深渊中愈陷愈深，甚至长期被锁定（locked-in）在某种无效率状态。诺斯列举了英国、荷兰、法国和西班牙在17世纪的制度变迁作为例证。同样是面临财政危机，英国自此以后确立了议会的权威和民法体系，并走上繁荣道路。而西班牙一直保持集中的政权，只把议会当作可有可无的摆设，结果只能采取价格管制、增加税收和没收商人财产来解决财政危机，最后导致了长期的经济停滞。法国和西班牙在政治上有着惊人的相似，王权的扩大导致产权结构倾向于保护王权的岁入而非持续提高经济效率，最终导致了这两个国家在经济上的劣势。而荷兰和英国，由于削弱了王权对经济的干预，并且建立了一整套有效率的产权体系，比如英国制定专利法、垄断法以保障一个充满竞争能力的市场。

制度变迁理论还涉及国家起源、功能等理论问题。新制度经济学认为，国家具有双重属性“契约”和“掠夺”。契约属性是指国家是公民达成契约的结果，它要为公民服务。掠夺属性是指国家是代表某些利益集团或者阶级的代理人，它的作用是向其他阶级或者集团的成员榨取收入。诺斯认为，“国家可视为一种在暴力方面具有比较优势的组织”①。若暴力潜能在公民之间分配是不平等的，便产生掠夺性国家。若暴力潜能在公民间进行平等分配的话，便产生了契约性国家。国家组织凭借规模经济和垄断优势，为社会提供保护和公正，换取收入并使其财富或者效用最大化。由于国家总是受到其他国家或者现存潜在政治竞争力量的约束，所以各国统治者总是会把公共服务的供给配置给各个利益集团，以尽量争取其政治支持，减少潜在的威胁。政治家在考虑自身利益最大化过程中，必然要考虑两个目标：一是为统治者垄断租金最大化提供一个产品和要素市场的产权结构；二是在满足第一个目标过程中，尽可能促进社会产出最大化，达到为国家增加税收的目标。但常常由于这两个目标之间的冲突，使得统治者以及统治集团租金最大化的结果与促进经济增长的有效产权结构之间存在矛盾。为此就有这样一个诺斯悖

---

① ［美］道格拉斯·诺斯．经济史中的结构与变迁［M］．陈郁，等，译．上海：上海三联书店，1991：21.

论："国家的存在是经济增长的关键，但国家又是人为经济衰退的根源。"①

新制度经济学最大的创新，是对新古典体系理论前提或假定的批判和修正。任何理论体系都建立在某些前提条件之上，如果前提条件不成立，整个理论体系就有倾覆的危险。因而对理论前提的批判，往往具有致命性的攻击力，同时也最有可能出现根本性的理论创新。科斯嘲笑新古典经济学是"黑板经济学"，批判的锋芒首先指向新古典体系的理论前提不符合实际情况。新制度经济学为我们提供了一种新的理论体系，这种理论体系的核心是制度的重新发现对行为者的目标及其相互之间的权力分配都构成影响，是社会科学领域研究范式的一种转型。这种制度分析对于我们研究产权、制度与资源配置效率问题，制度对人们行为预期的影响，制度变迁对体制的影响，制度对分配效率、公共决策的影响等问题都提供了可资借鉴的研究方法。

复习与讨论

1. 科斯的《企业的性质》和《社会成本问题》各自阐述的主要思想是什么？
2. 制度变迁的"路径依赖"有什么意义？它与经济发展有何关系？
3. 新制度经济学思想与旧的制度经济学有何区别？
4. 科斯为什么曾经嘲笑新古典经济学是黑板经济学？
5. 产权的内涵是什么？产权明晰对企业和经济发展有何重要意义？
6. 什么是"诺斯悖论"？你如何理解"诺斯悖论"？
7. 科斯定理包括哪些内容？它对新制度经济学有什么意义？
8. 诺斯在研究中国经济发展时曾说："出现在西方世界的制度，如产权和司法体系，是不能够被原封不动地复制到发展中国家的。中国发展出一种信念结构，这种信念结构无须借助任何西方的标准处方就实现了经济的快速发展"。你对这句话有何理解？
9. 尝试用新制度经济学的制度变迁理论，解释中国改革开放后经济的快速发展。

本章移动端课件

经济学简史 第十四章

扫码学习 移动端课件

① [美] 道格拉斯·诺斯. 经济史中的结构与变迁 [M]. 陈郁，等，译. 上海：上海三联书店，1991：20.

CHAPTER 15

第十五章　公共选择理论

公共选择理论主要研究通过民主政治过程，将个人选择转化为集体选择的机制。研究在既定的社会公众偏好和政治程序下，政府的政策是怎样制订出来的以及如何改革政治程序，以改进决策的结果。公共选择理论运用经济学的基本假设和方法分析个体的经济与政治行为，并试图将其纳入统一的分析框架，打破了经济学与政治学的传统壁垒，注重分析政治对经济的影响。

公共选择理论认为，人类社会由两个市场组成，一个是经济市场，另一个是政治市场。在经济市场上活动的主体是消费者（需求者）和厂商（供给者）；在政治市场上活动的主体是选民、利益集团（需求者）和政治家、官员（供给者）。在经济市场上，人们通过货币选票来选择能给其带来最大满足的私人物品；在政治市场上，人们通过政治选票来选择能给其带来最大利益的政治家、政策法案和法律制度。

第一节　公共选择理论的形成

公共选择理论是一门介于经济学与政治学之间的新兴交叉学科，它以新古典经济学的基本假设（尤其是理性人假设）原理和方法作为分析工具，来研究和刻画政治市场上的主体（选民、利益集团、政党、官员和政治家）的行为和政治市场的运行。

一、思想渊源

一般认为，直到政治学引入了经济学的方法论后，公共选择才被赋予了跨学科研究的性质。事实上，公共选择自始至终都具备跨学科的特质。200 多年前，法国数学家查理斯·波达和马奎斯·孔多塞就展开了投票规则研究。在随后长达一个世纪的时期内，数学家成为了投票规则研究的主要学术群体。其中，时任剑桥大学数学系讲师的道格森于 1873 年就开始从事投票程序研究。道格森的同胞约翰·斯图尔特·密尔于 1861 年出版的《代议制政府》可以看作经济学家开展政治制度研究的开山之作。道格森和密尔的研究在 19 世纪引发了广泛的学术争论。具体而言，这两位学者都曾研究过比例代表制这一新创的投票方法，并随研究成果的公布，成为当时欧洲学界讨论的热点。道格森和密尔的作用和贡献是显而易见的，因为当时几乎所有欧洲国家都相继采用比例代表制①。然而在 19 世纪上半叶，由孔多塞、道格森及其同仁们在投票程序研究中所用的数学方法，却并未引起政治学研究者的注意。19 世纪霍布斯、洛克等的政治学说，尤其是社会契约理论，是公共选择思想的重要来源之一。社会契约理论认为，人类生活的状态既没有法律的约束，也没有政府的管制，人的生命和一切权利都是上天赋予的。对于政府而言，主要目的是保护私人财产权利和人民的自然权利。政府权力受宪法制约，统治者也须遵守社会契约，不然人民就可以推翻政府②。社会契约理论中关于政府权力有限性的论述构成了公共选择理论中国家学说的重要思想来源。

瑞典经济学家克努特·维克塞尔在 1896 年出版的《公平税收新原理》一书中，以公共选择方法和立宪的观点分析了公共财政，在方法论上奠定了现代公共选择学的三要素：个人主义、个人理性主义和政治是一个复杂交易过程。林达尔 1919 年发表的《公平税收：一个积极的方案》也被公共选择理论的学者们认为对公共选择理论做出了卓越贡献。

现代公共选择理论是以 1938 年伯格森的一篇探讨福利函数性质的文章《福利经济学可能前景的重述》（A Reformulation of Certain Aspects of Welfare Economics）作为起点。1943 年霍华德·博文对投票及其与公共物品配置关系的研究，则是经济学家对公共选择的又一个重要贡献。英国经济学家邓肯·布莱克被尊为“公共选择理论之父”，他于 1948 年发表的《论集体决策原理》一文（载《政治经济学杂志》1948 年 2 月），为公共选择理论奠定了基础。大批著作和文章则在 20 世纪 50 年代后期才开始相继涌现，他们或着重于研究如何将个人偏好进行加总以实现社会福利函数的最大化，或者研究在外部性、公共物品、规模经济出现的场景中如何实现合理、有效的资源配置。阿罗 1951 年的著作《社会选择和个人价值》提出了“不可能定理”具有很大影响力。1957 年，安东尼·唐斯完成的《民主的经济理论》、1962 年布坎南与塔洛克合著的《同意的计算》和 1965 年奥尔森完成的《集体行动的逻辑》三部著作出版，标志着政治学研究中“经济学路径”的确立。此后，布坎南和塔洛克组建了“公共选择学会”，并组织出版《公共选择》杂志，以弗吉尼亚大学为中心，积极宣传公共选择理论，最终确立了公共选择理论的经济学地位。

二、代表人物布坎南

詹姆斯·布坎南（James M. Buchanan，1919～2013），是美国著名经济学家，公共

① ［奥］丹尼斯·缪勒．公共选择理论研究透析［J］．刑瑞磊，译．载《比较政治学研究》第五辑［M］．北京：中央编译出版社，2013：276.

② ［英］霍布斯．利维坦［M］．黎思夏，译．北京：商务印书馆，1985：12.

选择理论奠基人和宪政经济学之父，1986 年诺贝尔经济学奖获得者。布坎南 1919 年 10 月 2 日生于美国田纳西州的穆尔弗里鲍尔。他 1940 年毕业于中田纳西州师范学院，获理学学士学位。并在田纳西大学完成了一年的研究生课程，1941 年获文学硕士学位。1948 年，他在芝加哥大学获得哲学博士学位。1949 年，布坎南接受田纳西大学的聘请成为该校的教授，并开始了他的学术生涯。1956 年以前，他在田纳西大学、加州大学洛杉矶分校、加州大学圣巴巴拉分校、英国剑桥大学、伦敦经济学院等校任教。

1955～1956 年，布坎南靠富布赖特奖学金在意大利进行了为期一年的研究，受到欧洲财政学派的影响，使他进一步坚定了政府不是一种理想制度的观念。从意大利回国后，1956～1968 年，布坎南在弗吉尼亚大学任麦金太尔讲座经济学教授，他与纳特建立了研究政治经济学和社会哲学的托马斯·杰斐逊中心，并于 1958～1969 年担任该中心主任，在此期间逐步奠定了公共选择理论的基础。1962 年，他发表了公共选择理论的奠基著作《同意的计算》（与戈登·塔洛克合著），并与塔洛克一起创建了公共选择学会，宣扬经济自由和"新政治经济学"。由于来自校方的干涉和压力，布坎南被迫出走。1968～1969 年，布坎南在洛杉矶的加利福尼亚州立大学任教。1969 年以后，布坎南在弗吉尼亚理工学院任教，与塔洛克一起创建和领导了公共选择研究中心。1982 年他随该研究中心迁到弗吉尼亚的乔治·梅森大学，任该校经济学教授。2013 年 1 月 9 日，布坎南在美国去世，享年 93 岁。

布坎南的主要贡献是把新古典经济学的理念和方法推广运用于政治分析，使公共选择理论成为一个独立的学派。瑞典皇家科学院在 1986 年度的颁奖公告中指出：布坎南的贡献在于他将人们从相互交易中各自获益的概念应用于政治决策领域，他提出的公共选择理论弥补了传统经济理论缺乏独立的政治决策分析的缺陷，有助于解释政府预算赤字为何难以消除的原因。布坎南著述甚多，总共撰写过 20 多部著作、300 多篇文章，几乎涉及公共经济学的每一个方面。他的主要著作有：《个人投票选择和市场》（1954），《公债的公共原则》（1958），《财政理论和政治经济学》（1960），《同意的计算：宪法民主的逻辑基础》（与塔洛克合著，1962），《民主进程中的财政》（1966），《公共产品的需求与供应》（1968），《公共选择理论：经济学在政治方面的应用》（与托尼逊合著，1972），《自由的限度》（1975），《赋税的权力》（与布伦南合著，1980），《自由、市场和国家：八十年代的政治经济学》（1986）。

三、公共选择理论的方法论

由维克塞尔提出、布坎南总结得出：方法论的个人主义、理性人假设、交易政治学是构成公共选择理论方法论的三个主要因素。

个人主义。在公共选择理论产生之前，传统的政治学理论忽视个人主义的方法论。在考察集团行为时，传统的政治学总是把集团当作一个不可分割的有机体，而从整体的角度分析其政治行为与社会行为；当它分析一个国家时，又通常把国家看成代表整个社会的唯一决策单位，而且国家利益与公共利益是完全独立于个人利益的。而公共选择理论则认为，在分析人类的行为时首先应从个体角度出发，因为个体是组成群体的基本细胞，只有研究清楚了个人行为，才能对集体行为进行有效分析。在布坎南看来，集体行为的产生是个体行为的必然结果，个体的作用极其重要，他是私人行为与集体行为的唯一终极决策者。个体想要实现自身利益，必须通过国家这个机构，这正是国家作用的重要体现。英国学者加雷斯·洛克斯利认为，坚持个人主义的方法论，这不仅是一个使用什么研究工具的问题，更是一种信念。哈耶克在批评国家干预主义时指出，凯恩斯主义的福利政策是用假想的单一目标代替众多的个人目标，而福利不能充分表达单一目标，社会目标不可能代替每个人的个人目标，所以在分析某种社会现象时，首先必须对个人活动进行深入剖析①。当然，个人主义方法论并不是说个人的决策和选择是固定不变的，相反个人的选择也会随着制度和环境等方面的变化而变化。其次个人主义不一定是利己主义，个人主义目标导向也可是利他主义。最后，个人选择的方案与选择的结果不要求一致，个人参与集体选择时的方法与选择的集体结果是两码事。

经济人假设。经济人一直是新古典经济学假设条件之一。经济人假设能对人的行为产生的原因提供理论上的解释，认为人首先以追求和实现利益最大化为首要目标，追求个人利益最大化是人类的基本特征，这种特征不会因为环境的变化、地位的变化等方面而发生变化。布坎南和塔洛克指出，无论在市场活动中还是在政治活动中，人都要追求利益最大化，但这种利益最大化的实现不能以牺牲他人利益为代价。美国经济学家唐斯认为，选民在进行选举时的行为与消费者在市场上购买产品的行为类似，选民也是以追求自身利益为基本出发点，当选民认为参与投票的成本过高或收益过低时，宁愿作理性的无知者。他还认为，政治市场中的政治家与经济市场中的企业家的行为存在类似之处。政治家采取的一些行为，比如制定的一些政策措施，其也是为了追求政治家的个人利益，即在选举时获得最多的选票。政治家的这种行为就如企业家在生产过程中考虑的是如何获得更多的收益，尽量降低生产成本一样②。以布坎南为代表的公共选择学派认为，经济人假设之所以能从理论上对人的行为做出合理的解释，主要在于其反映了人的基本行为特点。它摒弃了过去经济学假定在经济活动中人人都是自私的以及政治学认为政治家是利他主义的观点，提出要发掘出人的经济人的本性，不论在经济市场上还是在政治市场上，人的目的都是追求自身的利益，考虑如何使自己的利益最大化。按照经济人假说，任何人，无论其处于何种地位都有一样的本性，即要使自己得到最大化的利益，政治家也不例外。认识到政治家的经济人本性，有助于正确理解政府制定政策的动机和政策内容的一些缺陷。公共选择理论认为在分析政治问题时要先把政治家看作经济人，在此基础上才能进行关于制度方面的分析，这样可以更好地进行对比，找出什么样的制度安排和政策比较好，分析不好的制度和政策是在什么情况下产生的。如果脱离经

① ［英］哈耶克．个人主义与经济秩序［M］．贾湛，文跃然，译．北京：北京经济学院出版社，1989：71.

② ［美］唐斯．民主的经济理论［M］．姚洋，译．上海：上海人民出版社，2005：126.

济人假设，而假定每个人都是为他人着想的，那么人们认为的不好的制度和政策也就不会产生了。

交易政治学。布坎南认为，经济学是一门交换科学，在分析经济问题时必须基于交换这一基本命题，只要经济主体之间存在自愿交换的关系，就会产生有效率的市场结果，确保各经济主体的利益最大化[①]。在分析政治问题时，公共选择学派成功地运用了自愿交换的观点。他们认为经济市场和政治市场的区别主要在于交易产品的区别。在经济市场上，人与人之间就私人产品进行交换，人们通过在有组织的市场上彼此交换产品或服务，最终相互获益。而在政治市场中，交易的对象则是公共产品，在这里人们建立交易契约关系，通过交易契约的达成改善交易双方的福利状况。从这个角度来看，经济市场与政治市场之间存在很多相似之处，只要反映团体成员之间复杂交换或协议的行为或选择，就可列入交换经济学范畴。只是经济市场交换发生在个体之间，涉及的是商品交换，而政治市场交换则发生在集团之间，是服从与统治的交换。公共选择理论认为交换是政治活动的本质特征，国家通过制定和实施政治规则这一手段来保证人们在政治活动中享有平等自由的选择权。在政治活动中，各个行为者进行有效的沟通和磋商，根据各自的利益进行价格的协定，通过不断讨价还价最终确定合理的价格，在此基础上最终形成了良好的、高效的决策结果。根据这一理论，所有的政治参与者都应该平等自愿地参加关于政治和国家的一些活动，即便是采用强制性的手段或者是运用手中的权力也必须遵循平等自愿的原则。从这个意义上说，采取交换的方法和手段来看待政治活动，与传统看法存在很大不同，这对公正的概念提出了一种新解释，并且为政治分权化提供了理论上的合理性[②]。

第二节　投票理论

一、民主决策机制与投票规则

直接民主决策机制是指公民直接投票，参与公共决策，并以投票结果作为最终选择的一种决策制度。间接民主决策机制是指不由公民直接投票进行公共决策，而是由他们投票选举出少数人作为代表，并授权这些代表按确定的政治程序做出公共决策的一种决策制度。它也被称为代议制民主决策机制。

由于直接民主决策机制的复杂性和运行的高成本，其不能成为经常使用的决策机制，在西方国家现实政治生活中，实际运行的主要是间接民主决策机制。无论是直接民

① ［美］布坎南．自由、市场和国家［M］．吴良键，桑伍，译．北京：北京经济学院出版社，1988：56.

② 王爱琴．西方公共选择理论述评［J］．齐鲁学刊，2014（5）：103－107.

主还是间接民主，都是通过投票来决策，投票规则包括：

第一，一致同意规则，是指一项决策，须经全体投票人一致赞同或没有任何人反对，才能获得通过的一种投票规则。该规则实行的是一票否决制，根据这个规则做出的集体决策，可以满足所有投票人的偏好。因此，一致同意规则可以达到帕累托最优状态，这一点已经由维克塞尔和林达尔提出的维—林模型得以证明。

但在实际中，一致同意规则由于一些明显的缺点而难以被普遍使用，这些缺点是：（1）决策成本太高。有人曾证明，在三个人的场合需一致同意达成决策就很难，在成千上万人的社会就更加困难。（2）这一规则要求人们在投票时能真实表达自己的偏好（如希望的公共物品数量及自己愿承担的税收份额），而由于公共决策利益分享的特殊性，投票者会采取策略隐瞒自己的真实偏好，以使自己获得更大利益而承担较少的成本。在多数投票者持有这种动机时，将使决策无法达成。（3）这一规则会被某些不良用心的人利用，从而造成少数人的苛政。因为任何一个人都有否决权，不良用心的人会借此敲诈那些想使表决议案通过的人，以获得好处。基于此，一致同意规则只有在较小范围的公共决策活动中才是适宜的。因此，布坎南和塔洛克写道：

> 然而，一致同意的达成是一个代价很大的过程，对这一简单事实的认识直接导向一种“经济学的”立宪理论。个人会发现，当预期到收益超过付出时，预先赞同某些规则是有利的（他也知道这些规则有时可能对他不利）。可以通过分析个体选择来建构的这种“经济学”理论，为政治宪法出现在那种由自由的个人进行的讨论过程中提供了一个解释这些自由的个人试图系统地提出在他们自己的长远利益中普遍可接受的规则。必须强调，与发生于明文规定好的规则范围之内的集体选择过程相比，在这种立宪讨论中，个体参与者的预期效用必须得到更为显著明白的表达，只有在个人一致同意这一根本基础得到接受之时，我们关于立宪选择的理论才具有规范性的意蕴。①

第二，多数票规则，是指一项决策须经半数以上投票人赞成才能获得通过的一种投票规则。多数票规则又分为简单多数票规则和合格多数票规则。按照简单多数票规则，只要赞成票超过 1/2，议案或决策就可以通过。按照合格多数票规则，赞成票必须高于半数以上很大比例，议案才能获得通过。这种合格多数票规则又可以分为 2/3 多数制，3/4 多数制，4/5 多数制等。

简单多数票规则是最为基本和常用，实践中到底使用哪种具体的投票规则，通常视被表决议案的重要性而定。多数票规则能在较大程度上克服一致同意规则的缺点。公共选择理论还指出利用多数票规则决定公共产品的供需虽然看起来比较合理，能代表大多数人的意见，但在实行过程中却可能遇到许多其他问题：一是买卖选票，即投票者在得到足够的补偿之后投票赞成于己不利的议案，或者接受贿赂投票赞成对自己无关紧要的议案；二是互投赞成票，即投票者在投票赞成自己偏好议案同时也赞成于己无关紧要甚

---

① ［美］詹姆斯·布坎南，戈登·塔洛克. 同意的计算［M］. 陈光金，译. 上海：上海人民出版社，2014：6.

至略有损害，而对另一投票者至为重要的议案，以换取他对自己偏好议案的支持；三是投票悖论现象，即在运用简单多数票规则进行集体决策时，容易出现投票结果随投票次序不同而变化，大部分甚至全部备选方案都有机会被选中的循环现象；四是多数极权，即当过半数的投票人对公共产品偏好一致时，可能形成一个自然联盟以压制联盟外的少数成员。

对于多数票规则的弊端，人们提出了许多改进措施，其中最重要的是加权投票规则。简单的一人一票的投票规则，强调的是各参与者之间的平等权利，然而它在某些情况下，特别是存在利益差别的情况下显得不够合理。加权投票规则对一人一票制进行了适当修改，以适应各种利益差别情形。其基本方法是，首先根据利益差别将参与者根据重要程度进行分类，然后依据这种分类来分配票数，相对重要者拥有的票数较多，否则就较少。最后按照各个候选方案实际得到的票数多少，而非实际赞成人数的多少来选择方案。

二、投票的几个重要定理

（一）孔多塞悖论

假设甲、乙、丙代表 3 个选民，A、B、C 代表 3 个决策方案，每个人偏好不一。依据民主投票规则，3 人中仅需 2/3 以上成员投票赞成就可获胜。偏好情况，甲：$A>B>C$；乙：$B>C>A$；丙：$C>A>B$。在第一轮的第一次选择中，A 与 B 相比，B 被淘汰，A 胜出；在第二次选择中，胜者 A 与 C 相比，A 被淘汰，C 胜出。在第二轮的第一次选择中，A 与 C 相比，A 被淘汰，C 胜出；在第二次选择中；胜者 C 与 B 相比；C 被淘汰；B 胜出。在第三轮的第一次选择中，B 与 C 相比，C 被淘汰，B 胜出；在第二次选择中，胜者 B 与 A 相比，B 被淘汰，A 胜出。

依照一定的投票程序就会产生一定的规律，即某个方案若要成为获胜方案，应在第一轮投票时避免进入投票程序，在第二轮投票时进入就能达成预期投票结果。这种在多数票规则下，投票可能不具有均衡结果的现象，被称为投票悖论（Paradox of Voting）。由于早在 18 世纪 80 年代，法国社会学家孔多塞和数学家博尔塔就发现了这一现象，因此也被称为孔多塞悖论（Condorcet's Paradox）。

（二）阿罗不可能定理

但是，我们会发现，如果改变投票程序，如先让 B 与 C 进行表决，胜者再与 A 对决，则会出现 A 最终获胜的结局。这时尽管选民的个人偏好没有任何的改变，表决结果也是唯一的，但结局却和前面不一样了。由此可见，在淘汰制的直接民主决策机制下，虽然消除了投票悖论，但投票的结果依赖于投票程序，投票程序的改变将直接影响决策结果。这就又出现了问题，如何在不违背民主宗旨的前提下来确定投票程序呢？能有效保证投票程序不被人为操纵吗？遗憾的是这些问题几乎无法被理想地解决。这就是多数票决策规则面临的困境。

经济学家阿罗经过研究并用数学方法证明，不存在一种既满足民主制度的一切要求，又能把已知的个人偏好顺序总合为统一的社会偏好顺序的政治机制或集体决策规则。这就是著名的阿罗不可能定理。不可能定理表明：任何投票规则都不可能满足他提出的五项条件（个人偏好的排序是自由选择的，社会评价与个人评价是一致的，不相关选择对象的独立性，不受限制的范围，非个人独裁），任何投票规则都不可能完全避免投票悖论。塔洛克在《小型投票体系的计算机模拟》中指出，虽然理论上投票会出现悖论问题，投票悖论出现的概率与投票人数和备选方案的多少有关，投票者人数或备选方案越多，出现投票悖论的可能性越大。但是实际上投票悖论的出现概率非常低，因为投票者的个数总是大大超过供投票选择的社会状态个数，这时出现投票悖论的概率是如此小，以至于在实际中可以不考虑它。

（三）单峰偏好与中间投票人定理

所谓单峰偏好是指个人在一组按某种标准（如数量大小）排列的备选方案中，有一个最为偏好的方案，而从这个方案向任何方向的游离，其偏好程度或效用都是递减的。如果一个人具有双峰或多峰偏好，则他从最为偏好的方案游离开，其偏好程度或效用会下降，但之后会再上升。单峰偏好定理：虽然对同一组方案各个投票人的单峰偏好的形状可能是不一致的，但只要是单峰型的，简单多数票规则一定可以产生出唯一的均衡解。也就是说，如果所有的投票者的偏好都是单峰型的，则不会出现投票悖论。英国经济学家邓肯·布莱克提出的单峰偏好虽然克服了投票悖论，但它违反了阿罗关于“无限制的定义域”的假定，即单峰偏好是依靠把个人偏好限制在单峰状态为前提的。

中间投票人是指这样一位投票者，他的偏好正好处于所有投票者偏好的中点上，高于他偏好数量的人和低于他偏好数量的人正好相等。正式提出中间投票人定理的是美国经济学家安东尼·唐斯。他在1957年出版的《民主的经济理论》中指出：如果在一个多数决策模型中，个人偏好都是单峰型的，则反映中间投票人意愿的那种政策会最终获胜，因为选择该政策不仅使中间投票人获益最大，也使其他人损失最小。

（四）偏好强度与投票交易

投票交易在西方社会极为普遍，布坎南和塔洛克认为，“互投赞成票只是进行额外支付的一种间接的方法。个人不能够直接用货币购买投票人的支持，但他们能够在不同问题上交换选票”①。塔洛克对互投赞成票的两种基本类型已经作了初步的归纳，一种

---

① ［美］詹姆斯·布坎南，戈登·塔洛克．同意的计算［M］．陈光金，译．上海：上海人民出版社，2014：172.

是公开式，另一种是隐蔽式，并认为两种互投赞成票几乎会带来一样结果的结论①。假定一个社区有三个备选项目，分别是医院、幼儿园、图书馆。该社区有三个投票人，分别为选民甲、选民乙、选民丙，表 15 - 1 显示了每个项目对于每个投票人的效益（负号表示净损失）。

表 15 - 1　　投票交易可以增进社会福利

项目	投票者			净效益之和
	选民甲	选民乙	选民丙	
医院	200	-55	-50	95
幼儿园	-30	150	-40	80
图书馆	-120	-65	300	115

表 15 - 1 中，选民甲、乙、丙分别偏好于建设医院、幼儿园和图书馆，但都反对另外两项。如果进行投票，三个项目都不会通过。但如果进行投票交易，选民甲与选民乙进行交易，假定两人互投赞成票，医院项目和幼儿园项目都可以通过，甲可获 170 单位的净效益，乙可获 95 单位的净效益。同理，选民甲和选民丙也可达成交易，互投赞成票。图书馆项目也可以通过。最后，三个项目因为选民互投赞成票均获通过，而这增加了社区的整体利益，是有效率的。

第三节　政治市场

公共选择理论是新政治经济学中以经济学分析方法研究政治问题最重要的流派之一。但是“公共选择理论的方法论是经济学的。与经济学一样，公共选择的基本行为假设是，人是自利的、理性的效用最大化者”②。借助这些经济学概念和分析工具，公共选择理论探究了寻租行为、政党竞争、政府失灵和官僚行为等政治现象，形成了公共选择理论的三大学派（罗切斯特学派、芝加哥学派和弗吉尼亚学派），虽然各个学派的具体主张存在某些分歧，但是每一个学派都采用了经济学的分析方法和工具解释宪政、立法、行政和司法等政治问题③。

布坎南把政治看作交换，看作市场，即“政治市场”。他把选民、官僚和政治家视

① Tullock, G. Problems of Majority Voting [J]. *The Journal of Political Economy*, 1959, 67 (6): 571 - 579.

② [英] 丹尼斯·缪勒. 公共选择 [M]. 韩旭，杨春学，译. 北京：中国社会科学出版社，1999：4.

③ 黄新华，李凯. 公共选择理论与交易成本政治学的比较分析 [J]. 财经问题研究，2011 (1)：3 - 8.

为政治市场中的博弈者，把选票看成是货币。布坎南认为，民主政治活动中的个人活动也具有交换的性质，人们在政治活动中达成协议、协调冲突、确立规则，无不建立在自愿的基础上，类似市场中的交换。另外，布坎南也强调把政治作为一种过程来理解，即把它理解为一个在解决利益冲突时进行交换达成协议的过程。在政治领域中进行的公共选择，表面上看起来是由国家或集体做出，但本质上仍是个人选择。公共选择理论要分析的就是个人的偏好、决策、选择和行为在一个既定的组织结构或制度结构内是如何产生某种复杂的特定的总体后果的。在政治市场中，主要是选民、政治家和官僚三者进行博弈。他们的行为都像经济人一样，按照理性原则和利己主义行事，以个人收益—成本的计算做出抉择。

选民个人无论是作为消费者还是投票者，无论是在经济市场上还是在政治市场上，其行为动机和目标都是一致的，都是为了追求个人利益最大化，即都作为理性的经济人在进行经济活动或政治活动。选民利用选票、游说、政治捐款需求政治物品，他们希望政府提供的公共物品最大程度符合自己偏好。

政治家（政党）从事活动是为了使政治支持最大化，为获得选票最大化。选票极大化往往是多党制社会中成功地获得政治权力的先决条件。任何一个政党或政治家，要想赢得极大化的选票，必须使自己的竞选方案符合中间投票者的意愿。政治家也是理性的经济人，他和消费者、生产者具有同样的行为动机，即追求自身利益的最大化，其具体目标是当选或连任，也可说是争取选票最大化。在这一假设前提下，政治家的行为具有以下特点：（1）政治家在竞选时会宣布一些最能被“中间投票人”接受的政策主张。（2）在收入政策方面政治家更多地倾向于用发行公债来代替税收。（3）在支出政策方面，政治家总是倾向于扩大公共支出的规模和范围。之所以这样做，一是有利于获得和不同支出项目相关联的特殊利益集团的支持；二是钱多好办事，可以突出政绩；三是受到具有信息优势的官僚影响，官僚们是希望扩大本部门支出的。图 15 –1 所示是唐斯的政党争夺选民模型。他认为政党或政治家提出的纲领或提案，只有符合中间投票者的偏好，才能实现选票极大化。

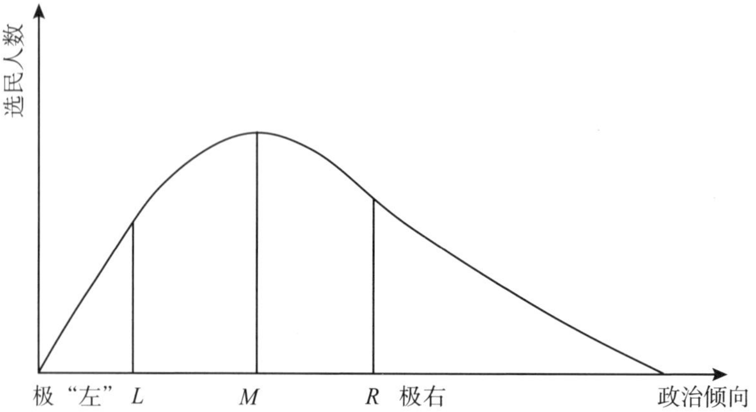

图 15 –1　唐斯的政党争夺选民模型

唐斯认为，中间投票者最偏好的公共产品或服务就是多数规则下的政治均衡。图15－1中，假设两党起初的政治倾向是极“左”和极右的，那么，在中位选民理论的影响下，两党力图提出中间偏左或中间偏右的竞选纲要，以此来争取更多的中位选民。此时，对政党而言的关键问题是如何确定中位选民的偏好情况。在这种模型下，两党候选人会承诺给予选民更高的效用，选民则对可以期待的更高效用回报以他们的选票。从经济意义上讲，中间投票人被解释为中产阶级。如果一个社会中中产阶级居于多数的话，那么，整个社会就不容易出现走极端的现象，政治也更加稳定。

从公共选择理论看来，官僚的行为动机同样是追求自身利益的最大化，具体体现为追求高薪、晋升、特权、恩惠等。而这些都是与财政预算的规模正相关的。官僚在追求个人利益最大化方面具有如下特点：（1）官僚追求的利益既包括直接的经济利益，也包括非经济利益。直接的经济利益包括个人收入、津贴等的增加；非经济利益包括权力、政绩、晋升机会、名誉和社会地位等。（2）官僚通过“榕树型扩张”方式和借助于“制度缺陷”来增加经济利益。在追求直接经济利益过程中，官僚法定收入不高，若要改变这种状况，他们只好采取“榕树型扩张”来获得外在收入。榕树型扩张的特点是主干吸收养料的不足可以通过枝条下垂入地来补充。也就是利用自己的权力来影响收入。例如，通过扩大预算来增加部门收入（部门预算年年增加，想办法将经费花掉）、通过寻租来增加个人收入。（3）政治家与官僚之间信息的严重不对称性，使得政治家在决策时不得不依赖于官僚的配合，从而使官僚能够对政治家的决策施加重要影响。还是由于信息的不对称，尽管政治家可以对官僚的行为进行监督和约束，但其效果十分有限。这也许是政府行政效率低下的一个重要原因。尼斯坎南模型对官僚机构的研究较为典型。这一模型分析了官僚机构对资源配置效率的影响。在官僚机构与上级拨款单位之间存在的信息不对称的双边垄断关系中，官僚机构具有更大的自主权与垄断力。通过对局均衡（官僚机构博弈均衡）及其最优产量的分析，对比私人竞争企业，尼斯坎南对预算最大化垄断官僚的生产效率得出结论：生产产量相对于社会最优需要总是过剩的，因为生产公共物品的钱不是他们口袋里的，因此他们总力求多生产公共物品，以便从更多的公共支出规模中获取自己更多的好处。官僚机构倾向于过量使用资金以提高预算的现值。

第四节　宪政经济学

在公共选择理论中，宪政经济学研究的对象层次最高。宪法是经济与政治当事人进行普通选择与活动时受到约束的各种根本性规则体系，具有相对固定持久的特征。宪政经济理论研究的是立宪和修宪问题，及研究对政府的财政权力、货币权力与管制权力的宪法约束。经济政策的好坏不在于经济学家的建议与政治家的行为，而在于对政策制定的规则约束与规则约束下的政治过程。宪政经济学思想渊源久远，斯密、汉密尔顿、维克塞尔都是主要代表。而布坎南和塔洛克的《同意的计算》则阐述了宪政经济学的基本思想。

布坎南不是一个无政府主义者。他认为，如果没有政府来确立和实施各种规则，比如产权和契约，那么对个人利益的追求将会退化到霍布斯的战争状态。在这种状态下，个人的生活是孤独的、贫困的、野蛮的和短暂的。尽管那些追求个人利益的人认为国家需要约束个人行为，但他们同时也认为需要用制度性规则来约束国家。合乎理想的是，这些最终规则应该通过维克塞尔的一致同意得出来。这种一致同意也许是可能的，但实际上可能需要更多的条件。也许对效率的考虑可能意味着制定的规则也许低于一致同意原则，比如采用多数投票规则。低于100%会增加反对这项法律的人的成本，另外获得一致同意本身是非常昂贵的，因为随着通过规则所需要的总投票比例的上升，讨价还价和决策成本迅速上升。

布坎南的公共选择视角和关于宪政经济学的著作使他得出了这样的结论，即政府的规模已经太大，政府需要新的制度性约束来保护最初对制度的一致同意。就这方面而言，它支持平衡预算修正案。这个法案要求联邦政府每年都要平衡它的税收收入和支出，并要求联邦储备委员会制定每年都以一个固定的百分比增加货币供给的货币规则。它同时还强烈支持对各州的宪法进行税收限制的修正。

对于决策规则确定即制宪，布坎南与塔洛克做了最经典的分析。一项集体决策往往会招致两个成本：外在成本与决策成本。外在成本是集体决策通过后在实施中产生的对某些成员的不利影响或净效用损失，而决策成本是在进行决策中产生的。任何集体决策所需赞成票数的多少对这两种成本的影响正好相反，所需赞成票越多，决策成本越高，但外在成本越低。因此，决策成本与外在成本之和取决于所需赞成票数的多少。最优宪法选择规则，就是权衡决策成本和外在成本两因素下选择的根本性规则。如果通过一项决策方案所要遵循的规则是所需的赞成票能保证决策的总成本最低，那么这种决策就是“最优多数规则”。这个规则的选定就是制宪过程，他要在立法决策之前完成，并且应按全体一致同意的规则来选定。当然，最优多数规则并不唯一，还要考虑所决策的集体活动的性质。

宪政经济学的核心问题之一是“政府悖论”。经济的发展离不开政府的支持甚至推动，即政府的存在是经济发展的一个重要条件，但政府又常常成为经济发展的最大障碍。在这一问题的背后是权力与权利的博弈，是政治与经济的冲突，是政府对市场的侵犯。公共选择学派中阿罗的社会选择理论被看作是一种宪政理论，因为他所关心的仍是政治制度的设计。他注重的是集体决策的规则的后果。他提出的不可能性定理表明，有关集体决策的各种基本规则之间存在冲突。在布坎南看来，宪法改革不可避免，立宪改革的原则是契约论。建立或修改规则的标准是一致同意，政府必须保护每一个人不受掠夺，这是一致同意规则的要求。修改规则的前提是当事各方的一致同意，至少应使用最优多数规则。

第五节 公共选择理论评价

公共选择理论既是当代西方经济学的一个重要分支，同时又是一个极其重要的涉及现代政治学和行政学的研究领域。从经济学理论角度来看，公共选择理论运用的是经济学的逻辑和方法；而从政治学、行政学的角度来看，它分析的是在现实生活中同人类密切相关的政治个体（包括选民和政治家）的具体行为特征，同时包括由此引起的政治团体（尤其是政府）的行为特征。因此，学术界常常把公共选择理论称为“新政治经济学”“政治的经济学”，有时候又叫“官僚经济学”。

丹尼斯·缪勒认为，公共选择理论可以定义为非市场决策的经济研究，或者简单地定义为把经济学应用于政治科学。公共选择的主题与政治科学的主题是一样的：国家理论，投票规则，投票者行为，政党政治学，官员政治，等等。布坎南认为，公共选择理论的宗旨是把人类行为的两个方面（经济决定与政治决定）重新纳入单一的模式。该模式注意且认为承担政治决定之结果的人就是选择决策人的人。作为公共选择理论的主要代表人物，缪勒和布坎南的观点具有一致性，试图将经济学的研究方法，主要是新古典经济学研究方法运用于政治学，构建政治学和经济学的逻辑统一性。但政治学和经济学毕竟有很大区别，经济学的理性人假设在政治学方面具有很大局限性，理性人可能适用于选民，也可能适用于官僚集团，但在政治家（党派）这里就存在很大的矛盾。政治家并不是单一的普通利己者，或者说不是纯粹的经济利益追求者，还要考虑民众的影响和自己的未来政治生涯。甚至有的政治家摒弃个人利益专注于国家的强盛与民众福祉是完全可能的。而公共选择理论完全混淆了政治家和普通民众的区别，这个出发点和假设可能会导致最终的结论错误。

作为新政治经济学的一个分支，公共选择理论是在对传统市场理论和凯恩斯主义经济学批判的过程中逐步兴起和发展的。它以“经济人”假说为其基本行为假设并将之推广到政治市场供求双方行为分析，最终得出“政府失败”的基本结论并提出了矫正“政府失败”的两大思路。应该说，其理论体系、前提假设、基本结论及改革举措还是具有相当启发和借鉴意义的。其应用范围也已远远超出了主流经济学和传统政治学的研究范围，几乎涉猎当今社会所有的热点问题，具有广阔的应用前景。

公共选择理论把人在经济行为中的决策和在政治活动中的决策统一起来，扩展了经济学研究方法的运用领域。使经济学理论的研究与现实社会运转的实际联系更为紧密，是一场在公共研究领域里的经济学研究方法革命。由于经济学和政治学在概念、理论、范式体系上存在根本区别，公共选择理论的研究方法在公共领域的研究中只能成为政治学“整体主义”研究方法的补充，而非根本替代。

经济学家们天然把公共选择理论看作是自己的领地。不过，也许从一开始称为“经济学帝国主义”的一种证明和经济学研究范畴的扩展，倒不如说经济学家们为政治学的发展提供了有意义的分析视角和分析工具。公共选择理论的发展，实质上主要建立在纾解政治学问题和法律问题的基础之上。福利、税收、教育、环保、分配、国防、政府决策往往首先是政治问题，继而成为法律问题。

公共选择理论建立了一种严谨的、有关政府的一般理论，为政府的管理研究提供了经济学视野和新的研究途径。它对政府干预行为的局限性及由此带来的种种弊端的反思，以及强调规则和立宪限制重要性等思想，使得制度创新层面的研究显得尤为重要。从方法论来看，公共选择理论把个人看成是评价、选择与行动的基本单位，把社会存在看成是个人之间的相互作用，分析个人的偏好、决策、选择与行动在特定的制度结构中怎样产生某种特定的后果，公共选择的过程实质上就是将个人偏好转化为社会偏好的过程。通过公共选择确保政府能够按照大多数人的意愿来提供公共产品，开拓了运用经济学方法和理论研究政治问题的先河，弥补了传统政治学研究的不足。公共选择理论在个人行为和集体选择之间架起了一座桥梁。它通过对国家起源、投票规则、政治家与政党、官僚制、政府规模和利益集团等的分析，深刻认识到政府干预的危害。由此提出的重建民主政体，防止政府权力滥用和改革政治过程等观点无疑具有重要的借鉴价值。

公共选择理论还重点分析了利益集团，公共选择理论认为，利益集团是一些具有共同利益的人组成，对政府决策能够施加影响的团体。利益集团活动目的是对政治家、投票者施加各种压力或影响，以谋求对其成员有利的提案获得最大支持或通过。利益集团采取的活动方式，主要是政治游说、资助竞选。也有的可能采取投反对票或者威胁的非正常手段。利益集团的活动往往会对税收负担水平和结构、政府财政补贴数量和去向、政府支出项目的设置等产生影响。政府的最终决策取决于各个利益集团在力量上的对比，政府的决策实际是各利益集团妥协的产物。特殊利益集团会与立法机构、官员形成一个“铁三角”，立法机构批准某一预算方案；官员实施某一方案，特殊利益集团从中获益。在“铁三角”的作用下，政府预算总是具有不断扩大的趋势。财政扩张的结果便是财政赤字政策的实行。公共选择理论认为，如同市场失灵一样，社会中存在着政府失灵。它是指个人对公共物品的需求在现代代议制民主政治中得不到很好的满足，公共部门在提供公共物品时趋向于浪费和滥用资源，致使公共支出规模过大或者效率降低，政府的活动并不总像应该的那样或像理论上所说的那样“有效”。公共选择理论关注到了寻租问题，认为寻租就是利益集团、企业或个人通过合法或非法活动，影响公共决策为自己谋取高额利润的行为。寻租不仅造成浪费，也会引起收入的重新分配。寻租对现有政治秩序提出了挑战，即导致腐败。公共选择理论这些方面的研究对我国经济学发展有很大借鉴。

复习与讨论

1. 阐述寻租对资源配置的影响。
2. 说明公共选择理论中投票规则的主要方式及其优劣。

3. 什么是孔多塞悖论？民主制度选出了林肯、邱吉尔和肯尼迪，也选出了希特勒、墨索里尼和庇隆，为什么？

4. 政治家和政党在选举中为什么会看重中间人的选票？利用公共选择理论如何解释？

5. 公共选择理论将经济人假设作为它们理论分析的基础，是否合理？请给出你的理由。

6. 投票规则存在着投票交易的可能，分析投票交易给民主带来的影响。

7. 什么是阿罗不可能定理？它对公共选择理论有什么影响？

本章移动端课件

经济学简史　第十五章

扫码学习　移动端课件

CHAPTER 16

第十六章　博　弈　论

博弈论又被称为对策论，是研究具有斗争或竞争性质现象的理论和方法。它既是现代数学的一个新分支，也是运筹学的一个重要学科。20 世纪 40 年代以来，博弈论逐步应用于经济学，是博弈论的初创时期；1950 年纳什均衡奠定了博弈论的基础；70 年代，博弈论形成了一个完整的体系；80 年代开始，博弈论逐渐成为经济学的重要流派之一。它不仅在微观经济学领域引发了一场方法论的革命，而且还在宏观经济学领域开拓了一个新的研究方向。随着博弈论在现代经济学中的运用和研究的深化以及经济复杂性现象的不断涌现，博弈论的经济学研究呈现出合作化、对称化和连续化的发展新趋势。

第一节　博弈论的兴起

一、博弈论缘起

博弈论是二人在平等的对局中各自利用对方的策略变换自己的对抗策略，达到取胜的目的。博弈论思想古已有之，中国古代的《孙子兵法》不仅是一部军事著作，而且算是最早的一部博弈论著作。而中国古代最为有名的则是孙膑“田忌赛马”故事，充分阐释了博弈论的精髓。而将博弈论应用到经济领域则始于古诺和伯特兰等关于双寡头垄断、产品交易行为的研究。古诺在其《财富理论的数学原理研究》中，对双寡头垄断市场作了具体分析，研究了在静态条件下、完全相同产品的市场中，两家厂商的竞争行为、反应函数和均衡结果。半个世纪以后的伯特兰重新论证后，人们才开始认识到古诺模型与其思想方法的重要价值。这也是现代博弈论的萌芽时期，为其进一步的发展提供了思想雏形。

为大家所公认的现代博弈论研究始于数学家冯·诺伊曼（Vo Nevmann）1928 年和 1937 年先后发表的两篇文章。然而博弈论这门学科的创立，则以冯·诺伊曼和美国经济学家摩根斯坦合著的《博弈论与经济行为》（1944 年）一书的出版为标志。该书主要概括了经济主体的典型特征，提出了策略型、标准型和扩展型等基本博弈模型，奠定了博弈论这门学科的理论和方法论的基础。自此以后，博弈论迅速发展并得到广泛应用。

博弈论根据其所采用的假设不同，可分为合作博弈与非合作博弈理论。二者的主要区别在于：人们的行为相互作用时，当事人能否达成一个具有约束力的协议，如果有就是合作博弈；如果没有就是非合作博弈。前者强调的是团体理性、效率、公正和公平，后者强调的是个人理性、个人最优决策，其结果可能是有效率的，也可能是无效率的。

目前经济学家谈到博弈论主要指的是非合作博弈，即各方在给定的约束条件下如何追求各自的利益最大化，最后达到力量均衡。在《博弈论与经济行为》的影响下，美国普林斯顿大学的年轻数学家纳什于1949年发表《讨价还价问题》，1950年发表经典论文《N人博弈的均衡点》，同年又发表了著名论文《非合作博弈》。这一系列论文突破了“零和博弈”的框架，为非合作博弈和合作博弈的讨价还价理论奠定了坚实的基础，是博弈论发展的一个重要里程碑，首次提出纳什均衡的概念并证明了均衡解的存在性。它揭示了博弈论与经济均衡的内在联系，抓住了博弈论研究的关键，其后的理论发展大都是建立在对“纳什均衡”这一核心概念的修正和完善基础之上的。1951年美国兰德公司的顾问艾伯特·塔克提出了“囚徒困境”。“囚徒困境”自此成为现代博弈论的经典案例。

然而纳什均衡的概念毕竟具有一定的局限性。它仅适用于分析一些静态的非重复性博弈，当用它来分析动态的或重复性博弈时，所得的结果往往过于含糊和笼统。1965年德国波恩大学的泽尔滕（Selten）提出了“子博弈纳什均衡”的概念。它剔除了那些缺乏说服力的纳什均衡点，要求局中人在任何时点都是最优的，缩小了纳什均衡的个数，对有限完美信息博弈，其法则用“倒推归纳法”。1975年泽尔滕在《国际博弈理论杂志》上发表了《关于扩展性博弈中均衡完美概念的再检验》一文，进一步提出了“颤抖手完美纳什均衡”的概念以改进子博弈纳什均衡。但颤抖手完美纳什均衡仍不能完全消除直观上看来缺乏说服力的纳什均衡所存在的问题，其原因在于泽尔滕认为颤抖的概念在各个方向上是一致的，这与实际不符，因为人们总是避免在大的决策上犯错误。迈尔森（Myerson）于1978年提出了“适度均衡点”概念来进一步完善颤抖手完美点。克雷普斯（Kreps）与威尔逊（Wilson）于1982年又提出了“序贯均衡”概念，虽然数学形式有些烦琐，但其思想却比较先进。泽尔滕提出的两个博弈论新概念是对博弈论深化的重大突破。他开创了动态博弈研究的新领域，对博弈论的后续发展有着极大的启发和指导作用①。

现实中许多博弈问题都是在不完全信息条件下进行的。受纳什等影响，美国加州大学伯克利分校的海萨尼（Harsanyi）开辟了不完全信息博弈研究的新领域。同时海萨尼定义的“贝叶斯纳什均衡”，是纳什均衡在不完全信息博弈中的自然扩展。贝叶斯纳什均衡是指这样一种类型依从战略组合：在给定自己类型和别人类型的概率分布的情况下，每个参与人的期望效用达到了最大化，即没有人积极地选择其他战略。不完全信息博弈是现代博弈论的主要特征之一，也为信息经济学的发展奠定了理论基础，由此发展

---

① 张新立，王青健．博弈论的历史研究［J］．科学，2004，56（4）：34－37.

起来的不完全信息动态博弈模型，使博弈理论的研究和应用的结合更加紧密，在博弈论的发展道路上又建立了一个新的里程碑。

1994 年诺贝尔经济学奖授予了纳什、海萨尼和泽尔滕三人，表彰他们在博弈论的发展及其在经济学领域的应用中所作出的开创性贡献。这意味着博弈论的重要性得到了学术界的公认。在短短数十年发展过程中，博弈论以其新颖的思路，有力的经济分析工具和完整严密的体系为经济学界带来一股新风，使一些传统经济理论得到更合理的重新解释，也使经济学家有能力去探索某些新领域。

二、代表人物约翰·纳什

约翰·纳什（John Nash，1928～2015），提出纳什均衡的概念和均衡存在定理，是著名数学家、经济学家、《美丽心灵》男主角原型，前麻省理工学院助教，后任普林斯顿大学数学系教授，主要研究博弈论、微分几何学和偏微分方程。由于他与另外两位数学家在非合作博弈的均衡分析理论方面做出了开创性的贡献，对博弈论和经济学产生了重大影响，而获得 1994 年诺贝尔经济学奖。

纳什出生在美国西弗吉尼亚州工业城布鲁菲尔德的一个中产阶级家庭。其父亲是一位当地的电气工程师，母亲是当地一位小学老师。纳什从小就显得内向而孤僻。他生长在一个充满亲情温暖的家庭中，但比起和其他孩子结伴玩耍，他总是偏爱一个人埋头看书或躲在一边玩自己的玩具。纳什是一个聪明、好奇的孩子，热爱阅读和学习。少年时期的纳什还特别热衷做电学和化学的实验，也爱在其他孩子面前表演。纳什就读于布鲁菲尔德当地的中小学，然而在学校里，纳什的社交障碍、特立独行、不良的学习习惯等时常受到老师的诟病。这些问题令纳什的父母忧虑，曾经想过很多办法，但收效甚微。他的数学才华在纳什小学四年级时便初现端倪。到了高中阶段，他常常可以用几个简单的步骤取代老师写了一黑板的推导和证明。1945 年他进入卡内基梅隆大学，开始以化学工程为专业，后来才逐渐展示出数学才能。1948 年，大学三年级的纳什同时被哈佛、普林斯顿、芝加哥和密执安大学录取，而他最终进入普林斯顿大学学习。在大学期间，他显露出对拓扑、代数几何、博弈论和逻辑学的兴趣。1950 年纳什获得美国普林斯顿高等研究院的博士学位。他那篇仅仅 27 页的博士论文《非合作博弈》中有一个重要发现，就是后来被称为“纳什均衡”的博弈理论。1952 年，24 岁的纳什在麻省理工学院教书。1957 年，纳什与毕业于麻省理工学院物理系的女生艾里西亚结婚。1958 年，他患上了严重的妄想型精神分裂症。他喜欢在黑板上、玻璃窗上和墙上乱涂乱画，留下一些古怪的信息。他的行为像是游荡在普林斯顿校园里的一个满怀忧伤的“幽灵”。1963 年，妻子和他离婚。但离婚以后，艾里西亚再也没有结婚，她依靠自己作为电脑程序员的微薄收入和亲友的接济，继续照料前夫和他们唯一的儿子。1980 年末期，纳什渐渐康复，从疯癫中苏醒。1994 年他和其他两位博弈论学家海萨尼和泽尔腾共同获得了诺贝尔经济学奖。2001 年，他和艾里西亚复婚。2015 年 5 月 23 日，纳什与妻子在美国新泽西州遭遇车祸去世，享年 86 岁。

纳什的主要学术贡献体现在 1950 年和 1951 年的两篇论文之中（包括一篇博士论文）。1950 年他才把自己的研究成果写成题为《非合作博弈》的博士论文，1950 年 11 月刊登在美国全国科学院每月公报上，立即引起轰动。1952 年他发表论文《实代数流形》，论文中阐述的函数后来被称为纳什函数。1956 年发表论文《流形嵌入》。这个研究成果后来称为纳什嵌入定理。

冯·诺依曼在 1928 年提出的极小极大定理和纳什 1950 年发表的均衡定理奠定了博弈论的整个大厦。通过将这一理论扩展到牵涉各种合作与竞争的博弈，纳什成功地打开了将博弈论应用到经济学、政治学、社会学乃至进化生物学的大门。

第二节 纳什均衡

博弈论研究的是各个理性决策个体在其行为发生直接相互作用时的决策及决策均衡问题。博弈论本质上也是研究理性的经济人如何实现效用最大化的问题，不过博弈论研究的问题要比传统经济学更前进一步。它认为个人的效用函数不仅依赖于个人的选择，更重要也依赖于他人的选择。个人的最优选择不仅仅是自己选择的函数，也是其他人选择的函数。显然，这不仅大大扩展了经济学的研究方法和研究视野，而且也使经济研究变得更加的精致和科学。正因为如此，1970 年以后，博弈论在经济学中的应用便出现了大大加速的趋势。于是，博弈论成为主流经济学一个不可分割的部分，并不是一种巧合，而是博弈论和经济学之间的内在统一性使然①。

一、纳什均衡

一个完整的博弈应当包括以下几方面的要素：

（1）局中人（players）：在一场竞赛或博弈中，每一个有决策权的参与者成为一个局中人。只有两个局中人的博弈现象称为“两人博弈”，而多于两个局中人的博弈称为“多人博弈”。

（2）策略（strategies）：一局博弈中，每个局中人都有选择实际可行的完整的行动方案，即方案不是某阶段的行动方案，而是指导整个行动的一个方案，一个局中人的一个可行的自始至终全局筹划的一个行动方案，称为这个局中人的一个策略。如果在一个博弈中局中人都总共有有限个策略，则称为“有限博弈”，否则称为“无限博弈”。

（3）支付（payoffs）：一局博弈结局时的结果称为得失。每个局中人在一局博弈结

① 尹伯成．西方经济学说史［M］．上海：复旦大学出版社，2010：456.

束时的得失，不仅与该局中人自身所选择的策略有关，而且与全局中人所取定的一组策略有关。所以一局博弈结束时每个局中人的“得失”是全体局中人所取定的一组策略的函数，通常称为支付（payoff）函数。

（4）次序（orders）：各博弈方的决策有先后之分，且一个博弈方要作不止一次的决策选择，就出现了次序问题；其他要素相同次序不同，博弈就不同。

（5）均衡（equilibrium）：均衡是平衡的意思，在经济学中，均衡意即相关量处于稳定值。纳什均衡是一稳定的博弈结果。纳什认为，“均衡点的概念是基本要素。这个概念是二人零和博弈解的概念的一般化。二人零和博弈均衡点的集合是所有成对的对立的好策略的集合，在下面的各节中，我们要定义均衡点，并证明非合作博弈至少存在一个均衡点”①。

纳什均衡（Nash Equilibrium）是指在一策略组合中，所有的参与者面临这样一种情况：当其他人不改变策略时，他此时的策略是最好的。也就是说，此时如果他改变策略他的收益将会降低。在纳什均衡点上，每一个理性的参与者都不会有单独改变策略的冲动。纳什均衡点存在性证明的前提是“博弈均衡偶”概念的提出。所谓“均衡偶”是在二人零和博弈中，当局中人 A 采取其最优策略 a^*，局中人 B 也采取其最优策略 b^*；如果局中人 B 仍采取 b^*，而局中人 A 却采取另一种策略 a，那么局中人 A 的收益不会超过他采取原来的策略 a^* 的收益。这一结果对局中人 B 也是如此。

这样，“均衡偶”的明确定义为：一对策略 a^*（属于策略集 A）和策略 b^*（属于策略集 B）称之为均衡偶，对任一策略 a（属于策略集 A）和策略 b（属于策略集 B），总有：偶对 $(a, b^*) \leqslant$ 偶对 $(a^*, b^*) \geqslant$ 偶对 (a^*, b)。

对于非零和博弈也有如下定义：一对策略 a^*（属于策略集 A）和策略 b^*（属于策略集 B）称为非零和博弈的均衡偶，对任一策略 a（属于策略集 A）和策略 b（属于策略集 B），总有：对局中人 A 的偶对 $(a, b^*) \leqslant$ 偶对 (a^*, b^*)；对局中人 B 的偶对 $(a^*, b) \leqslant$ 偶对 (a^*, b^*)。

有了上述定义，就立即得到纳什定理：任何具有有限纯策略的二人博弈至少有一个均衡偶。这一均衡偶就称为纳什均衡点。纳什定理的严格证明要用到不动点理论，不动点理论是经济均衡研究的主要工具。通俗地说，寻找均衡点的存在性等价于找到博弈的不动点。

纳什均衡点概念提供了一种非常重要的分析手段，使博弈论研究可以在一个博弈结构里寻找比较有意义的结果。但纳什均衡点定义只局限于任何局中人不想单方面变换策略，而忽视了其他局中人改变策略的可能性，因此在很多情况下，纳什均衡点的结论缺乏说服力，研究者们形象地称之为“天真可爱的纳什均衡点”。

泽尔腾在多个均衡中剔除一些按照一定规则不合理的均衡点，从而形成了两个均衡的精炼概念：子博弈完全均衡和颤抖的手完美均衡。

---

① ［美］纳什，等．博弈论经典［M］．韩松，等，译．北京：中国人民大学出版社，2012：13.

二、基本类型

博弈的分类根据不同的基准也有不同的分类。一般认为，博弈主要可以分为合作博弈和非合作博弈。合作博弈和非合作博弈的区别在于相互发生作用的当事人之间有没有一个具有约束力的协议，如果有就是合作博弈，如果没有就是非合作博弈。

从行为的时间序列性看，博弈论进一步分为静态博弈、动态博弈两类。静态博弈是指在博弈中，参与人同时选择或虽非同时选择但后行动者并不知道先行动者采取了什么具体行动。动态博弈是指在博弈中，参与人的行动有先后顺序，且后行动者能够观察到先行动者所选择的行动。“囚徒困境”是同时决策的，属于静态博弈。而棋牌类游戏等决策或行动有先后次序的，属于动态博弈。

按照参与人对其他参与人的了解程度分为完全信息博弈和不完全信息博弈。完全信息博弈是指在博弈过程中，每一位参与人对其他参与人的特征、策略空间及收益函数有准确的信息。不完全信息博弈是指如果参与人对其他参与人的特征、策略空间及收益函数信息了解得不够准确，或者不是对所有参与人的特征、策略空间及收益函数都有准确信息，在这种情况下进行的博弈就是不完全信息博弈。

目前经济学家们现在所谈的博弈论一般是指非合作博弈，由于合作博弈论比非合作博弈论复杂，在理论上的成熟度远远不如非合作博弈论。非合作博弈又分为：完全信息静态博弈，完全信息动态博弈，不完全信息静态博弈，不完全信息动态博弈。与上述四种博弈相对应的均衡概念为：纳什均衡、子博弈精炼纳什均衡、贝叶斯纳什均衡、精炼贝叶斯纳什均衡。纳什（1950）在一般意义上定义了非合作博弈并提出和证明纳什均衡解，奠定了非合作博弈的基础。在纳什均衡的基础上，泽尔腾提出了子博弈精炼纳什均衡（1965）和精炼贝叶斯纳什均衡（1975），海萨尼（1967）提出了贝叶斯纳什均衡，基本解决了四种类型的博弈求解问题。以下我们就四种非合作博弈进行简单梳理。

（一）完全信息静态博弈——纳什均衡

纳什均衡是完全信息静态博弈的基本均衡概念。完全信息静态博弈是指博弈的每个局中人（参与竞争的具有不同利益的行为主体或决策者）对所有其他局中人的特征（策略空间、支付函数等，前者指可供局中人选择的策略组合，后者指决定局中人损益得失的函数）有完全的了解。所有局中人同时选择行动且只选择一次（这里的同时强调的是，每个局中人选择行动时并不知道其他局中人的选择）。作为其基本均衡概念的纳什均衡是指，在其他局中人的策略选择既定的前提下，每个局中人都会选择自己的最优策略（每个局中人的个人选择均依赖于其他局中人的选择，不依赖的情况只是例外），所有局中人的最优策略组合就是纳什均衡。它意味着在给定别人策略的情况下，任何一个局中人都不能通过改变自己的策略得到更大的效用或收益，从而没有任何人有积极性打破这个均衡。如果一个策略组合不是纳什均衡，则至少有一个局中人认为，在其他局中人都遵守这一组合的规定下，他可以比现在做得更好。

纳什均衡被认为是局中人个人理性选择达成一致的结果。博弈过程也是局中人个人理性选择的过程，当且仅当所有局中人预测一个特定的纳什均衡会出现时，有且仅有这个纳什均衡构成博弈均衡，即个人理性选择达成了对均衡的一致性预测。进一步，纳什均衡深刻地揭示了个人理性与集体理性之间存在的内在矛盾。纳什均衡是理性局中人之间利益冲突与妥协达到的一种相对稳定的状态，而这种状态没有一个行为主体可以单方面地加以改变。但是个人理性选择的结果在总体上可能并不是帕累托最优的结果。在此基础上，人们后来又提出了加以改进的其他均衡概念。

（二）完全信息动态博弈——子博弈精炼纳什均衡

纳什均衡求解中，假定别人的策略选择是既定的，分析局中人如何选择自己的最优策略。这时局中人并不考虑自己的选择对别人的影响，这样纳什均衡就允许了不可置信策略威胁的存在，而含有不可置信威胁的策略是不会实际发生的。针对纳什均衡的这一缺陷，泽尔滕在引入动态分析并提出完全信息动态博弈的同时，提出了子博弈精炼纳什均衡的概念，第一次对纳什均衡进行了改进。泽尔腾理论贡献主要在：①提出子博弈精炼纳什均衡概念和逆向归纳法；②运用于垄断寡头市场分析，解决了“连锁店悖论”；③首次提出颤抖手完美纳什均衡概念。

博弈树是动态博弈分析常用的树状分析图（它由结、枝和信息集组成。结可分为起始结、决策结和终点结。起始结是博弈树的起点，决策结是局中人的决策变量，终点结是博弈树的终点。枝是结的连线，对应于局中人的行动。处于博弈同一阶段的决策结被分为不同的信息集，在每一个信息集上，局中人仅知道博弈进入了其中的某一个决策结，但却不知道自己具体处于哪一个决策结上）。子博弈是指从某一个决策结起始的后续博弈，包含该后续博弈的决策结的信息集不包含不属于这个后续博弈的决策结。这个后续博弈的所有决策结都包含在这些信息集中。完全信息动态博弈是指，博弈中的每个局中人对所有其他局中人的特征有完全的了解，局中人的行动有先后顺序。子博弈精炼纳什均衡是完全信息动态博弈的基本均衡概念，其核心思想是：剔除纳什均衡中包含不可置信威胁的均衡策略；当且仅当局中人的策略在每一个子博弈中都构成纳什均衡时，亦即当且仅当均衡策略在每一个子博弈中都是最优时，纳什均衡就构成了子博弈精炼纳什均衡。

构成子博弈精炼纳什均衡的策略不仅在均衡路径（均衡路径是均衡策略组合在博弈树上对应的枝和结的连线）的决策结上是最优的，而且在非均衡路径的决策结上也是最优的。任何有限（局中人的个数有限，策略空间有限）完全信息动态博弈都存在子博弈精炼纳什均衡。理性人假定是达成子博弈精炼纳什均衡的一个重要保证。由于局中人是理性的，根据对先行动者行动的观察，后行动者能够并且必然对先行动者的策略选择做出合乎理性的反应。先行动者也知道这一点，这就保证了将包含不可置信威胁的不合理均衡策略剔除出去，将合理纳什均衡和不合理纳什均衡分离开。

（三）不完全信息静态博弈——贝叶斯纳什均衡

纳什均衡是完全信息条件下的均衡概念，从而适用性受到限制。为此，海萨尼构建了不完全信息博弈的基本理论，提出了不完全信息静态博弈的基本均衡概念—贝叶斯纳什均衡。不完全信息（静态和动态）博弈的分析是在海萨尼转换的基础上进行的。还讨论了 n 人合作对策的讨价还价模型，给出了不完全信息静态博弈的求解，为信息经济学奠定了理论基础。

不完全信息静态博弈是指，至少有一个局中人不知道其他局中人的支付函数，所有局中人同时行动。海萨尼转换是不完全信息（静态和动态）博弈分析的基本概念。通过该转换，海萨尼在不完全信息静态博弈上附加了一定的分析前提，将不完全信息静态博弈转化为“包含同时行动的完全但不完美信息动态博弈”，使得不完全信息静态博弈的分析可以在已经讨论过的完全信息动态博弈的分析框架下进行，而在海萨尼转换提出之前，人们是无法对不完全信息博弈进行分析的。海萨尼转换借助于三个新增的概念展开：局中人的类型（局中人个人特征的完备描述，简化起见，一般将其等同于局中人的支付函数）、自然（局中人的类型是由先天因素或博弈之外的客观因素决定的，为便于分析，海萨尼将这些因素归结为一个虚拟的局中人“自然”，由于是虚拟的，因而他不获得支付并且对于所有博弈结果具有同等偏好，其作用仅在于决定局中人的类型。具体作用过程见下面对海萨尼转换具体做法的分析的第一点）和局中人的信念（局中人根据其他局中人各种可能类型的概率分布对其类型所做出的判断，即条件概率）。转换的具体做法是：（1）自然选择局中人的类型，并将局中人的真实类型告知他自己，而不告知其他局中人，同时并不对每个局中人的各种可能类型及其概率分布保密。这样每个局中人知道自己的类型。不知道别人的真实类型，仅知道其各种可能类型的概率分布，被选择的局中人也知道其他局中人心目中的这个分布函数。（2）自然之外的每个局中人根据其他局中人可能类型的概率分布对其类型做出先验判断，并各自同时选择行动，博弈终了，除自然以外，各个局中人得到对各自的支付。通过海萨尼转换，不完全信息静态博弈转化为包含同时行动的完全但不完美信息动态博弈（把对支付函数的不了解转化为对局中人类型的不了解）。其动态性在于，整个博弈被转化为两阶段动态博弈。即自然选择的阶段和其他局中人同时行动的阶段，前者实际上是为了使原博弈能够进行分析而虚构的，集中体现了海萨尼转换对原博弈附加的分析前提，后者是一个静态博弈。它实际上等同于原来的不完全信息静态博弈。其信息的完全性在于，每个局中人都知道其他局中人的各种可能类型，而每个局中人的支付和策略都依赖于其类型。这样，每个局中人都知道其他局中人的各种可能类型的支付函数和策略空间，其信息的不完全性表现在，局中人对自然的选择没有完全的了解，也即局中人对每个局中人的可能类型及其概率分布具有完全的了解，而对他们的真实类型并没有完全的了解。贝叶斯纳什均衡是不完全信息静态博弈的基本均衡概念。在自然选择之后，各个局中人同时行动，没有机会观察到别人的选择。如果给定别人的策略选择，每个局中人的最优策略依赖于自己的类型（以下简称类型依赖策略）。由于每个局中人仅知道其他局中人的类型的概率分布而不知道其真实类型，他就不可能准确地知道其他局中人实际上会选择什么策略。海萨尼写到：

> 在博弈情景中定义理性行为的基本困难是：通常每个局中人的策略都将依赖于他对其他局中人的策略的预期。如果我们能假定他的预期是给定的，那么他的策略选择问题就会变成一个普通的最大值问题：基于其他局中人将会根据他的既定预期来行动的假设，他可以简单地选择一个收益最大化的策略。但关键是，博弈论不可能把局中人关于彼此行为的预期看作是给定的；不如说，对博弈论而言，最重要的一个问题恰恰是决定哪些预期是聪明的局中人对于其他聪明局中人的行为能理性地存有的。这可以被称作相互“理性预期”问题[①]。

但他能正确地预测到其他局中人的选择是如何依赖于其各自类型的。这样，他决策的目标就是，在局中人类型的概率分布是完全信息的前提下，给定自己的类型依赖策略和别人的类型依赖策略，最大化自己的期望效用。贝叶斯纳什均衡就是这样一种类型依赖策略组合：在给定自己的类型和别人类型的概率分布的情况下，每个局中人的期望效用达到了最大化，没有人有选择其他策略的积极性。

（四）不完全信息动态博弈——精炼贝叶斯纳什均衡

贝叶斯纳什均衡仅仅局限于静态分析，从而其适用性也受到了限制。为此，弗得伯格和泰勒尔对它进行了改进，定义了不完全信息动态博弈的基本均衡概念——精炼贝叶斯纳什均衡。

不完全信息动态博弈是指，在博弈中至少有一个局中人不知道其他局中人的支付函数；局中人的行动有先后之分，后行动者能观察到先行动者的行动。不完全信息动态博弈分析也是在海萨尼转换的框架下进行的。具体讲，自然首先选择局中人的类型，局中人自己知道自己的真实类型，其他局中人不知道被选择的局中人的真实类型，仅知道其各种可能类型的概率分布。之后局中人开始行动，局中人的行动有先后顺序，后行动者能观察到先行动者的行动，但不能观察到先行动者的类型。但是由于局中人的行动依赖于其类型，每个局中人的行动都传递着有关自己类型的某种信息，所以后行动者便可以通过观察先行动者的行动来推断其类型或修正对其类型的信念（按“贝叶斯法则”将先验概率转化为后验概率），然后选择自己的最优行动。先行动者预测到自己的行动将被后行动者所利用，也就会设法选择传递有利信息，避免传递不利信息。因此博弈过程

---

① Harsanyi. J. C. Bargaining and Conflict Situations in the Light of a New Approach to Game Theory [J]. *The American Economic Review* , 1965, 55 (1): 447 -457.

不仅是局中人选择行动的过程，而且是局中人不断修正信念的学习过程。精炼贝叶斯纳什均衡是不完全信息动态博弈的基本均衡概念，它要求给定有关其他局中人类型的信念，局中人的策略在每一个信息集开始的“后续博弈”上构成贝叶斯纳什均衡；并且在所有可能的情况下，局中人要根据所观察到的其他局中人的行为，按照贝叶斯法则来修正自己有关后者类型的信念，进而据此选择并最优化自己的行动。精炼贝叶斯纳什均衡不仅定义在策略组合上，还强调了局中人的信念，因为最优策略是相对于信念而言的①。

综上所述，经济博弈论的一系列均衡概念都是在纳什均衡的基础上发展起来的，其基本思路都是通过逐步剔除不合理均衡而得到更为精确和合理的均衡概念。根据约束条件的强弱，均衡概念由弱到强依次是：纳什均衡，子博弈精炼纳什均衡，贝叶斯纳什均衡，精炼贝叶斯纳什均衡，序贯均衡，颤抖手均衡，恰当均衡，稳定均衡。每一个较强均衡概念都是在较弱均衡概念基础上发展而来，因此强概念自然也适用于弱概念的分析环境。

三、纳什均衡的应用

1950年和1951年纳什的两篇关于非合作博弈论的重要论文，不仅证明了非合作博弈及均衡解，也证明了均衡解的存在性。这就是著名的非合作博弈论的纳什均衡。

纳什均衡可以描述为：如果一个博弈存在一个战略组合，任何参与人要改变这一战略组合都可能导致降低自身的效用水平（或只能保持原有的效用水平），因而任何参与人都没有积极去改变这一战略组合，这一战略组合称为该博弈的纳什均衡。纳什均衡揭示了博弈均衡与经济均衡的内在联系。纳什的研究奠定了现代非合作博弈论的基石，后来的博弈论研究基本上都沿着这条主线展开。

由于“纳什均衡”是一种非合作博弈均衡，在现实中非合作的情况要比合作情况普遍。“纳什均衡”是对诺依曼和摩根斯坦的合作博弈理论的重大发展，甚至可以说是一场革命。纳什提出的著名纳什均衡概念在非合作博弈理论中起着核心作用。后续的研究者对博弈论的贡献，都建立在这一概念之上。

纳什均衡博弈论在现实中的应用很多。它不仅作为一种数学理论，也常常作为当今主流经济学派之一指导经济生活。以下我们阐述几个著名案例说明纳什均衡的重要性。

（一）囚徒困境

囚徒困境作为最负盛名的非合作纳什均衡的案例，是任何博弈论无法绕开的。这个案例最初是由塔克提出的。两个小偷A和B一同去民宅行窃，结果不幸被警察抓住，警察将二人带到警局在两个房间分开进行审问。如果两个小偷都坦白承认罪行，则都被

---

① 胡希宁，贾小立．博弈论的理论精华及其现实意义［J］．中共中央党校学报，2002，6（2）：48－53.

判刑 8 年。如果一方坦白承认有罪，另一方坚决否认抵赖，则坦白承认有罪的立即释放，坚决抵赖的则被追加处罚，判刑 10 年。如果两人都坚决抵赖否认行窃，但私闯民宅则分别被判刑 1 年。表 16 - 1 给出了这个博弈的支付矩阵。

表 16 - 1　　　　　　　　　　　　囚徒困境博弈矩阵

囚犯 A	囚犯 B	
	坦白	抵赖
坦白	8，8	0，10
抵赖	10，0	1，1

对 A 来说，尽管他不知道 B 作何选择，但他知道无论 B 选择什么，他选择坦白总是最优的。显然，B 同样也会选择坦白，结果两人都被判刑 8 年。但是，倘若他们都选择抵赖，每人只被判刑 1 年。在表 16 - 1 中的四种行动选择组合中，（抵赖，抵赖）是帕累托最优，因为偏离这个行动选择组合的任何其他行动选择组合都至少会使一个人的境况变差。但是坦白是任一犯罪嫌疑人的占优战略，而（坦白，坦白）是一个占优战略均衡，即纳什均衡。囚徒困境表明纳什均衡与帕累托最优存在冲突。

虽然 A 和 B 两人都选择抵赖是集体最优的，但是这个结果不会出现，双方都存在偏离这一结果的激励，个体理性与集体理性之间存在着冲突。即便两人都有不招供的约定在先，这样的约定也只能是“不可置信的承诺”而已，故而纳什均衡解具有内在稳定性。

考虑 A 和 B 刑满释放后重新作案，却又被警方再次抓住，再次重复上述过程。这样的情形称为重复博弈，重复博弈的每次博弈称作阶段博弈。重复的囚徒困境中，博弈被反复地进行。因而每个参与者都有机会去惩罚另一个参与者前一回合的不合作行为。这时合作可能会作为均衡的结果出现。欺骗的动机这时可能被受到惩罚的威胁所克服，从而可能导向一个较好的、合作的结果。作为反复接近无限的数量，纳什均衡趋向于帕累托最优。在囚徒困境的重复博弈中，有两种著名的策略，一种叫“冷酷”策略；另一种叫“针锋相对”策略。所谓“冷酷”策略，是指对于事先两人均不招供的攻守同盟，一旦有人招供则对方在以后的任一阶段博弈中都将选择招供，以示对对方违约的惩罚，对方也将丧失改正错误的机会。而“针锋相对”策略是指行为人在本阶段选择对方前一阶段的行为选择，相对于“冷酷”策略，“针锋相对”策略允许行为人存在违约的激励，因而它不会是精炼均衡。

（二）智猪博弈

智猪博弈是 1950 年纳什提出的一个著名案例。假设猪圈里有两头猪，一头大猪和一头小猪。猪圈很长，一头有一踏板，另一头是饲料的出口和食槽。猪每踩一下踏板，另一边就会有相当于10单位的猪食进槽，但是踩踏板以后跑到食槽所需要付出的劳动，加起来要消耗相当于2单位的猪食。问题是踏板和食槽分置笼子的两端，如果有一只猪去踩踏板，另一只猪就有机会抢先吃到另一边落下的食物。踩踏板的猪付出劳动跑到食槽的时候，坐享其成的另一头猪会获得收益。如果两只猪同时踩踏板，同时跑向食槽，大猪吃进7单位，得益5单位，小猪吃进3单位，实得1单位。如果大猪踩踏板后跑向食槽，这时小猪抢先，吃进4单位，实得4单位，大猪吃进6单位，付出2单位，获得收益4单位。如果大猪等待，小猪踩踏板，大猪先吃，吃进9单位，收益9单位，小猪吃进1单位，但是付出了2单位，收益－1单位。如果双方都不行动，所得收益都是0。智猪博弈矩阵如表16－2所示。

表16－2　　　　智猪博弈收益矩阵

小猪	小猪	
	行动（踩踏板）	等待
行动（踩踏板）	5，1	4，4
等待	9，－1	0，0

表16－2收益矩阵给出了两头猪的选择。先说小猪的选择，一种情况是：大猪去踩踏板，小猪等待比行动获得收益更高。另外一种情况是：大猪不踩踏板，小猪等待比行动获得收益更高。所以，对小猪而言，无论大猪是否踩动踏板，小猪将选择“搭便车”策略，也就是舒舒服服地等在食槽边，这是最好的选择。大猪的选择也是确定的，因为它知道小猪的选择是等待，所以它为了获得收益，只能选择踩踏板行动。最后的纳什均衡解就是大猪行动和小猪等待。在现实经济生活中，有许多“智猪博弈”的例子，它反映的是一种参与人地位不对等的博弈结构，这种不对等可以是参与人拥有的信息和支付函数，也可以是参与人所采取的策略和行动。在技术创新市场上，大企业往往扮演大猪角色，付出大量资金和人力，创新发明新技术。而中小企业扮演小猪角色，不会也没有可能投入大量研发资金开拓新技术，所以它们大部分采取跟随和等待策略，待大企业新技术研发出来后，它们进行模仿和二次创新。

（三）拍卖机制

在“囚徒困境”和“智猪博弈”中，参与人的信息是公开且对称的，或者说参与人之间不存在不对称信息。但是在更多的情形下，参与人之间的信息不是公开的。拍卖市场就是信息不对称的买卖市场。考虑一件古董需要拍卖，有许多人参加竞争性拍卖。这件古董在每个买主心中有一个估价。但是卖主不知道买主的估价，买主当然也不会老老实实地将其对古董的估价告诉卖主，不同买主之间也不知道互相之间的估价。因此有关标的和竞标的信息都是不对称的。假定采用“英式拍卖”，买主们轮流出价，直到开出最高价的买主拿走古董并支付这个价格。但遗憾的是，如果按这种拍卖方法，古董并不能按买主心中的最高的估价卖出。如当买主中的最高估价为12万元，第二高估价为10万元时，当估价最高的买主开出11万元时，便可买走其估价为12万元的古董而只支付11万元。由于这是公开竞价，所以会出现围标问题，即买主们合谋压价。为了避免围标，一种常用的方法是“一级密封拍卖法”，买主每人将其开出的价格写入一个信封，密封后交给卖主。卖主拆开所有信封，将古董卖给信封中出价最高的人，并要求支付这个价格。但是“一级密封拍卖法”却不能诱使买主按照其真实估价进行出价，这是因为，买主总可以报一个略低于其真实估价的价格获得标的物，从而赚取其中差价①。

传统的经济学认为，商品交易中如果双方所掌握的信息不对称，市场上所产生的均衡结果将是一种无效率的状态。然而美国经济学家威廉·维克瑞在1978年发表的《反投机、拍卖和竞争性密封投标》一文中，证明这种观点有失偏颇。维克瑞认为，拍卖是一种具有重大实践意义的市场交易制度，它有一套完整的系统，以参与者的出价（报价）为基础来决定资源配置和出清价格的规则。市场是否有效率，就取决于这些拍卖规则是否能够有效地诱导参与者（竞买人）报出他们真正愿意支付的最高价格。维克瑞在这篇论文中，对国际上通用的四种拍卖交易方式的功能、作用、效率作了精辟的阐述（见表16-3）。经济学家维克瑞发明的“二级密封拍卖法”，既可避免围标，又可诱使买主们报出真实估价。他的方法是这样的，先要求每个买主将出价写入一个信封，密封后交给卖主，卖主拆开信封后宣布将古董卖给出价最高的人，但只需支付开出的第二高的价格。譬如出价最高的为12万元，第二高的为10万元，古董就卖给开出12万元的人，但他只需支付给卖主10万元。对每个买主来说，他不知道其他买主的估价，但给定其他买主的估价，他一旦获胜，支付的第二高的价格是固定的，不会随他开出的价格而改变。但他开出的价格越高，获胜的可能就越大。但是他不能开出比他的价值估价更高的价格。因为一旦存在别的人开出的价格比他的价值估价还要高，当他获胜时，就必须以高出他的价值估价的价格购买古董，对他来说是得不偿失的。所以每个人都会如实地按心中的估价开出价格。如果所有人的估价是一样的，古董就以真实的最高价值卖出。维克瑞拍卖法可以诱使买主说出真话，因而这种方法也被称为维克瑞拍卖机制。而维克瑞由于对拍卖的深入研究获得1996年诺贝尔经济学奖。20世纪70年代美国联邦政府运用维克瑞招标法进行公共工程招标为联邦政府节省了大笔开支。

表16-3　　常用的几种拍卖方式

拍卖方式	拍卖规则	成交规则	支付价格	了解对方
英式拍卖	竞买者逐步加价，直到最后只有一个人投标	出价最高者得到拍卖品	最高出价	是

① 李凌，王翔．论博弈论中的策略思维［J］．上海经济研究，2010（1）：35-39．

续表

拍卖方式	拍卖规则	成交规则	支付价格	了解对方
荷兰式拍卖	出售者从较高价格开始，逐步降价直到有人愿意购买	出价最高者得到拍卖品	最高出价	是
一级密封拍卖	在某一个约定的时间同时公开所有投标人的报价	最高（竞买时） 最低（竞卖时）	最高或最低报价	否
二级密封拍卖	在某一个约定的时间同时公开所有投标人的报价	最高（竞买时） 最低（竞卖时）	最高或最低报价	否

瑞典皇家科学院将2020年诺贝尔经济学奖授予保罗·米尔格罗姆和罗伯特·威尔逊，以表彰这两位经济学家在“改进拍卖理论和创新拍卖形式”方面作出的重大贡献。保罗·米尔格罗姆首次提出了具有私人价值信息和共同价值信息的附加价值模型，在新模型中收益等价定理不再成立。罗伯特·威尔逊探究了新的拍卖机制，例如“竞争性拍卖机制”“双向拍卖”“整体拍卖与分担拍卖机制”。在实际应用方面，米尔格罗姆和威尔逊在1993年设计的同步增价多轮拍卖方案被美国联邦通讯委员会（FCC）成功应用于多个无线电频谱的拍卖中，并且同步增价多轮拍卖方案成为频谱拍卖中的一个范式，在奥地利、丹麦、爱尔兰、英国、瑞士、荷兰等国家的无线电频谱拍卖中得到广泛应用，拍卖金额高达数千亿美元。同时这一拍卖机制还在电力、天然气等领域的拍卖中得以应用①。

第三节 博弈论与信息经济学

博弈论对经济学的主要贡献之一就是促进了信息经济学的快速发展。博弈论在经济学中的应用则使得信息问题在经济学中变得日益凸显。经济学越来越重视对信息的研究，特别是重视信息不对称对个人选择及制度安排的影响，而这种关注与重视则直接导致了信息经济学的产生并推动其向前发展。从这一角度来讲，博弈论在经济学中的应用就是主要体现为信息经济学的发展，也正是基于这种理解，信息经济学被有的专家学者干脆视作就是“非对称信息博弈论在经济学上的应用”。

奈特1921出版了《风险、不确定性和利润》一书。此书中他提出了不确定性的概念，认为一部分人通过努力获取信息以寻求比他人更多的获利机会②。1937年科斯在

① 张琨，单海鹏．保罗·米尔格罗姆和罗伯特·威尔逊对当代经济学的贡献［J］．河北经贸大学学报，2021，42（1）：34－40.

② Knight，F. *Risk. Uncertainty and Profit*［M］. Boston：Houghton Mifflin，1921：28.

《企业的性质》一文中论述了产业企业存在的原因及其扩展规模的界限问题，创造了交易成本的概念，也认为信息成本是交易成本的重要组成部分①。1949年弗里德里希·哈耶克的《社会中知识的利用》一文发表在《美国经济评论》上，论述了市场信息的不完全性质及其影响，同时对传统经济理论中隐含的完全市场信息假设提出了质疑和挑战②。而美国经济学家马尔萨克1959年发表的《信息经济学评论》一文中正式明确提出了信息经济学（Economics of Information）。而在1961年斯蒂格勒的《信息经济学》论文研究了信息的成本与价值，以及信息对价格、工资和其他生产要素的影响③。到20世纪70年代，学者们从经济实践中还发现，市场活动的行为各方拥有的信息不仅仅是不完全的，也是不对称和不均匀的。这会影响市场的运行效率，导致市场失灵，从此不对称信息经济学产生并且兴起。肯尼思·阿罗所涉及的社会选择论、一般均衡论、不确定经济学等领域中尤为着重于个人决策、信息与组织的研究，并在1972年获得诺贝尔经济学奖。1970年阿克洛夫在研究了二手车市场的失灵时，提出了“柠檬”理论，研究了信息不对称下劣品驱逐良品的状况，即“逆向选择”。1971年美国经济学家杰克·赫什雷佛提出信息市场理论，1973年迈克尔·斯宾基提出信号理论，包括信号显示和信号传递等。斯蒂格利茨等提出信息效率与市场效率的“悖论”，还研究了信号甄别模型。1976年美国经济学会在经济学分类中正式列出信息经济学，1979年首次召开了国际信息经济学学术会议，1983年国际性学术杂志《信息经济学与政策》（*Information Economics and Policy*）正式创刊，进一步推进了信息经济学的发展。

进入20世纪90年代后，信息经济学逐渐进入主流经济学而呈现方兴未艾的发展趋势。1996年詹姆斯·莫里斯和威廉·维克瑞在不对称信息条件下的经济激励理论方面做出了重大贡献，建立了委托代理理论和模型。莫里斯抓住委托人和代理人之间信息不对称这一前提，指出委托人需要面对来自代理人的参与约束和激励相容约束。维克瑞提出了维克瑞拍卖法，又称第二投标法。他们还研究了非对称信息下的激励机制的建立。此后委托代理理论也有了持续的发展，形成了包括不利选择与道德模型、市场信号模型、团队理论、拍卖招标理论以及最优税制理论和信息资源的配置等理论。

2001年乔治·阿克洛夫和迈克尔·斯宾塞等研究不对称信息条件下市场运作机制，构成了现代信息经济学研究的核心和奠基石。2002年丹尼尔·卡纳曼和弗农·史密斯分别进行了不确定状况下的决策制定有关的研究，以及各种市场机制的研究。2005年托马斯·谢林等通过博弈论分析促进了对冲突与合作的理解。2007年埃里克·马斯金等提出和发展了机制设计理论，有助于各国确定有效的贸易机制和政策手段。

信息经济学把博弈论中拥有私人信息的局中人称为代理人（agent），不拥有私人信息的局中人称为委托人（principal）。据此，信息经济学的所有模型都可以在委托人—代

① Coase，R. H. The Nature of The Firm [J]. *Economica*，1937（11）：37－40.

② Friedrich，A. Hayek. The use of Knowledge in Society [J]. *American Economy Review*，1949（4）：519－530.

③ Stigler，G. J. The economics of information [J]. *Journal of Political Economy*，1961，69（3）：213－225.

理人的框架下进行分析。委托人—代理人基本类型可以分为四类：逆向选择模型、道德风险模型、信息传递模型、信号显示与信息甄别模型。

阿克洛夫通过对美国旧车市场的分析于1970年发表了文章《柠檬市场：品质不确定性与市场机制》，得出了“柠檬”原理（“柠檬”来源于美国口语，意思是次品），并且开创了逆向选择理论。逆向选择是指由于交易双方信息不对称和市场价格下降产生的劣质品驱逐优质品，进而出现市场交易产品平均质量下降的现象。在产品市场上，特别是在旧货市场上，由于卖方比买方拥有更多的关于商品质量的信息，买方由于无法识别商品质量的优劣，只愿根据商品的平均质量付价，这就使优质品价格被低估而退出市场交易，结果只有劣质品成交，进而导致交易的停止。柠檬原理对经济学的贡献在于，揭示了许多传统市场都存在的信息的非对称现象，深化了我们对真实市场现象的了解。一个市场经济的有效运行，需要买者和卖者之间有足够的共同的信息。如果信息不对称非常严重，就有可能限制市场功能的发挥，引起市场交易的低效率，甚至会导致整个市场的失灵。

道德风险是在信息不对称条件下，不确定或不完全合同使得负有责任的经济行为主体不承担其行动的全部后果，在最大化自身效用的同时，做出不利于他人行动的现象。1963年美国数理经济学家阿罗将此概念引入经济学中，指出道德风险是个体行为由于受到保险的保障而发生变化的倾向，是一种客观存在的，相对于逆向选择的事后机会主义行为，是交易的一方由于难以观测或监督另一方的行动而导致的风险。迈尔森认为代理人隐藏行动信息的情形称为“道德风险”，而代理人隐藏知识信息的情形称为“逆向选择”。

信号传递试图解决信息不对称问题。迈克尔·斯宾塞正是由于第一个提出信号传递模型，对于信息经济学研究做出了开创性的贡献而荣获2001年的诺贝尔经济学奖。信号传递是指具有信息优势的一方（拥有私人信息的一方）采取某种行动向信息劣势方（拥有公共信息的一方）发送相关信号，用以回避逆向选择，改进市场运行状况。信号传递在生活中非常普遍，如一年一度的留学申请工作，美国大学首先要看申请者的TOFEL和GRE的成绩，第二是申请者的GPA，第三是申请人的推荐信。它们当然不可能知道每个中国学生能力的高低，到底适不适合研究经济学，能否做出成就。但是，它们必须根据中国学生所提供的材料做出录取与否的选择。而TOFEL和GRE成绩（以及其他材料）就可能起到传递申请者能力以及学习意愿等等的作用。

信息搜寻也是解决信息不对称的主要方式，是由信息较少的一方去主动搜寻信息。它最早由斯蒂格勒提出，其主要的含义是在消费者面临同质商品的多种价格时，应该如何寻找最低的价格水平。美国经济学家麦考尔后来将之运用到劳动市场上。信息甄别则是指处于信息劣势的一方（委托人），即不拥有私人信息的一方先采取行动来获取和分析拥有私人信息一方（代理人）的信息，或诱使拥有信息的一方揭示其私人信息的过程。信号甄别模型研究是由罗斯柴尔德和斯蒂格利茨于1976年开创的，他们研究的是保险市场的私有信息问题。根据他们的研究，在信息甄别模型中，均衡是指存在一组合同和一个选择规则，使得每一类型的雇员在所有可选择的合同中选择一个最适合自己的合同，并且结果只存在唯一的分离均衡。

博弈论作为一种有效分析工具，已经取得了经济学界的普遍认同。经济学中的很多问题，在引入博弈论和信息经济学的研究视角后出现了前所未有的新局面和新结果。在理性预期的基础上，把博弈论引入宏观经济分析，也是现代经济学发展的一个新的方向。

复习与讨论

1. 试分析智猪博弈双方的博弈行为和心理。

2. 纳什均衡实质是什么？如何实现纳什均衡？

3. “搭便车”行为是否普遍？试举例说明。

4. 如何应用博弈论处理企业之间的竞争？

5. 阐述博弈论产生的时代背景，博弈论与现代主流经济学的关系。

6. 请写出纳什均衡的定义，并举一个用矩阵图表示的实例，说明纳什均衡形成的条件。

7. 指出重复博弈与序贯博弈的区别。

8. 海萨尼转换是什么意思？包含哪些内容？

9. 阐述博弈论中的主要四种拍卖机制。

10. 甲航空公司和乙航空公司分享了从北京到南方冬天度假胜地的市场。如果它们合作，各获得500000元的垄断利润，但不受限制的竞争会使每一方的利润降至60000元。如果一方在价格决策方面选择合作，而另一方却选择降低价格，则合作的厂商获利将为零，竞争厂商将获利900000元。

要求：

（1）将这一市场用囚徒困境的博弈加以表示。

（2）解释为什么均衡结果可能是两家公司都选择竞争性策略。

本章移动端课件

经济学简史　第十六章

扫码学习　移动端课件

CHAPTER 17

第十七章 西方经济学发展新动向

自20世纪70年代以来，西方主流经济学进入了一个不断变化的新时代。其表现是：一方面，新凯恩斯主义和新自由主义针锋相对，在不断否定对方的同时，也在不断修正自己理论。另一方面，经济学不断向其他社会学科渗透，形成了许多以经济学工具作为分析方法或体现经济学基本理论的新兴学科，西方经济学家称这种现象为“经济学帝国主义”。经济帝国主义入侵和跨界社会学、政治学、法学、生态学、教育学、历史学等各学科，出现了许多经济学分支，经济学的学科体系及家族成员不断壮大。本章主要介绍演化经济学、行为经济学、新经济地理学、法律经济学。同时新兴古典经济学在当今西方主流经济学也有一定影响，本章也会阐述其基本理论和方法。

第一节 新兴古典经济学

20世纪80年代以来，杨小凯、罗森、贝克尔、博兰、黄有光为代表的一批经济学家运用超边际分析工具将古典经济学中关于分工和专业化的思想变成决策和均衡模型，掀起了一股用现代分析工具复活古典经济学的思潮。新兴古典经济学纠正马歇尔以来新古典经济学分析框架的缺陷，复活了被新古典经济学遗弃了的古典经济学的灵魂：劳动分工与经济发展及市场组织分工的功能。它放弃传统理论中消费者与生产者绝对分离的假定，并引进专业化经济和交易费用，在以角点解（最优决策中某些变量的值为零）来取代内点解的基础上进行超边际分析，从而突破了新古典经济学的分析框架和基本方法，形成了一个以超边际分析为基础工具，以专业化经济、分工和经济组织等为主要研究对象的经济学分析框架。由于这一新的分析框架的最大特点是使古典经济学的灵魂在新兴古典躯体中复活，因此被称为新兴古典经济学。

一、新兴古典经济学缘起

亚当·斯密创立了古典经济学，研究经济学如何利用分工与专业化来增加国民财富问题，认为分工是生产率提升的最重要因素。但边际革命却重视经济学的数理分析和边际效用分析，将古典经济学的分工理论排斥出主流经济学范畴。资源最优配置只能在最高生产可能性边界内进行，忽视了资源不变条件下分工仍能提高总生产量。到19世纪末，马歇尔开始致力于用数学框架形式化经济学。由于当时还没有用来处理分工网络问题的数学工具，他做了一个纯消费者决策和纯厂商决策“截然两分”的假定，以避免对角点解的超边际分析。以马歇尔为代表的经济学家们，成功地建立起新古典微观经济学理论体系。这种采用边际分析方法对供求分析的研究，关注的是资源配置，它所解决的问题是在给定资源稀缺程度下，如何解决各种产品之间生产的两难冲突。随着边际分析的成功及新古典微观经济学主流地位的确立，对资源配置问题的研究也就顺理成章地成了此后经济学的研究重心。而古典经济学的核心理论——专业化和分工思想却被人逐渐淡忘了。

由此看出，马歇尔的边际分析是建立在一个将纯消费者和纯生产者（企业）“截然两分”的不现实的基础之上的，这种分离对避免角点解是至关重要的。但也正是这种分离，使得马歇尔的边际分析无法解释许多经济现象。为解决这一问题，经济学又分别发展了宏观经济学、发展经济学、贸易理论、增长理论、比较经济学、交易费用经济学以及新企业理论等许多分支理论学科。这些经济学的分支学科，其理论自成体系，又彼此相互独立，使得新古典经济学框架缺乏一个内在统一的理论内核，这成为该理论体系不可调和的矛盾。

一些经济学家质疑并致力于解决新古典经济学理论框架下的内在矛盾和冲突。新兴古典经济学正是在这一背景下发展起来的一个经济学流派。继承和发展斯密专业化和分工思想的经济学家，首推阿伦·阿博特·杨格。他在1928年就任英国皇家经济学会会长时发表演讲，题目是《报酬递增与经济进步》。虽然在他一生学术生涯中他只有这样一篇研究成果，但被公认为经典文献，载入经济学说史册。杨格从斯密定理出发，指出了一个不同于马歇尔的学术研究方向，深刻阐述了报酬递增与经济增长的关系。他反对马歇尔用外部规模经济解释报酬递增，他有针对性地阐明，报酬递增取决于劳动分工的发展，是由生产的资本化或迂回生产方式创造的。一个社会分工水平越高，个人专业化水平就越高，间接生产链条越长，报酬递增就越明显。报酬递增的实现依赖于分工的演进。即使没有规模效应而只有个人专业化地边干边学和分工网络的扩大，也能够产生社会学习的网络效应。与此相反，在其他一些模型中，边干边学则独立于分工的演进，并产生一种规模效应。

20世纪50年代，数学家们发展了线性规划和非线性规划等方法，为处理分工和专业化问题涉及的角点解提供了有力武器。到20世纪中后叶，以罗森、贝克尔、杨小凯、博兰和黄有光等为代表的经济学家，采用超边际分析的方法，重新将古典经济学中关于分工与专业化的思想变成决策和均衡模型。这些经济学家以超边际分析方法，成功展开了对古典经济学分工演进思想的研究，并由此建立起新兴古典经济学理论体系①。

① 周梅妮，郑辉昌. 新兴古典经济学理论的发展及其框架［J］. 重庆社会科学，2009（4）：125－129.

20 世纪 70 年代末，新兴古典经济学所研究的主要内容：一般递增报酬和分工网络效应的文献开始出现。到了 20 世纪 90 年代，此类文献的基础理论、应用理论和经验研究开始快速发展。杨小凯（澳大利亚经济学家，华人，原名杨曦光）1991 年发表论文《经济增长的微观机制》，是第一篇用劳动分工的内生演进解释经济增长的论文，真正为经济增长奠定了微观基础。文章中的模型是第一个能够预测劳动分工、生产力、贸易依存度和经济结构同时演进的动态均衡模型。这个模型是第一次把杨格的劳动分工思想模型化。1993 年杨小凯与世界著名华裔经济学家黄有光合著的《专业化和经济组织》出版，这本书建立了新兴古典经济学的框架。在这个框架中，专业化经济、劳动分工和经济组织结构被引入经济学的核心部位。2001 年杨小凯出版了英文版的新兴古典经济学教科书《经济学：新兴古典与新古典框架》。这本教科书囊括了杨小凯运用超边际分析方法所取得的全部研究成果，标志着新兴古典经济学走向成熟①。

二、超边际分析方法

杨小凯教授独创了超边际分析方法，并用此方法复活了亚当·斯密关于分工的重要思想。新兴古典经济学用超边际分析方法，从内生个人选择专业化水平的新视角重整了以新古典经济学为核心的多种互相独立的经济学理论，是经济学发展的前沿课题。即对每一角点进行边际分析，然后在角点之间用总效益费用分析，这是处理最优决策的角点解所必需的。

现代主流经济学教科书上以边际效用和边际生产力为基础的分析方法就是边际分析。杨小凯认为，边际分析无法解决分工的问题，于是引入超边际分析。简单地说，超边际分析就是将产品的种类、厂商的数量和交易费用等纳入分析框架的分析方法。

新兴古典经济学理论认为，对于一个给定的分工水平，均衡的资源配置是有效率的，但这种给定分工水平下的帕累托最优只是一种局部均衡，而整体帕累托最优包括最优资源配置和最优分工结构两部分即全部均衡，它是所有局部均衡中效用最大的一个。新古典经济学的帕累托最优是与生产可能性边界相吻合的，效用最大化同时意味着生产力最大化。但在新兴古典的框架中，由于存在着分工好处与交易费用的两难冲突，在交易效率不高时，帕累托最优不会是最高分工水平。只有当交易效率改进时，帕累托最优和市场均衡才会越来越接近生产可能性边界。这意味着交易效率成为促进市场生产力发展的一种推动力量，流通效率影响着生产力水平。

新古典经济学和新兴古典经济学的区别之一，用现代经济学语言表述，是新古典框架内的纯消费者决策和纯厂商决策“截然两分”的假定，使其关注的焦点集中在资源分配的边际分析和经济组织的非拓扑性质上（商品流量大小），而新兴古典经济学更加注重个人决策的超边际分析和经济组织的拓扑性质（任意一对参与者是否相连通）。边际

① 包学松. 杨小凯新兴古典经济学述评 [J]. 中共杭州市委党校学报，2004（5）：76－80.

分析使得角点解成为一个例外。

新兴古典经济学的超边际分析遵循这样的逻辑：即人们在进行决策时，首先会将不同的选择作比较，这就要求人们对每种选择进行成本和收益的边际分析，了解每种选择可能产生的效用，然后比较哪种选择产生的总效用最大。也就是说，先对每一种选择进行边际分析，计算其角点解的效用，然后比较每种选择的总效用，选择效用最高的决策，即做出超边际决策。

超边际分析分为三个步骤：

第一步，利用文定理排除那些不可能是最优的角点解，多个人的决策交互作用形成市场结构将面临多个可能的组合。在求解这种需求和供给函数时，1988 年杨小凯运用库恩—塔克定理，排除了一些非优化的角点和内点解，从而将最优界的范围大大缩小。1996 年文玫将上述运用推广到了一般准凹效用函数和非常一般的生产条件，被称为文定理。根据文定理观点，最优决策从不同时买和卖同种产品，从不同时买和生产同种产品，最多卖一种商品。杨小凯在说明文定理时解释说：

> 文定理的直观意义十分清楚。比如，不同时买和卖同种产品。如果一个农民生产了 5000 公斤粮食，他会不会去到集市上卖掉 1000 公斤粮食，然后再买回 1000 公斤粮食呢？显然不会。因为这样做并不会增加他的效用；相反，他将粮食拖到集市上卖是要花成本的，买也是要花成本的，包括运输成本、讨价还价成本、时间的机会成本，等等。经济学上将这种非生产性成本统称为交易成本。如果买和卖同一种产品，只会降低它的效用，因此不是最优选择①。

第二步，对剩下的每一个角点解用边际分析求解，求出每一个局部最优值。假定社会中存在着若干个决策前完全相同的个人（即生产者—消费者），每个人有自身的效用函数、生产函数、时间约束和预算约束。在满足生产函数和所有约束条件下，对给定的每个模式求解效用函数的最大值，即得出局部最优解。

第三步，比较各角点解的局部最大目标函数值，从而产生整体最优解。因为角点效用函数、角点供给函数和角点需求函数中包含三个参数，即交易效率、生产条件参数和商品的相对价格。通过研究参数变化时，决策和均衡将如何反应。在不同的参数值范围内，比较各角点解的局部最大目标函数值，从而产生整体最优解。

超边际分析就是在边际分析的基础上加了一个“超”，这个“超”也就是多了一个步骤，更具体一点说就是人们在做出资源配置的决策之前，先选择专业和分工水平。从而就产生的“角点解”和用来使对它的分析简化的“文定理”，不能不说这是伟大的创新。“角点解”是人们在选择专业化水平时产生的，新古典经济学里面没有考虑角点解，因为它的边际分析方法只能用来分析内点解，也就是给定分工和专业化水平时的资源配置问题。杨小凯在论述超边际分析时写到：

> 在上面的例子中，你选择了经济学专业，这就意味着经济学专业的活动水

① 杨小凯，张永生．新兴古典经济学和超边际分析［M］．北京：中国人民大学出版社，2000：35.

平为"正值"，而化学、物理专业的活动水平为"零值"。但在经济学专业内，无论你在微观经济学课程上多花一点精力，还是少花一点精力，你的决策值都是"正值"。如果一个决策变量之最优值是其最大值或最小值，最优决策之解就被称为角点解。因为专业的选择一般会对不从事的专业取其最小值0，这类决策常选角点解。如果所有决策变量之最优值在其最大值和最小值之间，则最优决策就被称为内点解①。

在新古典经济学中，帕累托最优与生产可能性边界是吻合的。效用最大化意味着生产力最大化。但是，在新兴古典经济学的分析框架里，由于不同的分工水平产生了不同的生产转换函数，生产可能性边界是最高的那条生产转换曲线。分工水平越高，生产力越靠近生产可能性边界。因此，在新兴古典经济学框架中，帕累托最优不一定与生产可能性边界吻合。而当交易效率改进时，帕累托最优和市场均衡会越来越接近生产可能性边界。这说明交易效率是市场生产力的推动力量。也就是说，分工的发展，使同样的资源可以生产出比以前更多的产品。经济增长和发展是内生的。在新兴古典经济学的框架中，市场最重要的功能并不是分配资源，而是寻找最优市场网络规模，尽量利用分工的网络效应，提高生产效率，减少稀缺性。

三、新兴古典经济学基本框架

新兴古典分析框架有以下特点：

第一，每个人既是生产者又是消费者，他们最重要的决策是选择专业化水平和专业方向，之后再进行给定分工结构下的资源分配决策。前类决策是选择经济组织结构问题，后类决策是给定组织结构下的资源配置问题。

第二，每个人作为消费者喜好多样化消费，作为生产者喜好专业化生产。专业化可提高生产率，但却会增加交易费用，所以存在利用专业化效益和增加交易费用的两难冲突。当交易效率低于交易费用时，人们选择低分工水平，自给自足，市场总需求为零。当交易效率上升，高于交易费用时，市场均衡的分工水平上升，每人的专业化水平上升，专业化的部门数量和贸易品种类数上升，市场总需求也上升。

第三，对需求和供给的分析基于角点解，以内点解为基础的边际分析不适用。采用的是超边际分析方法，即对每一角点先进行边际分析，然后在角点之间用总效益费用分析。对每个角点的边际分析解决给定分工结构的资源分配问题，角点之间的总效益费用分析决定专业化水平和模式，而所有人的这类决策决定分工水平，分工水平决定市场容量大小及总量需求。

杨小凯证明，按库恩—塔克定理，每个人的最优决策永远是角点解。可能的角点解多不胜数，若有三种产品，则有九个变量（每种产品有自给量、购买量、售卖量），则

① 杨小凯，张永生．新兴古典经济学和超边际分析［M］．北京：中国人民大学出版社，2000：32.

可能的角点解是 $2^9-1=511$。而市场均衡是所有人的角点解的组合，这无疑是一个天文数字。但杨小凯又用库恩—塔克定理证明，内点解和绝大多数角点解不可能是最优解，因而可将它们排除。

每个角点解是一个均衡，全部均衡是众多角点均衡中效用最大的那个角点均衡。每个角点均衡解决给定分工水平的资源分配问题，而全部均衡决定最优组织结构问题（最优分工水平、最优分工模式）。由于新古典经济学中的全部均衡只解决资源分配问题，而不能内生分工水平，所以新兴古典经济学的每个角点均衡相当于新古典经济学的一个全部均衡。每个角点均衡是局部帕累托最优，意味着对于一个给定分工结构，资源配置是有效率的，所以局部帕累托最优又被称为最优资源配置。全部均衡是整体帕累托最优，包括最优资源配置和最优分工结构。所以在新兴古典经济学里，第一福利定理不但意味着市场能有效分配资源，且能选择有效的分工结构①。

新兴古典经济学利用超边际分析工具对贸易理论、企业理论、产权经济学、宏观经济学、增长和发展理论及城市经济学等理论都进行了重新思考和解释，反对新古典经济学，试图为这些理论建立一个统一的逻辑框架。这里，我们着重就新兴古典经济学的企业理论、贸易理论与产权理论做些介绍。

（一）新兴古典企业理论

新古典经济学中的企业是一个由新古典生产函数表示的“黑箱”，是预先给定的，而且运用边际分析无法解释企业的出现与演化问题。新兴古典经济学从研究个人着手，所以企业不是预先给定的，企业的出现必须由理论来解释。杨小凯、黄有光用新兴古典经济学超边际分析方法解决了这一难题。假定每人可以自己想一些生产方法，然后用此方法为自己生产消费品，但这样非专业生产思想和产品，效率较低。他也可以与专业从事物质生产的人分工协作，取得较高的效率。分工协作有两种方式：这位企业家把他的思想直接卖给市场；他也可以建个工厂，雇人来实现他的思想。第一种方法一般会失败，因为思想的质量、数量难测，不可能准确定价，所以别人会用他的思想而声称“昨天夜里我早就梦见了这个主意”，因而拒绝付款。而第二种方法就好多了。企业家不将其思想告诉别人，而按市价雇用劳动来实现自己的思想，工人的劳动由企业家支配，是非对称控制权，合约只写明付给工人多少工资，而老板拿剩余，是非对称收益。这种组织分工的方式不需直接对企业家的思想和努力定价，付给工人后的剩余就是企业家思想的间接价格。如果企业家的思想是个好主意，就会发财；如果他的思想不是个好主意，就会破产。所以，剩余权可以有效地对企业家的无形知识产权进行间接定价。因此，私人自由企业制度可以保护那些用专利制度无法保护的知识产权。这个全部均衡模型将科斯与张五常的企业理论数学化了。按他们的理论，当劳动交易费用低于产品交易费用

① 吴云英．新兴古典经济学简介［J］．云南财贸学院学报，1999（5）：12－17.

时，分工就会由企业制度来组织。

（二）新兴古典贸易理论

在新兴古典经济学中，平均劳动生产率是专业化水平的单调增函数。也就是说，专业化水平越高，劳动生产率越高。如果存在着分工现象，则全社会将出现分工经济，即分工后的总和生产力高于自给自足的水平。杨小凯认为，这种分工经济当然是以内生比较利益为基础的。当人们专于不同行业时，专家（如果某人专于生产某一产品，我们就称其为这一产品的专家）就会通过专业化而内生地（或后天地）获得比外行高的生产率。新兴古典贸易模型的比较静态分析认为，随着交易效率不断的改进，劳动分工演进会发生，而经济发展、贸易和市场结构变化等现象都是这个演进过程的不同侧面。伴随着分工的演进，每人的专业化水平提高、生产率提高、贸易依存度增加、商业化程度增加、内生比较利益增加、生产集中程度增加、市场一体化程度增加、经济结构的多样化程度增加、贸易品种类及相关的市场个数增加，而同时自给自足率下降。若交易效率高到使一国有限人口不足以容纳很高的最优分工水平时，则国际贸易就会产生。这里国内贸易与国际贸易的原理是一样的。杨小凯等发展起来的新兴古典贸易理论，内生了个人的分工、专业化水平及市场一体化，被加拿大传播政治学家斯迈思称为内生贸易理论。这种贸易理论，能够解释 D－S 模型不能解释的企业出现、货币出现、分工演进、经济组织结构演化等重要经济现象。由于它能把市场一体化程度内生，还能解释何以国内贸易扩展为国际贸易，因此也就比以往贸易理论模型的解释力要高得多。

（三）新兴古典经济学产权理论

在杨小凯和威尔斯的模型中，每个交易都有一个失去财产的风险。每个交易的可靠性，由预期的因机会主义行为引起的内生交易费用决定。如果人们支付更多的外生交易费用来议定和执行合约，则每个交易的内生交易费用可能被减少。因此内生交易费用是一个人们可以选择的决策变量。杨小凯和威尔斯模型证明，当法律制度所决定的界定每个交易中的合约及有关产权的效率上升时，分工水平和人均收入会上升，而竞争程度会下降。新兴古典产权理论模型却证明，由于各种两难冲突的存在，产权并不是越明确越好。有时候，产权的模糊设定往往比清晰地界定产权更有效率。因此，关键是法律制度应该保证人们有自由选择合约的权力。这样，有效率的界定产权模糊度就会通过自由的产权买卖而自发形成。杨小凯在分析产权界定时举例说，“公共汽车或火车月票制度就是一种有意模糊产权的合约设计，其缺点是坐车人不管乘多少次车，所付票价都不会有变化。这当然会鼓励无效率乘车，但是它却减少了每天售票、购票和验票的外生交易费用”①。非竞争性是产品的技术特性，而排他性却与交易制度有关。

---

① 杨小凯，张永生．新兴古典经济学和超边际分析［M］．北京：中国人民大学出版社，2000：123.

四、基本评价

新兴古典经济学作为经济学的研究方法提供了新视角，超边际分析没有抛弃边际分析，而是兼容了边际分析，依旧强调一般均衡、经济人自利、成本—收益分析等。但超边际分析突破了传统边际分析的局限性，值得经济学家重视。新兴古典经济学提出的一些问题，为经济学进一步发展提供了空间。例如，关于规模经济与分工的关系，生产者与消费者分离进行分析的优点与缺点，都可以进一步分析。诺贝尔奖得主布坎南认为新兴古典经济学的有关研究比卢长斯、罗默和克鲁格曼的工作要好得多。阿罗认为新兴古典经济学的框架使得亚当·斯密的劳动分工论与科斯的交易费用理论浑然一体。

新兴古典经济学理论框架以专业化经济范畴取代规模经济范畴，以内生交易费用取代外生交易费用，以超边际分析方法取代了传统的边际分析方法，以角点均衡基础上的全部均衡取代传统经济学的全部均衡，将经济研究的核心从新古典经济学关注的资源配置问题重新转回到古典经济学的研究焦点——经济组织问题上。新兴古典经济学的研究，恢复了专业化和分工问题在主流经济学核心中的应有地位。同时，新兴古典经济学还试图利用分工和专业化将经济学所有理论，如企业理论、贸易理论、产权理论、宏观经济学、城市化理论等，形成一个各学派都可以共享的统一的经济学分析框架，从而实现了对古典经济学研究范式的复兴。

但新兴古典经济学至今还很不成熟，一些重要假定和结论是否站得住脚值得研究。例如，他将一个经济体分离为无数个没有多少联系的专业化个人的专业化决策问题，在一定程度上忽视了工业时代工厂这种重要组织形式以及它在经济中所扮演的重要作用。他明显站在私有制立场上，为私有化经济制度摇旗呐喊，在评价当时中国、马来西亚高速公路建设速度时，认为马来西亚因为私有化建设，所以高于中国国有制高速公路建设速度。目前事实证明，中国国有制高速公路建设速度即使在全球也遥遥领先。

第二节 行为经济学

行为经济学的兴起及其对新古典经济学的拓展，成为当今西方主流经济学的重要演变趋势。以传统经济学的理性人假设日益受到挑战，对现实世界的解释力不足，行为经济学应运而生并蓬勃发展，日益得到世人关注。行为经济学是行为心理学和经济学的交叉边缘学科，是一门比较实用的经济学。它将行为分析理论与经济运行规律、心理学与经济科学有机结合起来，以发现现今经济学模型中的错误或遗漏，进而修正主流经济学关于人的理性、自利、完全信息、效用最大化及偏好一致基本假设的不足。行为经济学则进一步结合人们的有限理性和心理学研究成果，拉近了理论与现实之间的关系，把经济学带回现实生活。

一、行为经济学缘起

经济学就是研究人类无穷欲望与有限资源关系的科学。从这个角度看，经济学从诞生起就是研究人的心理问题的科学。行为经济学具有明显的跨学科特征，通过为经济理论提供更多来自心理学的实证基础，以提升经济理论的解释与预测效力。但从西方经济学的发展历程看，尤其自新古典经济学出现以来，它其实一直在寻求如何于理论中引入关于人类主观心理动机的一般性假设，这实际上反映了西方经济学对其理论的实证基础不断进行推寻和调整的过程，而行为经济学的产生即是这一进程在当代的重要表现。

尽管行为经济学的兴起是近几十年的事，但实际上行为经济学的思想很早就有源头。早在柏拉图的《理想国》中，就出现了人的欲望对经济行为的重要性论述。认为一国或一个经济单位兴盛的缘起是人的需要和欲望。斯密在其名著《道德情操论》中也关注行为和心理的问题，“当我们从一个较好的环境转入较差的环境时所感受到的不适程度，将大于从一个较差的环境转入一个较好的环境所感受到的舒适程度”①。这个观点和现代行为经济学的“损失规避”概念类似。稍后的功利主义经济学家边沁则提出“效用”概念，这就涉及人们的心理作用，比如痛苦、快乐与幸福。而后的许多经济学家都受边沁主义的影响。19 世纪 70 年代兴起的边际效用经济学，更是将主观心理和心理行为应用到经济学，而庞巴维克的时差利息论就是反映人们的现在和未来时间观产生的经济行为倾向。

新古典经济学创立者马歇尔则从市场消费心理论述欲望与市场消费之间的关系，认为“边际消费递减规律”就是消费者心理感受问题，也是行为经济学的外在表现。他的需求弹性系数反映富人、穷人对某些商品需求的强弱也反映出经济学心理行为。凯恩斯在创立宏观经济学时，论述的“有效需求不足”原因时，就是将此归纳为“边际消费倾向”“资本边际效率规律”“流动偏好规律”三大心理规律的作用。

在行为主义的影响下，20 世纪前半期的新古典经济学逐步放弃了对效用的测度与考察，转而试图将理论建立在可实际观测的经济行为之上。约翰·希克斯等提出，由于效用是不可测的，所以应当舍弃对边际效用的依赖，转向以边际替代率作为分析起点，这与边际效用分析是等价的，并且具有可观测性。保罗·萨缪尔森强调，应将可观测的个体行为作为经济学的经验基础，并认为个体的均衡选择可恰好显示其偏好，所以内在的心理过程是无须观察的，对个体实际经济行为的观测可作为主观心理分析的替代方式。与行为主义者引入“中介变量”相对应，新古典经济学还利用“效用最大化”来表述经济个体从刺激（约束条件）到反应（经济行为）的目的性，此即所谓的“理性行为”。但此处的“效用”是不带任何苦乐意义的、满足完备性与传递性的偏好排序。

---

① Adam Smith. *The Theory of Moral Sentiments* [M]. New York: Prometheus Books, 1759: 311.

20世纪50年代，冯·诺依曼和摩根斯坦刚提出期望效用理论，经济学家们就将其视为法宝，不仅将其作为标准理性决策模型，还直接用于描述人的真实决策行为①。新古典经济学视经济人为一种理性的生物，有无限的认知能力，由于其理性到能像机器一样精确计算概率，因此经济人能完全按照期望效用理论模型所描述的那样决策。期望效用理论统治了经济学界30年，但并非经济学家们都认为人人均能进行完美的概率计算，他们只是认为在完全竞争的自由市场中，理性行为通常会占上风。

创刊于1972年的《行为经济学》杂志，被视为行为经济学话语地位上升的标志。随后，行为经济学开始步入快速发展时期。1979年，卡尼曼和特沃斯基在《计量经济学》杂志上发表的论文《预期理论：一种风险决策分析方法》，反思了完全理性经济学的基本假设，并提出了行为经济学的“前景理论”，这是现代行为经济学历史上第一个里程碑式的成就。1980年，理查德·塞勒教授创造了术语“禀赋效应”，阐述了将心理学的洞见融合到经济学研究之中的想法，其中包括自我控制模型和心理账户理论研究的雏形。1981年，塞勒和舍夫林提出了“计划者—执行者模型”，是一个行为两系统或双模型。构建了正式的模型探讨自我控制问题，提出了自我控制的一种经济理论。1985年，塞勒教授进一步提出了“心理账户”的理论，解释个体利用认知行动来组织和评价经济活动。

丹尼尔·卡尼曼和弗农·史密斯由于行为经济学方面的卓越贡献而获得2002年诺贝尔经济学奖，而理查德·塞勒则由于同样原因获得2017年诺贝尔经济学奖。经过多年努力，行为经济学已经成为新古典经济学异端中逻辑最自洽、方法最科学的一个分支。目前行为经济学的三大基石是有限自利、有限意志力和有限理性，已成为西方经济学发展的一个新方向。

二、行为经济学研究框架

目前，一大批经济学家进入行为经济学研究领域，发展了许多正式的理论和实证检验方法，使得行为经济学从一个充满争议的边缘学科变成当代主流经济学研究最重要的分支之一，并且对经济学的许多分支产生了深远影响。以下就行为经济学中影响较大的几个理论进行解释和介绍。

（一）前景理论

卡尼曼最有影响的贡献，是关于不确定性下的决策。卡尼曼和特沃斯基创立了前景理论，前景理论采用了一个决策模型，将风险决策过程分为编辑和评价两个阶段。在编辑阶段，个体通过框架、参考点等采集和处理信息。在评价阶段，使用价值函数和权重

① Abdellaouim. A genuine rank-dependent generalization of the Von Neumann – Morgenstern expected utility theorem [J]. *Econometrica*, 2002, 70 (2): 717 – 736.

函数来判断信息。

前景理论包括四个因素：第一，个体得到效用不是来自财富或者消费水平，而是来自相对于参考点的收益和损失。第二，个体对损失比对收益更敏感，即他们显示“损失厌恶”。价值函数是非线性模型，在参考点弯折处捕捉了个体“损失厌恶”，相比于收益区域，函数在损失区域更陡峭。第三，个体展现了对收益和损失呈递减的敏感性，即从 100 美元移到 200 美元的收益或损失比从 1000 美元移到 2000 美元的收益或损失会有更大的效用影响。第四，该理论含有概率权重。

个体们明显更加敏感于偏离了参考水平也即现状的结果，而不是绝对结果。当面对一系列风险下的决定，个体们就会出现每一个决定基于它单独的收益和损失，而不是在于决定结果带来的他们总体财富。大多数个体们似乎更加地“损失厌恶”，相对于参考水平，与同样规模的收益相比。在面临收益时，人们不愿意冒风险，喜欢见好就收，落袋为安，害怕失去可以得到的利润。在面对损失时，人会很不甘心，表现出风险偏好倾向。例如股市上投资者就倾向于将赔钱的证券继续持有，持有时间远长于持有获利的证券。损失和收益给人带来的敏感度是不同的，损失的痛苦敏感度要远远超过收益的快乐。人们厌恶的不是风险，真正厌恶的是损失。这实际上涉及了行为心理学的一个概念就是敏感性递减。其含义是，在参考点附近，人们感觉到福利的边际变化要比距离参考点远的变化更强烈。在不确定性条件下，敏感性递减意味着：人们对财富的效用函数在参考点附近比较陡峭，而在远离其参考点后会逐渐变得更加平坦。

（二）禀赋效应

2017 年诺贝尔经济学奖获得者理查德·塞勒在有关消费者选择的实证理论的论文中列举了许多违反可替代性的例子，创造了“禀赋效应”这一术语，用于刻画人们在拥有和不拥有某个物品时不同的态度。简单说，人们对同一商品进行估价，当拥有这一商品时估价要高于没有拥有同一商品，这种现象塞勒把它叫作禀赋效应。

塞勒又与其合作者进行了一个著名的实验来检验禀赋效应的稳健性。他们将马克杯随机发放给实验对象，并允许将它卖给没有得到马克杯的人。实验的结果让人惊讶，那些碰巧分得马克杯的人对马克杯估价远高于没有分得马克杯的人。根据卡尼曼和特沃斯基的估计，损失带来的负效用是同样的收益带来的正效用的 2 倍。在马克杯实验中，分得马克杯的人的估价接近于没有分得的人的估计的 2 倍，证实了这一点。

塞勒当时还给出另一个实验，设计了两种场景：（1）假设你感染了一种疾病，有可能在一个星期之内死亡，其导致死亡的概率是 0.001，有一种方法能将其治好，请问你最多愿意支付多少钱来治疗？（2）假设有一种疾病的研究需要招纳志愿者，志愿者有 0.001 的概率会感染这种疾病并死亡，请问至少要支付多少钱你才愿意去当志愿者？

实验中两个问题的本质是一样的，都是对 0.001 死亡概率价值的评估。按照人是理性的假设，人们对这两个问题的回答应该是一样的，至少相差不多。然而，塞勒的调查表明：对问题（1）通常人们支付不会超过200美元，而对问题（2）至少要10000美元才愿意当志愿者。这种愿意接受的价格和愿意支付的价格之间的巨大差异传统经济学难以解释。

塞勒对禀赋效应的解释是基于“损失厌恶”，对损失的负面感受要比对同样大收益的正向感受更强烈。放弃我们已经拥有的，体验是损失；而得到同样的东西，体验是收益。正因为禀赋效应对人们的行为有重要的影响，塞勒进一步深化研究禀赋效应的深层次含义。如禀赋效应使得人们有强烈的倾向保持现状导致“保持现状偏差”，这是塞勒在养老金计划改革研究中认为应该对默认选项进行明智设置的重要理由之一；禀赋效应也使得法律纠纷难以解决，并且使得产权的初始分配会影响资源的最终配置，即使交易成本为零的时候也是如此，这无疑是对科斯定理的严峻挑战。塞勒使用前景理论中的损失规避来解释禀赋效应，使得前景理论从风险清晰扩展到确定性情形，弥补了前景理论的一个不足之处①。

（三）心理账户

塞勒创造了心理账户理论，指出人们在金融决策时通常会简化，通过在头脑中建立分开独立的账户，简单考虑每个独立账户决定的后果，而不考虑其他账户的影响。

塞勒观察到，人们将其支出分为不同的类别，类似于会计记账一样，人们会在心中创造各种独立的账户，在进行决策时对每个账户单独进行核算，每个账户有其预算和参照点，这导致了不同账户之间的有限替代性，而不是考虑其整体影响，从而简化了金融决策并在一定程度上克服认知局限，但是这样的简化往往会导致次优决策。塞勒设计出一个实验，给出两种不同场景：（1）假设你决定去听一场音乐会，票价为200元。要出发的时候，你发现新买的价值为200元的电话卡丢了。请问，你是否还会去听音乐会？（2）如果你昨天花200元买了一张今晚的音乐会门票。要出发的时候，你突然发现音乐会的门票丢了。如果要去听音乐会，必须再花200元买门票。请问，你是否还会去听音乐会？这两个问题实际上也是一样的，即丢失200元价值的东西之后还要不要去听音乐会。如果钱是完全可替代的，那么对这两个问题的回答应该是一样的。然而，塞勒的调查表明，在问题（1）中，大部分人会选择继续去听音乐会；而在问题（2）中情况刚好相反。这一问题可以用心理账户进行解释。根据心理账户理论，人们会在心中为音乐会和电话卡创建不同的心理账户，并且单独进行核算。电话卡丢失并不影响音乐会账户的核算，因而人们仍然会选择去看；但再买一张音乐会的门票会被归入原来音乐会的账户进行核算，这使得人们感觉听音乐会的成本上升到400元一样，从而放弃去听音乐会的选择②。

在心理账户的基础上，塞勒将消费者购买商品所得到的效用分成获得效用和交易效

---

① 李宝良，郭其友．经济学和心理学的整合与行为经济学的拓展及其应用［J］．外国经济与管理，2017，39（11）：138－152．

② Thaler，R. H. Mental accounting matters［J］. *Journal of Behavioral Decision Making*，1999，12（3）：183－206.

用两个部分，所谓的获得效用就是传统经济学中的消费者剩余，而交易效用则来自实际支付价格与参考价格之差。诸如打折等营销手段使得实际支付价格低于参考价格，从而使得交易效用变大而使得消费者认为这是一项好的交易。交易效用取决于参照点的选择，参考价格的不同所导致的交易效用差别，也可以解释为消费者在五星级酒店和超市对同样的商品愿意支付的价格的不同。通过改变参照点来改变交易效用从而影响消费者的决策在企业市场营销中有着广泛的应用。与此相关的一个问题是狭窄框架问题。人们在决策时会依赖于参照点，并且通常在狭隘框架进行决策，而不是考虑全局。为了证明这个问题，塞勒等利用出租车司机的劳动供给决策进行探讨。他们发现，司机会为每天设定一个收入目标，当达到这一目标时就停止工作，这样的规则导致了次优决策，使得司机在有很多顾客可赚到更多钱时却过早下班，而在需求低时工作更长时间。

（四）计划者—执行者模型

计划者—执行者模型，认为一个个体，既是一位长远的计划者即计划自我，也是一个短视的执行者即行动自我。

塞勒使用计划者—执行者模型来分析自我控制的情形，指出长期规划和短期行为之间的紧张关系。实际这是有限意志力导致的自我控制问题。这是跨期选择这类消费决策中常见的问题。消费者通常要在当前与未来之间进行权衡，例如决定多少钱用于当前消费多少钱用于储蓄。事实上，不仅消费和储蓄涉及跨期选择，生活中许多事情诸如减肥、戒烟、戒酒等，其本质也是跨期选择问题。人们的跨期选择决定了消费函数的特征，因而跨期选择是宏观经济学的基础之一。传统经济学解释跨期选择问题的标准模型是指数贴现效用模型，但是传统的跨期选择模型中实际上隐含了一个理性假设：消费者制订了一生的消费计划之后，能够严格执行其计划。但是，塞勒在对行为偏差的观察中发现，现实中的人在进行跨期选择时常常表现为许多前后不一致的特征。例如，出于对自身一生福利的长期考虑，会下定决心要减肥、戒烟、戒酒，为未来进行储蓄等，然而在面临短期诱惑时，人们却常常改变其行为。这说明人们并不像理性人假设的那样具有无限的意志力。人们经常会随着时间推移而改变原有计划，出现所谓的时间偏好动态不一致性问题。

塞勒第一个给出了人们跨期选择中时间偏好的动态不一致性问题的证据①。他要求人们在不同的假设性选择中进行选择，发现当前贴现要更为陡峭，而且人们对损失的贴现率比收益要小得多，这与前景理论的“损失厌恶”相一致。比如让你选择今天得到一个苹果和一周后得到一个苹果，几乎所有人都会选择前者。塞勒指出，导致这种时间偏好不一致性的原因是贴现函数出了问题。这种开始贴现率很高，随后不断降低的现象被

① Thaler, R. H., Shefrin, H. M. An economic theory of self-control [J]. *Journal of Political Economy*, 1981, 89 (2): 392-406.

莱布森称为双曲线贴现①。

有限意志力、双曲线贴现以及时间偏好的动态不一致性这三个概念都是用于刻画人们难以坚持其计划的情况。其差别在于出发点不同，有限意志力侧重于心理学，双曲线贴现则是有限意志力在经济学中的表述。这两者可以说是原因，而时间偏好的动态不一致性则着重考虑行为表现或者结果。然而，这三者都指向了同一个问题，也就是所谓的自我控制问题，即人们如何通过自我控制从而坚持其根据一生效用最大化而制订的计划。

塞勒和舍夫林将其模型应用于分析个人和家庭的储蓄行为。如果人们存在时间偏好的动态不一致性问题，那么他们可能对当期收入反应过度，并且也没有充分地平滑其消费，由此衍生的一个问题是其储蓄率可能远远低于理想的水平。他们提供了相关的经验证据，质疑了当时占主流地位的永久收入假说和生命周期假说，认为应该对这些假说进行重新评估。

（五）助推理论

塞勒和桑斯坦认为，传统经济学中的理性人是不存在的，人们都是有限理性，不可能做出完美选择，难免在行为中有偏差和错误，如何绕开自身陷阱而做出明智选择呢？这就是助推理论的出发点。助推理论在保证人们自由选择的前提下，利用人性中的系统性行为偏差对选项进行设计，以低成本、低副作用甚至无副作用的方式引导人们的决策，帮助生活中易犯错的人们做出更好的选择，活得更健康、更富有、更幸福②。塞勒的助推计划为行为经济学的理论研究结果在商业、教育、法律、公共管理和政策制定等多个领域的应用推广提供了一种思路或方法，如他提出的“明天储蓄更多”养老保险计划便是根据人们的有限自利提出的经典助推案例。

塞勒基于人们有限控制、为未来做决策时的计划者角色更容易战胜行动者角色、损失厌恶、货币错觉和懒惰等发现，提出了“明天储蓄更多”计划，要求人们事先承诺按照工资涨幅提高存储比例，在人们增长的工资还未到手前先按照预先承诺的比例将低于工资增长额度的某一定额存进退休账户中，使人们不会将增加的缴存金额视为损失。试行该计划后，员工缴存比例有了显著提升，而且通过召开专门的讲解会对该计划进行解释，并将申请参加该计划的表格放在现场能更有效地提高员工对该计划的参与率。到目前为止，美国已有数千家公司采用了该计划。

政府机构采用行为经济学优化各项政策。储蓄、投资、医疗健康、环境保护、挑选学校等领域需要引进助推，完善选择体系。助推可以是真正的第三条道路。让政府的执

---

① Laibson, D. Golden eggs and hyperbolic discounting [J]. *The Quarterly Journal of Economics*, 1997, 112 (2): 443-478.

② Thaler, R. H., Sunstein, C. R. Libertarian paternalism [J]. *American Economic Review*, 2003, 93 (2), 175-179.

政更有效。可见，助推无论对个人、组织还是国家、社会都不失为一种有效之策。但需要注意以下几点：首先，“助推”这一概念系塞勒首次提出，但在此之前不少人在解决问题时都已经有意无意地用到了类似的方法；其次，助推较难实现，很多问题也非通过一次性助推便能得以解决；再次，助推并非一定要深藏不露、私下进行；最后，塞勒虽然根据人们的系统性偏差提出了设置“心锚”、移除让人感到损失的因素、注意表达方式、利用从众心理、设置默认选项、突出成本、提供反馈等多种助推方式，但尚未形成系统的助推办法理论体系，仍有待后续研究继续探讨。

三、简单评价

行为经济学作为经济学领域一门崭新的学科，在国外已发展了 40 多年，涌现了许多相关的教材和著作。行为经济学已经引起人们的广泛注意；而且越来越受到西方经济学界的关注与重视，行为经济学试图针对现实中的人展开研究，开创出一个新的研究领域与方向。与传统经济学理论强调商品生产、注重效率、计算利益最大化不同，行为经济学将心理学与经济学融合，更加关注人的行为，强调人们认识世界的不全面性和缺陷性，把人们的行为看作是真实的、有差异的。行为经济学的崛起表明，“人及其行为”正在成为经济学研究的核心和主题，倡导并注重对人的经济行为的研究，为现代经济学建构了一个“充满人性和人类价值”的理论框架。使经济学成为人的科学，人成为经济学的主体，而不是商品和生产。从 1994 年诺贝尔经济学奖颁奖委员会承认博弈理论，到 2002 年同时表彰心理学家和经济学家对经济理论的诸多贡献，再到如今正式将“行为经济学”纳入诺贝尔经济学奖颁奖词，经济学理论正经历着从“上帝人”到“动物人”的转变，注重人们的差异和个性化，尤其是人性存在的局限和不完善的地方。由于偏离理性的现象广泛存在于不同情景中，行为经济学得到广泛应用。在金融市场上，行为经济学运用模型消除异质性错误的经验效应、非理性套利等，可以减少偏离理性的行为，从而加强对结果的估计能力。

目前，理论经济学研究仍依托于观测数据，但大数据方法经常导致研究结果与初始假设不相关、与模型预测不相符等，这为行为经济学的发展提供了土壤。在评估经济模型时，应更多地考察实证预测的准确性，而非模型假设的合理性。随着理论经济学向经验科学发展，经济理论将更多地借鉴行为经济学的研究方式，利用经验证据分析结果。

行为经济学微观层面的研究还有巨大拓展空间。不可否认，目前行为经济学多是研究微观经济现象与个体，其未来仍有拓展空间，因为行为经济学是心理学与经济学的交叉学科，迄今心理学多数领域的见解并未用于解释经济现象，更罕有研究者把精神分析的潜意识理论与经济现象相结合的。

作为一门新兴学科，行为经济学还存在着某些不足，尽管有自己的理论框架，但还没有形成完整且令人信服的理论体系。有些理论主要建立在日常现实生活基础上，但这些案例和场景的分析没有严格的数理证明。同时，这些案例和场景的结果推演出来的理论过于随意，并不反映真实的现实世界，差异化世界并没有统一的实验结果。有些理论推演过于理想化和简单化。目前的行为经济学不是单一的特定的理论，而是对人类行为新古典假设的实证检验，并根据检验结果进一步修正理论。不过，随着研究的发展深入，行为经济学应该会发展完善，在经验中验证传统经济理论的有效性，同时建立新的能够正确描述人类经济行为的经验定律，并且形成特定的完整的理论体系。

第三节　演化经济学

演化经济学是当今西方经济学界热门的研究领域，研究的是人类经济活动的演化过程。现代演化经济学是一个极其庞杂的理论体系，广泛吸收了生物演化理论、演化心理学、认知科学、复杂系统理论、自组织理论和人工智能等学科的研究成果，涵盖老制度学派、熊彼特主义、奥地利学派、创新经济学等各种经济学流派，现在演化经济学正融入主流经济学的理论中。与传统经济理论相比，演化经济学使用生物学的类比和隐喻，介入整体分析法，采用有限理性和“满意”原则的基本假设，关注个体群等演化分析方法，观察经济发展进程，探索经济变迁和技术变迁的内在规律。认为惯例、新奇和搜寻、选择过程在经济演化中起着关键性的作用。但是演化经济学至今仍存在诸如未形成基本的分析模型、完整的概念体系和理论框架、自身基本理论的逻辑性等方面的欠缺等问题。

一、演化经济学的兴起

演化经济学是一门借鉴生物进化思想方法和自然科学众多领域的研究成果，研究经济现象和行为演进规律的学科①。它将技术变迁看作众多经济现象背后的根本力量，以技术变迁和制度创新作为核心研究对象，以动态的、演进的、变迁的理念分析经济系统的运行和发展。现在，演化经济学已成为当今国外经济学界最活跃、最前沿的研究领域之一。用演进范式来研究经济过程在经济学中早已存在，马克思、马歇尔、凡勃伦和熊彼特等都被认为是演进经济学的先驱。

演化经济学这一术语，最早由凡勃伦在1898年他的经典论文《经济学为什么不是一门演化的科学》中提出，他认为进化（演化）经济学必定是一种由经济利益决定的文化成长过程的理论，一种用过程本身来说明的经济制度累积序列的理论。凡勃伦广泛地利用了达尔文的思想，把演化隐喻看作是理解资本主义经济技术和制度变化的基本方法，并创立制度经济学。同时指出，一切生命和生活都在不断的变更和发展。因此，社会经济发展和生物的发展一样，也是一个历史的发展过程。为了与以往的经济学相对

① 盛昭瀚，蒋德鹏．演化经济学［M］．上海：上海三联书店，2002：1－2.

立，凡勃伦提出“进化论的经济学”，主张研究制度的演变。阿尔钦在1950年适时地发表了《不确定、演化和经济理论》一文，明确倡导使用自然选择隐喻，认为企业能否成功地生存主要取决于行为和结果而不是动机，是自然选择保证了更能盈利的企业得以生存。弗里德曼1953年的《实证经济学方法论》一文则进一步发展了优胜劣汰的思想。贝克尔1962年的《非理性行为与解决理论》一文则认为，即使企业不是理性的，市场也将是理性的，而非理性的企业被迫对市场做出理性的反应，从而使得幸存的企业大致符合新古典经济学的基本命题。纳尔逊和温特在1982年合著的《经济变迁的演化理论》一书中反对人类行为大部分由基因决定的观点，认为是不同层次和单位的选择行为，并分析了个体、制度和环境之间的相互作用，把具有可塑性的惯例视为企业组织演化的基因隐喻①。

然而，演进经济学的确立却是20世纪80年代以来的事情。1981年出版了博尔丁的《演化经济学》，1982年纳尔逊和温特的《经济变迁的演化理论》出版，是演化经济学形成的一个重要标志。80年代后期，经过布莱恩·阿瑟和保罗·大卫的努力，报酬递增理论也得到有力的复兴和发展，并很快融入了演化经济学的分析框架。进入90年代以来，演化经济学文献更是激增，许多经济学家致力于演化经济理论的研究。1991年《演化经济学》（*The Journal of Evolutionary Economics*）正式创刊。同时，国际上众多主流经济学杂志对演化经济学方面的文章尤感兴趣。

总体而言，现代演化经济学是一门新兴的学科，是纳尔逊、温特、霍奇逊等在对达尔文的进化论和自然科学演进的基础上，对经济理论研究的大厦进行重构的过程中提出的。演化经济学审视并修正了新古典经济学关于完全理性、静态均衡、利润最大化，以及偏好、技术、制度等给定不变的种种假设，克服了新古典经济学关于还原论、决定论、机械论、简化论等观念，重视复杂性、随机性、多样化和不确定等因素，强调技术和制度的动态演化机理，借鉴生物进化论、耗散结构理论等有益成分，已经成为分析和描述复杂经济现象的重要方法，对现代经济学的发展产生了深远影响，并充实了经济学的理论与方法。

二、演化经济学中的进化隐喻

演化经济学又称“进化经济学”，它首先是与达尔文的生物进化论相联系的，进化隐喻是演化经济学的一个基本立场②。达尔文的进化论以三项观察为基础：所有的生物都在改变；它们的特征可以遗传；它们都参与生存竞争。在这种生存竞争中，有些生物比其他生物优越，更能适应环境，因此幸存下来并产生很多后代。生物总是从低级到高

① 朱富强．演化经济学面临思维转向：从生物演化到社会演化［J］．南方经济，2016（3）：86－95.

② 对演化经济学到底只是一个隐喻，还是一个统一的分析“范式”，国外经济学界也有很多争论，但一般来说，大多数学者都承认进化论在演化经济学中的基础意义和借鉴意义。

级、简单到复杂、无序到有序的进化。其中，借由自然淘汰作用（天择）而推动生物进化的理论简称为天择说，是达尔文进化学说的核心。而“物竞天择，适者生存”是天择说的精髓。因此，现代演化经济学中的进化隐喻是以现代生物学为基础的。

现代的演化经济学家可以把演化经济学的思想源流上溯到亚当·斯密的《国富论》。因为斯密和其他苏格兰启蒙思想家都热衷于用自发秩序来解释世界，认为复杂的社会结构之所以产生并发生作用，不是因为人类的设计（对应于生物学中的神创论和特创论），而是由于众多的个体追逐自己的利益（对应于生存竞争）而造成的一种无意识的后果（对应于演化结果）。后来，继承这一学术传统的是奥地利学派，特别是门格尔和哈耶克。凡勃伦最早提出演化经济学这一术语，并创立制度学派。因此，演化这一术语随后也被旧制度学派所采用。凡勃伦深受达尔文进化论的影响，把演化隐喻看作是理解资本主义经济、技术和制度变化的基本方法，对新古典范式进行了激烈的批判，认为经济学应该抓住演化和变化这个核心主题，而不是新古典经济学从物理学中所借入的静态和均衡思想①。熊彼特的经济发展理论把创新看作是经济变化过程的实质，强调了非均衡和质变，认为资本主义在本质上是一种动态演进的过程。借用生物学，他把不断地从内部彻底变革经济结构，不断地毁灭旧产业、创造新产业称作“产业突变”。另一影响甚大的是马克思。受达尔文的影响，马克思关于技术进步类似于生态系统中物种共同演化及其相互转换的论断显然是进化论的。但马克思的制度变迁大纲拒绝达尔文的“渐进”观点，强调了社会制度以革命形式表现的突变，因而与达尔文的思想有异，但却与现代生物学关于“突变”和“渐变”是进化形式的框架相一致。马歇尔被看作是演化经济学的先驱之一，主要在于他鼓吹经济学的生物学类比，他强调了时间、报酬递增和不可逆在经济过程中的重要性，然而却试图在均衡框架中加以处理，现在看来是不成功的②。哈耶克于1979年用进化论观点系统地阐述了人们在社会生活中行为规则、经济发展和社会进步的关系③。他认为，进化有三个层次：第一层次是遗传进化。社会行为、偏好的原始形态和完成社会交往使命的态度在人类发展过程中通过遗传进化固定下来；第二层次是人类智慧和知识产品的进化。除了通过编码、存储和传递信息的有效形式使每个人的大脑处于有限状态外，人类知识已得到广泛的扩展；第三层次是哈耶克思想的核心部分，即文化进化。总之，从凡勃伦到马歇尔都明确地包含着经济演化的隐喻，但由于时代的局限，不仅未能形成一个明确的演化框架，而且存在许多不恰当的成分。

三、演化经济学的主要观点

1982年，纳尔逊和温特合著的《经济变迁中的演化理论》一书由哈佛大学出版，

---

① 贾根良．进化经济学：开创新的研究程序［J］．经济社会体制比较，1993（3）：67－69.

② 吴宇晖，宋冬林，罗昌瀚．演化经济学述评［J］．东岳论丛，2004（1）：56－59.

③ Hayek，F. A. *Law*，*Legislation and Liberty*［M］. London：Routledge，1979：23－26.

标志着现代演化经济学的形成。尽管在经济思想的演变过程中，从斯密到凡勃伦，从熊彼特到哈耶克，都曾拥有自己的经济演化理论，并对后来演化经济学的发展产生了重大的影响，但狭义上的演化经济学主要是指20世纪80年代之后经济演化思想的现代形态，主要包括变异—选择理论（以纳尔逊和温特为代表）、以非线性系统动力学为基础的演化理论（包括混沌理论等）和演化博弈论。根据纳尔逊的说法，现代演化经济学的共同特征有以下两点：首先，在分析中关注的是经济的动态过程，也就是说不仅要看到均衡，更为重要的是说明均衡是如何达到的。其次，承认“路径依赖”在经济分析中的重要性。

如前所述，现代演化经济学包括变异—选择理论（以纳尔逊和温特为代表）、以非线性系统动力学为基础的演化理论（包括混沌理论等）和演化博弈论[①]。这里分别对其主要思想和观点做简要介绍：

（1）变异—选择理论。纳尔逊和温特综合了熊彼特的创新理论和西蒙“有限理性”理论。在他们的经典著作中，共同提出了一个吸收了自然选择理论和企业组织行为理论相结合的综合分析框架，即借用达尔文生物进化论的基本思想——“自然选择”思想。在自然界，物种竞争，优胜劣汰，适者生存；在工商界，也有“自然选择”，企业在市场中相互竞争，赢利的企业增长扩大，不赢利的企业收缩衰弱，直至被淘汰出局。企业要在竞争中立于不败之地，需要不断的创新，扩大自己的优势和在行业中所占的份额，因此创新是经济发展的根本动力。变异—选择理论本质上是一种非均衡和动态理论，它的理论基础是惯例、搜寻和选择环境。一个明确的演化分析框架分成三个部分：第一，基因类比物或选择单位；第二，变异或新奇性；第三，选择过程[②]。但是，新奇或变异产生后，它是如何在经济社会系统中导致创新和扩散的，从而导致社会群体思维和行为模式发生变化的？为了说明这一问题，变异—选择理论采用生物学的“群体”观点对此加以解释。从群体水平来看，任何个体的决策，无论是创新、模仿或保守的，都影响到群体中全部行为的相对概率，这就是威特所谓“频率依赖效应”：一个个体对创新者是模仿还是反对取决于群体中有多少成员已做出了这种选择。不管创新者主观偏好如何，市场过程将对其加以检验并进行选择；报酬递增作为“频率依赖效应”的一个重要特性近年来得到了更多的讨论。

（2）以非线性系统动力学为基础的演化理论。这些演化理论不仅包括耗散结构理论，也包括协同学理论、分形理论、突变理论、超催化循环理论、混沌等其他自组织理论。整个生物系统和人类活动的经济系统很显然都是一个复杂的开放系统，如果系统处于外界各种因素的强制作用之下，具有非线性动力机制，那么系统运行就会呈现一个在多重稳定态（分叉）之间进行选择的相变过程，这种新的分叉的增加代表着系统演进的多样性并使组织机构趋于复杂[③]。一个非常小的扰动或涨落通过非线性机制有可能导致

① 吴宇晖，宋冬林，罗昌瀚．演化经济学述评［J］．东岳论丛，2004（1）：56－58.
② 贾根良．进化经济学：开创新的研究程序［J］．经济社会体制比较，1993（3）：67－69.
③ 吴宇晖，宋冬林，罗昌瀚．演化经济学述评［J］．东岳论丛，2004（1）：56－59.

系统从偶然走向必然，使系统从不稳定态走向新的稳定有序状态。系统的发展可以经受突变，系统在分叉点之前的驻留和犹豫，呈现出混沌之特征。因此，约瑟夫·福特说：“演化是具有反馈的混沌。”分叉点区域系统行为的非决定性，表明了大自然所具有的随机性和偶然性，混沌理论把这种因素与系统内在的决定性机制巧妙地结合起来，说明了在秩序和混沌的边缘，大自然演化过程的内在本质。耗散结构是在开放、非均衡条件下，通过非线性、正反馈和系统的涨落而形成的自组织系统。

（3）演化博弈论。演化博弈论是演化思想和博弈论（game theory）结合的产物。演化博弈论首先是从生物学中发展起来的，后来运用和发展到了经济学领域。在费舍（Fisher）和汉密尔顿（Hamilton）关于性别比例的开创性研究工作之后，梅纳德·斯密斯（Maynard Smith）和布莱斯（Price）引进了“进化稳定性策略”的概念，并宣称观察到的动物和植物的演化过程，可以通过适当定义的博弈的纳什均衡来解释。思路是自然选择和变异的结合，导致种群在长期达到一个稳定的“纳什均衡”。

四、演化经济学：经济增长

20 世纪 80 年代以来，经济增长理论发展较为迅猛。主流经济增长理论的发展主要体现在以下两个领域：一是将技术进步纳入经济增长分析中，这方面的研究集中在内生增长理论中，将技术扩散纳入经济增长分析是该领域研究的重点。二是将制度因素纳入经济增长分析中，这方面的研究集中在新制度经济学和新政治宏观增长理论。这些研究认为，在解释经济增长差异时，资本、劳动和技术的差异等固然重要，而制度的差异则更加重要和根本。

同样地，在熊彼特的启发下，以纳尔逊和温特为代表的“新熊彼特主义”也从技术变迁和产业动态的视角研究长期的经济增长和发展，将技术创新视为经济增长最为重要的驱动力①。从技术内生化的视角看，演化经济学的增长理论实际上要早于新古典的内生增长理论。尽管这两种理论都将技术进步视为经济增长的主要动力，并且都宣称是基于熊彼特的观点，但是它们存在本质的差别，前者是基于有限理性的演化分析范式，后者则是基于完全理性的均衡分析范式。近年来，这种基于新古典的内生增长理论受到越来越多的批评，这些批评主要集中在加总的生产函数、采用完全理性模型来描述技术进步以及运用动态一般均衡来刻画增长现象，这使得这种内生增长理论从本体论和方法论层面上都远离熊彼特对经济发展过程中充满“根本不确定性、不连续性和非均衡”的洞见②。随着更多的经济学家强调经济增长伴随着结构性的变迁，演化增长理论受到越来越多的重视。演化增长是指将增长视为经济演化过程，即在数量变化的过程中伴随着质

---

① Nelson, R. P. and Winter, S. G. *An Evolutionary Theory of Economic Change. Cambridge* [M]. MA: Harvard University Press, 1982: 56.

② 黄凯南. 演化经济学理论发展梳理 [J]. 南方经济, 2014 (10): 100 - 107.

量或结构性的变化，它也是一种知识增长过程，即知识如何被创造和运用的过程。福斯特·约翰认为，演化增长理论的前沿研究主要体现在以下两个方面：一是从原先仅仅强调技术变迁对经济增长的作用，进一步将制度因素纳入分析中，考察技术和制度的演变及其相互作用对经济增长的影响①。二是从原先仅仅强调技术变迁和要素累积的供给视角来分析经济增长机制，拓展到分析需求结构变迁（或偏好变化）对技术变迁的影响，从而将供给和需求结合起来，分析两者演变及其相互作用对经济增长的影响。

演化经济学在试图真实全面地解释经济现象的过程中，取得了丰富的研究成果，但是与以新古典经济学为主体的传统经济学相比，在理论的系统性、完整性方面，演化经济学还处于无序状态，缺乏能与价格理论相提并论的理论基础，分析框架不统一，层级融合困难等诸多问题。演化经济学面临的一个很大问题是体系庞杂，没有形成统一的经济学范式。自诞生之日起，演化经济学就是多学科交叉连接的产物，且各种演化思想流派的学术观点仍存在较大差异，如何根据自然科学的不断发展而构建统一的范式，并对各派观点进行创造性综合，进而运用于实体经济研究，成为未来重要的研究内容。

第四节 新经济地理学

经济地理学是地理学的一个重要分支，在日益全球化、信息化、现代化的今天，经济地理学和其他科学一样重新焕发了勃勃生机。由于经济地理学是地理学和经济学的交叉学科，最近几年来，以克鲁格曼和波特为代表的西方经济学家将注意力转移到经济地理学，提出了许多新见解和新观点，创立了“新经济地理学”，对西方经济地理学提出新的挑战。本节就新经济地理学在内容、观点和研究方法上的新发展作简要概括与评价。

一、新经济地理学的内容创新

新经济地理学最近的发展研究主要集中在两个方面：一个是经济活动的空间聚集；另一个是区域经济增长收敛的动态变化。在传统的经济增长理论中，报酬递减与完全竞争是最基本的前提假设条件②。然而，现实经济的增长动力很多来源于技术因素和制度因素，这是传统经济增长理论无法解决的。由此，经济学家再次提出了规模经济、报酬递增和不完全竞争假设前提，提出了经济增长新模型，这些假设和模型更加现实和复杂，对全球化下的经济现象解释得更好。

---

① Foster, J. Evolutionary macroeconomics: a research agenda [J]. *Journal of Eolutionary Economics*, 2011 (21): 5-28.

② 郭利平，沈玉芳. 新经济地理学的进展与评价 [J]. 学术研究，2003 (7): 73-76.

经济活动的空间聚集核心内容主要集中在三个方面：报酬递增、空间聚集和路径依赖[①]。

第一是报酬递增。报酬递增是相对于报酬不变、报酬递减而言的。当经济学家把报酬递增和空间地理位置联系起来后，报酬递增就有了新含义。以往经济学的理论分析和研究模型是非空间的或是虚拟的空间。克鲁格曼在这方面的研究最具代表性。他认为报酬递增本质上是一个区域和地方现象，报酬递增、规模经济和不完全竞争，要比报酬不变、完全竞争和比较优势重要得多，这主要表现在贸易和专业化方面。支持报酬递增的市场、技术和其他外部性因素主要来源于区域和地方经济集聚。总之，新经济地理学的报酬递增是指经济上互相联系的产业和经济活动，由于在空间位置上的相互接近性而带来的成本节约，或由于规模经济带来的产业成本节约。

第二是空间聚集，空间聚集和报酬递增密切相关两者是外延和内涵的关系。主要指产业或经济活动由于集聚所带来的成本节约而使产业或经济活动区域集中的现象。空间聚集是城市不断扩张和区域中心地形成的主要因素。区域一体化和大都市圈以及大都市带的发展是空间聚集的典型现象。新经济学家的大部分著作讨论的主要是产业如何在某些区域集中分布。如克鲁格曼的多中心城市结构空间自组织模型，他以对厂商之间的向心力和离心力及其相互作用的分析为基础，试图阐明有规则的经济空间格局的内在机理。在传统城市体系研究中，经济地理学家只是假定有集聚经济的存在，但新经济地理学希望导出空间集聚的自我强化特性，以便阐明产业或经济活动集聚的本质机理。

第三是路径依赖。大多数新经济地理学家认为在区域聚集和城市发展中存在着“路径依赖”（path dependence）。路径依赖最初是由保罗·大卫于 1985 年提出，由布赖恩亚瑟克和克鲁格曼发展完善的。他们认为，某个历史偶然性，将使某一区位在产业聚集方面获得一定的先发优势，这将形成某种经济活动的长期聚集过程。历史偶然因素所确定的模式一旦建立，这个最初的区域和城市模式将有可能通过在报酬递增基础上的聚集过程而进一步强化而变得“锁定”（locked-in）。另一杰出新经济地理学家藤田（Fujita）对路径依赖有新的看法：在特定的活动发生的地方存在着大量的不确定性和灵活性，一旦空间差异定性，它们就变得具有刚性。路径依赖主要用来解释国家与地区之间的专业化和贸易活动。

区域增长收敛的动态变化是新经济地理学关注的又一主题。新增长理论和新贸易理论对区域经济长期发展和收敛进行了重建。新古典增长模型假定资本和劳动是收益递减的，发展中国家具有较低的人均资本存量，却有较高的资本边际生产率和资本报酬率，由此可预测发展中国家应该具有较快的增长速度，最终赶上发达国家。但现实的情况和新古典经济增长模型有很大距离。报酬递增生产函数则表明区域收敛率很慢，存在着内生变量和内生效应，区域将有条件地收敛于不同的区域稳定状态，而没有一个统一的稳定状态，由此认为区域增长存在收益递增。新经济地理学对这一课题做出了自己的解

① 张发余．新经济地理学的研究内容及其评价［J］．经济学动态，2000（11）：72-76.

释。有些从区域经济一体化解释，认为一体化经济对区域经济活动和财富的空间分布的影响将取决于市场规模效应的相对大小、运输成本的降低以及区域间劳动流动性的增强。如果区域一体化使得劳动流动性和金钱外部性增长，则区域经济活动将会在更大空间范围内产生聚集，核心区和边缘区的差距将会拉大。另外，如果劳动力不具有流动性，核心区的经济成本将会上升，这会导致空间经济的进一步分散。区域一体化将会导致劳动力和资本充分流动，产业和经济活动会有更大规模的聚集。

二、新经济地理学的方法创新

新经济地理学的研究方法主要集中在数学模型上，尽管在实证方法有些研究，但并没有太大影响，没有取得太大的突破。

克鲁格曼认为新经济地理学在模型策略、技巧和原则上不同于传统的经济地理学，他们利用模型来解释发展理论。新经济地理学在研究空间问题时沿袭了经济学的传统方法，大量采用了数学方法将现实中的现象高度抽象化、模型化。这些模型主要包括：核心—周边模型、国际专业化模型、全球化和产业扩散模型以及区域专业化模型①。第一是新经济地理学理论中最有代表性的“核心—周边”模型最先见于克鲁格曼的研究。该模型展示外部条件原本相同的两个区域是如何在报酬递增、人口流动与运输成本交互作用的情况下最终演变出完全不同的生产结构。模型假设世界经济中仅存在两个区域和两个部门：报酬不变的农业部门和报酬递增的制造业部门。模型显示，在中等水平的运输成本下前向与后向联系的效应最强，即一个区域的制造业份额越大，价格指数越低，厂商能够支付的工资越高，越能吸引更多的制造业工人。在这种情况下，经济的对称结构变得不可持续，从制造业原本均匀分布的经济中将逐渐演化出一种核心—周边结构。第二是国际专业化模型。维纳布斯凭借产业间的直接“投入—产出”联系假设建立起国际专业化模型。这一模型表明，全球化背景下的经济增长需要实行高度的对外开放，不仅需要商品领域的自由贸易，而且需要各国在投资和服务贸易领域表现出更大的灵活性和自由度。第三是全球化和产业扩散模型。全球性的产业扩散及其规律对于新贸易和新增长理论来说一直是一个难以把握的问题。以上述国际专业化模型为基础，蒲格和维纳布斯 1996 年在模型中进一步引入技术进步作为外生变量，用 L 表示由技术所决定的效率水平，假设技术进步使所有基本要素稳定递增，并用效率单位测度各基本要素，建立起全球化和产业扩散模型。第四是区域专业化模型。为了进一步考察全球化对实现工业化的国家和地区的产业结构的影响，克鲁格曼和维纳布斯从分析一些厂商与某类厂商存在比与其他厂商更强的买方和供方关系这一重要的投入—产出联系特征入手，建立起区域专业化模型。以上四个模型讨论的问题基本上都是围绕产业聚集、区域贸易和区域专业化展开的。这些模型主要通过改变方程中的关键参数的方式模拟不同区位的产出，克鲁

---

① 刘安国，杨开忠．新经济地理学理论与模型评介［J］．经济学动态，2000（4）：67－72．

格曼等认为正是经济过程的数学建模的进步，导致了新经济地理学的诞生。

新经济地理学在实证分析上也尝试有所作为，但由于数据信息的缺乏和现实的复杂性，实证分析的例子很少且不能让人满意。如阿瑟对硅谷的成因进行了有益的分析，克鲁格曼对美国中西部产业进行了分析，对美国与欧洲产业聚集进行了比较，对马萨诸塞州进行了考察。但这些案例分析和他们构筑的模型还不能形成良性互动，现实中的许多实例理论模型还无法解释，这些实例分析也不具有一般代表性和典型性。

三、对新经济地理学评价

20 世纪 60 年代以来，由于新古典经济学和凯恩斯理论在解释现实经济发展时遇到极大困难，新经济增长理论和新国际贸易论还没有树立应有的权威，主流经济学本身的地位受到了包括制度经济学和技术经济学越来越多的挑战，一些经济学家开始将目光转移到与经济学有密切联系的新经济地理学方向上，希望在此领域有更多的收获。

（1）新经济地理学的创新。第一，克鲁格曼等所倡导的新经济地理学丰富了经济地理学的内涵。特别是丰富了国际经济学研究中有关跨国企业的区位选址问题。他们提出的规模经济、外部经济有很大的前瞻性，以规模经济、报酬递增、不完全竞争假设条件来研究区域经济问题比新古典经济学更接近于现实。第二，从经济全球化视野下重新考察国家的经济发展问题。把区域经济的发展不仅纳入国家体系，而是更大的全球化空间。在区域一体化、全球一体化共同发展的今天，经济的竞争主体发生了转移，国家的竞争让位于区域之间的竞争。对产业和经济活动的聚集研究有一定的深度。第三，尽管新经济地理学的某些模型过于抽象，但这些模型的建立毕竟相比传统的区位科学模型有了很大进步和改观，也值得我们去思考。尤其是克鲁格曼对有些不确定性的复杂理论进行了比较深入的研究，建立了多中心城市空间自组织模型还是有一定实践意义的。

（2）新经济地理学的不足。第一，严重依赖数学模型。新经济地理学在把经济地理学纳入主流经济学过程中应用最多的无疑是数学模型，这是主流经济学家最擅长的工具。克鲁格曼认为经济地理学在时代中迷失了方向主要是缺失数学模型所致，“最终，我们会借助巧妙的模型把空间问题纳入到经济学中来”“问题是没有什么可以取代模型，我们一直都在借助简化的模型思考问题”①。他认为复兴经济地理学首要是重建数学模型的权威。而这些建模思想对传统经济地理学家并没有太大吸引力，因为 20 世纪 60 年代的计量革命对地理空间模型应用已相当成熟。第二，区域过分抽象化。新经济地理学对区域收敛感兴趣，首先是因为区域能为他们的模型提供更多的“控制”实验数据；其次是他们希望为区域的长期增长和发展提出新见解。尽管新经济学家知道区位、区域和场所常常代表某种经济景观中抽象的点或其他的形状，而文化、社会、制度、历史等重要因素却被排除在模型之外，很少或没有找出一个实际的区域规模，在这个区域

① ［美］保罗·克鲁格曼．发展、地理学与经济理论［M］．北京：北京大学出版社，2000：84－94.

规模上分析收敛问题，没有得出不同的空间规模是否具有不同的趋于收敛趋势的结论。第三，缺乏实证研究。新经济地理学注重的仅仅是抽象、简化的数学建模，这些建模和复杂的现实相去甚远。经济总体发展和产业空间聚集可以用数学建模来研究，但数学建模存在着认识论和本体论的局限，现实中的某些因素是不可能用简化的数学符号代替的。克鲁格曼和其他新经济地理学家在他们的模型中使用了一些经验检验，但这些经验检验典型性较差，没有说服力。例如，新区域聚集模型被批评为几十年前就被威廉森等检验过，在本质上与新古典方法相似的模型①。新经济地理学的另一个缺陷是忽视技术对经济过程的重要性，他们强调的是资本外部性而不是技术和信息外部性。第四，缺乏网络对经济地理学影响的研究。这不仅表现在新经济地理学的研究主题上，也表现在传统经济地理学的研究内容里。在克鲁格曼的论著中，很少见到网络对新经济地理学产生影响的研究，这不能不说是一种缺憾。网络经济的出现使许多生产无形产品和服务的产业的区位选择几乎不受运输成本和空间的限制，单个厂商生产能力的规模报酬递增、运输成本和要素流动性等因素相互作用在网络经济现实面前显得微不足道。而消费者偏好对其的影响却大大增强。

此外，除了理论上的不足外，新经济地理学理论虽然在动态化、综合化、模型化方面取得重要进展，但就整个理论研究而言，还缺乏系统性。

第五节　法律经济学

法律经济学（economics of law），亦称“法与经济学”（law and economics）或者“法律的经济分析”（economic analysis of law），是用经济学的方法和理论来考察、研究法律和法律制度的形成、结构、过程、效果、效率及未来发展的学科。法律经济学成为经济学的发展新方向之一，也是经济学帝国主义不断侵蚀和扩张的重要表现，它是法学和经济学整合的交叉边缘学科。

一、法律经济学的兴起

法律经济学的源头很深远，其最早可以追溯到古希腊的亚里士多德。在《尼各马可伦理学》一书中，亚里士多德第一次区分了分配正义（在公共领域）和校正正义（在私人领域）。这些都涉及法律经济学问题。古典经济学时期的休谟、边沁以及斯密在论述政治经济学原理时都涉及社会法律制度问题。休谟在其《人性论》一书中深入讨论了

① 顾朝林，王恩儒，石爱华．“新经济地理学”与经济地理学的分异与对立［J］．地理学报，2002（4）：497－504.

人类社会之和平、秩序和安全所需依赖的三大基本原则：所有权的稳定性、财产的约定转让以及约定的履行。边沁则认为法律的目的就在于阻止引起恶这一后果的那些行为来增进社会的整体幸福，因此立法者应制定奖惩措施去制约那些追求自身利益的人们。某种意义上，幸福与痛苦可以计算以及坚持效用最大化的功利主义哲学思想也是现代法律经济学的哲学根基。斯密在分析分工与国家财富关系过程中，清醒地认识到了一个公正合理的法律制度对有效界权和维护市场秩序的重要性，并阐发了一个公正、独立、有效率的司法制度有助于市场制度良好运行的观点。后来兴起的德国历史学派的罗雪尔以及美国制度学派代表康芒斯，也都在其理论中阐述了经济与法律制度的关系。

新古典经济学创立后，依靠其完美模型和均衡分析统治了经济学，而制度经济学以及经济学中的法律制度则完全被忽视了。20 世纪 50 年代后期，法律经济学又有了新发展。艾伦·迪雷克特在 1958 年创办了影响深远的杂志《法与经济学》（*The Journal of Law and Economics*）、由芝加哥大学出版社印发，并和罗纳德·科斯一起担任主编。科斯于 1960 年在该杂志上发表了《社会成本问题》一文，标志着法律经济学的确立。由于上述有关人和事都发生在美国芝加哥大学法学院，可以认为芝加哥大学是法律经济学运动的直接源头。其后，卡拉布雷西的《关于风险分配和侵权法的一些思考》和阿尔钦的《关于财产权的经济学》先后发表。

法律经济学在 20 世纪 70 ~ 80 年代经历了一个蓬勃发展的时期。在这个时期中涌现出许多优秀的代表人物与研究成果：理查德·波斯纳与《法律的经济分析》(1973 年)，沃纳·赫希与《法和经济学》(1979 年)，米契尔·波林斯基与《法和经济学导论》(1983 年)，罗伯特·考特和托马斯·尤伦与《法和经济学》(1988 年)。同一时期，有关法律经济学的研究机构和学术刊物也纷纷问世，美国爱默里大学的“法和经济学研究中心”和杂志《法律经济学》、迈阿密大学的“法和经济学研究中心”和杂志《法与政治经济学》、华盛顿大学的杂志《法和经济学研究》以及在纽约出版的《法和经济学国际评论》；在英国也成立了“工业法研究会”等机构，仅牛津大学就出版了杂志《工业法》和《法学、经济学与组织研究》。此外，一些著名的大学，例如哈佛大学、芝加哥大学、斯坦福大学、加州大学伯克利分校、牛津大学、多伦多大学等，纷纷在法学院、经济学院（系）开设法律经济学课程。一些著名大学的老牌法学杂志，如《哈佛法学评论》《耶鲁法学评论》《哥伦比亚法学评论》《多伦多大学法律》杂志等，也开始纷纷重视法律经济学的研究，刊登有关法律经济学的研究成果。这一时期，法律经济学由于自身的不断成长，已经开始逐渐从新制度经济学中独立出来，成为一门具有比较完善的理论体系的相对独立的新兴学科。

目前，法律经济学的研究领域显示出进一步扩大的趋势，“经济哲学”的色彩有所突出，一些学者试图将经济学、法学、哲学三者结合起来研究，使法律经济学的研究领域扩展到更具根本意义的法律制度框架方面，从而推进了法律经济学研究中的“经济法理学”运动。另外，法律经济学更倾向于向经济学靠拢，这也是经济学帝国主义扩张的结果，更多的经济学分析工具与模型用来分析法律问题，法律经济学逐渐趋向于深奥和抽象的数理模型。

二、法律经济学的研究框架

法律经济学可以被界定为运用经济学的理论（主要是微观经济学和福利经济学的概念）来检视法律和法律制度的形成、结构、作用以及对经济产生的影响。法律经济学的主要思想来源于古典主义经济学，它是以方法论的个人主义假定为基础，即社会理论的研究必须建立在对个人意向和行为研究、考察的基础之上。无论是科斯的分析还是波斯纳的研究，法律经济学都是建立在新古典经济学方法论基础上，用新古典经济学模型探讨法律制度的演进。波斯纳认为，人们在进行非市场行为决策时，是以其满足最大化的理性人行事。法律经济学的基本假定是：人们总是理性地最大化自身满足度，一切人在他们的一切涉及选择的活动中均如此。理性的效用最大化假定是个体主义和主观主义的。

（一）成本—收益分析法

如果说理性的效用最大化旨在追求自身满足度的最大化，那么成本—收益分析方法的基础就在于将此假定拓展为人总是追求自我利益的最大化，或者趋利避害的理性人。该假定仍然是个体主义的，但由于成本和收益是可以计算或估算出来的，具有一定的客观性，当然就避免了效用最大化的主观主义方法论缺陷。基于此，作为一种更有应用价值的理论研究方法，成本—收益分析框架以及建立在边际分析基础上的理论建模便成为新古典经济学的方法论基础。

这一法律经济学的特点就在于，将这套基于新古典经济学之理性选择理论的成本—收益分析框架运用于美国普通法系统的一系列中心制度，比如财产法、侵权法、合同法、刑法、家庭法、诉讼法、损害赔偿以及宪法的研究之中，不仅解释了法律如何运行，更指出立法和司法在规则制定和公共政策决定时应该符合成本—收益分析的经济逻辑[①]。成本—收益分析是最有效的经济学分析工具，而法律不过是一种影响人们未来行为的激励系统。

（二）社会财富最大化

社会财富最大化原则，是由当代法律经济学的领军人物波斯纳提出的。法官怎么判案，才能使社会里的财富越来越多？最早提出类似观点的是诺贝尔经济学奖得主科斯。科斯在 1960 年发表的经典论文《社会成本问题》里，明确提出了“社会产值最大化”概念。他的论点，可以借一个有名的“炸鱼薯条案例”来说明。英国有一道著名的菜品

---

① 艾佳慧．法律经济学的新古典范式［J］．现代法学，2020，42（6）：62－70.

是炸鱼薯条，有位英国绅士在一个住宅小区里开了家炸鱼薯条店，虽然香味四溢，但是有邻居不满，认为不但气味扰人，而且降低了房屋的价值，把店主告上法庭。面对这种官司，法官该如何处置？科斯的回答直截了当：哪一种界定权利的方式可以使社会产值最大，就选择哪种方式。衡量双方当事人有理无理，不应该从个别正义的角度着眼，而应该从社会整体效益的角度评估。法律应该支持对社会资源运用效率最高的那种方式。科斯提出的这种观念，不仅震撼了经济学界和法学界，也同时开创了法律经济学这个领域。

而波斯纳提出的社会财富最大化原则，其实是对科斯社会产值最大化原则的进一步推广。波斯纳举了一个案例来说明：一位摄影师费尽千辛万苦和大笔金钱，到喜马拉雅山拍了很多震撼的照片。随后他将这些珍贵的底片寄给一家冲印公司冲印，没想到在冲印过程中底片被冲印公司弄丢了。于是摄影师提起诉讼，要求冲印公司赔偿底片、邮费、来往喜马拉雅山的旅费和其他支出。理由是由于冲印公司的疏忽造成这些损失，冲印公司应该赔偿重照一套这样的底片所需花费。

但是如果按照社会财富最大化原则，法官就应该判决冲印公司只需要按照业内公认的标准，赔偿几卷胶卷。这是因为，如果让摄影师得到足额补偿，那么他就不会吸取教训，以后冲印底片时仍然不会对一般底片和特殊底片差别处理，而其他人也会有样学样。冲印公司为了避免损失，必须对所有底片采用更精细、成本更高的程序和方法来处理，这必然要提高所有底片的冲洗费用，增加所有人的成本。相反，如果冲印公司仅仅赔偿几卷胶片的费用，摄影师虽然这次吃了大亏，但下次他冲洗底片时，一定会对特殊底片进行特别交代。这样，冲印公司就对特殊底片采取特殊的处理方式，并收取比较高的费用；同时对普通底片仍然采取标准化处理方式，并保持比较低的收费。显然，采取这种收费双轨制，对交易双方都有好处，这就实现了社会财富的最大化。波斯纳将财富最大化视为其法律经济学理论大厦的实证和伦理基础①。在实证方面，普通法通过多种方法便利了财富最大化的交易，而法官在普通法领域内总是以社会总产出最大化的方式制定规则和决定案件。在规范方面，法律经济学要求制定法应尽可能严格符合财富最大化的命令，而法官应当根据财富最大化要求去判案。

（三）社会成本最小化

从社会财富最大化原则出发，可以推出另一个原则，也就是社会成本最小化原则。在一个责任事件当中，谁防范意外的成本最低，就值得由谁来防范意外。在法律经济学诸多方法中，社会成本最小化脱胎于个体的成本—收益分析，但其指向的最优结果却往往成为法律和公共政策确立最优标准的理论基础。比如，侵权法上最小化预防成本和预期事故损失之和的最优预防成为侵权法上判断侵权行为是否构成过失的标准；证据法上

① ［美］理查德·波斯纳．正义/司法的经济学［M］．苏力，译．北京：中国政法大学出版社，2002：450－456.

最小化避免错误成本和预期错判损失之和的证据搜寻水平成为证据法上判断是否达至最优搜寻的标准等[1]。之所以判定社会成本最小化脱胎于个体的成本—收益分析，是因为不论在侵权法、合同法还是证据法，社会成本最小化只是个体权衡活动轨迹相反的两类成本后作出的最优选择。比如侵权法，行为人知道事前提高预防成本一定会减少事后的预期事故损失。由于随着预防水平的提高，预防成本会相应升高而预期事故损失则会相应降低，最终的最优预防水平一定会是边际预防成本等于边际预期事故的损失值。说是两类成本，其实每类成本的增加都意味着对应成本的减少，而这一减少可以将之理解为因成本增加而导致的收益减少，因此社会成本最小化等价于边际成本等于边际收益。

例如，某个公有市场里有座载货电梯，里面设有特殊开关，按下之后可以直达顶楼。有位轻度智障的小朋友进了电梯，因为按了按钮，结果到了顶楼。几天之后被人发现时，小朋友已经脱水饿死。家长提出要市场管理方和电梯制造商负责和赔偿。在这个案例中，市场管理方的责任比较明确，因为明显有疏于管理的事实。但认定电梯制造商也要负责，这种推论却不一定成立。设计制造电梯时，是基于由一般人正常使用的考虑。如果为了防范智障孩童不小心按下按钮这种非常特殊的意外，那么所有的电梯都需要更改设计，全社会的成本会非常高。其实，这起案例中孩童的父母应当承担一定责任。根据社会成本最小化原则，显然智障孩子的父母最清楚自己孩子的情形，能用最低的成本来防范意外。

（四）卡尔多—希克斯效率标准

在法律经济学新古典范式的理论体系中，“价高者得”模拟市场的司法定价理论普遍应用于司法部门。这其实是波斯纳定理，其理论可以表述为：如果市场交易成本过高而抑制交易，那么权利应赋予那些最珍视它们的人。早在《法律的经济分析》一书中，波斯纳的这一思想就已初见雏形，即“在交易成本大于零的现实世界，如果我们在开始要将权利分配给两方中的一方，那么效率就是通过将法律权利分配给愿意购买它的一方而增进的”[2]。在《法律理论的前沿》一书中，波斯纳更进一步明确指出：

> 法律经济学最具雄心的理论层面，是提出一个统一的法律的经济理论。在这一提议中，法律的功能被理解为是促进自由市场的运转，并且在市场交易成本极高的领域，通过将市场交易可行就可以期待产生的结果予以法律上的确认，来“模拟市场”。这样，它就既包括描述性的或者解释性的层面，又包括规范性的或者改良主义的层面[3]。

---

① ［美］理查德·波斯纳．证据法的经济分析［M］．徐昕，徐昀，译．北京：中国法制出版社，2001：37－44.

② ［美］理查德·波斯纳．法律的经济分析［M］．蒋兆康，译，林毅夫，校．北京：中国大百科全书出版社，1997：64.

③ ［美］理查德·波斯纳．法律理论的前沿［M］．武欣，凌斌，译．北京：中国政法大学出版社，2003：6.

主流经济学中市场效用使用最多的是帕累托最优，但法律经济学家都认为，帕累托效率在现实世界中适用性较小。波斯纳认为市场机制更合理的是卡尔多—希克斯效率标准。赢利者可以对损失者进行补偿，不论他们实际上是否这样做。正是基于该标准，波斯纳认为，普通法的经济理论最好被理解为，它不仅是一种定价机制，而且是一种能造成有效率（卡尔多—希克斯意义上的效率）资源配置的定价机制。卡尔多—希克斯效率可以这样解释：如果生产者甲将某商品认定为价值 10 元，消费者乙认为商品价值 15 元，如果两人以 12 元成交，就会创造 5 元的社会总收益（福利）。因为在 12 元价位上，甲认为他获得了 2 元的利润（生产者剩余），乙则认为他获得了 3 元的福利（消费者剩余）。卡尔多 1939 年发表的《经济学福利命题与个人之间的效用比较》论文中，提出了“虚拟的补偿原则”作为其检验社会福利的标准。他认为市场价格总是在变化的，价格的变动肯定会影响人们的福利状况，即很可能使一些人受损，另一些人受益；但只要总体上来看益大于损，这就表明总的社会福利增加了。但卡尔多补偿原则是一种假想的补偿，而不是真实的补偿，它使帕累托标准宽泛化了。

希克斯补充了卡尔多的福利标准，认为卡尔多原则不够完善，因为它是一种假想中的补偿，现实中受益者并没有对受损者进行任何补偿。他认为，判断社会福利的标准应该从长期来观察，只要政府的一项经济政策从长期来看能够提高全社会的生产效率，尽管在短时间内某些人会受损，但经过较长时间以后，所有的人的境况都会由于社会生产率的提高而“自然而然地”获得补偿。因而希克斯的补偿原则为“长期自然的补偿原则”。卡尔多—希克斯效率标准从社会利益的角度看是有意义的。从理论的角度看，采取卡尔多—希克斯有效性标准是有利于社会福利的增加。按照科斯定理，如果交易成本为零，个人之间的谈判可以保证卡尔多—希克斯效率变成现实的帕累托效率。现实中交易成本为正，就可能使得潜在的帕累托改进无法成为现实的帕累托改进。实际上经济学家一般采用卡尔多—希克斯标准。这就是法律经济学通常也采用卡尔多—希克斯效率标准的原因。

三、科斯的法律经济学

虽然科斯定理并未在经济学中获得其应有的地位，但是却在法学界引起了轰动，甚至创造出了“法律经济学”这一新的研究领域。有些法律经济学家就认为科斯的法学思想对传统的法学而言是“非凡的思想”。

科斯最负盛名的代表作是两篇论文《企业的性质》（1937 年）、《社会成本问题》（1960 年），其他论文还有《边际成本的争论》（1946 年）、《美国广播业：垄断的研究》（1950 年）、《联邦通讯委员会》（1959 年）、《产业组织：研究的建议》（1972 年）、《经济学中的灯塔》（1974 年）、《企业的性质：起源、含义与影响》（1988 年）等。这些论文中的主体部分，都收入 1988 年由芝加哥大学出版社出版的论文集《企业、市场与法律》。透过这部文集，可以读到科斯极具启示性的法律经济学思想。

（一）交易费用

在科斯的理论贡献中，交易费用是一个基础性的核心概念。科斯没有对交易费用下一个严格的定义。但他认为，为了进行市场交易，有必要发现谁希望进行交易，有必要告诉人们交易的愿望和方式，以及通过讨价还价的谈判缔结契约，督促契约条款的严格履行，等等。这些操作的成本往往非常高昂，至少会使许多在无须成本的定价制度中可以进行的交易化为泡影。这些在市场交易过程中产生的费用，就是交易费用。后来他认为，交易费用主要包括“搜寻与信息成本、讨价还价与决策成本、监督与执行成本”[①]。

传统的新古典经济学认为交易成本为零，但科斯认为，在市场交易过程中，交易双方之间要达成协议，就会产生一定的费用。交易成本永远大于零。尤其值得注意的是，不同类型的协议，所产生的费用是不一样的，这里面存在着较大的伸缩空间。科斯认为，长期契约比短期契约可以节约更多的交易成本，是一种更有效率的契约方式，且往往能够规避一定风险，这也是企业产生的重要因素。既然通过企业这种组织，能够降低企业家与劳动者之间的交易费用，能够节省某些市场运行成本，但企业并不能够完全代替市场，企业机制也无法代替市场机制，所有生产并不能交给一个企业运行，科斯是这样解释的：

> 首先，当企业扩大时，对企业家函数来说，收益可能会减少，也就是说，在企业内部组织追加交易的成本可能会上升。自然，企业的扩大必须达到这一点，即在企业内部组织一笔额外交易的成本等于在公开市场上完成这笔交易所需的成本，或者等于由另一个企业家来组织这笔交易的成本。其次，当组织的交易增加时，或许企业家不能成功地将生产要素用在它们价值最大的地方，也就是说，不能导致生产要素的最佳使用。再者，交易增加必须达到这一点，即资源浪费带来的亏损等于在公开市场上进行交易的成本，或者等于由另一个企业家组织这笔交易的亏损。最后，一种或多种生产要素的供给价格可能会上升，因为小企业的“其他优势”大于大企业。当然，企业扩张的实际停止点可能由上述各因素共同决定。前两个原因最有可能对应于经济学家们的“收益递减”论点[②]。

从以上解释看，企业科层管理机制是不可能取代市场价格机制的。新古典经济学从未阐明企业存在的原因，只是论证市场运行机制和价格机制，但科斯却提出交易费用分析企业产生的原因与性质，这是一个大胆非凡的创举。从法学的角度来看，企业内部的科层制与政府内部的科层制具有一定的可比性，企业内部的治理结构与政府内部的治理结构也有一定的可比性。因而，从“企业的性质”可以联想到“政府的性质”。科斯认为，如果企业内部的科层体制允许企业家这样的“权威来支配资源”从而“节省某些

---

① ［美］科斯．企业、市场与法律［M］．盛洪，陈郁，译．北京：格致出版社，2009：6.

② ［美］科斯．企业、市场与法律［M］．盛洪，陈郁，译．北京：格致出版社，2009：43.

市场运行成本”，那么按照同样的逻辑，政府内部的科层体制允许行政性的公共权威来支配资源，也可以节省某些市场运行成本。这样的解释不仅为政府的存在提供了正当性依据，可以从经济的角度解释“政府的性质”，而且还可以解释经济计划、政府干预经济的正面价值与积极意义。因此，通过政府的计划与干预，同样具有降低交易费用的功能。与企业一样，政府也可以在某些情况下，充当市场的替代机制。

（二）权利的相互性

科斯在其论文《社会成本问题》中着眼于外部侵害的解决方案，对权利边界的界定方式进行了研究，尤其是对权利相互性问题的论述，开启了从经济角度审视法律问题的新视角。科斯认为，权利并不是绝对的，即使是法律明文规定的权利也不是绝对的。一个人甚至不能绝对地说：“这是我的权利”，因为你的权利与他的权利之间，可能存在着一个交叉或重叠的部分：你的权利中的某一部分，同时也是他的权利。按照科斯的理论，权利冲突的根源就是权利的相互性。因此，在甲的权利与乙的权利发生冲突的情况下，或者说，在发生外部侵害的情况下，法律上需要解决的真正问题是：把重叠部分的权利归属于甲，还是归属于乙？如果仅仅从法律上看，无论是归属于甲，还是归属于乙，都是可以成立的。因为双方都可以依法提出自己的权利主张，司法者也可以遵循先例，运用价值衡量、利益衡量之类的法律方法做出裁决。但是，科斯认为，司法者按照法律或先例做出裁决的时候，必须考虑这样一个前提：要避免“较严重的损害”。所谓“较严重”，在科斯的理论中，是用经济制度的运行效率来衡量的，更简言之，是用“产值最大化”来衡量的。

重叠部分的权利归属于甲还是归属于乙？科斯认为，必须考虑哪种归属能够产生更大的经济效益，能够让资源得到更优的配置。这样的经济思维与传统的法学思维形成了较大的差异，体现了法律经济学的特质。科斯凸显了两种不同的处理案件的思维方式：在司法实践中，“被遗忘的授权的原则”作为一个沿袭已久的先例和准则，支配了法官、法院对于此案的判决。但是，从经济学家的角度来看，完全不必考虑什么“被遗忘的授权的原则”，而是应当考虑如何使产值最大化。把初始权利界定给谁，应当以“产值最大化”作为评判的标准。不妨设想，如果让科斯来充当裁判者，那么，他遵循的裁判依据就不是法律中的“被遗忘的授权的原则”而是“产值最大化”这个基本的准则。如果说“被遗忘的授权的原则”主要体现了对先例、法律的遵循，以及对社会秩序的延续性、可预期性的追求，那么“产值最大化”则主要体现了对于经济效率的追求。不必考虑法律或先例的规定，而应当以“产值最大化”作为准则。这就是经济学家处理权利冲突（外部侵害）的思维方式。

以经济效率作为处理权利冲突问题的依据，难免引起法学界的批评。许多法学家批判科斯的推理不是法律推理，仅仅是经济推理，是帕累托最优效率在法学界的翻版，在公平正义的法学界是不恰当的。

（三）科斯定理

科斯认为，假设交易成本为零，无论初始产权如何分配，总是可以通过市场交易实现帕累托最优的资源配置。如果存在交易成本，合法权利的初始界定会对经济制度的运行产生影响，会影响到资源配置的效率。这个定理，可以说是科斯的法律思想学思想的核心内容。这通常被认为是科斯定理。

同时科斯认为，当交易成本过高，使得市场交易无法实现，法院关于产权的判决将影响社会产值最大化。该定理可以进一步扩展为：当交易成本存在时，制度的选择影响社会产值最大化。假设不同产权制度的交易成本相等，制度本身决定效率高低。不同的产权制度设计和实施方式及方法，会导致不同的交易成本—制度成本；制度变革应该考虑变革成本，变革成本可能导致变革本身不具有经济价值。

科斯定理是科斯在解决外部性问题时提出的，它旨在解决有外部性情况下如何达到帕累托效率和资源最佳配置问题。产权是指使用某种资源并从中获益的权利，即对他人利用某种资源的否决权或者说是一种排他性的利用权。以污染问题为例，如果明确了河流的产权，这一问题将通过市场自动解决。如果化肥厂拥有使用河流的产权（同时拥有污染的权利），则河流下游的使用者（如养鱼场）会主动向化肥厂支付排污成本（提高了污染的机会成本），使得化肥厂的排污量减少到社会最优排污量。如果养鱼场拥有使用河流的产权，则化肥厂会主动向养鱼场支付费用“购买”一定的河流排污权，使得化肥厂的排污量从零提高到社会最优排污量。因此，无论产权归谁所有，最后化肥厂的排污量都是社会最优排污量。

科斯范式主张公权力的角色主要在于界权或者确立游戏规则，最优化配置的过程通过市场机制从而实现价高者得的结果。当然，界权本身也并非不计成本不讲效率，故如何界权必须谨慎。科斯也非市场拜物教，因为现实中交易成本往往大得出奇，致使在零交易成本假设条件下不成问题的交易无法达成，故可以组成企业或者由政府直接主导。但后两者的成本可能更高，故不能笼统地说哪种机制更好。一切均须从现实情况出发，在尽可能周延地考量各种影响因素对各种待选方案进行总体的、边际的、替代的研究之后，得出符合实际的结论。

四、波斯纳的研究范式

（一）实用主义

波斯纳认为，传统英美法学主要是形式主义和现实主义，需要实用主义代替这两种极端主义。波斯纳界定实用主义时，采用描述方法，“我用它时，首先是指一种处理问题的进路，它是实践的和工具性的，而不是本质主义的；它感兴趣的是，什么东西有效和有用，而不是这‘究竟’是什么东西。因此，它是向前看的，它珍视与昔日保持连续性，但仅限于这种连续性有助于我们处理目前和未来的问题"[①]。这就是说，实用主义这种珍视昔日连续性的保守绝不是落后怀旧，而是创新向前看。在司法上，实用主义把"遵循先例"看作一个权宜的政策，而不是一种必须履行的义务，不仅仅是一种理论话语，更是一种具有生命力的司法实践。实用主义对待"遵循先例"的态度完全是实用的，即先例如果吻合当下案件，依据先例可以得出具有可接受性的判决就遵循先例。如果先例的案情和人们的认识观念与当下案件并不吻合，依据先例并不能得出可接受性的判决，那就要抛开先例而不能够被先例所局限[②]。一言以蔽之，是否援引先例要首先考察引用先例的后果，后果好则予以引用，后果不好则弃而不用。

波斯纳断言，实用主义真正对立面是这样一种唯理主义，公道地说是柏拉图式的理性主义。这种唯理主义声称，对那些有争议的形而上学主张和伦理学主张，要用纯粹的分析手段来推导出有关的真理。在法律中，实用主义是波斯纳的理想进路，实用主义的朋友把实用主义等同于切合实际，而其敌人则把它当作非理性和自相矛盾的同义词。波斯纳则用"实践的、工具性的、向前看的、能动的、经验的、怀疑的、反教义的、重视实验的"等形容词概括实用主义的特点。波斯纳认同的实用主义特别强调把事情办成、办好、办妥，也就是要追求实际效果。一切以实际效果为目标。既不相信存在的就是最好的，也不立足于为现实辩护，甚至对"进步"也坚持某种谨慎和克制的态度，对各种各样的教条则保持某种怀疑的态度。因而，只有深思熟虑地追求实际效果才是值得努力的方向。按照这种实用主义的观点，法院必须与国家权力的其他分支，譬如议会、政府，形成某种互补性的关系。因为，不同的国家机构实际上都深深地镶嵌在一个网络之中。实用主义，特别是法律实用主义不仅构成了波斯纳法律经济学的逻辑起点，而且在一定程度上，还充当了波斯纳开启其法律经济学理论的推动力。

（二）经济学方法

波斯纳作为法律经济学的主要代表人物，其主要贡献在于将经济学的理论与方法引入法学，促进了法学的经济学演进。在《法律的经济分析》这本代表著作中，波斯纳解释道："本书的主要命题是：第一，经济思考总是在司法裁决的决定过程中起着重要的作用，即使这种作用不太明确甚至是鲜为人知。第二，法院和立法机关更明确地运用经济理论会使法律制度得到改善。"[③] 这就是说，经济理论是改善法律制度、司法过程的重要工具。其实，波斯纳的著述已经证明，经济理论更是改善法律理论的重要工具。对于一个法学理论家来说，运用什么样的理论来分析法律问题，就会形成什么样的法律理论；进一步看，运用什么样的经济理论来研究法律问题，就会形成什么样的法律经济学

① ［美］波斯纳．超越法律［M］．苏力，译．北京：中国政法大学出版社，2001：4.

② 郑鹏程，聂长建．波斯纳"超越法律"的三维透视［J］．中南民族大学学报（人文社会科学版），2016，36（4）：90－96.

③ ［美］波斯纳．法律的经济分析（上）［M］．蒋兆康，译．北京：中国大百科全书出版社，1997：1－2.

理论。

波斯纳完全承袭了新古典经济学的基本假设，认为经济学是一门理性选择的科学，资源相对于人类欲望是有限的。他认为，人在其生活目的、满足方面是一个理性最大化者，每一个人都是自利的。以此为出发点，波斯纳提出了经济学的三项基本原理。其中的第一项原理是：所支付的价格和所需求的数量呈反比例关系，即需求规律。波斯纳的贡献，就是把这项经济学的原理，全面地运用到非市场行为中，以至对于性行为的法律规制，都可以运用这条原理来解释。甚至对于思想自由、宗教信仰自由的保护，同样可以适用这样的需求规律。波斯纳认同的第二项经济学原理是：都被假定为试图使其效用（幸福、快乐、满足）最大化。可以推测，这一假定也适合于牛肉生产者，虽然就消费者而言，他通常被说成是为了利润最大化而非效用最大化。销售者所追求的是使其成本和销售收入之差最大化。这里波斯纳对于“效用”和“利润”的关系进行了区分：利润不同于效用。波斯纳解释说，在经济学中效用一词“通常用来指区别于某一特定物的预期成本或收益的价值”①。波斯纳提出的第三项经济学原理可以概括为：如果允许自愿交换，即市场交换，那么资源总会趋于其最有价值的使用。波斯纳举例说：农场主 A 愿意出一个比农场主 B 的财产最低价更高的价格来购买他的农场，是由于这一财产对 A 来说更有价值，这意味着 A 能用它生产出更有价值的产品，而这些产品是以消费者愿意支付的价格来衡量的。通过这一自愿交换的过程，资源将被转移到按消费者的支付意愿衡量的最高价值的使用之中。当资源被投入最有价值的使用时，我们可以说它们得到了有效率的利用。按照这项原理，自愿、自由的市场交换，能够产生最大的经济效益②。

把以上三个方面概括起来，就是需求规律、效用最大化、市场交换。这就是波斯纳选择的经济学的关键词。这三个关键词，构成了波斯纳法律经济学的最主要的分析工具，也是他拓展其法律经济学理论的基本路径。

（三）自由主义

美国历史上有作为的大法官，多是奉行司法能动主义，将司法中一些有争议的案件注入自由主义价值观，并带进了公共政策的形成，形成具有法律效力的为后来法官遵循的先例，他们是美国判例法的主要创造者。波斯纳对这些法官给予极高的评价，“马歇尔、霍姆斯、布兰代兹以及布莱克——仅仅列举少数几位最重要的美国法官——都是美国政治自由主义史上的重要人物，他们都利用了自己的司法职务在法律上打上了他们个人想象力的印记”③。并非法律遇到的所有问题都能够转化为经济学问题。波斯纳具体分析允许人工流产是否财富最大化了，认为这取决于胎儿的生命权配置，是配置给胎儿还是母亲，这个决定确定了财富的最大化边界，而这恰恰是经济学内部无法做出的。波

① ［美］波斯纳．法律的经济分析（上）［M］．蒋兆康，译．北京：中国大百科全书出版社，1997：13.

② 喻中．波斯纳法律经济学的理论逻辑［J］．烟台大学学报（哲学社会科学版），2014，27（2）：11－18.

③ ［美］波斯纳．超越法律［M］．苏力，译．北京：中国政法大学出版社，2001：228.

斯纳批评了功利主义和经济学中不自由的隐含意义，如强制执行自愿为奴的合同、允许以死相争的角斗、边沁因为乞丐的外观和纠缠给行人带来的痛苦而把乞丐关起来的主张。

波斯纳认识到，一个人即使很信奉法律经济学方法，也还是不得不在政治哲学和道德哲学里寻找方法，自由主义和经济学有一种亲密关系，因为自由是个人发展和经济发展不可或缺的条件，强大的国家是自由的国家。经济学和自由主义都和法律紧密相连，它们解决法律问题也是各有优劣。经济学可以从耗费司法资源来解释，并不令人信服；自由主义坚持政府不得惩罚无害的人，而一个没有政府诱惑就不会犯罪的人就是一个无害的人。在这个问题上，自由主义的解释相比经济学更有说服力。波斯纳的结论是：“自由主义和实用主义相互之间是相当契合的，而且如同我们在前面看到的，与经济学也相当契合。这种契合可以改造法律理论”。自由主义直觉也就是诉诸政治哲学和道德哲学来寻求法律问题的解决之道，这也是波斯纳“超越法律”的一个视角。

复习与讨论

1. 阐述新兴古典经济学基本理论内容，并简述超边际分析方法。
2. 阐述行为经济学产生的时代背景和历史渊源。
3. 阐述超边际分析方法和边际分析方法的主要区别。
4. 法律经济学的研究方向和研究重点是什么？
5. 法律经济学中科斯和波斯纳的研究重点有何区别？
6. 新经济地理学的主要研究方法有哪些？相对于传统经济地理学有哪些创新？
7. 演化经济学和传统经济学区别体现在哪里？
8. 举例说明行为经济学的心理账户理论。
9. 应用行为经济学的助推理论，政府可以在社会上发挥什么作用？
10. 阐述你对数理模型在新经济地理学研究中的应用。
11. 凡勃伦认为，“经济学为什么不是一门进化的科学？”。马歇尔也宣称，“经济学家的麦加应当在于经济生物学，而非经济力学”。解释两位经济学家的思想含义。

本章移动端课件

经济学简史 第十七章

扫码学习 移动端课件

第五篇 中国经济思想史

中国文明和经济都曾经长时间领先于世界。作为东方文明体系的代表，中国经济模式和经济制度都有别于西方世界。中国封建王朝经历时间长，资本主义经济制度发展时间较短，商品货币经济不发达，和西方经济社会形成不同的发展轨迹。这就必然形成不同的经济学思想体系。尽管西方经济学思想影响力和创造力长时间领先于中国，但中国同样诞生了许多伟大的经济学家和经济学思想。

本篇只有一章内容，但介绍的中国经济学演变史跨越时间超过3000年。本篇内容依据时间先后顺序，介绍我国五个时期的经济学思想史。先秦时期的经济学思想具有朴素的唯物辩证法性质，义利观、重农抑商、道法自然、平价思想一直是当时的主流经济学学说。中国封建王朝时期长达2000年，小农经济和国家的干预是最重要特征，反映出来的就是轻徭薄赋和黜奢崇俭。民国时期，商品经济开始发展，引入了一部分西方经济学理论。1949～1978年是中国社会主义探索时期，马克思主义经济学不断深入。改革开放使中国经济快速发展，中国建立了社会主义市场经济体制，中国的现代经济学思想在中西方文化交流中不断演进。

本篇试图复原中国经济文明中的经济学思想，介绍古往今来中国经济学家的思想智慧，在经济学思想史中探索中国道路。这不仅是汲取西方经济学思想精髓的过程，也是传承和发扬中国经济学优秀思想的必然。

CHAPTER 18

第十八章　中国经济思想史的变迁

本章主要介绍中国先秦时期、封建王朝时期、民国时期、1949～1978年中国以及改革开放后中国经济学思想史的发展。

先秦时期是中国社会和经济大变动时期，社会经济发展逐步从奴隶制向封建制转变。此时出现了许多哲学家、法学家、思想家、经济学家，他们的经济学思想对后世产生了巨大影响。自秦朝统一至清朝灭亡，中国处于漫长的封建王朝时期，政权不断更迭，儒家思想成为正统思想，出现了许多著名的经济学家和具有价值的经济学思想。这些经济学思想对当代中国和世界经济发展都有积极意义。

民国时期，尽管经济发展缓慢，仍出现了一批有思想、有独到见解的经济学家。但整体来看，经济学思想大部分是舶来品，并没有出现太多的经济思想创新。

中华人民共和国的成立，人民当家作主，标志着中国进入一个快速发展的社会主义新阶段。我国经济学家对社会主义道路和经济思想进行了积极探索。改革开放后，中国经济取得了举世瞩目的成就，目前成为世界第二大经济体。中国经济学也积极和国际接轨，吸收世界一些经济学流派思想，结合中国经济发展现实，在市场经济、股份制、制度经济学、经济体制等方面开创了中国经济思想史的新局面。

第一节　先秦时期的中国经济思想

中国文明源远流长，有4000年的文明史。自大禹建立夏朝以来，历经夏、商、周三代王朝。这是中国的奴隶制王朝更迭时期。自东周起，中国历史进入春秋战国时期，是百花齐放、百家争鸣时期。这也是中国社会剧烈变动时期，大国连横合纵互相征伐，人民苦不堪言。社会制度从奴隶制向封建王朝转变，农业经济和手工业发展迅速，商品生产和商品经济也得到了一定发展。先秦时期主要指春秋战国时期，因此本节也主要介绍春秋战国时期经济思想渊源及经济思想的变迁。

一、春秋战国时期的经济变动

春秋战国时期，周王室大权旁落，诸侯崛起。各诸侯国为求发展纷纷变法图强，社会结构剧烈变动。生产力水平不断进步，手工业与商业蓬勃发展，社会经济进入新的发展阶段。农业、手工业以及商业在春秋战国时期都有了不同程度的发展。

（一）农业发展状况

与西周时期集体耕作的方式不同，春秋战国时期，土地所有制发生变化。《左传·隐公十一年》载："王取邬、刘、功蔿、邘之田于郑，而与郑人苏忿生之田温、原、絺、樊、隰郕、欑茅、向、盟、州、陉、隤、怀。君子是以知桓王之失郑也。"郑人认为周王已经无力兑现其将田地划给自己的诺言，可见周王在此时已经失去了土地的所有权和管理权。之后周王的土地被层层分封，最终到了各诸侯手中，王权衰落。土地所有权的变化引起了劳动方式的变化，农业家庭中公田的劳动者逐渐转变为小农家庭的租田劳动者，每个家庭就是一个劳动单位，靠交租或力役租地耕种，"男耕女织"成为当时社会的普遍生产方式。

与此同时，农业生产工具也有了进一步的发展，其中最重要的是铁器和牛耕的应用。据文献记载和考古材料显示，春秋时代已开始铸造和使用铁器。金属已经成为战争与农耕活动中的常见材料。春秋中期，铁器的使用逐渐增多。尽管铁器没有完全取代木制器具，但其坚固和锐利的特点提升了开垦荒地与耕作时的效率。战国时期，农具和耕作技术都有了改进和提高，虽然农具的样式相比较春秋时期来说，并没有很大的变化，依然以耒耜[①]等为主，但不同的是这些农具被套上了铁口。虽然有些地方还以青铜工具为主，但其类型也开始多样化。

水利事业也有了长足发展，区别于从前"凿隧而入井，抱瓮而出灌"的传统灌溉方式，兴修堤防开凿运河，而水利工程的发展使得各个地区的联系更加紧密，生产力进一步提高。至战国时期，规模较大的水利工程也开始兴建，使得大片盐碱之地或者旱涝灾害严重的地方变成了沃野，比如说秦昭襄王时期李冰主持修建的都江堰和战国末年水工郑国支持修建的郑国渠就是这些大型水利工程的代表，而秦国也因为这些水利工程的修建而变得更加富足。

在几千年的战国时代，当时的人们也意识到了对于农作物施肥的重要性。正如《韩非子·解老》中记载的：积力于田畴，必且粪溉，也就是说想要农作物的产量高，就要以"粪溉"。这里的"粪"在当时多指代以水沤草和焚草为灰。

与西周时期的农业家庭不同，自春秋时起，随着周天子王权的衰落和土地所有制的变化，地主阶层兴起。地租与力役取代了平均分配的公田耕作模式。传统的农业家庭也发生了变化。通过缴纳地租而得到土地使用权的个体家庭终于开始了以家庭为单位的经济生产，男耕女织成为个体小农家庭的基本生产模式。也是从此时开始，国家内的纳税、户籍等基本单位由个人变成了个体家庭。

---

① 耒耜（lěi sì），我国古代神农发明的家具，用于农业生产中的翻整土地、播种庄稼。

在战国时期，农业上的这些改变和发展，不仅可以养活很多农业人口，还能养活更多的非农业人口，从而为社会提供相较春秋时期更多的剩余产品，从而催发了农业、手工业、商业等更为明确的社会分工。

（二）手工业的发展

随着社会经济的发展与生产力水平的进步，手工业逐渐发展起来，手工业者数目增加。手工业又分为官营手工业与私营手工业。西周到春秋初期，官营手工业仍处于主导地位。民营手工业大约在春秋末期开始兴起，到了战国时期得到了较大的发展，出现了很多民营手工业作坊，在盐、铁等重要门类中也出现了这种作坊。这些民营的手工业大多是用于销售。这也就促进了商品的交换和商业的发展。《晏子春秋》载："齐有北郭骚者，结罘罔，捆蒲苇，织履，以养其母"①，此人靠手工业生产进行商品交换，维持生活。可见私人手工业在春秋战国时期是普遍存在的。冶铁是手工业一种新兴的金属冶铸业，大概兴起于春秋末期，在战国时期有了很大的发展，当然这也是铁器被广泛应用于社会生活中的必要条件。出土的战国时期的铁器，也印证了冶铁工艺的发展。

冶铜在战国时期的手工业中也占有相当重要的地位，并且较春秋时期也有了很大的进步。铜在古代是贵金属，不仅可以铸造礼器、乐器，还用来制作钱币和符节、量器等，可以说是铜的需求量很大。铜器的铸造工艺也有所提高，甚至还出现了令人无法完美复制铸造的器物。

湖北江陵马山的楚墓中出土一批数量很多的丝织品，保存比较完好，其中品种繁多，包括罗、纱、绢、锦等，而锦是用提花机织出的质地较厚的丝织品。这表明在当时已经有了构造复杂的纺织机，而这些手工者也掌握了难度较高的纺织技巧。

（三）商品经济发展

商品交换行为一直贯穿在人类的生产生活之中，"氓之蚩蚩，抱布贸丝"就是最原始的商业行为。因为原始农业家庭不可能每家都生产足够维持生存农产品和手工产品，如瓷器、陶器等需要专业技术的手工品，因此他们以"以物易物"的形式进行商业交换活动。

早在西周时期，《尚书·酒诰》就有"肇牵车牛，远服贾"的记载。西周初期商品交换不是十分发达，不是完全意义上的商业行为。商人即"商""贾""商贾"。随着商品交换经济的发展，这些人在长期的交易活动中积累经验，成为主要从事商业活动的商人。《荀子》曾有记载："北海则有走马吠犬焉，然而中国得而畜使之，南海则有羽翮、齿革、曾青、丹干焉，然而中国得而财之，东海则有紫紶、鱼盐焉，然而中国得而衣食

① 晏婴．晏子春秋［M］．上海：上海古籍出版社，2012：78.

之，西海则有皮革、文旄焉，然而中国得而用之。”① 战国时期，很多物品都进入了市场，成为可以被买卖的商品，如北方盛产的马、犬，南方盛产的羽翮、齿革，东方盛产的鱼、盐，西方盛产的皮革、文旄。这些都出现在了中原的市场上，足见当时商品交换的频繁和交换种类的繁多。

为了适应商品交换的需要，金属铸币开始大量使用。这也促进了铸造业的发展。从出土的战国时期的钱币来看，当时战国七雄这些主要诸侯国都有属于自己的钱币，在这些钱币上还会铸造地名。这时期的钱币不单单只有铜币，还有金币，尤其是楚国的金饼更负盛名。

商业的繁荣，还出现了专门用来商品交易的场所——市，并且被分成若干列，形成出售商品的“市肆”。为了维持市的秩序和收取税费，统治者还会设置专门管理的市掾、市员等官吏。其实这种“市”的形式就相当于我们现在的商业街，琳琅满目的商品应有尽有。

工商业的发展，还促进了城邑规模的发展。这在《战国策》中有着较为明确的记载，战国时期之前是“城虽大，无过三百丈者，人虽众，无过三千家者”，而战国时期则变成了“千丈之城万家之邑相望”②。经济上的繁荣和发展，又促进了政治上的变革，正所谓：经济基础决定上层建筑。为了顺应经济的发展，战国时期的主要诸侯国都先后进行了变法，而正是经过这些变法运动，使得影响中国2000余年的封建制度逐步确立。

二、道家的道法自然

道家思想以“道法自然”为特征，恢宏博大、气象高远。这不仅使其自身能够兼采诸家之长并在长期的恶劣环境下生存发展，而且使它具有对其他各家的强烈批判精神，任何思想派别都不能不重视道家理论。道家的经济伦理思想十分丰富，最突出的是顺其自然、清静无为的思想。由于对社会经济规律的深刻认识，道家主张经济活动必须符合经济规律，反对不必要的过度人为干预。这种主张与儒、法、墨诸家主张“有为”的思想明显不同，在历史上所起的作用也不同。

（一）道法自然，清净无为

《老子》说：“人法地，地法天，天法道，道法自然。”③ 认为“法自然”是“道”所遵循的最高原则。《老子》强调“道法自然”，其实质是要求“人法自然”。自然无为是最理想的准则，主张实行无为而治，反对违背自然的有为因“道常无为”，所以主张“以辅万物之自然而不敢为”和“因其道而生之”，即人类应通过“无为”来实现对

① 荀况．荀子［M］．太原：山西古籍出版社，2003：189.
② 刘向．战国策［M］．太原：山西古籍出版社，2003：201.
③ 老子．道德经［M］．西安：书海出版社，2001：20.

“自然”的保障。而“无为”的结果是“无不为”，君主如果无为，就可以达到：“我无为，而民自化；我好静，而民自正；我无事，而民自富；我无欲，而民自朴。”针对当时统治阶级对民众的残酷剥削而导致的社会危机，老子劝说统治者应实行轻徭薄赋、宽狱省刑的政策，以缓和社会阶级矛盾。“无为”思想体现在经济上，就是经济自由。按照“道”的法则，遵循“自然”“无为”的要求，构成了道家对经济运行的基本看法和主张。“无为”指的是顺应天下万物的本性，不干扰世间万物的自然秩序。

《老子》说：“民之饥，以其上食税之多，是以饥；民之难治，以其上之有位，是以难治；民之轻死，以其上求生之厚，是以轻死。”又说：“以正治国，以奇用兵，以无事取天下。吾何以知其然哉？以此，天下多忌讳，而民弥贫，民多利器，国家滋昏。”[①] 老子认为，民众之所以饥饿，是因为统治者赋税太重；民众之所以难以统治，是因为统治者随意干预，统治者法令、禁令越多，则民众越贫困、盗贼越多；民众之所以铤而走险，是因为统治者生活奢靡。在老子看来，生产的发展、技术的进步、文化水平的提高、社会分工和交往的扩大，都会增进被统治者的智慧，而被统治者越有智慧，则越难以统治，对统治者来说也就越危险。

老子痛恨强权，要摆脱强权的统治，要代之以理想的自由社会。在老子看来，实行无为，使民众无知无欲，就可以把社会治理好。老子理想社会是一个小国寡民的社会，“小国寡民。使有什伯人之器而不用；使民重死而不远徙。虽有舟舆，无所乘之；虽有甲兵，无所陈之。使民复结绳而用之。甘其食，美其服，安其君，乐其俗。邻国相望，鸡犬之声相闻，民至老死，不相往来”[②]。在这个社会中，没有强权，没有压迫，没有剥削，没有战争，人民过着自由自在平等的生活。整体来看，道家主张清静无为和“小国寡民”，主张农工商各业应任其自然发展。

（二）重“实腹”、反“技巧”的生产观

尽管老子提倡清净无为，但他并没有彻底否定生产的作用，只不过提倡生产要依自然之“道”而行，实现足腹的目的，而不必采用各种“技巧”人为地增加超过其消费水平的生产成果，悖自然之道而行。老子重视生产的言行屡现于《老子》一书中，“天下有道，却走马以粪”，认为有道者治天下应把用于打仗的战马交给农夫来耕种生产；“是以圣人之治，虚其心，实其腹，弱其志，强其骨”，在强调虚心弱志的同时不忘强调实腹强骨的重要性，认为满足人民的安饱、增强人民的体魄是圣人治理国家必不可忽视的重要因素；“是以圣人为腹不为目”，宣扬圣人但求安饱而不追逐声色之娱的品行。这和老子所构想的理想社会中人们“甘其食，美其服，安其居，乐其俗”中所宣扬的一样，把实腹、美服、安居视作人们生存最低的物质条件。老子虽然强调为实现实腹而进行生产，但他却反对为超过“实腹”生产目的采用新技术进行的生产，“人多利器，国

---

①② 老子．老子·五十七章［M］．陈鼓应，今注今译．北京：商务印书馆，2003：280.

家滋昏；人多伎巧，奇物滋起”，技巧带来多余的产品，多余的产品培养人民的贪欲，引起他们的争夺，从而使得社会动乱，人们迷失本性。这一情形和道家所提倡的清心寡欲、无为而治、柔弱不争的精神是背道而驰的。

庄子追求精神的绝对自由，把物质生活看得很淡。他自己本身贫困，乞食告贷也不愿应仕为官，惟恐为其所羁所累[①]。庄子的这种立场使其很少谈及生产，但从其着墨不多的议论中仍可看出他是相当认可生产活动的作用的。庄子和老子一样同样反对新技术，在《天地》一篇中，他以凿隧入井、抱瓮汲水浇灌圃畦的汉阴丈人之口讥讽肯定新技术可“一日浸百畦，用力甚寡而见功多”的子贡，并忿然而言：“有机械者必有机事，有机事者必有机心。机心存于胸中，则纯白不备……道之所不载也。”[②] 可见，庄子认为生产工具的更新会使人培育机心，违背人性。他还认为新技术会带来社会的动乱。

（三）“损有余而补不足”的分配观

《道德经》云：“生而不有，为而不恃，长而不宰。”意指人们虽然从事物质资料生产，但是并不要占据生产资料及其产品。因此道家不主张财富“私有”。庄子则对财富持鄙视态度，他认为财富皆为身外之物，只有无耻之徒才热衷于追求和占有财富。

关于财富分配，《道德经》云：“天之道，损有余而补不足；人之道则不然，损不足以奉有余。”[③] 体现了道家朴素的分配观：反对两极分化。老子批判一切“损不足以奉有余”的人之道，提倡“损有余而补不足”的天之道。

道家财富分配观对后世的影响具有很大的消极作用。老子“生而不有”的无私思想一定程度上形成了中国百姓传统思想里以谈“私”、谈“利”为耻的伦理文化，从而抑制了人们追逐财富的欲望和扩大生产、促进生产的热情，最终阻碍了社会经济的大发展。“损有余而补不足”影响下的“均贫富”思想形成了中国百姓心里普遍存在的“不患寡而患不均”的观念。该思想肯定贫穷，否定发展，否定进步，一味地追求平均主义。这种不先发展就谈公平分配的思想显然会直接打击和抑制一些人利用自己的先天禀赋优势“先富”，然后带动“后富”来发展社会经济。历史上农民起义把“均贫富”作为自己的动力和最终目标，推翻旧朝廷建立新朝廷。新朝廷多数在早期实行“轻徭薄赋”的休养生息政策，减轻农民负担，促进了社会经济的发展。

三、义利观

生产资料所有制是生产关系中最基本的因素，而在古代社会，土地无疑是最主要的

---

① 赵麦茹．先秦道家生态经济思想浅析［J］．电子科技大学学报（社科版），2009（1）：85－88.

② 陈鼓应．庄子今注今译（中）［M］．北京：中华书局，1983：612.

③ 老子．老子·七十七章［M］．陈鼓应，今注今译．北京：商务印书馆，2003：336.

生产资料。因此，春秋至战国初期的土地占有关系的变动反映了当时的社会变革，是当时最重大的社会经济问题。

面对这样一个重大的社会经济问题，代表各个阶级利益的思想家都不会无动于衷。他们都要维护本阶级的利益，为各自的阶级摇旗呐喊。由于当时诸侯之间、卿大夫之间的土地兼并，新兴地主阶级、小土地所有者对土地、财产私有的要求具体表现为一种“求利”“求富”的活动，所以竭力维护旧的生产关系的奴隶主阶级，主张用一种体现了奴隶社会等级制度的社会伦理规范内容的“义”去制约“利”，借以限制、反对人们的这种实质上是变革旧的生产关系的“求利”活动。这样，就产生了中国经济思想史上的“义利观”。显然，“义利观”是当时最重大的社会经济问题在经济思想上的集中反映。代表各阶级利益的思想家竞相提出了自己的“义利观”。他们或者“重义轻利”，或者“重利”，或者“去利去义”，义利关系问题一时成为经济思想领域争论的焦点。

齐国大政治家管仲率先提出了重利的“义利观”。他看到了当时日益尖锐的社会矛盾，旧的土地占有关系难以继续维持下去的情况，提出了“相地而衰征”（《国语·齐语》）的重要政策。这个政策是按土地好坏征收差额税。这不仅是赋税制度的重大改革，而且也是对封建土地私有制的承认[①]。基于此，在义利关系问题上，管仲提出了“仓廪实而知礼节，衣食足则知荣辱”（《史记·管晏列传》），把“利”作为道德伦理规范“义”的基础的观点。这种重利的“义利观”反映了新兴地主阶级改变旧的土地所有制的要求。

主张重义轻利的“义利观”的代表人物是孔子。他用义去规定、制约利。要求人们在物质利益面前，时时刻刻不要忘掉合“礼”的“义”。他还进一步把“义”和“利”对立起来，认为求利是小人之事，注重义的才是君子。他说：“君子喻于义，小人喻于利。”[②] 也就是说，凡要求改变旧的经济等级秩序的都是小人，而维护旧的经济等级秩序的才是君子。所以他对“利”表示了轻视的态度。孟子主张和孔子基本一致，“鱼，我所欲也；熊掌，亦我所欲也。二者不可得兼，舍鱼而取熊掌者也。生，亦我所欲也；义，亦我所欲也。二者不可得兼，舍生而取义者也”。义利论是先秦时期两种经济思想斗争的一个突出问题。荀况是公开言利的，他和其他新兴地主阶级思想家一样，是反对孟轲“何必曰利”的思想的。荀况在讲利的前提下，他又把“利”和“义”两者统一起来。他说“使民必胜事，事必出利，利足以生民”[③]。他认为，人是有欲望的，但不能禁止，也不能放纵，只有把义和利统一起来，才能促进封建经济的发展，才能维护和巩固封建等级制度。

墨翟非常注重利。他不仅大谈其利，而且还把利作为其哲学的指导原则。他宣扬的主张莫不从“利”字出发，如兼爱、尚贤、非攻、尚同等都是为了要合于“国家百姓

---

① 曹旭华．论先秦诸时期的核心经济思想［J］．杭州大学学报，1987（1）：1－6.

② 论语·里仁［M］．杜道生，论语新注新译．北京：中华书局，2011：25.

③ 荀子．荀子·富国［M］．蒋南华，等，荀子全译．贵阳：贵州人民出版社，1995：175.

之利”。墨翟以“利”去规定“义”。他认为“利”是社会伦理的基础，分辨义与不义的唯一标准就在于此行为之利与不利，有利就是义，无利就是不义。“利人者人必从而利之”①，墨翟的这种思想实际代表的是小私有阶级和手工业者的经济思想观。

四、重农抑商思想

春秋战国之际列国纷争、弱肉强食，各诸侯国的统治者忙于争霸和图存事业，对国家内部的社会经济生活干预不过来。这在客观上给工商业的发展创造了有利条件。春秋中期，由于社会生产力的发展，私人工商业已经有了较大的发展，当时已产生了如子贡、范蠡、白圭等一批富商大贾。他们有钱有势、显赫一时，但从各诸侯国总的社会经济状况来观察，私人工商业当时在数量和发展规模上毕竟还没有在整个社会经济生活中占重要地位，“工商食官”的经济局面，仍占主导地位。

战国时期的农业生产有了长足的发展，从而促进了商品生产和交换的发展。商品经济的发展，又带来了货币经济的发展。这是社会发展的必然规律。商品货币经济的发展，对刚建立起来的以小农生产为基础的封建自然经济起着某种破坏作用，所以在战国时期，整个社会经济都发生着较大的变革，强烈地冲击着社会固有的生产关系，使封建社会的经济秩序产生了混乱，因而也危及封建统治阶级的统治地位。在这样的客观形势下，为了稳定社会秩序，保持封建的生产方式，重农抑商经济思想就应运而生。战国时期是一个搞强权政治的时代，为了兼并别国，扩大疆土，增强国家的经济实力和军事实力，当时各诸侯国十分重视农战。这也是重农抑商经济思想所产生的时代背景。商鞅说：“治国者欲民之农也，国不农，则与诸侯争权，不能自持也，则众力不足也。”商鞅在《农战》中高度评价了农业在富国强兵中的重要作用。他把重农抑商与富国强兵联系起来，“国之所以兴者，农战也”“国待农战而安，主待农战而尊”②，把搞好农业生产提到十分重要的战略地位。在战国时期这种论述的重大意义是显而易见的，因为农业生产是人民和军队的一切生活资料的绝对来源，而要保卫国家和扩大疆土必须依靠强大的军队，故当时的所谓国家大事就是“农战”二字。

商鞅是实施重农抑商最彻底的代表人物。当发展农业，尽地之利。商鞅对实施抑商政策，有过系统全面的论述。商鞅认为，“农之用力最苦，而赢利少，不如商贾技巧之人”③。首先，他制定了一系列抑制工商业的发展和增加从事农业生产人口的政策措施，对商业实行重税政策。其次，对农民生产的粮食实行贵粟政策，提高市井中的粮食销售价格，从而增加农民收入。商鞅企图从贵粟入手促使技巧游食之民不再经营商业，而尽力去耕种田地。这在客观上就能提高农民从事农业生产的积极性，达到“尽地利”的目

---

① 墨子．墨子·兼爱中［M］．周才珠，齐瑞瑞，墨子全译．贵阳：贵州人民出版社，1995：129.
② 商鞅．商君书·农战［M］．张觉，商君书全译．贵阳：贵州人民出版社，1993：38.
③ 商鞅．商君书·外内［M］．张觉，商君书全译．贵阳：贵州人民出版社，1993：235.

的。这无疑对封建社会自然经济保证稳定状态起到积极作用。

在先秦诸子中，荀况是对“重本抑末”论①作了最为详细的理论论证的思想家。荀况认为，人们只要努力去认识和掌握自然界的运行变化规律，加强农业生产，节约用度，奋斗不息，就能主宰自己的贫富、祸福、吉凶等命运。他还认为，人们只要按照客观的自然规律办事，无论农、林、牧、渔等都可以达到丰收，创造出更多的物质财富的目的。荀况论证了工商业不能使社会增长财富，只有农业才是创造物质财富的唯一部门。荀况认为工商业者和士大夫之流，无耕作之劳，却要大量地消耗粮食财物，所以这些人越多，国家就越贫穷。既然社会各部门中唯有农业生产是创造财富的源泉，那么也只有发展农业生产才能极大地增长物质财富。只有集中使用劳动力，扩大农业生产，减少工商业生产，才能富国。他说：“用国者，得百姓之力者富。”② 合理使用劳动力非常重要。富国之道的关键就在于务本禁末：“轻田野之税，平关市之征，省商贾之数，罕兴力役，无夺农时，如是则国富矣。”③ 荀况虽然主张“重本抑末”，但并没有完全否定工商的社会职能。他指出：“农以力尽田，贾以察尽财，百工以巧尽器械”④，对工商的社会职能有较明确、清醒的认识。

这一时期的其他思想家和著作如孟轲、许行、韩非以及《管子》《吕氏春秋》等均主张“重本抑末”。孟轲“重本”思想⑤中的突出之处，在于他充分认识到小农经济在巩固封建秩序和作为封建经济的重要基础的作用，极力主张发展小农经济。他认为人们拥有一定数量的财产，是巩固社会秩序、维持“善良习惯”的必要条件。

重农抑商的经济主张，自战国时期诸子提出以后，成为我国封建地主阶级的一个传统的经济思想和政策，贯穿于整个封建社会。重农抑商的历史作用，随着封建社会不同阶段的历史发展进程，起着不同的作用：在先秦时期，曾经有推动社会发展的进步作用；但在封建社会延续中所起的作用逐渐走向了反面。我国封建社会经济发展长期停滞，进步很慢，虽有多方面的原因，但与我国历代封建王朝采取重农抑商政策有很大关系。

五、平价思想

在我国传统文化的经济思想中，范蠡的“平粜法”与李悝的“平籴法”是很有借鉴指导意义的传统经济思想精华。其所体现的宏观调控思想与实践，不仅在当时的历史条件下起到了调剂粮食供求、平抑粮价、稳定农业，保证消费和充实财政的作用，实现

① “重农抑商”和“重本抑末”在中国先秦时期并没有太大差异。

② 荀子．荀子·王霸［M］．蒋南华，等，荀子全译．贵阳：贵州人民出版社，1995：218.

③ 荀子．荀子·富国［M］．蒋南华，等，荀子全译．贵阳：贵州人民出版社，1995：176.

④ 荀子．荀子·荣辱［M］．蒋南华，等，荀子全译．贵阳：贵州人民出版社，1995：66.

⑤ 孟轲作为儒家代表，似乎更看重“重本”，但对“抑末”似乎没有明确反对。他主要反对商人的投机垄断行为。

了各自富国强兵的战略目标，且对后世调控思想与政策的制定奠定了重要的思想基础。范蠡和李悝都不同程度地认识到价格机制对粮食生产、经营、消费者的影响及其可能引发的经济后果，认识到其社会作用及对国家战略目标实现的影响，并在不同程度上思考了影响价格波动的内在动力。

范蠡（约公元前536～公元前448年），字少伯，春秋末期楚国宛（今河南省南阳市）人。范蠡先是辅佐越王勾践经过十年生聚、十年教训灭掉吴国，称霸中原；之后又离开越国，隐姓埋名来到了当时处于交通中心的商业城市陶邑（今山东省定陶），改称陶朱公。他在那里进行商业活动，成为有名的大富翁。范蠡认为农作物收成是有其循环规律的，因此农作物价格也有高低年份，“八谷亦一贱一贵，极而复反”[1]。谷物价格每三年变动一次。对于谷物价格的这种有规律的变动，范蠡认为不应任其自由涨落。如果任凭谷价自由波动，必将损害农工商的利益，从而使社会经济发生困难。因此，他主张政府应管理谷物价格，将其限制在一个合理的范围内。这就是我国历史上最早的谷物平粜思想。“夫粜，二十病农，九十病末。末病则财不出，农病则草不辟矣。上不过八十，下不减三十，则农末俱利，平粜齐物，关市不乏，治国之道也”[2]。在传统的农业社会，农业的收成几乎完全由天时决定，粮食收成的丰歉往往因年而异。这必然会导致粮食价格的波动，而粮价的波动又会引起其他各类相关商品价格的波动，谷贱伤农，谷贵伤末（商业），财货就增值不了。当谷价过高时，以低于市场的价格出售粮食；当谷价过低时，则以高于市场的价格收购粮食。这样物价会比较稳定，才是真正治国之道。因此，如果由国家适度调控粮食价格，将有助于稳定粮价和商业运行。这说明范蠡已经懂得了国家可以通过干预价格来调整农商各业生产比例关系的道理。尤其需要强调的一点是，范蠡并不认同由国家通过行政强制手段来控制粮食价格，而是运用“平粜”这一经济手段，以调节供求的办法来间接调控，使粮价的自发波动限制在一定幅度内，从而调节供需，协调好农商关系。

李悝（约公元前455～公元前395年），战国时期的魏国人，法家早期的代表人物。李悝曾出任魏文侯相，主持变法，废除了维护贵族特权的世卿世禄制度，实行了“尽地力之教”的重农政策和稳定粮价的平籴法，促成了魏国成为战国初年最为富强的国家。在战国200余年间，各国变法之君和有识之士都把“尽地力之教”与“平籴”法提高到治国之道的高度来认识，其具体实施办法也不断丰富完善。

李悝的“平籴”论，是关于国家进入粮食市场和控制粮食价格的理论。战国时期，诸侯争霸、兼并土地，社会变动十分剧烈。大国都想富国强兵，统一天下。李悝在魏文侯支持下变法图强，非常重视农业发展。李悝十分重视粮价问题，认为粮价高低是关系封建经济发展和封建政权巩固的大事。他指出，粮食价格太高，就会损害粮食购买者士、工、商等民众的利益，会使他们离开本国，而向粮价较低的其他国家和地区流散，

---

① 袁康．第十三卷·越绝外传枕中［M］．俞纪东，越绝书全译．贵阳：贵州人民出版社，1996：251.

② 司马迁．史记·货殖列传［M］．北京：中华书局，1959：3256.

从而影响封建政权的巩固。反之，如果粮价太低，就会损害农民的利益。粮价低，农民收入少，就不会努力耕作，从而影响粮食产量，导致国家贫穷。所以粮价不论太高和太低，都是不利的，都应该防止："余甚贵伤民，甚贱伤农；民伤则离散，农伤则国贫。故甚贵与甚贱，其伤一也。"① 李悝在历史上最早做出了"谷贱伤农"的论断。并指出，谷贱不仅伤农，而且还会反过来伤民，因为农民贫困，就会"有不劝耕之心，而令籴至于甚贵者也"。粮价"甚贵"之后，就会损害购买粮食的广大市民的利益。因此，李悝主张"平籴"，即平抑粮食价格，使粮价既不太贵，又不太贱。既要使购买粮食的市民能承受得了，又要使农民得到收益，提高务农的积极性，即"使民无伤而农益劝"。这就是国家平抑粮食价格的原则和目的。粮食市场是封建时代商品经济极为重要的一个组成部分，直接影响封建农业的发展。李悝的平籴论，反映了法家重农的特点，同时也考虑了工商业者的利益。

李悝的平籴法主张"善为国者，使民毋伤而农益劝"。李悝以当时的一个五口之家的种粮农户为例，分析了农户在经过一年的辛苦劳作之后所获得的粮食种植收益，仍然不能够满足家庭日常生活支出的需要，从而常常陷于贫困之中，这就是导致农民的种粮积极性下降，进而引起粮价上涨的原因。李悝提出实施平籴法的具体做法是：按照每年粮食的丰收和歉收程度不同，把丰收年成分为大熟、中熟、小熟三个等级，饥荒年成分为大饥、中饥、小饥三个等级。李悝主张由国家在丰年按平价购进农民多余的粮食，储藏起来，防止谷贱伤农；在荒年仍按平价卖出粮食，防止谷贵伤民。

平粜法和平籴法是中国古代最早提出和实施的调控粮价的两种方法，范蠡更多考虑的是兼顾农民和商人的利益实行平粜，李悝考虑的是兼顾"农""民"（粮食的生产者和消费者）的利益。这是先秦学者提出的富有远见的国家平价思想，后来逐步演化成常平仓制度，对其后我国封建社会的粮食政策具有深远的影响。

第二节 中国封建王朝的经济思想

中国封建王朝与西欧封建制度有很大区别。中国是君主专制，而西欧长时期是封建领主制度。这就决定了东西方经济制度和发展的巨大差异。古代中国是个农业社会，其基础和根本的特征从生产力方面来看是个体小农业生产。古代中国又是个阶级社会，占统治地位的不是小农经济，而是地主阶级、地主经济。不仅如此，封建国家的作用也是独特的。它是专制主义中央集权的国家，其经济职能也特别强，几乎到了干预一切经济生活的地步。在整个封建社会的全部时期，自然经济占着统治地位，但后来局部经济发达地区，如长江三角洲、太湖周边、浙东地区、珠江三角洲等处，商品经济的比重不

---

① 班固．汉书·食货志［M］．北京：中华书局，1962：1124－1125.

小，甚至可能已经超过了自然经济。

中国封建地主阶级经济思想的基本观点产生和形成于春秋战国时期。尽管地主阶级内部当时存在着各种不同的学派，但他们有一个共同点，就是都把自给自足的自然经济作为他们理想社会的经济基础。传统经济思想的自然经济观点的表现，是轻商、贱商和抑商原则。封建传统经济思想维护自然经济的特点是不奇怪的，形成这一特点的主要原因是：其一，农业是封建经济最主要的部门。封建农业本来就是自给自足的自然经济。所以，中国传统经济思想的自然经济观点实际上是封建自然经济基础在经济思想上的反映。其二，商品货币经济对自然经济有瓦解作用。为了维护封建统治和封建剥削赖以存在的经济基础，地主阶级思想家自然要竭力赞美、维护农业自然经济，而敌视、打击商品货币经济。也就是说，地主阶级的阶级利益决定了封建经济思想必然维护自然经济，而敌视商品货币经济。

中国传统经济思想从多方面显示出自己的特征，有独特的一系列概念和范畴。如义利、本末、节用、薄敛、轻重、富国、富民、理财、养民、农本、治生、均田、抑兼并等。由于篇幅所限，中国封建王朝时期的经济思想史主要介绍其中的主要内容，涉及薄赋、工商业、货币、奢俭等方面，实际上义利观和重农抑商也是中国封建王朝长期的主要经济政策和思想，由于在先秦时期经济思想已经介绍，这里不再赘述。

一、轻徭薄赋

我国是世界上最早建立赋税制度的国家之一。赋税在我国古代往往就是政治的组成部分，许多政治改革的主要内容也是赋税改革。而且赋税改革也往往和政治改革一样昙花一现、半途而废或改而无果，甚至小善不彰、大恶随至。总之，赋税在我国古代是屡改屡败、屡败屡改，最终也没多大成果。

我国的赋税制度发端于3000多年前。夏、商、周时期实行贡赋制，即赋税的雏形。春秋时期，鲁国实行“初税亩”。这是我国最早开始征收的地税。秦朝时期赋税非常沉重，农民要把收获物的2/3交给政府。赋税繁重，民命不堪，导致秦朝短命而亡。唐德宗建中元年（780年），宰相杨炎提出并推行“两税法”，按照财产和土地的多少征收户税和地税。户税按户以钱定税，地税按田征粮。征收时间也开始固定，一年分夏秋两季征收。这是我国古代赋税制度的一大变革，奠定了唐朝后期至明朝中期赋税制度的基础。北宋主要实行两税法。明朝实行“一条鞭法”，将力役折银分摊到田亩征收。清承袭明制，以“田赋”和“丁役”合称“地丁银”，作为国家的主要税收。雍正时期实行“摊丁入亩”。这一制度的实行，部分减轻了无地、少地农民的经济负担，废除了我国历史上长时期存在的人头税，国家对劳动人民的人身控制有所放松，杜绝了历史上长时期存在的隐瞒人口的现象，促进了人口出生率的提高。劳动者有了较大的人身自由，有利于社会经济的发展。

在国家财政收入的来源问题上，我国古代的理财思想大多主张以赋税为财政收入的主要来源，比如北宋的思想家李觏提出了“国之所宝，租税也”；而有的则主张将财政收入来源的重点放在非税的经济收入上，如《管子》一书就反对强制征籍，主张扩大经济收入以代替租税，主张用货币、贸易等政策增加非税的经济收入。西汉重臣桑弘羊、元朝丞相卢世荣也主张将财政的重点放在经济收入，如盐、铁、酒等专卖收入，贸易收入等方面。在税收方面，中国古代的理财思想大多主张“轻税”。孔子和孟子提出“轻徭薄赋”，陆贾向高祖刘邦进言西汉政权理应采取“轻徭薄赋”的恤民政策：“国不兴不事之功”“稀力役而贡献”①。“国不兴不事之功”，即国家不随意兴建无利于国计民生的土木工程，这样就可以相对地减少物资的消耗以及赋税的征收，而“稀力役”的方针在一定程度上也相对减轻了劳动力的徭役负担，促进农业经济的迅速恢复和发展。隋文帝时期苏威提出“轻赋役”，明代理学名臣丘浚提出的“上之取于下，固不可太过，亦不可不及”等，都主张国家减少对农民的压迫与剥削。

除此之外，还有一些较有特色的观点，如魏晋时期思想家傅玄提出赋税“至平”“积俭趣公”“有常”“壹制”说。至平，意思是根据官吏的多少、年成的丰歉来平均征税。积俭趣公，即为公节俭，不浪费民力。有常，即征收要有稳定的规章，赋税要相对稳定。壹制，即统一制度。唐代著名的经济改革家和理财家刘晏提出“知所以取人不怨”和“因民所急而税”的原则。取人不怨，是指政府通过控制物资和市场物价等经济手段来取得财政收入，而不是单纯依靠增加税收来达到目的。因民所急而税，是指选择人们日常急需的商品课税，其税源充足，稳定可靠，容易收到广收薄敛的效果。

北宋的思想家李觏、文学家苏轼均主张通商。李觏和苏轼反对国家专卖，主张让私商自由经营，国家征税。李觏说：“今日之宜，亦莫如一切通商，官勿专卖，听其自为。”② 苏轼提出了“农本俱利”的观点，主张通过减免商税方式促进商业经营活动，在商业发展的基础上获得更多的商税收入。

明代重臣张居正反对苛征商税，主张厚农与厚商并重。他认为国家要使商通有无，农力本穑。商可利农，农可资商，农商应相互平衡与协调。清代启蒙思想家魏源对善赋民与不善赋民提出了新的比喻。他说：“善赋民者，譬如植柳，薪其枝叶而培其本根；不善赋民者，譬如剪韭，日剪一畦，不罄不止。”③ 他认为，减税是涵养税源的手段之一，适当减税反可以增加税收。清代学者王源主张重商，指出：“本宜重，末亦不可轻。假令天下有农而无商，尚可以为国乎？”他认为商人须跻于士大夫之列才是杜绝商税偷漏的根本途径。他主张实行资本税，取消繁杂的商税。

二、工商业发展思想

中国的工商业起源很早，但在几千年的历史中，由于经济的主要形式是农业，而且

---

① 王利器．新语校注［M］．北京：中华书局，2012：167.

② 李觏．李觏集［M］．王国轩，校点．北京：中华书局，1981：142.

③ 魏源．魏源全集：第四册［M］．长沙：岳麓书社，2004：27.

集权官僚制度又采用“重本抑末”这一基本国策，工商业处于从属和被抑制的地位，但从来没有哪个朝代提出过消灭工商业的政策。这说明工商业在经济生活中作用的重要性。从朝代的更替看，工商业的发展有其延续性，但也有各自的特点。工商业本身可分为诸多“专”业，如冶炼、制盐、陶瓷、纺织、造纸、印刷等手工业，以及商业中的各种专卖、行商、坐商、官商、民商等。民族工商业的发展，受到历史、文化、政治及农业、交通等经济因素的制约。中国古代工商业的缓慢发展，与当时处于农业文明的大环境下有直接关系，而即使在这种条件下，工商业依然在向上、向前发展。这表明农业文明向工业文明过渡的内在趋势。

在商朝时期，工商业受到重视，发展较快。春秋时期，工商业也有很大进步。但到了战国时期，由于各国兼并战争不断，各国为了战争需要，重农抑商就成为经济发展主流。自秦之后的2000年封建王朝，重农抑商、重本抑末一直是中国经济发展的主要政策和思想。然而也有些思想家和政治家鼓励工商业发展，倡导工商业发展应该和农业发展具有同等地位。

西汉司马迁认为，人要生存，需要有自然资源，也需要有农、虞、工、商等部门的经济活动。司马迁说：“古待农而食之，虞而出之，工而成之，商而通之。”他还强调，“此四者，民所衣食之原也。原大则饶，原小则鲜。上则富国，下则富家”①。农、工、商、虞的社会分工是不以人们的意志为转移的客观规律，农、工、商、虞是富国富民的源泉和原动力。汉武帝时期的大司农桑弘羊重视商业发展，认为富国的途径很多，商业是其中一个重要的财富来源。他还分析了商品流通的重要性，商品流通是互通有无的桥梁。他还重视对外贸易发展，一是有利于控制外国，二是利用本国富余商品换回本国稀有的商品。董仲舒则反对国家对商品经济的过度干预，认为由政府来垄断工商业经营，实质上是国家用权力进行寻租，也是一种与民争利的行为。这意味着人民将失去生存的途径，走投无路的农民必定会揭竿而起。他是中国工商业自由发展的主要先驱之一。

西晋时期的傅玄提出了“四民分业”观点。所谓“四民”，是指士、农、工、商四种职业。他首先肯定了四民分业是基于自然的社会分工的需要。他认为，对工的需要是保证社会对手工业产品的需求，对商的需要是满足社会商品流通的需求。他将商业与商人区别开来，在轻贱商人同时，又认为商业具有“通有无”“权天地之利”的重要功能。唐朝崔融明确提出，工商是社会分工的必要组成部分，而征关市之税损害了商人的利益。政府应该维护士农工商各自的经营条件，维护各自利益。如果工商业者不能安于经营，将会影响社会秩序。崔融明确提出了“欲道化其本，不欲扰其末”的保护商人的宽商思想。

唐玄宗时期的财政官员刘晏重视商业发展。对商业管理极为有效，制定了完善、周密的制度。他在许多理财活动中都借助商人的力量，并且总是多方面照顾商人的利益以调动其积极性。他完善了汉代桑弘羊创立的平准制度，在辖区各道设置巡院作为市场管

① 司马迁．史记·货殖列传［M］．北京：中华书局，1959：3254．

理机构，要求巡院将商品供求情况、市场价格变化、其他经济信息及时上报，并凭借及时掌握的信息，指挥各地巡院吞吐物资、调剂供求，保持市场价格的稳定和市场秩序的正常。

宋朝苏洵很重视商业，将商业视为人民相生相养的一个重要方面。他认为财富只有在流通中才能增值，如果藏金于室、不使出户，那只是守财之道，而不是求富之道。苏洵在工商业方面最值得重视的是“仕则不商”的观点。他强烈谴责官吏及其家人利用政治特权经商获取财富的行径。明朝著名思想家王守仁十分重视经济问题。他认为，工商业和农业一样，都是普通民众应该从事的职业。他说：“当是之时，天下之人熙熙皞皞，皆相视如一家之亲。其才质之下者，则安其农、工、商、贾之分，各勤其业以相生相养，而无有乎希高慕外之心。”① 明末清初思想家黄宗羲再谈富民问题时，提出了著名的工商皆本论。他认为，国民经济各部门之间存在有机联系，本来不存在哪个是“本”，哪个是“末”的问题。“本末”不应该按农业和工商业的关系来划分。凡是有利于社会财富增长的行业都是本业，损耗、浪费社会财富的行业都是末业。

清初学者王源认为，商和农一样是立国和为国的前提。他主张提高商人的社会地位和政治地位，主张改革商税制度以利于工商业发展。他不仅将商至于工之前，还将商与农相提并论。鸦片战争之后，中国进入晚清时期，资本主义工商业经济逐步起步。太平天国政治家洪仁轩主张依据太平天国朝政的现状，仿效资本主义国家的法律政策，改革太平天国的朝政，建立和发展资本主义经济，走资本主义发展道路。他主张学习西方国家，鼓励富民，投资兴办近代工矿业、交通运输业和银行业等各种行业的企业。清朝王韬曾经游历英国、德国、俄国，主张“商为国本”论。他在考察了西欧各国后明确指出，西方各国以商为国本，商业财富主要来自海外贸易，通商是富国的主要途径。他重视对外贸易，认为可以改变中国市场被外国商品占据的局面，还可以促进本国经济发展。梁启超最重视发展近代工业。他提出“中国之人，耐劳苦而工价贱，他日必以工立国者也。宜广集西人各种工艺之书，译成浅语，以教小民，使能知其法，通其用”②，明确提出了“以工立国”的命题。他还说，机器工业将大大提高生产力。严复翻译了亚当·斯密的《国富论》③。他赞成斯密观点，极力主张自由竞争，在国内和国外实行自由贸易。他严厉批驳了各种国家干预经济的理论和做法。他主张公司民办，反对洋务派的官办、官督商办，主张民族资本主义自由发展。

三、货币思想

中国货币从产生、发展到现在，已经有了几千年的历史。它是我国古老文明的重要

---

① 王守仁．王阳明全集［M］．吴光，等编校．上海：上海古籍出版社，1992：54.

② 张品兴．梁启超全集：第一卷［M］．北京：北京出版社，1999：47.

③ 当时严复将亚当·斯密的《国富论》译为《原富》，具有相当大影响。

标志之一。纵观我国古代货币的发展，就其主体而论，大体可以归纳为三个发展阶段：物品货币阶段、金属铸币阶段和纸币阶段。货币发展的历史长河中，也产生了许多独特而又富有影响的货币思想。东周的子母相权说，管仲的“轻重论”，都认识到货币与商品的关系，十分重视对轻重的掌握，认为轻重既表示货币的相对价值，随着商品价值的变动而变动，又表示货币金属本身的价值，因此要求金属货币所含金属量及其货币计算单位必须保持相对稳定性。在春秋战国诸子的著述中，多处提到重视和发挥货币职能作用的重要性。管仲非常重视货币变动对物价的影响，主张由国家控制流通中货币来平抑物价，稳定市场，增加国家财富，而使“国利归于君”。李悝、商鞅和尉缭等进一步发展了这种货币思想，把货币作为配合军事行动向外扩张的工具。

西汉初期，为医治战争创伤，繁荣经济，采取了休养生息，听任各地自由发展经济的政策，对货币的铸造发行也采取了放任政策，铸币权分散在郡国手中。后来中央政府削弱地方势力，努力将货币铸造和发行权收回，却遭到地方势力阻挠与反对。为此，当时的一些政治家和管理财政官员就此展开了争论。晁错认为，货币本身没有价值和使用价值，只有“上用之”之后，才会产生价值和使用价值。只有国家以法令规定它的币值之后，人们才会重视它。他说：“夫珠玉金银，饥不可食，寒不可衣，然而众贵之者，以上用之故也。其为物轻微易藏，在于把握，可以周海内而亡饥寒之患。”[①] 贾谊把国家法令规定成色、重量的标准货币称为“法钱”，即现在的标准本位货币概念。他坚决反对私铸货币，但却不赞成专靠封建政治权力来解决私铸问题。因为这样做反而不能达到禁止私铸的目的。他所建议的解决办法是：由官府垄断货币材料，即他所谓的“勿令铜布于天下”。汉昭帝始元六年（公元前 81 年），政府官员展开了一次盐铁会议，会议讨论内容后来编辑成《盐铁书》。会议分为两派：大夫派和贤良文学派。大夫派以主管财政的桑弘羊为首，反对分散铸造发行，主张货币由中央统一铸造发行，认为货币是君主的权力，国家可以规定货币的价值，故必须由中央垄断铸造发行；国家通过控制货币，就可以控制商品市场，畅通万物。大夫派的这种货币理论，是继承和发展了贾谊的货币观点，实际上是一种货币名目论。这种理论在中国货币发展史上占统治地位。贤良文学派主张藏富于民、重农抑商，反对中央政府的经济干预。他们认为儒家的休养生息政策最好，主张允许私人铸造货币，私人铸造货币这种行为可以自由竞争，可以保证货币的足值和质量。到了东汉，张林则明确指出要用布帛代替钱币。这些主张虽然都代表地主阶级的利益，但因其违背商品经济发展的客观规律，没有被汉王朝所采纳。

魏晋南北朝时期的货币理论，主要仍然是名目论和金属论的对垒。不过讨论的焦点转向了铸币减重和行使大钱的问题，也交织着取消货币实行物品交换的争论。其中，颜竣和沈庆之的货币理论具有代表性，他们都认为货币是财富。所不同者，沈庆之认为只要是钱都是财富，越多越好，因此对铸币减重抱无所谓的态度，赞成分散发行铸造，但又根据社会现实，补充为有条件地自由铸造；而颜竣虽然同意自由铸造，但反对铸币减

---

① 班固．汉书·食货志上［M］．北京：中华书局，1962：1131.

重，认为币多必轻，官民均受其害。隋唐时期的刘秩在论述货币问题时指出："夫物贱则伤农，钱轻则伤贾。"① 在他看来，对商业的损害必然是对社会经济发展的阻碍。刘秩主张增加货币的流通量，以利于商业的发展和繁荣。他反对私铸铜钱货币，并认为关键因素是将铜矿收归国有，这样可以保证铜价低廉，国家铸币数量也会大大增加，满足社会需求。

北宋沈括首创关于货币流通速度的理论。他认为钱的流通次数越多，所起的作用越大，可以部分改善"钱荒"问题。自从交子、会子问世以后，宋王朝滥发纸币，以致造成交子、会子币值下跌。虽屡经改变发钞手法，掩盖通货膨胀实情，而人民因受其害，对纸币深恶痛绝。故在朝者为发行纸币辩护，在野者则大肆攻击，形成针锋相对的论战。南宋叶适反对发行交子。他认为当时出现钱荒，就是因为纸币的流通。他痛斥宋王朝发行纸币是像盗贼那样，抢劫人民，从而揭露了封建王朝发行纸币的本质。金末元初许衡则提出"纸币负债论"，反映了当时人民的愿望。他从货币金属论的观点出发，认为纸币是毫无价值的一张纸券，是统治者掠夺人民的手段。他大声疾呼："无义为甚。"

元朝建立后，在货币制度方面，出现了根本性的变革，即以往主要用铜钱作为价值尺度，改为以白银作价值尺度。这是中国货币发展史中的一个重要变化。同时，元朝也是我国第一个发行不兑现纸币的王朝。元朝至元二十四年（公元1287年），正式发行不兑现纸币。这是中国也是世界货币史上最早实行的纸币本位制。明朝丘浚反对纸币，主张金、银、铜等金属为货币，并根据当时情况，提出了三本位制，银、钱、钞三种货币并行，以银为上币，钞为中币，钱为下币，银是基础货币。明末清初黄宗羲主张废金银用钱钞。他反对以银为赋，因为农民缺银；反对以金银为货币，因为商品流通中缺乏金银，给市场交易带来困难。他赞成钱和钞同时流通，以钱为发钞之本。清代货币学者王鎏竭力主张使用纸币，美化纸币为最理想的货币，但否定货币的商品性，说纸币就是财富越多越好。当时很多人反对，认为对纸币发行必须限制和十足兑现，货币的价值取决于货币的数量，货币就是商品。这是进步的见解，但没有抓住货币分析的核心。清代货币理论家王茂荫的"钞法十条"和"四点补充"主张慎重而有准备地推行十足兑现的纸币，又将这一见解推向了深入。

中国货币发展过程就是货币理论不断完善的过程。在金融货币理论方面，中国一些学者也有创新，为货币思想史做出了重大贡献。

四、奢俭思想

"黜奢崇俭"的消费思想很早以来就一直在中国社会中占据着主导地位。在公元前670年，鲁国大夫御孙就说"俭，德之共也；侈，恶之大也"。后来的先秦诸子尽管在思想学说上见解各异，但在消费观上却普遍认同"黜奢崇俭"。这一消费思想根深蒂固

---

① 刘昫．旧唐书·食货志上［M］．北京：中华书局，1975：2098.

地植根于社会各阶级、阶层头脑中。虽然竞奢斗富的行为历朝历代都大有人在，但一直被口诛笔伐。帝王将相俭以养德的事迹每每传为佳话，唐朝李商隐的名句“历览前贤国与家，成由勤俭败由奢”更是封建王朝“黜奢崇俭”的生动写照。

从历史上看，倡导这一理论的突出代表是墨家学派。墨子认为，正是由于当时统治阶级生活极其奢侈，致使“民财不足、冻饿死者、不可胜数”。因此他向统治阶级大声疾呼：“当为宫室，不可不节；当为衣服、不可不节；当为饮食、不可不节。”他甚至警告统治者：“节俭则昌、淫佚则亡。”① 道家老子把“俭啬”当作立身持家的重要法门、反对奢侈行为。孔子观点和荀子观点类似，他们主张民众要节俭，但对于统治阶级内部也要有区分，贵族等级越高，消费水平可以提升，君主的消费可以奢侈。中国历史由于小农经济基础薄弱，儒家思想盛行，所以封建王朝历史上大多数学者普遍持有“黜奢崇俭”的消费观和伦理观。

西汉贾谊主张例行节俭，反对淫侈：“今去淫侈之俗，行节俭之术。”东汉王符专门写了《浮侈》抨击当时社会丑恶现象：“今民奢衣服，侈饮食，事口舌，而习调欺，以相诈给，比肩是也。”批判这种行为，“此无益于奉终，无增于孝行，但作烦搅扰，伤害吏民”②。东汉王符指出，贵族的奢侈生活不仅败坏了社会风气，还对社会经济发展造成了危害；批评奢侈消费催生了很多游手好闲之徒，也催生了很多从事奢侈品生产的奸商，最终导致经济崩溃。道教《太平经》主张简朴，反对奢靡浪费；强调消费要以满足人们的基本生理需要，要摒弃那些非生活必需品，把这看作关系到个人道德、社会风气和国家安危的重大问题。《太平经》尤其谴责饮酒和厚葬两方面的奢靡，认为从事祭祀等活动也必须以是否有利于民生为前提，不能因为“事鬼神”而“害生民”。这种民贵于神的思想在古代社会中是极为少见的，出现在宗教经典中更是难能可贵。宋代是我国商品经济发展顶峰，两极分化也很严重。王安石主张“制奢”“尚俭”。严禁官员奢侈消费，形成良好生活方式。他认为消费问题，既是一个经济问题，也是一个政治、伦理问题，消费不节俭必然导致民众贫困，并揭竿而起，威胁正常社会秩序；政府应通过采取抑制奢侈性工商业发展措施，使从业者无利可图来抑制奢侈性消费。

清代思想家魏源则指出，“俭”是美德，“黜奢崇俭”是美政，奢俭对于帝王有重要的意义。因为帝王崇俭就会有上行下效的效果，“主奢一则下奢一，主奢五则下奢五，主奢十则下奢十”。以此下去必将导致国家大乱的严重后果，只有节俭从上而下执行才会兴国安邦。但他同时也提倡奢侈消费，认为“黜奢崇俭”原则，“可以励上，不可以律下，可以训贫，不可以规富”。他主张富人可以奢侈消费，可以促进工商业和经济发展。

尽管“黜奢崇俭”是中国封建社会占支配地位的经济思想，成为对待消费问题的封建正统教条。但仍有一些政治家、思想家对此有不同看法，持相反观点。管子不但充分

---

① 墨子．墨子·辞过［M］．周才珠，齐瑞端，译注．贵阳：贵州人民出版社，1995：35.

② 王符．潜夫论·浮侈［M］．彭铎，潜夫论笺校正．北京：中华书局，1985：136－137.

肯定了消费的作用，还认为奢侈性消费从一定程度上说有治国安民的功能，“饮食者也，侈乐者也，民之所愿也。足其所欲，赡其所愿，则能用之耳”①。管子在《侈靡》中表达了奢侈性消费的积极意义。他认为人们的各种奢侈性消费的产生使得各行各业兴盛起来，彼此互利达到了民可聊生的目的。他在《乘马数》中也提到：“苦岁凶水溢，民失本，则修宫室台榭，以前无狗后无彘者为庸。故修宫室台榭，非丽其乐也，以平国策也。”这说明他认为统治阶级的奢侈性消费可以为百姓带来工作机会，让百姓免遭饥寒之苦。明清时期，历史上传统的消费观受到质疑，新的消费思想应运而生。明代陆楫在《兼葭堂杂著摘抄·禁奢辨》中指出“自一人言之，一人俭则一人或可免于贫；自一家言之，一家俭则家或可免于贫。致于统论天下之势则不然”“彼以梁肉奢，则耕者庖者分其利；彼以纨绮奢，则鬻者织者分其利”。因此他主张崇奢黜俭，鼓励消费。洋务派代表人物严复认为“支费非不可多也，实且以多为贵”。他认为如果生产发展，财富增长仍不扩大消费，反而违反了致富的本意。严复提倡消费的“尚奢”观念的形成，与近代工业经济的萌芽和发展密切相关。

第三节　民国时期经济思想史回顾

民国时期是中国社会大变革的历史时期，地方割据，民不聊生，战争不断。日本帝国主义入侵中国，在帝国主义、封建主义和官僚资本三座大山压榨下，中国是一个半殖民地、半封建社会。当时的中国面临着反抗帝国主义的侵略、发展民族经济、富国强兵的迫切需求。民国时期的经济思想主要分为三大派别，即马克思主义经济学、新古典经济学（西方经济学）、民生主义经济学。中国传统经济思想仍然存在，但它的理论和概念已经没有了独立形态，附属于前面所述三大派。这些经济学派都试图寻求救国救民的“经世济民”方案，各自提出了自己的主张，热切地期望中国摆脱积贫积弱的局面，力图实现中国的工业化。

一、民国时期经济发展基本特点

民国时期的经济现象十分复杂，处于由封建经济向资本主义逐步过渡的时期，又是资本主义经济得不到顺利发展的时期，多种经济成分同时并存、互相争斗、互相影响。在各种经济成分的消长变化中，尽管其总趋势是沿着客观经济规律前进的，但各种政治党派、军事势力、文化因素对经济的发展影响巨大。

第一，民国时期的中国经济构成极为复杂。鸦片战争后，中国开始由单一的封建经

① 管子．管子·侈靡［M］．谢浩范，朱迎平，管子全译．贵阳：贵州人民出版社，1996：452.

济增加了外国资本经济，后来又产生了民族资本经济。到民国时期，中国经济更为复杂，主要是大量的封建地主经济和资本主义经济。中国的资本主义经济实际上包括国家资本经济和民族资本经济两大部分，此后又产生了新民主主义经济。此外还有大量的小生产者。这些小生产者并不构成另一种独立的经济成分，其中农业中的小生产者，大多归属于自给自足的封建经济范畴；城市中的小手工业者和小商业者，大多归属于小资产阶级范畴。因而民国时期的主要经济成分包括国家资本经济、民族资本经济、在华外国资本经济、封建经济和新民主主义经济等。新民主主义经济，是在中国共产党领导下的革命根据地发展起来的一种新的经济成分，包括无产阶级领导下的政府经营的社会主义性质的国营经济等，在整个国家经济生活中所占的比重还不大，但它是一种先进生产力的代表①。

第二，现代经济的发展无不与资本的积累相关。由于中国现代工业并不是“土生土长”的，而是在外国资本主义的刺激和影响下产生的。它的资本来源主要是商业资本的转化、官僚的投资和买办积累的资本转化。因而民族工业的发展无不与官僚、商人和买办产生复杂的关系。而商业资本投资一直高于工业资本投资，商业资本利润也同样高于工业资本。

第三，中国的资本主义经济中，国家资本始终占重要地位，重工业、现代交通运输业、现代金融业等属于国家经济命脉部分，均操纵于政府之手；而国家的政治又大多属寡头政治。政治大权为国民党、地方实权派和少数人掌握。现代经济的发展往往和政府的决策、某些人的意志密切相关的。国家资本是大地主、大银行家和大买办的资本，具有官僚资本的典型特征。畸形的国家资本主义，严重阻碍了民族资本主义的发展，扼杀了民族资本主义的创新性和独立性。

第四，外国资本在华势力相当大，海关等重要经济部门操之于外国人之手。东西方资本主义国家的某些经济政策和经济措施，直接影响中国经济的发展。民族资本家和小生产者规模小、技术落后，不仅受到国家资本主义的剥削，还受到来自国外势力的外国资本的压榨。民族资本主义和小生产者随时面临破产的威胁。

第五，整个民国时期内乱外患，战争不断，国家经常处于军阀争战、外侮迭乘或是革命战火之中，战争时间多于和平时间，经济发展往往被纳入战争轨道。经济发展成为政治、战争附庸。自1912年以来，几乎年年有战争，月月有冲突，既有国内新旧军阀混战，也有日本帝国主义的长时间入侵，还有大规模的解放战争。经济往往在经过短暂发展后，被迫长时间停顿，农民流离失所，工厂停工，工人失业以及天文数字的通货膨胀，既是经济发展停滞的原因，也是经济崩溃的结果。

二、民国经济思想史研究重点

民国经济思想史是中国经济思想史上一个承前启后的过渡时代，是为中国经济思想

---

① 陆仰渊．民国经济史研究中的几个问题［J］．学海，1990（3）：81－86.

的未来“起飞”而“创造前提”的重要阶段。民国时期中国经济思想家们在引入西方市场经济理论的过程中，不少人非常注意与中国的经济实践相结合，研究中国经济发展实际问题，这是中国经济现实主义最好的注脚。如马寅初在《财政学与中国财政——理论与现实》一书中对于当时流行的凯恩斯主义经济理论即作了辨析，从九个方面阐述了凯恩斯学说不适用于中国经济发展的道理。李权时等学者也明确主张要写“国货教科书”。这些经济学者对创建有中国特色的市场经济理论作了初步探索，对于中国当代经济理论的发展也具有借鉴意义。民国时期初步构建了与近代市场经济体制相适应的近代经济学体系，经济学研究重点主要集中于公共财政理论、货币金融理论、发展经济思想、经济管理思想、贸易思想、人口思想、工业化思想等方面。

（一）基本经济理论的分歧

民国时期经济学派别较为复杂，各有特色。就影响力而言，主要有西方经济学、马克思主义经济学、民生主义，当然中国传统经济也有一定市场。

中国经济学界的英美派信奉新古典经济学。他们是当时中国经济学界的主流，流派以资本主义私有制为前提，研究如何发展生产（工业化），防止经济波动，减少失业和抑制通货膨胀，以马寅初的《中国经济改造》为代表作。主要学术社团为中国经济学社，以“研究中国经济问题，介绍外国经济学说，刊印经济书籍”为宗旨，主要成员有刘大钧、戴乐仁、马寅初、金问泗、程万里、陈其采等经济学家，对学术界以及经济政策都有很大影响。

中国的马克思主义经济学以半殖民地半封建社会的生产关系为主要研究对象，揭露其矛盾和走向毁灭规律。陈翰笙、薛暮桥等组织的中国农村经济研究会是马克思主义经济学家的主要学术团体。中国农村经济研究会1933年创办《中国农村》月刊，其后创办中国经济情报社和文化资料供应社，向各报刊提供经济论文和经济资料。不久又成立新知书店，主要出版马克思主义著作，宣传中国共产党的方针政策。农研会强调运用马克思主义的观点分析和研究中国社会。毛泽东的《新民主主义论》和王亚南的《中国经济原论》为代表作。毛泽东的《新民主主义论》在民国后期影响力最大，不仅在经济学甚至在政治领域都是当时的主流理论。

民生主义为孙中山三民主义之一，在民国时期也有较大影响。抗战时期在国统区一些经济学者试图建立民生主义经济学。这些经济学者主张孙中山平均地权、节制资本等理论学理化。经济学家祝世康建立了民生主义经济学社，发行《经济论衡》杂志，出版民生主义经济学系列丛书。主要代表人物有立法院的陈长衡、楼桐荪、吴尚鹰和陈伯庄等。整体看，民生主义经济学坚持中国先哲的经济观点，倡导儒家经济主张，标榜要树立中国独立自由的经济思想。

中国几千年的传统经济思想在“五四”新文化运动后影响大大削弱，然而并没有消失，“以农立国”的章士钊、梁漱溟、晏阳初等为其代表。三大流行经济思想对传统经济思想的态度不同，民生主义经济学提倡中国固有思想，提出“发扬旧道德，建设新中国”的口号；英美派经济学家马寅初等偏向于批评传统思想，唐庆增进而提出整理旧思想，建立新经济科学的主张；马克思主义经济学家对传统经济思想也主要持批判态度。

（二）经济制度的纷争

20 世纪 30 ~ 40 年代，中国经济学界对经济制度进行了持续的讨论。在这些讨论中，大致有四种倾向，即计划经济、统制经济、自由经济、混合经济。主张计划经济的代表人物有沈志远等，倾向于学习苏联模式，认为计划经济可以快速工业化，社会分配也比较平均，可以克服资本主义经济危机。反对者认为该模式压低人民生活水平，没有生产、消费和就业自由，计划经济与民主不能并存。国民党和共产党都主张计划经济，然而他们主张的具体内容却相差甚远。国民党主张民生主义的计划经济，即保留私有制的国家计划；共产党主张共产主义的计划经济，最终目的是在公有制基础上进行全国统一生产。

主张统制经济的代表人物有罗敦伟、刘大钧等。他们倾向于德日模式，认为统制经济可以快速建设经济，国防强大，并可保留私有制。他们在批评西方自由经济破产的同时，提到了德国、苏联和日本经济政策的成功，主张借鉴这些国家的做法，实行经济政策国家化、生产事业社会化。这些表述表明学界和工商界对国家干预经济政策的呼吁和向往。1932 年，武育干在中国最早明确提出实施统制经济政策。他认为，中国自救的方法是先彻底改造政治，然后实施统制经济。而统制经济的内容包括国家制定各种经济法规，统制一切经济或某一方面的经济活动。在其他国家纷纷采取汇兑统制和贸易统制的情况下，如果我国散漫无畏，最终必将被淘汰。批评者认为统制经济模式容易使国家走上对外侵略的道路。

主张自由经济的代表人物有唐庆增、蒋硕杰等。他们倾向于英美模式，认为自由经济有美妙的价格机制，有利于发展和效率。顾翊群在国家干预经济论盛行的时候，运用哈耶克理论批判了苏联模式的计划经济，主张在中国实行市场经济制度。在国际贸易问题上，他则运用比较优势理论批判了贸易保护主义，主张中国融入世界经济。他批评中国当时流行的统制经济只能是一种战时经济政策，并不能代表平时建设①。自由经济的反对者认为价格机制是盲目的，建设速度太慢。

主张混合经济的代表人物有谷春帆、马寅初、何廉、吴景超、夏炎德等。他们主张结合中国国情，吸收苏联、英美、德日各国模式之长，以建立一个具有中国特色的新制度。在 20 世纪 40 年代后期，混合经济制度得到大多数主流经济学家的认同。王亚南却批评指出，混合经济论难以成立，因为每个社会必有一种主要生产关系，不存在混合制度。

---

① 顾翊群．经济思想与社会改造［J］．民族，1935，3（8）：53.

（三）人口和土地问题

民国时期，中国是世界人口最多的国家，也是世界最贫穷的一类国家，当时许多经济学家都在争论：人口多和经济贫困是否有直接关系。陈长衡、董时进、吴景超等认为，中国已人满为患，人均耕地太少，已无法养活当时的人口，这是中国贫穷的根本原因，如果不控制人口，中国将永远贫穷，并会出现人吃人现象。孙中山、李大钊、萧铮等认为，中国地大物博，发展潜力无限，贫穷原因在于制度不良和帝国主义的侵略，中国不存在人口与土地失衡问题，即使有此问题，也应该强调增强土地利用，而不应强调自杀性的人口控制政策。前一派学者均主张控制人口，但对控制人口的原因认识也有不同，陈长衡认为中国人口压力是中国贫穷落后的总原因，因此主张实施较严厉的节制生育政策。董时进从农业经济的角度认识到：中国为保持水土平衡要退耕还林，随着工业化、城市化的进展，耕地必然会不断减少，因此必须控制人口，以防止人地失衡。谷春帆认为工业化初期，资本筹集艰难，必须暂时减少人口。吴景超认为工业化初期，食品、卫生条件改善，人口产生率会大增，必须控制人口。谷春帆、吴景超均认为控制人口为阶段政策。后一派观点之间也有区别，孙中山认为中国人多是优势，中国近代以来人口增加率不断下降，可能亡国灭种。萧铮认为应从增强土地利用、发展生产、改良制度方面去解决中国贫穷问题，人多不是贫穷的原因，中国江南一带人多恰恰是富裕的象征。王亚南却认为，人口与资源的多少问题是枝节问题，解决中国问题的关键在建立一个好的制度。

民国期间，中国地权集中，土地改革问题成为包括国民党与共产党等多种政治力量关注的中心，关于土地问题的讨论也成为经济思想界的核心问题。他们大致可分为三大派：一派以马克思主义经济学家王亚南、薛暮桥等为代表，主张和宣传彻底平分土地，将地主土地所有制变为农民土地所有制；一派以董时进、卜凯等为代表，反对一切土地改革，甚至认为政府二五减租也不应该，佃农生产效率优于自耕农，中国农村经济的中心是土地利用而不是土地分配，主张完全维护地主所有制；一派以萧铮等地政学会会员为代表，主张“税去地主”“买去地主”，实施孙中山土地涨价归公、平均地权、耕者有其田的主张。

土地问题实质上是一个利益分配问题，关于它的讨论有很强的政策性。苏区和解放区实施了平分土地的政策。国民党政府号称要实施孙中山平均地权、耕者有其田的主张，也公布了《土地法》，宣传和部分实施了二五减租，但耕者有其田却从未实行。

（四）金融货币问题

法币改革前，中国经济金融学界讨论的中心是，如何设计一种新的币值稳定的货币制度，以防止中国货币受世界市场波动的牵制。刘振东提出了“有限银本位制”，即将货币的银元与货物的银两完全分开。黄元彬提出了“物银矫正策”，即中国与国际合作在伦敦设立统计局，根据输出物物价指数随时调整银价，使中国进出口商品价格保持稳定。1934年白银大量外流后，顾翊群、姚庆三、张素民、赵兰坪等即提出放弃银本位，实施管理通货制。与此同时，社会各界提出了五花八门的币制改革方案，如刘冕执的“能力本位制”，阎锡山的“物产证券制”，徐青甫的“虚粮本位制”，对所有这些币制改革方案，经济学界都进行了热烈的讨论。其中，放弃银本位的币制改革论，同马寅初、谷春帆为代表的以关税政策达到国际贸易平衡的主张争论激烈。1935年11月法币改革后，关于币制的讨论告一段落。

法币改革后，如何对通货膨胀进行有效管理以达到币值稳定成为学界讨论的中心。1936年出现了“物价稳定与汇价稳定孰重”的争论，顾翊群主张汇价稳定，马寅初主张二者兼顾。应否维持法币汇价后来成为讨论主题。马寅初、刘大钧为代表的维持法币汇率派，同以叶元龙、厉德寅、陈长衡为代表的法币贬值派进行了激烈的论辩。1940年后，讨论的中心为如何反通货膨胀，谷春帆等认为应紧缩生产信贷，减少货币流通，控制物价上涨。章乃器等却认为应扩充信贷以发展生产，增加物资供应，控制物价上涨。刘大钧、吴大业等认为应提高利息，通货膨胀情况下实际利率为负，生产变为没有效益的“负号生产”。厉德寅、朱祖晦等认为应降低利息，鼓励生产。伍启元认为应加大物价管理力度，打击投机商人。董时进认为政府定价不可能合理，破坏了价格调节机制，政府定价不可能成功。蒋硕杰建议以物价指数储蓄券吸收储蓄，储户没有贬值的后顾之忧，可以减少货币流通速度。胡寄窗等认为蒋硕杰的办法效果不大，治标不治本，兑现时会加快货币流通。

（五）工业化道路研究

民国初期，曾有章士钊、董时进等重视农业发展，认为“农业立国”是根本。杨明斋在《评（农国辨）》一文中对章士钊的基本观点逐一进行批驳，着重阐述了“五千年的历史循环在今大变动中之所以然是由于农化为工”这一基本命题。恽代英的观点较为激进。他在1923年10月30日《申报》发表的《中国可以不工业化乎》一文中，主张中国应成为工业国。他反驳了董时进的相关观点，强调中国唯有工业化才能在世界强国之林生存乃至发展下去。吴景超、李大钊、贺岳僧、陈序经等为代表的“以工立国”派则主张中国的经济建设应采取发展工业的路径。因为工业化是经济发展的必然规律，也应该是中国经济发展的路径。而“以农立国”派主张的复兴农村、建设农村的观点是违反经济发展原则的，是反常的复古运动。这样做将会产生一系列后果：不仅使中国不能像欧美列强那样通过发展工业而富强，而且将极大阻碍中国国民经济的改善与增进。在批判了“以农立国”的观点后，“以工立国”派指出中国生产方法的落后是导致中国经济危机的主要症结之所在。因此，中国经济建设的方向，应是利用机械生产，大力发展工业。吴景超是“以工立国”派的代表人物。他在1934年发表的《发展都市以救济乡村》一文中着重批判了梁漱溟在《乡村建设理论》中的观点。他认为，梁漱溟的“由农业引发工业”的主张既不能挽救中国农村之破产，也不能繁荣中国之都市。应反其道而行之，走“发展都市以救济农村的道路”才能拯救中国。他还从中国实际出发，陈述了如何发展都市以救济农村的具体办法。

关于重工业与轻工业、国营与民营的关系。翁文灏、简贯三等认为应优先发展重工业，国营为主，重工业国营。马寅初等主张优先发展轻小工业，以民营为主。主张优先发展轻工业的学者以刘大钧为代表。刘大钧从工业发展仍要以相当的轻工业品为条件才能满足人民需要的观点出发，论证优先发展轻工业的重要性。吴景超于 1935 年著文《再论发展都市以救济农村》，论述了其工业化调整思路，指出要达成工业化“必须从资金、技术和政府组织诸方面入手”。部分学者把重工业看作关系国计民生的重要产业，主张由国家直接投资经营。轻工业可以允许私人直接投资，由政府加以管理。因为重工业的经营必须资本雄厚，而且必须采用机器和科学方法，才能降低成本和增加产量。这对于私人资本来说很有难度。轻工业由于种类繁多，所以不宜由政府经营。马寅初认为：“重工业如钢铁、造船等业，皆可由政府办理，棉纱、水泥、面粉、缫丝等轻工业，在政府统制之下，可委之私人经营。”①

三、马克思主义经济学的传播

马克思主义经济学早在“五四”运动前就有传播，那时候李大钊、陈独秀、李达、施存统等有很大贡献。中国共产党成立后，马克思主义经济学在中国传播进入一个新阶段。许多学者翻译了大量马克思主义经济学著作，包括 1938 年郭大力、王亚南翻译的《资本论》，1930 年李达翻译的《政治经济学批判》，1948 年郭大力翻译的《剩余价值学说史》，1930 年吴黎平翻译的《反杜林论》，1937 年吴清友翻译的《帝国主义论》等。这些著作的出版极大地推动了马克思主义经济学说的传播与发展。

黄曦寰认为，在马克思之前“固然已有社会主义的理论”，但多半都是从“道德或宗教的立场出发，阐明社会主义的理论”。唐庆增强调，在马克思之前并非没有社会主义者，但科学社会主义完全是由马克思“提倡而成的”。蔡庆宪则将马克思的社会主义称为“国际革命社会主义”，并说马克思的《资本论》被人“称之为科学社会主义者的圣经”②。赵兰坪强调，剩余价值论是“马克思经济学说之柱石”，而剩余价值论又是“以劳动价值论为基础”，故对马克思的劳动价值论和剩余价值论进行了非常详细的说明。赵迺抟对剩余价值论的介绍尤其详细，并运用很多公式和图示。金天锡对剩余价值论的介绍也非常详细。他引用了《资本论》中的大量原话和例子，以说明劳动力的价值、不变资本与可变资本的划分和剩余价值的产生等问题③。

---

① 马寅初．中国经济改造［M］．北京：商务印书馆，1935：212.
② 蔡庆宪．经济思想小史［M］．上海：大东书局，1932：71－83.
③ 金天锡．经济思想发展史［M］．南京：正中书局，1929：416－437.

至20世纪30年代，马克思主义经济学说已经形成了一个独立的经济学分支，一大批经济学家已经不仅能够系统深刻地阐述马克思主义经济学说，而且运用这一理论分析和解决中国实际问题的能力大大提高。20世纪40年代，中国学者出版了一大批马克思主义经济学专著，用以解释和解决中国实际经济和政治问题，如薛暮桥的《经济学》（1940年）、千家驹的《帝国主义是什么》（1943年）、王亚南的《经济科学论丛》（1943年）、许涤新的《广义政治经济学》（1984年）等都是质量较高的著作。

民国时期，中国马克思主义者的经济学说主要集中于以下几点：

（1）反对帝国主义经济入侵。陈独秀、李大钊、瞿秋白等为了宣传社会主义，发动工农群众，都曾经撰文对帝国主义经济侵略和压迫进行了深刻的揭露。李大钊认为，帝国主义的侵略本性是由其经济关系所决定的，帝国主义所发动的侵略战争是资本主义发展到一定程度的必然①。瞿秋白根据列宁的链条理论，在揭示帝国主义本质的基础上，对帝国主义和中国的关系作了全面系统的论述。他科学地预言，中国革命将首先突破帝国主义东方战线。1939年，毛泽东在著作《中国革命和中国共产党》中对帝国主义的经济侵略进行了全面系统的论述。他指出："帝国主义列强侵略中国，在一方面促使中国封建社会解体，促使中国发生了资本主义因素，把一个封建社会变成了一个半封建社会，但在另一方面，它们又残酷地统治了中国，把一个独立的中国变成了一个半殖民地和殖民地的中国。"②

（2）分析农村经济性质。批判了中国农村是资本主义的错误论断，认为中国农村仍是封建剥削占据统治地位，中国农村具有半殖民地半封建社会性质。他们认为，在民国时期，一方面封建生产关系处于解体过程，农民似乎享有某种自由；但另一方面，大小封建地主、军阀是帝国主义在中国的代理，封建关系买办化，买办资本活动也体现着封建剥削的性质。中国农村的剥削关系是封建式的剥削关系，而不是资本主义的剥削关系，农民承受着多重的剥削和压迫。

（3）对中国近代社会性质的认识。他们认为，近代中国并不是资本主义社会，而是半殖民地半封建社会。帝国主义对中国的经济侵略尽管增加了对中国的商品输入，但商品经济本身并不能决定社会性质。把帝国主义的入侵所造成的中国经济结构的某些变化归结为资本主义的发展是极端错误的。帝国主义的目的要使中国成为其殖民地和附庸，而不是促进中国资本主义的发展。主张取消反帝运动的人，其实是完全站在了帝国主义的立场上，充当了帝国主义的辩护人③。

（4）新民主主义经济思想。新民主主义理论是毛泽东将中国革命实际结合马克思主义的产物，是反映当时中国的科学社会主义学说。新民主主义经济思想是其重要组成部分。毛泽东认为，在进入社会主义社会之前，应该建立以社会主义性质的国营经济为领

---

① 李大钊．李大钊选集［M］．北京：人民出版社，1959：110.
② 毛泽东．毛泽东选集（第2卷）［M］．北京：人民出版社，1991：630.
③ 赵晓雷．中国经济思想史［M］．第5版．大连：东北财经大学出版社，2019：203.

导的，包括国营经济、合作经济、个体经济和私人资本主义经济等各种经济成分在内的过渡性经济体系。这一任务是由中国的社会性质决定的。在中国新民主主义革命胜利前夕，中国的经济主体依然是农业和手工业，现代工业和金融业所占比重很小，而且大多掌握在帝国主义和大官僚手中。国家垄断资本主义和外国帝国主义、地主阶级和富农共同构成了买办的、封建的国家垄断资本主义。新民主主义革命在经济上的任务就是要取消帝国主义在中国的特权，改革旧的封建生产关系，取消帝国主义、封建主义和官僚资本主义对民众的剥削，从而彻底改变社会经济条件。毛泽东还反复强调，应该以“发展生产、繁荣经济、公私兼顾、劳资两利”作为新民主主义国民经济的指导方针和总目标①。

第四节　1949～1978 年的中国经济思想

中华人民共和国成立后，1949～1978 年是从农业经济向现代经济转变的奠基阶段，我国钢铁、电力、石油、煤炭、化工、机械、轻纺等工业部门大大加强，许多新的工业部门从无到有、从小到大地发展起来，已经建成独立的比较完整的工业体系。中华人民共和国成立后，中国共产党人把马克思主义工业化理论与中国具体国情相结合，致力于探索中国社会主义工业化道路，形成了“在优先发展重工业的条件下，工农业同时并举”“按照农、轻、重的次序安排国民经济”“以农业为基础，工业为主导”等一系列战略构想，为新中国经济腾飞奠定了坚实基础。

一、马克思经济学说的研究

中华人民共和国成立后，确立了社会主义制度。中国先期主要仿效“苏联模式”，尽管爆发了朝鲜战争，但新中国经济增长仍然很快。中国经济学界全面转向马克思主义经济学，并批判西方经济学说。一是重点研读和学习马克思主义经济学经典著作；二是引入苏联社会主义经济理论体系。

政治经济学的研究对象是研究焦点之一。经济学家普遍认为生产力和生产关系都是研究对象，不应该完全割裂开。这一时期的理论研究还包括社会主义所有制问题、政治同经济的关系问题、国民经济由计划按比例发展规律问题，以及经济核算、经济结构、价格形成、经济效果、人口理论及生产力经济学等。学者们还探讨了按劳分配问题，普遍认为，按劳分配是社会主义经济规律之一，是社会主义性质的分配制度。按劳分配是劳动者共同占有生产资料的必然结果，是社会主义公有制的最后实现形式。

1952 年，斯大林出版的《苏联社会主义经济问题》，可以说是政治经济学说史上第

① 毛泽东．毛泽东选集（第 4 卷）[M]．北京：人民出版社，1991：1253－1255．

一部以社会主义经济为研究对象的理论著作。1954 年，苏联科学院根据斯大林的有关理论和理论体系，编写出版了《政治经济学教科书》，标志社会主义政治经济学学科体系的最初建立。20 世纪 50 年代，中国大专院校所采用的教材几乎都是苏联的《政治经济学教科书》。有关政治经济学方面的著述，有很大一部分是围绕苏联教材，对其体系、内容、观点进行研究和阐释而做的。20 世纪 60 年代，由于中苏关系破裂，一些中国学者开始探索中国的经济学说理论，如孙冶方提出，社会主义经济发展的红线应当是以最少的社会劳动耗费有计划地生产最多的满足社会需要的产品[①]。于光远在《学习》杂志 1958 年第 11 期发表了《最大限度地满足社会需要是政治经济学社会主义部分的一个中心问题》一文。他认为，最大限度地满足社会日益增长的需要，是贯穿在整个社会主义生产中的一条红线。政治经济学社会主义部分中如何把社会主义生产的这个根本目的，同社会主义经济的各个主要方面、主要过程结合起来，是理论研究的一个中心问题。

1956 年前是社会主义过渡时期，过渡时期总路线在 1954 年第一届全国人民代表大会上通过。国家在过渡时期的总任务是逐步实现国家的社会主义工业化，逐步完成对农业、手工业和资本主义工商业的社会主义改造。毛泽东认为，国家工业化是“主体”，而社会主义改造是“两翼”。过渡时期总路线是解决所有制的问题。同时强调国家工业化的地位，社会主义工业化为社会主义改造提供物质基础，社会主义改造为社会主义工业化的实现提供制度保障。1956 年，在最高国务会议上，毛泽东论述了社会主义革命和工业化的关系，指出社会主义革命的目的是解放生产力。农业和手工业由个体所有制变为社会主义集体所有制，私营工商业由资本主义所有制变为社会主义所有制，必然使生产力大大地获得解放。这样就为发展工业和农业的生产创造了社会条件。

二、社会主义经济理论的探索

1956 年完成社会主义改造之后，中国经济建设进入一个新阶段，最重要最急迫的无疑就是优先发展工业化道路。“工业化道路”这一概念是毛泽东在《关于正确处理人民内部矛盾的问题》一文中提出的，主要指工业化进程中农、轻、重三大产业部门的关系问题。当时认为，农、轻、重结构是国民经济结构的主体和基础。因此，这三者的关系基本上可以说明我国工业化的发展道路问题。1963 年 9 月，中共中央提出，我国工业发展的总方针是：工业和农业密切结合，发展工业和发展农业并举，以农业为基础，以工业为主导。1955 年 7 月，毛泽东在关于《农业合作化问题》的讲话中，精辟地分析了工业化与农业现代化的关系。他说，在优先发展重工业的条件下，必须实行工业与农业并举，逐步建立现代化的工业和现代化的农业。毛泽东明确地将农业现代化纳入工业化范畴，阐明了农业现代化在工业化进程中的意义。这一思想不仅在中国，就是从世界工业化理论发展而言，也是相当卓越的。

① 孙冶方．社会主义经济论稿［M］．广州：广东经济出版社，1998：446－449.

毛泽东还谈到国民经济综合平衡协调发展问题。毛泽东认为，国民经济的发展不能顾此失彼，只在某一方面或某些方面突进，而是要综合考虑，平衡发展。他指出“搞社会主义建设，很重要的一个问题是综合平衡”“农业内部农、林、牧、副、渔的平衡；工业内部各个部门、各个环节的平衡，工业和农业平衡”，而“整个国民经济的比例关系是在这些基础上的综合平衡”[①]。陈云当时也提出了类似观点。他认为，计划经济的内涵和原则就是按比例发展。毛泽东认为，在生产资料所有制改造完成以后，必须大力发展商品生产，因为“我国是商品很不发达的国家，比印度、巴西还落后”“现在利用商品生产、商品交换和价值法则，作为有用的工具，为社会主义服务”[②]。毛泽东曾提出：“现在我国的自由市场，基本性质是资本主义的，虽然已经没有资本家，它与国家市场成双成对。上海的地下工厂同合营企业是对立物，因为社会有需要，就发展起来。要使它成为地上、合法化，可以雇工。”他还指出：“只要社会需要，地下工厂还可以增加，可以开私营大厂。可以搞国营，也可以搞私营。可以消灭了资本主义，又搞资本主义。”毛泽东将这种思想称为“新经济政策”，可惜这些具有光辉思想的经济政策并没有坚持下去。陈云当时还认识到市场经济的重要性，“在社会主义的统一市场里，国家市场是它的主体，但是附有一定范围内国家领导的自由市场。这种自由市场，是在国家领导之下，作为国家市场的补充，因此，它是社会主义统一市场的组成部分”[③]。

李平心重点研究生产力理论。他认为，“生产力性质是在一定历史阶段生产力的物质技术属性与社会属性的总和”“区别各种不同社会经济形态的生产力性质，不仅要从他们的物质技术属性考虑，还要从他们的社会属性考虑”[④]。当时人口理论也是一个研究重点。马寅初指出人口多、人口增长过快会引起一系列经济、社会矛盾，同农业机械化矛盾，同粮食、工业原料、劳动就业、人民生活的矛盾，认为要控制人口过快增长，就要实行计划生育。顾准于1957年发表的论文《试论社会主义制度下的商品生产和价值规律》，鲜明地提出要充分利用价值规律调节社会主义经济，同时要限制计划经济对经济的调节作用。这个思想在当时是标新立异的。孙冶方论述到，价值规律应该是“形成价值实体”的社会必要劳动的存在和运动的规律。价值这个概念在社会主义政治经济学甚至是共产主义政治经济学中都是不可少的。刘少奇充分肯定商品经济的进步性。他指出，发展生产基础是发展商业，半自然经济中的商业，到完全商品经济是进步。他在多次会议上提出商业问题很重要。他还提出了“谁领导了市场，谁就领导了国民经济”的著名思想[⑤]。

---

① 毛泽东．毛泽东文集（第8卷）［M］．北京：人民出版社，1999：119.
② 毛泽东．毛泽东文集（第7卷）［M］．北京：人民出版社，1999：435－436.
③ 陈云．陈云文集（第3卷）［M］．北京：人民出版社，1995：13.
④ 李平心．论生产力性质［J］．学术月刊，1959（6）：14－19.
⑤ 刘少奇．论新中国经济建设［M］．北京：中央文献出版社，1993：13.

第五节 改革开放后中国经济思想的发展

自1978年改革开放后，中国经济获得了极大成功，在各个方面都取得了巨大成就和进展。中国2021年GDP达到114万亿元，稳居全球第二大经济体。2010年我国工业总产值就已经超过美国，居世界第一位。2021年对外贸易总值超过6万亿美元，稳居全球第一位。在精神文明、生态文明、民主政治、社会和谐等方面都获得了历史性成果。当代中国经济思想史也在稳步发展。

一、经济体制改革

从1978年起，中国共产党开始逐步探索经济体制改革。在社会主义事业建设初期，由于主客观原因，我国建立了高度集中的计划经济体制，并极大地推动了经济社会的快速发展，但在社会主义建设实践中，计划经济体制也存在问题。1978年，安徽凤阳梨园公社小岗村生产队18个农民私下搞大包干到户，拉开改革人民公社体制建立家庭联产承包责任制的序幕。

在改革开放初期，邓小平就对“社会主义”与“市场经济”的关系展开了思考。邓小平在1979年会见吉布尼等时指出：“我们是计划经济为主，也结合市场经济。但是，这是社会主义的市场经济。”很明显，邓小平已经从思想上开始破除“社会主义”和“市场经济”的绝对对立，开始在坚持计划经济体制不变的情况下，允许市场经济的存在和适度发展。在此之后，“计划经济为主、市场调节为辅”的工作方针在党的十一届六中全会上得到明确。

20世纪80年代初起，薛暮桥就系统地提出要在社会主义公有制为主体的基础上，建设多种经济成分并存的社会主义经济，把中国的社会主义所有制形式变得丰富多样。党的十二届三中全会中第一次明确提出了“在公有制基础上有计划的商品经济”。很明显“商品经济”的提法比“市场调节”的提法更进一步，改革的方向也更加明确。邓小平在1990年与中央领导同志谈话中指出：资本主义与社会主义的区分不在于是计划还是市场这样的问题。在邓小平看来，计划经济和市场经济，根本就不是区分资本主义和社会主义两种制度的依据①。1992年，邓小平在视察南方谈话中强调：“计划多一点还是市场多一点，不是社会主义与资本主义的本质区别。”② 在党的十四大上，中共中央正式提出了建立“社会主义市场经济体制”改革目标。至此，从制度设计上基本实

① 邓小平．邓小平文选（第3卷）［M］．北京：人民出版社，1994：364.
② 邓小平．邓小平文选（第3卷）［M］．北京：人民出版社，1993：373.

现了“社会主义”与“市场经济”的有机结合，为建立和发展中国特色社会主义市场经济体制开辟了道路、指明了方向。在党的十八届三中全会上则进一步提出了“市场在资源配置中起决定性作用”，改变了之前“市场在资源配置中起基础性作用”的说法，更加突出了市场的重要性。吴敬琏认为“市场是一个利益多元化的共同体”“不能用一个社会群体的利益压制另一个社会群体的利益，而是应当让各种合法的利益诉求都得到充分的表达”①。

通过改革和发展，中央政府鼓励、支持和引导非公有制经济发展，实现所有制结构的多元化。厉以宁是中国较早研究所有制结构并提倡股份制的学者。1989 年，厉以宁和张五常在联名发表《关于中国推行股份制的一些建议》一文中写到：

> 目前，大陆正在试验一些不同的途径，试图从承包制过渡到股份制。我们建议如下的办法，供有关的执政者考虑。政府将较大的国营企业的资产市值进行估价，折现为一个资产总净值，然后像银行贷款那样，将这资产净值贷给该企业的承包者。实行这一点后，国家仍拥有资产净值的所有权（债权），其他一切操纵企业的权力都应该放弃。只要企业能向政府交付利息（或称之资产使用税）；政府就不再过问企业的一切事务。

1997 年，党的十五大报告提出“公有制为主体、多种所有制经济共同发展，是我国社会主义初级阶段的一项基本经济制度”。传统的公有制微观主体与市场经济体制间存在着难以兼容的问题，起初沿着“两权分离”的思路，公有制经济内部实行了承包制和租赁制。进入 20 世纪 90 年代，国有企业的改革思路由“两权分离”转向“明晰产权”，在实现形式上表现为承包制、租赁制向股份制和股份合作制的过渡。2003 年，党的十六届三中全会提出“使股份制成为公有制的主要实现形式”②。

中国经济体制改革可以分为“宽松派”和“产权派”。所谓“宽松派”，是指强调宏观经济管理要创造一个有利于改革和发展的宽松环境的理论主张。这一理论主要起源于 20 世纪 80 年代初刘国光提出的买方市场说。他认为，我国经济体制改革需要有一个宏观比较协调，市场比较松动，国家的财力、物资、外汇等后备比较充裕的良好环境。在发展问题上，他们提出由传统的数量型、速度型、外延型、移动型、封闭型的战略及模式向新的质量型、效率型、内涵型、协调性、开放型的战略及模式转变的观点。主张把保持适度经济增长率和采取供给略大于需求的反周期对策结合起来。在改革问题上，他们反对急于求成的一揽子方式和一步到位的做法，力主“双向协同、稳中求进”的改革思路。1987 年前后，承包制缺陷开始显现，企业产权和产权明晰问题受到重视。“产权派”认为，应该吸收西方现代产权理论，在坚持以公有制为主体的前提下，探讨多元产权主体的产权结构，以构建社会主义商品经济的微观基础。在改革思路上，他们主张变革单一的国家所有制产权结构，分解国家职能和国有产权，使国有资产人格化、分散

---

① 吴敬琏．论中国改革的市场经济方向［J］．经济社会体制比较，2009（5）：1－10.

② 中共中央文献研究室．改革开放三十年重要文献选编（下）［M］．北京：中央文献出版社，2008：1349.

化，培植以公有制为主体的多元财产主体，形成有效的产权激励和约束机制。唐丰义这样解释：

产权关系是构成企业经营机制乃至整个经济机制的基础。所谓企业经营机制，无非是以企业产权为核心的决定企业经营动力、企业行为及其约束条件的各种主要因素的总和。旧体制下的产权关系，国家（政府）是国有资产的唯一所有权主体，国有企业不构成独立的经济实体。在实行所有权与经营权“两权分离”的条件下，由于产权主体不明晰，产权边界不清楚，企业的经营权仍然不完全、不稳定，旧有的财产关系格局并未改变①。

二、经济发展战略

中国采取的经济发展战略，遵循社会主义基本经济规律，从中国的特殊国情出发，坚持社会主义方向。改革开放实际上就是中国最大最持久最有效的经济发展战略。随着改革开放不断推进，对经济发展认识的不断深入，中国经济发展战略也在随条件而不断调整。1979 年 9 月 28 日，党的十一届四中全会通过《关于加快农业发展若干问题的决定》，农业成为中国市场化改革的突破口。1982 年 9 月 1 日，党的十二大首次将物质文明建设与精神文明建设、社会主义民主建设并列，并且物质文明建设居于前列。会议确定新时期的总任务是“团结全国各族人民，自力更生，艰苦奋斗，逐步实现工业、农业、国防和科学技术现代化，把我国建设成为高度文明、高度民主的社会主义国家”。1984 年 10 月 20 日，党的十二届三中全会通过《关于经济体制改革的决定》，催生了中国特色社会主义初级阶段理论，成为 20 世纪 80 年代中国经济发展战略制定和执行的指南。1987 年，中国农村经济体制改革已经取得决定性成功，城市经济体制改革提上日程，党的十三大正式提出我国正处在社会主义的初级阶段，在初级阶段，“我们党的建设有中国特色的社会主义的基本路线是：领导和团结全国各族人民，以经济建设为中心，坚持四项基本原则，坚持改革开放，自力更生，艰苦创业，为把我国建设成为富强、民主、文明的社会主义现代化国家而奋斗”。会议还提出，“党的十一届三中全会以后，我国经济建设的战略部署大体分三步走。第一步，实现国民生产总值比一九八〇年翻一番，解决人民的温饱问题。这个任务已经基本实现。第二步，到本世纪末，使国民生产总值再增长一倍，人民生活达到小康水平。第三步，到下个世纪中叶，人均国民生产总值达到中等发达国家水平，人民生活比较富裕，基本实现现代化”。十三大报告不仅单列中国经济发展战略，而且认为中国经济发展战略目标的实现依赖于经济体制改革和政治体制改革的顺利推进。党的十四大主要贡献是建设有中国特色的社会主义理论，其主要内容是“在社会主义的发展道路问题上，强调走自己的路，不把书本当教条，不照搬外国模式，以马克思主义为指导，以实践作为检验真理的唯一标准，解放思

① 唐丰义．建立社会主义产权理论刍议［J］．经济研究，1988（4）：28－33.

想，实事求是，尊重群众的首创精神，建设有中国特色的社会主义”。2012 年，党的十八大提出全面建成小康社会和全面深化改革开放的目标，其中加快完善社会主义市场经济体制和加快转变经济发展方式是经济发展战略的核心内容，即“坚持走中国特色新型工业化、信息化、城镇化、农业现代化道路，推动信息化和工业化深度融合、工业化和城镇化良性互动、城镇化和农业现代化相互协调，促进工业化、信息化、城镇化、农业现代化同步发展”。党的十八大将资源开发和环境保护单列为生态建设，说明可持续发展思想在中国经济发展战略中已经得到了充分的重视。党的十九大将全面建设社会主义现代化国家从 2020 年到 21 世纪中叶分两个阶段来安排，即“第一个阶段，从 2020 年到 2035 年，在全面建成小康社会的基础上，再奋斗十五年，基本实现社会主义现代化。第二个阶段，从 2035 年到本世纪中叶，在基本实现现代化的基础上，再奋斗十五年，把我国建成富强民主文明和谐美丽的社会主义现代化强国”。

在中国区域发展战略中，中国在 20 世纪 80 年代首先确定了四个经济特区，给它们以优惠政策和强大扶持力度，保证了经济特区的示范作用。实施不平衡梯度发展战略，优先发展东部沿海区域，保证资源的市场化优化配置。林毅夫认为，中国经济发展应由优先发展重工业向充分利用比较资源优势转轨，应是我们改革的根本目标。所谓充分利用比较资源优势，林毅夫解释说，就是一个国家和地区，在经济发展的每个阶段上，如何根据当地具有的相比较而言的优势资源来确定自己的发展战略。1997 年，中国又实施了西部大开发策略，解决西部经济落后问题。2004 年，中央实施促进中部地区崛起战略，推动形成东中西区域良性互动协调发展格局。同年，国务院提出东北振兴战略，振兴东北老工业基地。张培刚提出建立新发展经济学，将社会主义国家也列入研究对象，工业化是新发展经济学研究的主题，主要表现为生产技术和生产力变革，最终导致整个经济体制和社会体制的变革①。传统经济研究将经济发展与经济增长混为一谈，谭崇台认为，经济增长与经济发展是有区别的，经济增长意味着国民经济有更多的产出，而经济发展不仅意味着产出的增加，还意味着随着产出数增加而出现的产出与投入的结构变化及一般条件变化。经济发展包括产业结构变化、收入分配不均衡改善、贫困程度改善、人民生活水平的提高等②。中国经济战略遵循发展经济学规律，创造了“中国模式”，从最初的只重视经济增长向可持续发展转变。改革开放后，我国根据不断变化的国内外环境，实施了追赶型的发展战略。党的十九大报告指出“我国经济已由高速增长阶段转向高质量发展阶段，正处在转变发展方式、优化经济结构、转换增长动力的攻关期，建设现代化经济体系是跨越关口的迫切要求和我国发展的战略目标”。

---

① 杨永华．新发展经济学的开拓性研究——评张培刚教授主编的《新发展经济学》［J］．经济学家，1995（1）：119－121.

② 郭熙保．谭崇台先生对中国发展经济学发展的贡献［J］．经济评论，2008（6）：5－8.

三、公平与效率

美国经济学家奥肯在其扛鼎之作《平等与效率》中断言："为了效率就要牺牲某些平等，并且为了平等就要牺牲某些效率。"① 匈牙利经济学家亚诺什·科尔内认为，效率与公平是两个截然对立的价值体系，"许多社会主义经济的决策困境正好是由这两个不同价值体系的抵触而引起的"②。我国经济学界多数人都认为，提高经济运行效率，实现社会公平要求，是社会主义的本质特征。在生产资料私有制条件下，经济学已经证明，效率与公平是鱼和熊掌无法兼得。究其原因主要：一是效率总是通过有效激励实现的，有效激励的核心是优胜劣汰，资源最后必然会向高效率主体集中。从而导致贫富差距进一步扩大。二是公平通常是以牺牲效率为前提实现的。在资本主义社会，政府会运用公共权力，通过税收与财政，实行社会财富的二次分配，用牺牲效率获得的税收资源，缩小因效率带来的贫富差距。在社会主义社会，生产资料的公有制为公平与效率的统一提供了可能。在效率与公平统一的问题上，公有制的生产资料范围大小不是最重要的，重要的是如何通过公有的生产资料，在不牺牲效率的前提下实现先富带后富，让全民共享发展成果，让公平与效率获得最大限度的统一。

事实上，改革开放给中国经济带来了前所未有的活力，但也带来了两极分化。社会主义最终目标是实现共同富裕，但这就涉及效率与公平问题。如何协调公平与效率，自始至终都是绕不开的关键问题。直到今天或未来，这个问题都将长期存在，并没有一个统一答案。效率更多指的是经济效率和帕累托最优，反映在社会生产中，指生产与利润最大化。国内学术界对公平有几种不同的认识：厉以宁等认为公平主要指的是机会平等；张五常等则认为公平只能是结果平等；万俊人等大多数学者则主张公平是机会与结果均平等。效率优先，兼顾公平，这是中国经济改革的主流思想。周为民、卢中原认为，"在整个社会范围内，效率优先的平等观认为，财富的分配和再分配，必须使那些能够最有效地促进社会财富增长的人或集团获得最大利益"。他们解释说：

> 坚持效率优先原则，在根本上是由发展社会主义生产力的历史任务所决定的，特别是象我国这样一个经济落后的发展中国家。效率优先原则的普遍实施，意味着促进时间的节约，物质消耗和活劳动消耗的减少，人的活动能力和素质的改善，自主联合劳动集体的劳动生产率的提高。这一切同时意味着社会财富的涌流，社会主义生产力的增进和发展。只有效率优先所带来的社会主义生产力的极大发展，才能保证社会公平不断扩大规模、改善质量、提高水平。效率优先是使财富不断扩大和积累，从而实现社会公平的根本途径③。

---

① ［美］阿瑟·奥肯．平等与效率［M］．王奔洲，译．北京：华夏出版社，1987：80.

② ［匈］亚诺什·科尔内．矛盾与困境［M］．沈利生，等译．北京：中国经济出版社，1987：106.

③ 周为民，卢中原．效率优先、兼顾公平——通向繁荣的权衡［J］．经济研究，1986（2）：30－36.

金碚对周为民的观点持保留态度。他认为:“以公平促进效率,以效率实现公平,可能是一种更理想更具有现实性的政策选择。根据这一选择,我们不仅要坚持社会主义公有制和创造平等竞争的环境,而且要通过一系列政策措施来实现实际收入分配的均等化。”他主张,“实际收入分配的均等化在社会主义条件下更有可能促进整个国家经济效率的提高,而不是损害效率”①。南岭认为,“按劳分配”长期以来被一些经济学家错误解读,“在我国现阶段,个人消费品分配制度的改革,仅仅从纯而又纯的按劳分配理论出发,在此基础上,试图通过劳动量的换算,去寻找理论分配量,按理论分配量调节个人消费品,是难以行得通的”②。厉以宁认为,只有把效率放在优先位置上,兼顾收入分配的协调,才有利于整个社会经济的健康发展,才能使人民的物质文化生活水平不断提高③。

有些经济学者强调效率的优先。晓亮认为如果把公平放在首位,既失去效率,也不可能实现真正公平,只能是共同的贫困,“在社会主义初级阶段,只能把效率摆在第一位,把公平摆在第二位,公平要服从效率”④。另外一些学者则认为效率和公平并不矛盾,可以协调发展。武欣、范卿平在论述公平与效率关系时,认为“公平与效率的权衡与抉择,是制定发展政策和进行体制设计的首要课题。各国在发展过程中,在公平与效率之间做出了各自的权衡和选择,从而形成了不同的发展道路和体制模式”。他们肯定瑞典经济发展模式,认为瑞典发展出一条既有效率又有公平的第三条道路,是中国学习模仿的对象⑤。加丰年认为,效率和公平是可以统一的,只要找到二者的结合点,这个结合点就是机会均等下的按劳分配。赵磊认为,从短时期来看,公平的增长“滞后”于效率的提高,但从一个较长时期来看,从总的发展趋势来看,公平与效率在本质上是一致的。那种把二者的关系视为截然对立或此消彼长的观点,显然都是不正确的。

复习与讨论

1. 阐述儒家和墨家的义利观。

2. 道家主张无为而治,它的治国方案有哪些?

3. 《管子》一书阐述了各种经济学思想,试分析《管子》主要经济学思想内容和政策主张,哪些思想对今天仍有重大意义。

4. 为什么说“重农抑商”是我国长时期重要的经济学思想?历史上哪些人物支持这个主张,哪些人物反对这个主张?

5. “黜奢崇俭”为什么是我国封建社会的主要观点?它有什么积极意义和消极意义?

6. 宋代和元代在纸币思想上有什么区别?

---

① 金碚. 以公平促进效率,以效率实现公平 [J]. 经济研究,1986 (7):78-81.
② 南岭. 公平、效率与分配制度的改革 [J]. 经济体制改革,1987 (4):44-47.
③ 厉以宁. 经济学的伦理问题 [M]. 北京:生活·读书·新知三联书店,1995:56.
④ 晓亮. 改革:公平与效率的选择 [J]. 改革,1989 (1):160-165.
⑤ 武欣,范卿平. 公平兼效率:东西方之间的第三条道路 [J]. 未来与发展,1989 (1):2-6.

7. 王鎏与魏源在货币思想上有什么区别？为解决当时的货币问题，他们都提出了什么主张？

8. 孙中山的民生主义主要内容有哪些？对当时的经济发展有什么作用？

9. 试分析西方经济学在我国民国时期传播的特点和影响。

10. 阐述毛泽东新民主主义时期的经济学思想主张有哪些？对当时的经济发展和社会进步有哪些重要影响？

11. 中国的社会主义市场经济和传统的计划经济有何异同？

12. 你是否认可“效率优先，兼顾公平”观点，谈谈你的看法。

本章移动端课件

经济学简史 第十八章

扫码学习 移动端课件

参考文献

［1］［美］阿尔钦．产权：一个经典性的注释［M］．刘守英，等，译．上海：上海三联书店，1994.

［2］［美］阿瑟·奥肯．平等与效率［M］．王奔洲，译．北京：华夏出版社，1987.

［3］［德］艾哈德．来自竞争的繁荣［M］．祝世康，穆家骥，等，译．上海：商务印书馆，1983.

［4］艾佳慧．法律经济学的新古典范式［J］．现代法学，2020，42（6）：62－70.

［5］［古希腊］柏拉图．理想国［M］．郭斌和，张竹明，译．北京：商务印书馆，1986.

［6］班固．汉书·食货志［M］．北京：中华书局，1962.

［7］包学松．杨小凯．新兴古典经济学述评［J］．中共杭州市委党校学报，2004（5）：76－80.

［8］［美］保罗·克鲁格曼．发展、地理学与经济理论［M］．北京：北京大学出版社，2000.

［9］［英］庇古．福利经济学（上卷）［M］．朱泱，张胜纪，吴良健，译．北京：商务印书馆，2006.

［10］［美］波斯纳．超越法律［M］．苏力，译．北京：中国政法大学出版社，2001.

［11］［美］波斯纳．法律的经济分析［M］．蒋兆康，译．北京：中国大百科全书出版社，1997.

［12］［美］布坎南．自由、市场和国家［M］．吴良键，桑伍，译．北京：北京经济学院出版社，1988.

［13］蔡庆宪．经济思想小史［M］．上海：大东书局，1932.

［14］曹旭华．论先秦诸时期的核心经济思想［J］．杭州大学学报，1987（1）：1－6.

［15］陈鼓应．庄子今注今译［M］．北京：中华书局，1983.

［16］陈云．陈云文集（第3卷）［M］．北京：人民出版社，1995.

［17］［英］大卫·李嘉图．政治经济学及赋税原理［M］．郭大力，王亚南，译．北京：商务印书馆，1976.

［18］［英］丹尼斯·缪勒．公共选择［M］．韩旭，杨春学，译．北京：中国社会科学出版社，1999.

［19］［英］丹尼斯·缪勒．公共选择理论研究透析［C］//比较政治学研究（第五

辑). 刑瑞磊, 译. 北京: 中央编译出版社, 2013.

[20] [美] 道格拉斯·诺斯, 罗伯斯·托马斯. 西方世界的兴起 [M]. 厉以平, 等译. 北京: 华夏出版社, 2009.

[21] [美] 道格拉斯·诺斯. 经济史中的结构与变迁 [M]. 陈郁, 等译. 上海: 上海三联书店, 1991.

[22] 邓小平. 邓小平文选 (第3卷) [M]. 北京: 人民出版社, 1994.

[23] [英] 马尔萨斯. 政治经济学原理 [M]. 厦门大学经济系翻译组, 译. 北京: 商务印书馆, 1962.

[24] 冯兴元. 从哈耶克商业周期理论看全球金融危机 [J]. 学术界, 2015 (1): 32-37.

[25] 冯兴元. 弗莱堡学派代表人物欧肯其人及其经济思想 [J]. 学术界, 2014 (3): 45-63.

[26] [法] 弗朗索瓦·魁奈. 魁奈经济表及著作选 [M]. 晏智杰, 译. 北京: 华夏出版社, 2006.

[27] 顾朝林, 王恩儒, 石爱华. "新经济地理学"与经济地理学的分异与对立 [J]. 地理学报, 2002 (4): 497-504.

[28] 顾翊群. 经济思想与社会改造 [J]. 民族, 1935, 3 (8): 53.

[29] 关永强, 张东刚. 英国经济学的演变与经济史学的形成 (1870~1940) [J]. 中国社会科学, 2014 (4): 45-65.

[30] 管子. 管子·侈靡 [M]. 谢浩范, 朱迎平, 管子全译. 贵阳: 贵州人民出版社, 1996.

[31] 郭利平, 沈玉芳. 新经济地理学的进展与评价 [J]. 学术研究, 2003 (7): 73-76.

[32] 郭熙保. 谭崇台先生对中国发展经济学发展的贡献 [J]. 经济评论, 2008 (6): 5-8.

[33] 郭熙保. 维克塞尔累积过程学说及其发展 [J]. 财经科学, 1988 (3): 32-37.

[34] [英] 哈耶克. 个人主义与经济秩序 [M]. 贾湛, 文跃然, 译. 北京: 北京经济学院出版社, 1989.

[35] [奥] 哈耶克. 货币的非国家化 [M]. 姚中秋, 译. 北京: 新星出版社, 2007.

[36] [奥] 哈耶克. 通往奴役之路 [M]. 王明毅, 冯兴元, 等译. 北京: 中国社会科学出版社, 1997.

[37] 何秉孟. 再论新自由主义的本质 [J]. 当代经济研究, 2015 (2): 5-11.

[38] 何国华, 王红玲. 理性预期革命和现代主流经济学的新古典化趋势 [J]. 武汉大学学报 (哲学社会科学版), 1997 (5): 30-35.

[39] 胡代光. 新剑桥学派述评 [J]. 经济研究, 1983 (1): 61-66.

[40] 胡希宁, 贾小立. 博弈论的理论精华及其现实意义 [J]. 中共中央党校学报,

2002，6（2）：48－53.

［41］黄凯南．演化经济学理论发展梳理［J］．南方经济，2014（10）：100－107.

［42］黄新华，李凯．公共选择理论与交易成本政治学的比较分析［J］．财经问题研究，2011（1）：3－8.

［43］［英］霍布斯．利维坦［M］．黎思夏，译．北京：商务印书馆，1985.

［44］贾根良．进化经济学：开创新的研究程序［J］．经济社会体制比较，1993（3）：67－69.

［45］［英］杰文斯．政治经济学理论［M］．郭大力，译．商务印书馆，1984.

［46］金碚．以公平促进效率，以效率实现公平［J］．经济研究，1986（7）：78－81.

［47］金天锡．经济思想发展史［M］．南京：正中书局，1929.

［48］［英］卡尔多．世界经济中的通货膨胀和衰退//《现代国外经济学论文选》第一辑［M］．北京：商务印书馆，1979.

［49］［英］凯恩斯．就业、利息和货币通论［M］．高鸿业，译．北京：商务印书馆，1999.

［50］［英］凯恩斯．劝说集［M］．藤茂桐，译．北京：商务印书馆，1962.

［51］［美］科斯．企业的性质//《现代制度经济学》（上卷）［M］．陈郁，译．北京：北京大学出版社，2003.

［52］［美］科斯．企业、市场与法律［M］．盛洪，陈郁，译．北京：格致出版社，2009.

［53］［德］马克思，恩格斯．马克思恩格斯全集［M］．北京：人民出版社，1962.

［54］［德］马克思．资本论（第3卷）［M］．北京：人民出版社，1975.

［55］［英］希克斯．价值与资本［M］．北京：商务印书馆，1972.

［56］老子．道德经［M］．西安：书海出版社，2001.

［57］李宝良，郭其友．经济学和心理学的整合与行为经济学的拓展及其应用［J］．外国经济与管理，2017，39（11）：138－152.

［58］李波．新剑桥学派的经济增长模型［J］．北京理工大学学报，2001，3（1）：81－83.

［59］李大钊．李大钊选集［M］．北京：人民出版社，1959.

［60］李靓．李靓集［M］．王国轩，校点．北京：中华书局，1981.

［61］李凌，王翔．论博弈论中的策略思维［J］．上海经济研究，2010（1）：35－39.

［62］李平心．论生产力性质［J］．学术月刊，1959（6）：14－19.

［63］李松龄．市场经济与货币主义［J］．中国金融学院学报，1993（3）：18－21.

［64］李晓蓉．西方经济学说史［M］．北京：北京大学出版社，2014.

［65］［美］理查德·波斯纳．正义/司法的经济学［M］．苏力，译．北京：中国政法大学出版社，2002.

［66］［美］理查德·波斯纳．证据法的经济分析［M］．徐昕，徐昀，译．北京：

中国法制出版社，2001.

[67] 厉以宁. 经济学的伦理问题 [M]. 北京：生活·读书·新知三联书店，1995.

[68] 刘安国，杨开忠. 新经济地理学理论与模型评介 [J]. 经济学动态，2000 (4)：67-72.

[69] 刘向. 战国策 [M]. 太原：山西古籍出版社，2003.

[70] 陆建新. 理性预期学派的主要思想及对我们的启示 [J]. 江苏社会科学，1996 (2)：32.

[71] 陆仰渊. 民国经济史研究中的几个问题 [J]. 学海，1990 (3)：81-86.

[72] 毛泽东. 毛泽东选集 [M]. 北京：人民出版社，1991.

[73] [澳] 门格尔. 国民经济学原理 [M]. 刘絜敖，译. 上海：上海人民出版社，1958.

[74] 墨子. 墨子·辞过 [M]. 周才珠，齐瑞端，译注. 贵阳：贵州人民出版社，1995.

[75] [英] 穆勒. 政治经济学原理 [M]. 赵荣潜，等译. 北京：商务印书馆，1991.

[76] [美] 罗纳德·哈里·科斯. 论生产的制度结构 [M]. 盛洪，等译. 上海：上海三联书店，1994.

[77] [美] 纳什，等，著. 博弈论经典 [M]. 韩松，等译. 北京：中国人民大学出版社，2012.

[78] [英] 纳索·威廉·西尼尔. 政治经济学大纲 [M]. 蔡受百，译. 北京：商务印书馆，1986.

[79] 南岭. 公平、效率与分配制度的改革 [J]. 经济体制改革，1987 (4)：44-47.

[80] [奥] 庞巴维克. 资本实证论 [M]. 陈端，译. 北京：商务印书馆，1981.

[81] [美] 乔治·吉尔德. 财富与贫困 [M]. 储玉坤，等译. 上海：上海译文出版社，1985.

[82] [美] 萨缪尔森，诺德豪斯. 经济学 [M]. 第18版. 萧琛，等译. 北京：人民邮电出版社，2008.

[83] [英] 萨伊. 政治经济学概论 [M]. 陈福生，等，译. 北京：商务印书馆，1997.

[84] [古希腊] 色诺芬. 雅典的收入 [M]. 张伯健，陆大年，译. 北京：商务印书馆，1961.

[85] 商鞅. 商君书全译 [M]. 张觉，译注. 贵阳：贵州人民出版社，1993.

[86] 盛昭瀚，蒋德鹏. 演化经济学 [M]. 上海：上海三联书店，2002.

[87] 司马迁. 史记·货殖列传 [M]. 北京：中华书局，1959.

[88] [美] 斯皮格尔. 经济思想的成长 [M]. 晏智杰，等译. 北京：中国社会科

学出版社，1999.

[89] [美] 斯坦利·布鲁，兰迪·格兰特. 经济思想史 [M]. 第8版. 邸晓燕，等译. 北京：北京大学出版社，2014.

[90] 宿春礼. 世界上最伟大的思想书 [M]. 哈尔滨：黑龙江科学技术出版社，2008.

[91] 孙冶方. 社会主义经济论稿 [M]. 广州：广东经济出版社，1998.

[92] 唐丰义. 建立社会主义产权理论刍议 [J]. 经济研究，1988 (4)：28-33.

[93] [美] 唐斯. 民主的经济理论 [M]. 姚洋，译. 上海：上海人民出版社，2005.

[94] 田志忠. 新剑桥学派 [J]. 中共山西省委党校学报，1987 (3)：40-44.

[95] [意] 托马斯·阿奎纳. 神学大全：论上帝的本质 [M]. 段德智，译. 北京：商务印书馆，2013.

[96] [法] 瓦尔拉斯. 纯粹经济学要义 [M]. 蔡受百，译. 北京：商务印书馆，1989.

[97] [德] 瓦尔特·欧肯. 国民经济学基础 [M]. 左大培，译. 北京：商务印书馆，2010.

[98] 王爱琴. 西方公共选择理论述评 [J]. 齐鲁学刊，2014 (5)：103-107.

[99] 王程. 梳理与辨明：关于哈耶克货币理论性质的学界争论 [J]. 国外社会科学前沿，2021 (2)：75-87.

[100] 王符. 潜夫论·浮侈 [M]. 彭铎，潜夫论笺校正. 北京：中华书局，1985.

[101] 王利器. 新语校注 [M]. 北京：中华书局，2012.

[102] 王生生. 自由市场经济的乌托邦 [J]. 高校理论战线，2007 (11)：38-45.

[103] 王守仁. 王阳明全集 [M]. 吴光，等编校. 上海：上海古籍出版社，1992.

[104] 王耀光. 交易费用的定义、分类和测量研究综述 [J]. 首都经贸大学学报，2013 (5)：105-113.

[105] [英] 威廉·配第. 赋税论·献给英明人士·货币略论 [M]. 陈冬野，译，北京：商务印书馆，1963.

[106] [瑞典] 维克塞尔. 国民经济学讲义 [M]. 刘挈敖，译. 上海：上海译文出版社，1983.

[107] [瑞典] 维克塞尔. 利息与价格 [M]. 蔡受百，等译. 北京：商务印书馆，1982.

[108] 魏源. 魏源全集：第四册 [M]. 长沙：岳麓书社，2004.

[109] 吴敬琏. 论中国改革的市场经济方向 [J]. 经济社会体制比较，2009 (5)：1-10.

[110] 吴易风. 西方经济学中的新自由主义 [J]. 红旗文稿，2014 (5)：10-14.

[111] 吴宇晖，宋冬林，罗昌瀚. 演化经济学述评 [J]. 东岳论丛，2004 (1)：56-59.

[112] 吴云英. 新兴古典经济学简介 [J]. 云南财贸学院学报, 1999 (5): 12－17.

[113] 武欣, 范卿平. 公平兼效率: 东西方之间的第三条道路 [J]. 未来与发展, 1989 (1): 2－6.

[114] [古罗马] 西塞罗. 论法律 [M]. 王焕生, 译. 上海: 上海人民出版社, 2006.

[115] [法] 西斯蒙第. 政治经济学新原理 [M]. 何钦, 译. 北京: 商务印书馆, 1964.

[116] [美] 小罗伯特, 埃克伦德, 罗伯特. 经济理论和方法史 [M]. 杨玉生, 张凤林, 等译. 北京: 中国人民大学出版社, 2001.

[117] 晓亮. 改革: 公平与效率的选择 [J]. 改革, 1989 (1): 160－165.

[118] [英] 马歇尔. 经济学原理 [M]. 刘生龙, 译. 北京: 中国社会科学出版社, 2007.

[119] [美] 熊彼特. 从马克思到凯恩斯十大经济学家 [M]. 宁嘉风, 译. 北京: 商务印书馆, 1965.

[120] 马旭东, 史岩. 福利经济学: 缘起、发展与解构 [J]. 经济问题, 2018 (2): 9－16.

[121] 荀况. 荀子 [M]. 太原: 山西古籍出版社, 2003.

[122] [英] 亚当·斯密. 国民财富的性质和原因的研究 [M]. 郭大力, 王亚楠, 译. 北京: 商务印书馆, 1972.

[123] [古希腊] 亚里士多德. 政治论 [M]. 吴寿彭, 译. 北京: 商务印书馆, 1965.

[124] [匈] 亚诺什·科尔内. 矛盾与困境 [M]. 沈利生, 等译. 北京: 中国经济出版社, 1987.

[125] 晏婴. 晏子春秋 [M]. 上海: 上海古籍出版社, 2012.

[126] 杨小凯, 张永生. 新兴古典经济学和超边际分析 [M]. 北京: 中国人民大学出版社, 2000.

[127] 马寅初. 中国经济改造 [M]. 北京: 商务印书馆, 1935.

[128] 尹伯成. 西方经济学说史 [M]. 上海: 复旦大学出版社, 2010.

[129] 喻中. 波斯纳法律经济学的理论逻辑 [J]. 烟台大学学报 (哲学社会科学版), 2014, 27 (2): 11－18.

[130] [英] 约翰·伊特韦尔. 新帕尔格雷夫经济学大辞典 [M]. 北京: 经济科学出版社, 1992.

[131] [美] 约瑟夫·费尔德. 科斯定理 1－2－3 [J]. 经济社会体制比较, 2002 (5): 72－79.

[132] [美] 约瑟夫·熊彼特. 经济分析史 (第1卷) [M]. 朱泱, 李宏, 译. 北京: 商务印书馆, 1996.

[133] [美] 詹姆斯·布坎南，戈登·塔洛克. 同意的计算 [M]. 陈光金，译. 上海：上海人民出版社，2014.

[134] 张发余. 新经济地理学的研究内容及其评价 [J]. 经济学动态，2000 (11)：72-76.

[135] 张五常. 交易费用的范式 [J]. 社会科学战线，1999 (1)：1-9.

[136] 张新立，王青健. 博弈论的历史研究 [J]. 科学，2004，56 (4)：34-37.

[137] 赵汉平. 西方经济思想库 (第3卷) [M]. 北京：经济科学出版社，1997.

[138] 赵麦茹. 先秦道家生态经济思想浅析 [J]. 电子科技大学学报 (社会科学版)，2009 (1)：85-88.

[139] 赵晓雷. 中国经济思想史 [M]. 第5版. 大连：东北财经大学出版社，2019.

[140] 郑鹏程，聂长建. 波斯纳"超越法律"的三维透视 [J]. 中南民族大学学报 (人文社会科学版)，2016，36 (4)：90-96.

[141] 周丰滨，刘妍妍. 现代货币主义理论及其影响 [J]. 商业研究，2013 (5)：11-13.

[142] 周梅妮，郑辉昌. 新兴古典经济学理论的发展及其框架 [J]. 重庆社会科学，2009 (4)：125-129.

[143] 周为民，卢中原. 效率优先、兼顾公平——通向繁荣的权衡 [J]. 经济研究，1986 (2)：30-36.

[144] 周宪文. 西洋经济史论文集 (第二辑) [M]. 台北：台北中华书局，1974.

[145] 朱富强. 演化经济学面临思维转向：从生物演化到社会演化 [J]. 南方经济，2016 (3)：86-95.

[146] Abdellaouim. A genuine rank-dependent generalization of the Von Neumann-Morgenstern expected utility theorem [J]. *Econometrica*, 2002, 70 (2): 717-736.

[147] Adam Smith. *The Theory of Moral Sentiments* [M]. New York: Prometheus Books, 1759: 311.

[148] Carl Menger. *Principles of Economics* [M]. Glencoe: Free Press, 1950: 145-147.

[149] Coase, R. H. The Nature of the Firm: Origin, Meaning, Influence [J]. *Journal of Law, Economics, and Organization*, 1988, 4 (1): 3-47.

[150] Coase, R. H. The Nature of The Firm [J]. *Economica*, 1937 (11): 37-40.

[151] David Hume. *Writings on Economics* [M]. Madison: University of Wisconsin Press, 1970: 64.

[152] Dermpsey, B. W. Just Price in a Functional Economy [J]. *American Economic Review*, 1935, 25 (9): 471-486.

[153] Enrique M, Urena. Marx and Dawin [J]. *History of Political Economy*, 1977

(9): 549.

[154] Foster, J. Evolutionary macroeconomics: a research agenda [J]. *Journal of Evolutionary Economics*, 2011 (21): 5 – 28.

[155] Friedrich, A. Hayek. The use of Knowledge in Society [J]. *American Economy Review*, 1949 (4): 519 – 530.

[156] Harold Demsets. Toward a theory rights [J]. *American Economic Review*, 1967 (57): 347 – 359.

[157] Harsanyi, J. C. Bargaining and Conflict Situations in the Light of a New Approach to Game Theory [J]. *The American Economic Review* , 1965, 55 (1): 447 – 457.

[158] Hayek, F, A. *Monetary Theory and the Business Cycle* [M]. London: Jonathon Cape, 1933: 21 – 22.

[159] Hayek, F. A. *Law*, *Legislation and Liberty* [M]. London: Routledge, 1979: 23 – 26.

[160] Heckecher. *Mercantilism* [M]. London: Allen, 1935 (2): 135.

[161] Joan Robinson. *The Economics of Imperfect Competition* [M]. London: Macmillan, 1933: 284 – 285.

[162] Knight, F. *Risk. Uncertainty and Profit* [M] . Boston: Houghton Mifflin, 1921: 28.

[163] Laibson, D. Golden eggs and hyperbolic discounting [J]. *The Quarterly Journal of Economics*, 1997, 112 (2): 443 – 478.

[164] Léon Walras. *Elements of Pure Economics* [M]. London: Allen & Unwin, 1954: 201.

[165] Mitchell, Wesley. C. *Types of Economic Theory* [M]. New York: A M. Kelley, 1967: 36 – 37.

[166] Nelson, R. P. and Winter, S. G. *An Evolutionary Theory of Economic Change. Cambridge* [M]. MA: Harvard University Press, 1982: 56.

[167] Paul samuelson. *Pioneers of Economics Thought*; *Past Winner Says Their Theory Will Shape Legislation* [J]. The New York Times, 1972 (10): 71.

[168] Petty, Williamn. *The Economic Writings of Sir William Petty* [M]. New York: A. M. Kelley, 1963: 63.

[169] Piero Sraffa. The Laws of Returns under Competitive Conditions [J] . *Economic Journal*, 1926, 36 (9): 543.

[170] Plato. *The Republic. R. W. Sterling and W. C. Scott* (*trans.*) [M] . New York: Norton, 1985: 369.

[171] R. H. Coase. *Essays on Economics and Economists* [M]. London: The University of Chicago Press, 1994: 7 – 8.

[172] Ricardo, David. *The Works and Correspondence of David Ricardo*, 10 Vols. [M]. London: Cambridge University Press, 1951 - 1955: 70.

[173] Stigler, G. J. The economics of information [J]. *Journal of Political Economy*, 1961, 69 (3): 213 - 225.

[174] Thaler, R. H., Shefrin, H. M. An economic theory of self-control [J]. *Journal of Political Economy*, 1981, 89 (2): 392 - 406.

[175] Thaler, R. H., Sunstein, C. R. Libertarian paternalism [J]. *American Economic Review*, 2003, 93 (2): 175 - 179.

[176] Thaler, R. H. Mental accounting matters [J]. *Journal of Behavioral Decision Making*, 1999, 12 (3): 183 - 206.

[177] Thomas Mun, *England's Treasure by Foreign Trade* [M]. New York: Macmillan, 1903: 26 - 27.

[178] Tullock, G. Problems of Majority Voting [J]. *The Journal of Political Economy*, 1959, 67 (6): 571 - 579.

[179] Williamson, O. E. *The Economic Institution of Capitalism: Firms, Markets, Relational Contracting* [M]. New York: Free Press, 1985: 235 - 239.

[180] Williamson, O. E. The Modern Corporation: Origins, Evolution, Attributes [J]. *Journal of Economic Literature*, 1981, 19 (4): 1537 - 1568.

[181] William Stanley Jevons. *The State in Relation to Labour* [M]. London: Macmillan, 1882. 98.

[182] William Stanley Jevons. *The Theory of Political Economy* [M]. London: Macmillan, 1888: 77.

[183] Xenohpon. *Memorabilia and Oeconomicus* (trans.) [M]. New York: G. P. Putnam's Sons, 1923: 10 - 13.